Alexander Demandt

Mit Fremden leben

Mit Fremden leben

Eine Kulturgeschichte
von der Antike
bis zur Gegenwart

Herausgegeben von Alexander Demandt

unter Mitwirkung von Andreas Müggenburg
und Heinrich Schlange-Schöningen

Verlag C. H. Beck München

Die Deutsche Bibliothek – CIP-Einheitsaufnahme

Mit Fremden leben: eine Kulturgeschichte von
der Antike bis zur Gegenwart / hrsg. von
Alexander Demandt unter Mitw. von Andreas
Müggenburg und Heinrich Schlange-Schöningen. –
München: Beck, 1995
    ISBN 3-406-39859-6
NE: Demandt, Alexander [Hrsg.]

ISBN 3 406 39859 6

© C. H. Beck'sche Verlagsbuchhandlung (Oscar Beck) München 1995
Satz: Fotosatz Janß, Pfungstadt
Druck und Bindung: Ebner, Ulm
Gedruckt auf säurefreiem,
aus chlorfrei gebleichtem Zellstoff hergestelltem Papier
Printed in Germany

Inhalt

Vorwort

Der jüdische Apostel Paulus und der afrikanische Kirchenvater Augustinus, der griechische Philosoph Plotin und der persische Dichter Hafis stimmen in einer Ansicht überein: daß wir Menschen auf Erden eigentlich in der Fremde leben, daß unsere wahre Heimat nicht in unserem irdischen Zuhause, sondern in jenseitigen, geistigen Gefilden liege. Dahinter steht die Erfahrung, die man im Ausland – davon abgeleitet: im «Elend» – gemacht hat. Von wenigen Abenteurern abgesehen, ging nur der in die Fremde, den die Not dazu zwang. Für die Mehrzahl der Auswanderer gilt das auch heute noch.

Die Gründe der Not können sehr verschieden sein: wirtschaftliche, religiöse, politische Verhältnisse trieben und treiben die Menschen ins Ausland, wo die einen ihr Glück, die anderen ihren Untergang finden. Reiche und arme Länder, gute und schlechte Regierungen gab es immer nebeneinander. Seit dem vergangenen Jahrhundert aber sind die Spannungen zwischen ihnen gewachsen, und sie wachsen weiter. Bisweilen scheint es gerade, wie wenn die Verelendung der einen die Bedingung für die Modernisierung der anderen wäre. Zugleich haben Verkehrswesen und Nachrichtentechnik den Menschen die örtlichen Unterschiede der Lebensbedingungen deutlicher, als das früher der Fall war, ins Bewußtsein gebracht und sie auf Wanderschaft gelockt. Es scheint, daß wir erst am Anfang der universalen Völkerwanderung stehen.

Während sich in der Behandlung von ansässigen Minderheiten und in der Politik gegenüber rivalisierenden Nachbarn erträgliche Normen herausgebildet haben, reagieren wir auf die regionale Mobilität noch mit einer gewissen Hilflosigkeit. Auch in der Vergangenheit waren Umsiedlungen mit vielfältigen Reibungen verbunden, doch wurden sie zumeist von größeren Konflikten der Außen- und Innenpolitik überlagert. In jüngster Zeit aber sind sie aufgebrochen. Der Einstrom von Hunderttausenden nach Deutschland, die Asyl als politische Verfolgte beanspruchten, ohne dies zu sein – anerkannt wurden in den letzten zehn Jahren weniger als fünf Prozent – löste in bestimmten Teilen der Bevölkerung Reaktionen von beschämender Brutalität aus. Dies hat nicht nur Parteien, Kirchen und Verbände auf den Plan gerufen, sondern auch die Wissenschaften, zuletzt die Historiker.

So hat das Friedrich Meinecke-Institut der Freien Universität Berlin im Wintersemester 1993/94 eine Ringvorlesung zum Thema ‹Umgang mit Fremden› durchgeführt, aus der die vorliegende Publikation erwachsen ist. Unser Ansatz war «Geschichte in weltbürgerlicher Absicht.» Es galt zu zeigen, wie alt das Fremdenproblem ist, wie vielgestaltig seine Lösungsversuche waren. Die Aufnahme von Fremden geht gewiß niemals ohne Schwierigkeiten vonstatten, doch lassen sich diese meistern, wenn Herzensgüte und Augenmaß zusammenkommen. Sind wir nicht letztlich alle auf Erden zu Gast?

Lindheim, 9. 3. 1995   *Alexander Demandt*

Bedrich Loewenstein

Wir und die anderen

Das Thema «Umgang mit Fremden» ist *kein* rein akademisches, ich muß das nicht weiter erläutern. Das ist nicht unbedingt ein Erkenntnishandicap, im Gegenteil. Die Dringlichkeit, die der tägliche Anschauungsunterricht signalisiert, kann unter Umständen unseren Blick schärfen für Analoges in der Vergangenheit. Andererseits: Bevor wir uns mit Entrüstung und gesinnungstüchtiger Rhetorik wappnen, ist es vielleicht nicht unangebracht, zu differenzieren, zu vergleichen, verstehen zu wollen. Das heißt ja nicht gleich zu resignieren und zu verzeihen. Ich werde im folgenden versuchen, die Problematik in insgesamt sieben Durchgängen zumindest anzutippen.

I.

Der serboamerikanische Dichter Charles Simić hat unlängst im Zusammenhang mit den Orgien des Hasses, von denen sein einstiges Vaterland heimgesucht wird, von einem selbstgebauten Käfig des Nationalismus gesprochen, in dem man sich zusammendrängt und die außerhalb des Käfigs anknurrt; er hat bezeichnend hinzugefügt, daß all die rabiaten Nationalisten Osteuropas noch vorgestern Stalinisten waren und die Freiheit des Individuums sie nie interessierte (Die Zeit 1. 10. 93). Das heißt aber, daß das Etikett «Nationalismus» – soziologisch, mentalitätsmäßig – aufgeschlüsselt werden muß, auch wenn man primär Entsetzen verspürt über brutale «ethnische Säuberer» oder über Rechtsradikale, die «Deutschland den Deutschen» schreien.

Aus unseren gegenwärtigen Erfahrungen mit den postkommunistischen ethnischen Konflikten ergibt sich zumindest eines: daß die Kriterien der Gruppenbildung (und der entsprechenden Ausgrenzung) variieren, daß die Freund-Feind-Bildung eine oft willkürliche, wenn nicht manipulierte ist, ebenso wie die historisch-ideologischen Vorwände, um hassen und einander abschlachten zu dürfen. Vielleicht kann sich die Gewalt völlig von ideologischen Begründungen und Kostümierungen freimachen, ja von verstehbaren Zielen. «Im kollektiven Amoklauf ist die Kategorie der Zukunft verschwunden» (Enzensberger, 33). Simić weigert sich deshalb konsequent, sein Gewissen an *Bandenchefs* abzutreten, die Südslawen befehlen, auf Südslawen zu schießen, neuerdings sogar südslawischen Muslimen auf südslawische Muslime. Ich möchte andererseits hinzufügen, daß ich noch nie gehört habe, daß ein reicher Perser irgendwo in Westeuropa ein großes ethnokulturelles Ärgernis gewesen wäre. Akzeptanz und Ausgrenzung sind eben ohne Rückgriff auf den Zustand der jeweiligen Gesellschaft nicht verstehbar.

Auch der «klassische» europäische Nationalismus des 19. Jahrhunderts muß natürlich sozialhistorisch ausgeleuchtet werden – obwohl mir die aus dem Marxismus herrührende funktionalistische Nationalismus-Deutung nie ganz geheuer war. Kann man die nationale Integration, vereinfacht gesagt, als bürgerliche Interessenprojektion rationalisieren? Ist der Nationalismus einfach das Ergebnis verdichteter sozialer Kommunikation, eine funktional notwendige kulturelle Auffüllung moderner großräumiger Organisation? Oder aber entsteht die nationale Integration in einer «Modernisierungslücke», wobei die ethnische Semantik entwurzelte Menschen durch ersatzreligiöse Symbolik, Rituale, «Denkaskese» und Feindbilder von der Wahrnehmung der eigentlichen Probleme und ihrer produktiven Lösung wegführt?[1]

Wahrscheinlich kann und muß man hier von Fall zu Fall verschiedener Meinung sein, möglicherweise sogar beim einzelnen Fall: Die Mobilisierung des französischen Patriotismus 1792 war gewiß funktional im Sinne einer Integrierung der durch die Revolution aufgestörten französischen Gesellschaft, also der Schaffung eines verbindenden politischen Selbstverständnisses. Andererseits war die Absicht einzelner ehrgeiziger Machtgruppen unübersehbar, durch die Beschwörung eines verteufelten, so gar nicht existenten Feindes politische Handlungsfähigkeit zu gewinnen (Jeismann, 117; van den Heuvel, 120 ff., 128 f.). Das Weltbürgertum der Menschenrechtserklärung wird z. B. von Vergniaud zurückgenommen zugunsten der vaterländischen Verpflichtung, und das ist ein unauflösbarer Pakt, ein hochemotives Identifikationsgebot, dem sich der einzelne nicht entziehen kann. Es ist sicher richtig, daß ein «demotisch-unitarisches», primär politisches Nationalkonzept (F. Heckmann, 69 f.) bessere Integrationsbedingungen für Minderheiten und Zuwanderer bietet als die ethnische Abstammungsgemeinschaft. Das neue nationale Wir-Gefühl zieht aber in kritischen Zeiten überall eine Singularisierung nach sich, die auf einem manichäistischen Weltbild beruht, auf einer abwertenden Ausgrenzung der anderen (statt wechselseitiger Anerkennung: Koselleck, 212 f.). Hinzu tritt eine *Entpragmatisierung* der politischen Entscheidungen durch rhetorische Appelle an Ehre und Würde, die Kompromisse als unvereinbar mit den eigenen Wertvorstellungen erscheinen lassen.

Nicht eindeutig beantworten läßt sich auch die Frage, ob die Freund-Feind-Beziehungen bei ethnisch unterprivilegierten Gruppen, bei diskriminierten Minderheiten, bei unterdrückten Völkern nicht grundsätzlich *anders* zu beurteilen sind als der saturierte bzw. imperiale Nationalismus. Bevor wir eindeutig mit ja antworten, bitte ich zu überlegen, ob sich durch die zunächst Verteufelung und dann Zerschlagung multiethnischer Gebilde, «Völkergefängnisse», wie der k. u. k. Monarchie, des britischen Empire, oder auch der Sowjetunion und Jugoslawiens, die Lebensfragen ihrer sich ethnisch definierenden Nachfolgestaaten besser lösen ließen als zuvor. Das soll keine Suggestivfrage sein, nur eine Anregung, die Berufung auf abstrakte Gerechtigkeit, sprich: auf das verabsolutierte Souveränitäts- recht einer Gruppe, zu überdenken. «Sobald es (das Selbstbestimmungs- recht) kollektiviert wird, wandelt es sich zum gefährlichen Wechselbalg.» (R. Leicht, in: Die Zeit 26. 2. 1993). Eine kollektive Emanzipationsbewe- gung ist nicht automatisch freiheitlich in einem tragfähig-konstruktiven Sinn, sobald sie sich mittels kultureller Codes legitimiert, organisiert und anschließend antiimperial drapiert. Bekanntlich sind nicht alle frei, die ihrer Ketten spotten (Lessing, Nathan) oder sich durch die Abgrenzung vom Schreckbild des schlechten anderen definieren – wie die Frau eines Alkoholikers, die ihr Selbstwertgefühl aus der Tatsache schöpft, nicht zu trinken.

Mein Problem mit dem Nationalen besteht nicht nur darin, daß es sich schwer in eine als «progressiv» verstehbare Entwicklungslinie einordnen läßt, sondern Elemente des Rückfalls ins Mythische sowie in moralisch- topographische Geschlossenheit der Clanmentalität enthält. Es geht mir auch um die empirische Tatsache einer emotionalen Aufheizung, einer irrationalen Verzerrung der Wertrelationen durch kollektive Illusionen, wobei man sich am Ende als Folge der verabsolutierten Kollektivbindung nicht mehr anders als in erster Person Pluralis ausdrücken darf (A. Fin- kielkraut). Außerdem das unangenehme Phänomen, das Ernest Gellner mit einer periodischen Dezimalzahl vergleicht – es findet kein Ende und jeder nationale Floh hat weitere Flöhe (Grenzfälle, 40). Wahrscheinlich steht dem Historiker die Pose des Besserwissers schlecht: mit erhobenem Zeigefinger ex post vorzuschreiben, was hätte geschehen sollen. Aber auch vom Ge- sichtspunkt der Handelnden, ihrer eigenen Zielvorstellungen und emp- fundenen Bedürfnisse, war und ist vieles kontraproduktiv, was sie in diesem Klima der verabsolutierten Gruppenwerte und der Verteufelung der an- deren unternehmen.

II.

Aber können wir überhaupt anders kollektiv handeln als unter Identifi- kation mit bestimmten kulturellen Gruppenwerten? Steht nicht das ge- samte menschliche Leben unter dem Zeichen der Ab- und Ausgrenzung? Definieren wir uns nicht immer durch *Zäune,* indem wir diejenigen, die nicht zu uns gehören, auf Distanz halten: die Verdächtigen, Nichtortsan- sässigen mit dem fremden Akzent und der unsicheren Herkunft? Ist nicht unser gesamtes Handeln antithetisch, ja agonal angelegt, ist nicht die *Grenze* eine grundlegende anthropologische Kategorie, die erst Orientierung und Handeln ermöglicht, die «Lesbarkeit» der Welt und die nichtreflektierte Verhaltenssicherheit? Das *Haus* kann als Urform der Unterscheidung von

Innen und Außen interpretiert werden, von Vertrautem und Fremdem, Mein und Dein. Es stattet sozusagen unser schwaches Ich mit identitätsstützenden Schalen aus, die Geborgenheit, Ansehen, Anerkennung vermitteln. Noch die Demokratie ist ursprünglich als Gemeinschaft von Hausvätern konzipiert, die sich gegenseitig Nichteinmischung in die innerhäuslichen Angelegenheiten garantieren: Du sollst nicht begehren deines Nächsten Haus, Weib, Ochs etc. Außerdem sorgen die Hausväter durch weitere Mauern dafür, daß die Nichtbeteiligten an ihrem Bund ferngehalten werden.[2] Unerwünscht aber sind im Prinzip alle, die nicht zur irgendwie symbolisch und rituell imprägnierten Ordnung gehören. «Selbst wenn er nicht als Vampir oder Kinderräuber verdächtigt wird, ist der Fremde potentiell immer gefährlich.» (Pitt-Rivers, 26)

Die Markierungen sind Zeichen der Aneignung einer Umwelt, Vergewisserung des Dazugehörens, Absicherung gegen das Nichts. Das Symbol steht für eine bestimmte Ordnung, ja ist diese Ordnung, macht das Bezeichnete bedeutsam, begründet Über- und Unterordnung, Ausgrenzung, beschwichtigt Ängste (H. Pross, 45, 84). «... es ist unmöglich, soziale Beziehungen herzustellen, ohne über symbolische Handlungen zu verfügen.» Symbole und Rituale verändern die Auswahl unserer Wahrnehmung, koordinieren Denken und Handeln (M. Douglas, 84 ff.). Deshalb ist der Verlust von Symbolen manchmal schlimmer als die materielle Einbuße, deshalb ist auch symbolische Gewalt, etwa durch Tabuverletzungen, für die Träger des Systems häufig traumatisierend. Die symbolische Abgrenzung sichert ab gegen das Chaos; ohne Schulterstücke fehlt dem Offizier, ohne Robe dem Richter, die Identität. Panik bricht aus, die Grenze zwischen Innen und Außen, Oben und Unten, Wir und Sie, ist dahin.

Die Beispiele zeigen allerdings wieder: die kollektiven Identitäten und Ordnungen, die sich über Zeichen, Grenzen, Polarisierungen verständigen, sind *keine* naturwüchsig-familienhaften, auch wenn die machtgestützten Wächter der Tradition eine gemeinsame Herkunft, also eine Blutsgemeinschaft behaupten, sie in der Regel erfinden (und andere als «fremd» davon ausschließen). «Die Reinzüchtung anthropologischer Typen ist sehr oft sekundäre Folge ... wie immer bedingter Abschließungen» (Max Weber 1972, 235). Auch im alten Israel dürfte die Zugehörigkeit zum auserwählten Volk erst in der Nachexilzeit stärker rituell-defensiv abgeschirmt worden sein. Sie bleibt aber eine primär religiöse und nicht in erster Linie blutsmäßige, so daß auch die Gojim weniger Abscheu erregen, sondern vielmehr als *Versuchung* einer durchaus attraktiven Normalität verstanden werden (Prudky, 180). Überhaupt scheint mir die jüdische Identität nicht so sehr negativ definiert, wie ihr oft unterstellt wird, also nicht so zu sein wie die Heiden, sondern in erster Linie positiv, und zwar durch die leitmotivische Bereitschaft, die Bindungen an Erde, Haus, die ägyptischen Fleischtöpfe, ja sogar die Familie (siehe die Opferung Isaaks) aufzugeben. Das positive Selbstverständnis wird noch verstärkt durch das häufig wiederholte Gebot von 2. Mose 22 f.: Die Fremdlinge sollst du nicht bedrängen und bedrücken; denn ihr seid auch Fremdlinge in Ägypten gewesen.[3] Aus der Typik fällt die jüdische Tradition übrigens auch durch ihre Einstellung, bei Katastrophen nicht nach Sündenböcken zu rufen (obwohl der Sündenbock gewiß eine alttestamentarische Figur ist: 3. Mose 16, 20 f.), sondern nach der *eigenen* Schuld, den eigenen Sünden. Es geht dabei nicht so sehr um die Tatsache, daß die Juden jahrtausendelang immer wieder selbst zum Sündenbock geworden sind, der in den Augen der verfolgenden Menge die gestörte Gemeinschaft reinigt und versöhnt: eher hatte man sich von magischer Religiosität entfernt, die das verfolgte Opfer in einen Gegenstand des Kultes und religiöser Verehrung verwandelte (R. Girard, 28, 76, 116 f.).

Ich gebe zu: Die Exklusivität dieser Motive dürfte sich bei empirischer Betrachtung vermindern; möglicherweise ist der Unterschied, insbesondere in der späteren defensiv-durchritualisierten Praxis, weniger groß als im geistigen Entwurf. Aber wir kennen ja alle das Zurückfallen von der großen Idee in die Banalität des allzumenschlichen Alltags – von der Bergpredigt zur Staatskirche oder vom Pathos der Menschenrechtsdeklaration zum revolutionären Terror. Deshalb drängt sich die nicht abzuweisende Frage auf: Sind wir nicht alle stärker durch anthropologische Konstanten, die «condition humaine» bzw. genetische Codes bestimmt, als unserer idealistischen Zivilisationsrhetorik lieb ist?

III.

Ein Blick in die Verhaltensforschung kann uns möglicherweise vor Selbsttäuschungen bewahren. Irenäus Eibl-Eibesfeldt beschreibt in diesem Zusammenhang z. B. einige den höheren Primaten und den Menschen gemeinsame Verhaltensweisen, wie da sind: Abgrenzung von Gruppen, ihre territoriale Verteilung, die Herstellung von Rangordnungen, wobei nach außen und innen aggressive Regungen, Imponiergehabe, submissive Beschwichtigungen, die Unterdrückung von Außenseitern universale Gültigkeit zu besitzen scheinen. Wichtig sind ihm Einrichtungen, die verhindern, daß Kämpfe zwischen Gruppenmitgliedern eskalieren und den Zusammenhalt der Gruppe gefährden; zu den Resten solcher unbewußter Gruppenmechanismen zählt noch der brutale Spott einer Schulklasse über Nichtnormgerechte, Dicke, Krüppel, Stotterer (Eibl-Eibesfeldt, 77 ff., 108 f.). «Das erste Erkennen einer Anomalie ruft Angst hervor, darauf folgt Unterdrückung oder Meidung.» (Mary Douglas, 16).

Fremdenfurcht, die Neigung, geschlossene Gruppen zu bilden und aggressiv auf Eindringlinge zu reagieren dürften gesichert als angeborene, nicht gelernte, universale Regungen betrachtet werden. Daraus ist allerdings kein eindeutiges, konstantes «artgerechtes Verhalten» abzuleiten, sondern eine Vielfalt von Verhalten*schancen,* letztlich eine große Komplexität und relative Offenheit, die durch soziale Erfahrung aufgefüllt werden kann. Dem entspricht eine weitgehend flexible Gruppenbildung, die die Abgrenzung variabel bzw. manipulierbar werden läßt. Mit anderen Worten: das Gruppenverhalten ist situativ herstellbar aus zufällig entstandenen Wir-Bildungen und nicht unbedingt nach ethnischen oder gar biologischen Merkmalen. Das unterstreicht die eminente Bedeutung von gesellschaftlichem Training, beruhend auf Lernfähigkeit und Erziehbarkeit. Menschliche Gruppen können beispielsweise untereinander durch Austauch, Exogamie, Handel, gemeinsame Rituale, kulturelle Angleichung Vertrauen herstellen und das Feindverhältnis abbauen, oder aber umgekehrt Kampflust und Aggressivität erzieherisch fördern. Man spricht von einem Normenfilter, das eine Homöostase-Störung entweder mit Aggressionen beantworten oder als quantité négligeable einstufen läßt (Eibl-Eibesfeldt, 129 f., 142 f.).

Nun ist es gewiß richtig, daß in Bedingungen, wo entweder eine zentrale Schlichtungsinstanz fehlt oder eine Bedrohung wichtiger Ressourcen zumindest empfunden wird, die dünne Decke des erlernten Miteinanders zusammenbricht und die genetisch, evolutionsbiologisch erworbenen xenophoben Anlagen freigesetzt werden. Gibt es die aber überhaupt? Es ist wahrscheinlich eine illusorische Wunschvorstellung hochrespektabler Friedensfreunde, einen prinzipiell friedlichen Urmenschen anzunehmen: alle uns bekannten archaischen Ethnien sind grundsätzlich kriegerisch und xenophob, wobei der Krieg den Kitt für das Wir-Gefühl liefert. Trotzdem, und das ist nicht nur meine These, hängt es *nicht* von der Biologie ab, ob die dem Menschen inhärente ethnozentrische Wahrnehmungs- und Handlungstendenz in Fremden*haß* umschlägt. Die menschlichen Gruppen waren selten isoliert, sozusagen autistisch-selbstgenügsam, sondern haben – neben kämpferischer Auseinandersetzung –, schon zur Inzestvermeidung, auch miteinander kooperiert. So gibt es in der Regel über den Clan hinaus vorteilhafte Beziehungen des Nehmens und Gebens, mit den Worten des Ethologen Wulf Schiefenhövel, eben auch eine tüchtige Portion Xenophilie als eine unserer Spezies von Anfang an gegebene produktive Möglichkeit (Schiefenhövel, 370 f.).

Die Verhaltensforschung kann nur biologisch bedingte Verhaltens*tendenzen* feststellen, die sich von Fall zu Fall durchsetzen können, aber keineswegs müssen: Angst vor dem Unbekannten steht in unseren Anlagen neben der Neugier auf Unbekanntes, also der Zuwendung und Kontaktaufnahme; Gruppenabgrenzung neben Gruppenoffenheit; Mißtrauen und Verdächtigung neben geheiligter Gastfreundschaft bis hin zur Gemeinsamkeit einer gestifteten Quasi-Verwandtschaft. Man hat darauf hingewiesen, daß das Altgriechische den Terminus *Xenophobie* gar nicht kennt, wohl aber die *Philoxenia* (Gastfreundschaft). Nur sagen Worte noch nicht viel über tatsächliche Praktiken aus. Jedenfalls kann die Herodotsche Fähigkeit zur

Distanzierung von eigenen Wertvorstellungen und ein entsprechend wertneutraler Barbarenbegriff keinen Anspruch auf allgemeine Verbreitung bei den Hellenen erheben (W. Nippel, 14 f.; Koselleck, 218 ff.).

Wenn ich unsere bisherigen Überlegungen zusammenfassen darf, dann ist es vor allem fragwürdig, von der *Ambivalenz* menschlicher Handlungsdispositionen abzusehen und von sozialen Notzuständen, in denen genetisch bedingte Verhaltenselemente wirksam werden können. So gibt es in dieser Hinsicht wohl keine *objektive* Toleranzgrenze, also etwa einen bestimmten prozentualen Ausländeranteil, der gerade noch verkraftet werden kann, während bei Überschreitung dieser Grenze notwendig Akzeptanz in Aggression umschlägt. Gewalt ist nicht das Ergebnis genetischer Zwänge, sondern kultureller Stigmatisierung aufgrund mangelnder Vertrautheit und mangelnden selbstsicheren Umgangs mit Menschen unterschiedlicher Herkunft, Sprache, Sitten, Eßgewohnheiten usw. (Kattmann, 381).

Vielleicht ist es kein bloßer Rest von Gemeinschaftsideologie und romantischer Wunschprojektion in die Dritte Welt, wenn gegen die harsche Forderung nach zivilisatorischer Gleichschaltung des Subproletariats der Arbeitsmigranten und ihrer spontanen Lebenswelten das Programm des *Multikulturalismus* gesetzt wird (Radtke, 85 f.). Das Programm ist aber insofern problematisch, als es das bloße Nebeneinander quasi isolierter Monaden unterstellt, statt der gegenseitigen Öffnung zum Miteinander; die Konservierung statt des neugierigen Voneinander-Lernens. Ich möchte hinzufügen: Was immer gegen die universelle Zuständigkeit westlicher Werte vorgebracht werden mag, gerade der Multikulturalismus braucht vorgegebene Spielregeln und übergeordnete Wertvorstellungen vom Typus einer liberalen Verfassung bzw. der Menschenrechte, die nicht zur Disposition stehen sollten. Die soziokulturellen Minderheiten, die unter dem Schutz der Gesetze und Institutionen unserer liberalen Gesellschaft stehen, orientieren sich ja kaum an diesen, sondern an ihren gegen Kritik immunisierten Codes. Sie beanspruchen eine Toleranz, die sie selbst nicht kennen und ein Wertsystem, das sie gegebenenfalls als «kulturimperialistisch» diffamieren (H. Ritter, in: Grenzfälle, 364).

IV.

Wie eingangs erwähnt, wird Gruppenidentität, die die eigenen Wertvorstellungen und Verhaltensmuster festmacht, nicht biologisch vererbt, sondern *erlernt*. So auch das Bild des Fremden. Das Eigenbild und das des Fremden[4] sind immer aufeinander bezogen, wie rechts und links, hell und dunkel: es sind konträre Begriffspaare, die Erfahrungsräume gliedern und Handeln ermöglichen. Eine besondere Form dieser Zweiteilung kann man etwa bei Platon finden, wenn er den Krieg zwischen Hellenen als unnatürlichen Bruderzwist vom Krieg gegen Barbaren als berechtigten und mit aller Härte zu führenden Kampf grundsätzlich voneinander abgrenzt. Er leitet den Unterschied von angeblichen substantiellen Vorgegebenheiten ab, will aber mit seiner Fiktion der Höherwertigkeit der Hellenen vor allem politische Handlungsanleitungen vermitteln (Koselleck, 220 f.).

Projektion Das ambivalente Eigenbild wird durch derartige Polarisierungen gefestigt, indem die negativen Eigenschaften ins Bild des minderwertigen anderen verbannt werden – eine Art Psychohygiene, die Psychoanalytiker schon beim Kleinkind beobachtet haben: das Eigene wird zum *Guten* um so mehr, wie es gelingt, das Verpönte und Verleugnete auf das Fremde zu übertragen.[5] Die projektive Verzerrung des Bildes vom Fremden konsolidiert das scheinbar oder tatsächlich bedrohte Eigene, wobei die Angstabwehr nach Meinung der Analytiker zur Regression auf eine seelisch frühe, undifferenzierte Bindung führen kann. Man spricht unter Bezug auf den Nationalismus von narzißtischen, frühinfantilen Vereinigungs- und Verschmelzungswünschen, von affektiven Einbindungen ins organische Ganze (Bohleber, 703 f.). Auch die Kinderpsychologie weist schon bei Kleinkindern die «radikale» Neigung auf, ihre eigene Schwäche durch Identifizierung mit einem skrupellosen, quasiallmächtigen Helden zu kompensieren: das ermöglicht ihnen, das unlustvolle Erleben der eigenen Unvollkommenheit und Abhängigkeit zu vergessen, zu «überspielen». Die Kinder immunisieren sich durch solche Abspaltungen gegenüber den eigenen Gefühlen und damit auch dem Mitgefühl gegenüber noch Schwächeren. Die Jagd auf Außenseiter schafft sodann untrüglich die solidarische Einheit der Peiniger (Ute Benz, 27 ff.).

Carl Schmitt hat die Unterscheidung von Freund und Feind als den äußersten Intensitätsgrad einer Verbindung oder Trennung bezeichnet, der aber nicht durch vorherige, vorpolitische Neigungen und Werturteile zustande kommt. «Der politische Feind braucht nicht moralisch böse, er braucht nicht ästhetisch häßlich zu sein ... Er ist eben anders, der Fremde.» (Schmitt, Begriff, 27). Das heißt aber doch, daß das eher ambivalente, undurchsichtige andere zum *bedrohlichen* anderen stilisiert werden muß, dem die moralische Signifikanz abgesprochen wird; daß es also der Abrichtung bedarf, um den unheimlichen anderen zum *Feind* zu machen, ihn seiner konkreten menschlichen Eigenschaften zu berauben; schon militärischer Drill setzt die natürliche Tötungshemmung, das Unrechtsbewußtsein nämlich, weitgehend außer Kraft. Eine totalitäre Binnenmoral bezieht sich dann programmatisch nicht auf Menschen außerhalb der verabsolutierten Gruppe, die Handlungen gegenüber zu Feinden deklarierten Menschen rechenschaftsfrei werden läßt (Jäger, Verbrechen, 310 f.).

Ich möchte das psychoanalytische Modell nicht überstrapazieren, aber doch noch den Gedanken festhalten, daß *Kultur* eben nicht nur konserviert, sondern auch «entfremdet», also Grenzüberschreitung, Neugier auf Fremdes, Auseinandersetzung mit dem Fremden, Wettbewerb, Antworten auf Herausforderungen von außen einschließt. Es gibt zugegeben Abwehrphasen, in denen die Grenzen dichtgemacht, Mauern gebaut und identitätsstiftende Rituale veranstaltet werden; aber in Phasen konsolidierter Zivilisation wagt man sich über das Bekannte, Verwandte und «Behauste» hinaus. Mario Erdheim hat vor kurzem in Abwandlung des bekannten Freudschen Titels pointiert vom «*Unheimlichen der Kultur*» gesprochen. Das Familienhafte ist eben nicht das Grundelement der Kultur, sondern gerade dasjenige, wovon sich Kultur zu lösen hat, weil zuviel Identität und Intimität, Innovation, Wachstum, Öffentlichkeit, Vernunft behindert (Erdheim, 736 f.).

Der Ansatz scheint mir fruchtbar, weil er ermöglicht, einige Regungen – nicht nur in unserer Zeit – besser zu verstehen und einzuordnen. Schneller sozialer Wandel mag tatsächlich die Chance enthalten, sich von den stationären Bindungen und familienhaften Gewißheiten frei zu machen und, indem man sich auf unvertraute Situationen einläßt, sozusagen das eigene Fremdsein existentiell zu erleben. Mobilität zieht nach sich einen Anpassungszwang, die Auseinandersetzung mit neuen Herausforderungen, die Freisetzung von Kreativität. Das ist aber immer nur eine Seite der Sache. Beschleunigter Wandel führt auch zu Verunsicherung, Unbehagen, Orientierungslosigkeit, wenn nicht archaischen Ängsten. Anders als Erdheim, glaube ich, daß gerade Jugendliche, die von der Familie alleingelassen und von der immer komplizierteren und anonymeren Leistungsgesellschaft überfordert werden, häufig zu kompensatorischen, im Grunde infantilen[6] Bindungen zurückstreben. Daher die Attraktivität der Zeichen und Symbole, die regressive Sucht nach *erstarrten Identitätsformen,* nach Fixierungen, die keinen kontinuierlichen Lernprozeß, keine Zumutung des Selbstdenkens und der Eigenverantwortung (Th. Meyer, 18) erfordern; die Suche nicht zuletzt nach Befriedigungen, die die eigene Unsicherheit durch ängstliche Abgrenzung und Abwehr des Fremden abreagieren.

V.

Dazu ein paar Beispiele, die über das notorisch Bekannte (den wohlerforschten Antisemitismus)[7] hinausgehen. Die Begegnung der Europäer mit überseeischen Kulturen in der frühen Neuzeit war sicher von der Gier skrupelloser Konquistadoren nach Edelmetallen und der Arroganz einer vermeintlich höheren Kultur gegenüber rechtsunfähigen Wilden geprägt. Die Christen kämen vom Himmel und seien auf der Suche nach Gold, ließ Kolumbus den Indianern sagen. Das ist eine aufschlußreiche Formel, die vielleicht nicht nur Zynismus verrät, sondern auch die Suche nach dem Goldenen Zeitalter, das Humanisten wie Pedro Martir oder León Pinelo in der neuen Welt vermuteten (Strosetzki, 18 f., 53, 59 ff.). Gewiß litt die Wahrnehmung des anderen unter der Projektion des eigenen, d. h.

man nahm die Eingeborenen nicht als Subjekte, sondern nur als Objekte
wahr: in Kolumbus' Schiffstagebuch sieht er in ihnen sanfte Schafe und
kindlich-willige potentielle Untertanen (Niess, 39). Die «Suchbilder» der
Entdecker reichten von paradiesischer Unschuld, die die Nacktheit der
Indianer zu beweisen schien, und wofür sich Kolumbus übrigens Hebrä-
isch- und Aramäisch-Kenner als Dolmetscher mitnahm, bis zur Erwartung
hundsköpfiger Monster oder kriegerischer Frauen, die sich in der Benen-
nung des Amazonasstroms niederschlug (Nippel, 32).

Das Entzückern der Entdecker[8] schlug dann allerdings schnell ins Gegenteil um, wobei die Gegenwehr der Betroffenen nicht nur spanischen
Zwang rechtfertigte, sondern auch zur Karikatur des Bildes vom *guten
Wilden* in das eines *kannibalischen* führte, – eines in widernatürlicher Un-
zucht und Götzendienst lebenden Wesens. Zur Begründung des sich an-
bahnenden Genozids griff man auf die aristotelische Lehre zurück, wonach die Barbaren nur begrenzt mit Vernunft begabt seien, so daß ihnen
die Sklaverei so zuträglich sei wie den Tieren die Zähmung (Politik 1254a).
Die Andersartigkeit rief verständnislose Abscheu hervor (Fernando de
Oviedo), blieb aber daneben ambivalent insofern, als Unverbildetheit, Na-
turverbundenheit, Freiheit von Zwängen, Gastfreundschaft ein Fascinosum
sein konnten. «... es gibt unter ihnen kein persönliches Eigentum, weil
alles gemeinsam ist», berichtete Amerigo Vespucci (1502); «sie kennen keine
Bezeichnung für Reich und Provinz; sie haben keinen König; sie gehorchen niemandem, jeder ist sein eigener Herr.» (Schmitt, Dokumente II,
177: König, 50 ff.) Natürlich waren Kirchenmänner wenig geeignet für
vorurteilsfreies Herangehen an die Indianer; andererseits haben die Annahme einer gemeinsamen Herkunft von Adam und Eva sowie der Be-
kehrungsauftrag eine gewisse Brücke zu den «Wilden» gebaut. Ich kann
nicht näher auf die Debatte, etwa die Positionen des Dominikaners de
Vitoria, eingehen, der 1539 argumentierte, die indischen Barbaren zeigten
durchaus Zeichen von Vernunft, wenn sie auch Jahrtausende ohne eigene
Schuld außerhalb des Heils gestanden hätten: es gebe jedenfalls kein Recht
auf Aneignung ihres Landes und auf gewaltsame Durchsetzung des christlichen Glaubens, bestenfalls den Auftrag, sie von Kannibalismus und Men-
schenopfern abzuhalten (Nippel, 46).

Dieser Rest der ursprünglichen Faszination durch das Unbekannte und
Fremde, eine Haltung, die es nicht nötig hatte, sich durch Diabolisierung
vor diesem zu schützen, war dann auch ein wichtiger Impuls, zu *übergrei-
fenden* Menschenbildern zu gelangen. Montaigne etwa verglich die rituelle
Menschenfresserei der Wilden in selbstkritischer Absicht mit den Qualen,
die Christen anderen Christen am lebendigen Leib zufügen: Die Menschen unterscheiden sich wohl in ihren Lastern nicht allzusehr voneinander. Einem anderen Beobachter, dem Jesuiten Lafitau, diente später die
Gesellschaftsordnung der Indianer (1724) eher zum Beweis einer positiven
allgemeinen Übereinstimmung der Völker in Ansehung eines höchsten

Wesens, auch einer Analogie der Sitten, Institutionen, Gesetze und Verwandtschaftsstrukturen mit Völkern des europäischen Altertums, die ja auch einmal «Wilde» gewesen waren – allerdings respektierte. Über die Relativierung der eigenen tradierten Wertvorstellungen hinaus bahnt sich hier die umgekehrte, nämlich zivilisationskritische Perspektive an: die Denkfigur des *«glücklichen Wilden»*, der die Raffinessen des zivilisierten Lasters und Überflusses nicht kennt.

Den Indios hat das gewiß nicht allzusehr genutzt. Wir haben aber zumindest ein Beispiel gewonnen für den möglichen Umgang mit dem ambivalenten Fremden, die möglichen Reaktionen auf die Begegnung mit anderen Formen des Menschseins: von der selbstgerechten Leugnung der menschlichen Qualität des Fremden über Versuche, es als Denkanstoß zu nutzen, bis hin zu seiner Höherbewertung gegenüber der eigenen Kultur. Es gab also durchaus eine gewisse Bereitschaft, sich der neuen Welt zu öffnen, den eigenen Werthorizont zu korrigieren, die «Wilden» in den bisherigen Erfahrungsraum einzubeziehen. Allerdings folgte unmittelbar auf die Erweiterung des Horizonts – nicht zuletzt durch Humanismus und Renaissance – die erschreckt-fundamentalistische Verhärtung. Zu den Opfern zählten natürlich die Juden, deren Verfolgung und Ausweisung aus Spanien vielleicht nicht zufällig mit Kolumbus' Entdeckungsfahrt zusammenhängt (W. Otto, 52). Eine mögliche Parallele bildet auch der Umgang mit den bis dahin eher missionierten als verfolgten *Hexen,* deren massenhafte Ausrottung ungefähr zeitgleich und aus analoger geistig-psychischer Verfassung einsetzt.

VI.

Lassen Sie mich noch etwas über die sich wandelnden Freund-Feind-Bildungen der europäischen Neuzeit sagen. Wir wissen, daß das Christentum zunächst alle bisherigen Identitäten und Abgrenzungen – Hellenen und Juden, Gebildete und Ungebildete, Freie und Sklaven – relativiert bzw. eingeebnet hatte. Allerdings hat sich seine neue Kristallisation schnell zu konfessioneller Ausschließlichkeit, d. h. zu «asymmetrischen Zweierformeln» hinbewegt, die die Gegenseite negativ kennzeichnen, bis hin zur Rechtfertigung eines «gerechten Vernichtungskrieges»[9]. Mit anderen Worten, wenn der geistige Kern des Christentums eine Form der Identität darstellt, die sozusagen vom *Du* her bestimmt ist, und auch nicht von dem, was *ist,* sondern von der Transzendenz (Brunner, 10), dann zeigt sich allerdings in der Realgeschichte etwas anderes: ein ständiges Zurückfallen von dieser Offenheit und Souveränität des Glaubens und des Suchens nach dem Wahren auf dogmatische Festlegungen, Institutionalisierungen und abstützende Riten; auf dementsprechende selbstgerechte Ausgrenzungen.

Nicht von diesen soll hier die Rede sein, sondern von den *neuzeitlichen* Polarisierungen. In Humanismus und Aufklärung hatte es die Hoffnung gegeben, daß ein umfassender Menschheitsbegriff alle konfessionellen Diskriminierungen aufheben und die ständigen Bürgerkriege zwischen Christen ebenso beenden würde wie den Gegensatz zwischen Christen, Heiden und Juden. «Ohne daß sonst noch etwas dazu käme, müßte der gemeinsame Name Mensch genügen, daß Menschen zu einer Verständigung kommen.» (Erasmus, Querela pacis). Die Hoffnung trog, nicht anders als seinerzeit die in die friedensstiftende christliche Ökumene gesetzten. Die Säkularisierung war eine wichtige modernisierende Kraft, aber eben nicht die einzige. Allmählich verblaßten zwar die traditionellen Orientierungen, aber mit dem Verschwinden Gottes aus dem Diskurs kehrten die Erdengötter an den Werthorizont zurück. So ist es kein Zufall, wenn *sakrale* Begriffe immer wieder auf *profane* Dinge übertragen, und die neuzeitliche Staatsbildung, die Schaffung politischer und kultureller Identitäten stark von religiösen oder pseudoreligiösen Elementen mitgeprägt wurde.

Statt des mittelalterlichen Universalismus und der übergeordneten Autoritäten entstehen somit souveräne Machtstaaten, die weiterhin auch sakrale Autorität beanspruchen und sich vor allem immer neue Kompetenzen anmaßen – Ehe, Familie, Schule, Armenfürsorge, Kirchenleben, ja sogar die Wirtschaftspolitik wird staatlicher merkantilistischer Regulierung unterworfen. So wird mit absolutistischen Mitteln nicht zuletzt geistig-mentalitätsmäßige Vereinheitlichung durchgesetzt (Schilling, 195 ff.). Diese erzwungene innere Einheit dient der Machtballung und expansiven Selbstbehauptung; von Spanien bis Schweden bilden sich missionarische Frontstellungen und außenpolitische Gegnerschaften heraus, die das Zeitalter des *Nationalismus* einläuten.

Zwar gehen die ethnischen und die politischen Bedeutungen des Nationsbegriffs erst seit dem späten 18. Jahrhundert eine Bindung ein, indem der alte Territorialstaat sich mit neuen gemeinschaftstiftenden Codes auffüllt oder sich ihnen unterordnet. Dabei entsteht, z. T. durch Kumulierung alter Symbolgestalten, Stereotypen und Vorurteile, regionaler Erinnerungen, eine hochemotionale Gemeinschaftsideologie. Diese wird, nicht zuletzt durch die Inszenierung fiktiver Gemeinschaftserlebnisse, zur nicht mehr hinterfragbaren obersten Berufungsinstanz; die, noch kaum vorhandene Nation wird durch eine Galerie von Kriegern, Dichtern, Sehern und Märtyrern, aber auch ein Register erfahrener Kränkungen und Unterdrückungen (Kaschuba, 59 ff.) sowohl positiv aufgewertet wie durch Negativstereotypen gegen das «Artfremde» abgegrenzt. Es ist immer analog wie im Deutschland des 18. Jahrhunderts, wo man das Zerrbild französischer höfischer Verweichlichung, Galanterie und Immoralität gegen angeblich deutsche Aufrichtigkeit und Biedersinn kontrastiert, während man in Frankreich am Autostereotyp kultureller und politischer Überlegenheit gegenüber der Barbarei der gefräßigen, hinterwäldlerischen pedantischen Deutschen festhält (G.-L. Fink, 455 ff.).

Ich möchte jetzt nicht auf die weiteren Schicksale dieser Stereotypen eingehen, die Selbstzweifel auf beiden Seiten, das Aufkommen eines positiveren Deutschlandbilds unter taciteischem Vorzeichen und auch nicht auf die krisenhaften Zuspitzungen im Zeichen von Revolution und Napoleonischen Kriegen, obwohl gerade sie meiner Meinung nach gar nicht zu überschätzen sind und das Handeln der Menschen bis ins 20. Jahrhundert hinein oft auf fatale Weise beeinflußt haben. Natürlich hat die nationale Identität den Menschen auch Halt geboten, Sinn vermittelt, politisches Handeln strukturiert, wer wollte das leugnen. Sie hat andererseits unüberwindliche *Grenzen* geschaffen, aus Nachbarn Feinde gemacht, durch kollektive Emotionen die «Hörigkeit geschlossener Kollektive» geschaffen (Th. Meyer, 21), durch die Verabsolutierung eines einseitigen, nur scheinbar selbstverständlichen Wertsystems eine angemessene Wahrnehmung der Probleme unserer Zivilisation behindert. Es kann sein, daß die großräumige Organisation unserer modernen Welt, ihre vielfältigen Abhängigkeiten, ihre große Mobilität gerade den Wunsch nach *Unterscheidung* und Abgrenzung aufkommen läßt. Nichtsdestoweniger sollte der Rückkehr geschlossener Gemeinschaftscodes sowie Versuchen, sie als heilsames Gegengewicht gegen die anonyme Leistungsgesellschaft aufzuwerten, mit einigem Mißtrauen begegnet werden: Wir können es uns kaum leisten, uns der globalen Verantwortung durch Fluchtbewegungen hinter Mauern kultureller Scheingeborgenheit zu entziehen.

VII.

Zum Abschluß ein letztes Fallbeispiel, das zeigen soll, daß Ausgrenzungen weder ethnisch noch religiös bedingt sein müssen. Ich meine den Umgang mit *Armut,* der überraschend analoge Polarisierungen, Freund-Feind-Beziehungen, Ängste und Aggressionen hervorrufen konnte. – Wahrscheinlich sollte man die praktische Wirksamkeit der Seligsprechung der Armen nach Lk 6, 20 in der christlich geprägten Kultur nicht überschätzen – trotz der Verbindung von Armut und Arbeit im Mönchsideal und der Armenfürsorge als Herrscherpflicht und Bestandteil der Adelsethik. Dennoch dürfte es seit dem Spätmittelalter tatsächlich zu einer mentalitätsmäßigen Wandlung und damit zu einer weit negativeren Einstellung gegenüber bis dahin geduldeten Randgruppen gekommen sein. Die Toleranzgrenze gegenüber Normverletzern, «Herrenlosen», Bettlern, Fahrenden, Dirnen, wird enger: sie werden zur unerträglichen Plage (Graus, 395 f.).

Vielleicht war angesichts diverser Katastrophen, die nicht zuletzt zu einem gewaltigen Zustrom der Landbevölkerung in die Städte geführt hatten, die klösterliche Fürsorge an ihre wirtschaftlichen Grenzen gelangt

(Oexle, 80 ff.). Jedenfalls tritt seitdem die weltliche Obrigkeit stärker als regulierender Faktor auf, mit dem Bestreben, die verschiedenartigen Marginalen als «Arbeitsscheue» zusammenzufassen, zu brandmarken, zu segregieren. Die «Gegengesellschaft» soll unter Kontrolle gebracht, ihre «Betrügereien» entlarvt und unterbunden werden (Jütte, 35 ff., 54 f.). In der auch von oben geförderten Markt- und Leistungsgesellschaft gilt *Nichtstun* weit eindeutiger als Sünde, ja als Sünde schlechthin, weshalb unterschiedsloses Almosengeben verboten und – keineswegs nur im protestantischen Bereich – die Erziehung zu Fleiß, Ordnung und Mäßigkeit verordnet wird.[10] Der Arme wird damit zum Asozialen gestempelt, zum Objekt der Überwachung, der Eingrenzung und diverser Disziplinierungsmechanismen, auch des Abscheus.

Eine Flut von Anordnungen beschäftigt sich äußerst mißtrauisch immer wieder mit den Nichtnormgerechten, Marginalen, und das sind nicht nur das «unflätige Gesindlein fauler müßig- und betrüglicher Leute» wie Landstreicher, Zigeuner, Gaukler, fremde Bettler, entlassene Soldaten, vagierende Schüler, die an den Pranger gestellt, ausgepeitscht, ausgewiesen werden sollen (Stolleis). Die Disziplinierung gilt auch den *einheimischen* Unterschichten, jenen «bettlerischen Drohnen, die überflüssigerweise von anderer Leute Arbeit leben», wie der Philosoph John Locke (1697) ziemlich drastisch bemerkte. Seiner Meinung nach könne «solcherlei Gesindel ... rasch auf eine sehr geringe Zahl zurückgedrängt, wenn nicht gänzlich ausgemerzt werden» (Locke, 272, 277). Es geht nicht einfach um Integration und Fleißpredigt, also den Unterschichten ihre unbürgerlichen Lebensweisen und Arbeitsgewohnheiten auszutreiben: ihren fehlenden Sinn für Regelmäßigkeit und Voraussicht, ihre Trunksucht, ihr ständiges kollektives Feiern, ihr Protestverhalten und ihre mangelnde Hygiene. Von den *classes dangereuses* geht schon vor der Französischen und vor der Industriellen Revolution etwas Erschreckendes aus: die Bestie darf nicht gereizt, muß aber in Schranken gehalten werden. Die alte Haus-, Tisch- und Gebetsgemeinschaft hat sich aufgelöst und die Unterschichten werden auch räumlich distanziert. Von der «Peripherie» gehen alsbald reale und irreale Ängste aus, mischen sich zu einem unauflösbaren Syndrom; imaginäre und tatsächliche Scheidewände werden errichtet.

Alain Corbin hat von geradezu zwanghafter Angst der Mittelschichten, und zwar konkret vor Gestank und Dreck des Volkes, gesprochen und einen Zusammenhang zwischen Desinfektion und Unterwerfung hergestellt. Mit dem Rückgang der Verpestung würde auch die moralische Verwahrlosung der Proleten aufhören: die Hygiene erscheint einem Berichterstatter des französischen Gesundheitsamtes 1821 als treffliches Zähmungsmittel gegen die «Laster der Seele»; «ein auf Sauberkeit bedachtes Volk ist bald ein Freund der Ordnung und Disziplin.» (Corbin, 209). Das könnte zwar auch als Hilfs- und Integrationsbotschaft an die Benachteiligten verstanden werden[11], war aber vor allem eine Bändigungsstrategie gegenüber einer mit Angst besetzten, bedrohlichen und unberechenbaren Macht. Dem widerspricht nicht, daß hier ein Hin und Her zwischen Faszination und Ekel stattfindet, das sich aus der Attraktivität des Verpönten und Verdrängten, durch Scheidewände Abgetrennten ergibt.[12]

Ich kann diesen Gedankengang nicht weiterverfolgen, obwohl er mir gültig erscheint auch für die anderen Formen der kollektiven Identitätsbildung durch Absonderung vom schlechten und gefährlichen anderen. Nicht erörtert habe ich die Reaktion der Ausgegrenzten, auf die sich ja meistens – wie durch prügelnde Eltern – die Art des Umgangs mit ihnen mimetisch überträgt: man ahmt in Haßliebe das uneingestandene Vorbild nach bzw. streitet um ein unteilbares Erbe. «Es gibt nur noch feindliche Brüder, und alles, was man tun kann, ist, sie vor ihren mimetischen Wünschen zu warnen» (R. Girard, 188). Aus Haßliebe entstehen geschichtliche Paradoxien, wie die spanisch-christliche Sehnsucht der von der Inquisition geschundenen, zum Judentum zurückgekehrten Marranen (»von Spanien verhöhnte Spanier» – Poliakov), die grenzüberschreitende Seuche verfeindeter nationaler Zwillingsbrüder, ebenso wie die ideologische «gegenkulturelle» Selbstaufwertung der ausgegrenzten Armen: Max Weber sprach von «hysterischem Selbstgenuß» des Proletariats, der «ökonomisches und politisches Denken und Handeln ersetzt und verdrängt» (Weber 1958, 62).

Wahrscheinlich sind wir überfordert mit dem Gebot eines unvoreingenommenen Aufeinander-Zugehens und der Loslösung von Gruppen-Idiosynkrasien gegenüber Eindringlingen und Normabweichlern. Vielleicht ist die Vorstellung eines nicht nur gelassenen, sondern geradezu lustvollen Erlebens der fragmentierten modernen Existenz eine Utopie. Insbesondere in Krisen vergessen wir schnell das gelernte Miteinander, auch unsere *vielfältige Identität,* und ordnen uns ängstlich in die Gruppe und unter den Schutz ihrer Symbole ein. Um so wichtiger ist es, vor dieser zweifellos vorhandenen Neigung nicht noch ideell und kulturpolitisch zu kapitulieren. «Um aber Zynismus zu hassen, braucht es nicht Nation» (Christoph Dieckmann in: Die Zeit 10. 12. 1993). Das Konstrukt eines ethnisch homogenisierten Staatsvolkes taugt nicht als höchster Orientierungspunkt im Chaos unserer unheilen Welt. Es ist zu klein und zu groß für die Intellektuellen, für die Manager und für die einfachen Leute.

Hermann Broch hat Kultur «Panikbeschwichtigung» genannt: ich möchte hoffen, daß die Panikreaktion der Massenbildung (und der Freund-Feind-Abgrenzung) nicht die einzige genetisch vorgegebene menschliche Verhaltensweise bildet; daß kulturelle Sublimierungen unserer anthropologischen Natur nicht vergehen wie Spuren im Sand und Biologie nur ein Teil dessen ist, was in unser Handeln einfließt. Sonst müßte ja der Lehrer verzweifeln.

Bernd Funck

Griechen im Perserreich

Einleitende Bemerkungen

In den Altertumswissenschaften ist es üblich, von der Antike und dem Alten Orient zu sprechen, im synonymen Sinn verwendet man auch die Namen der Leitvölker, indem man von Griechen und Römern oder von Babyloniern, Assyrern und Ägyptern redet. Damit scheinen die beiden Zivilisationskreise im Grunde umschrieben, innerhalb deren die Kultur des Altertums sich vollendet hat, sieht man einmal von Indien und China ab, die, so ungerechtfertigt das auch sein mag, aus dem herkömmlichen Betrachtungsmuster herausfallen. In Wahrheit haben wir es in beiden Fällen mit einer gewaltigen ethnischen Vielfalt zu tun, die darüber hinaus auch von einem steten Austausch, einem dauernden gegenseitigen Überschneiden dieser Kreise geprägt ist. Es kommt einer drastischen Vereinfachung gleich, will man davon ausgehen, es habe aufgrund der technischen Unzulänglichkeiten nur unzureichende Möglichkeiten der Beziehungspflege gegeben. Dagegen spräche bereits der hohe Grad ethnischer Splitterung im Altertum: ein Blick in Strabons Werk über die Geographie der Alten Welt belehrt uns über den großen Reichtum an Völkerschaften, Stämmen, Ländern und Reichen, mit denen wir rechnen müssen, sobald wir uns anschicken, über ihr Verhältnis zueinander, über Koexistenz und Widerstreit derselben nachzudenken. Führen doch Schriftsteller wie Strabon höchst anschaulich vor Augen, daß man die Welt kannte, daß man sich für ihre Beschaffenheit im einzelnen durchaus lebhaft interessierte, daß sie Gegenstand und Inhalt des Weltbildes war. Strabon steht hier in einer großen und langen Tradition, die mit den ionischen Welterkundlern einen wichtigen Meilenstein in früherer Zeit setzte, waren doch die Griechen im Grunde ein «fahrendes Volk» und ihr historischer Weg von Migration und Kolonisation nachgerade gezeichnet.[1] Für manche Regionen der Antike sind geographische Nachrichten oft das Einzige, was uns die alten Quellen bewahrt haben, wobei in der Regel, aber nicht immer, mit einer Mischung aus geographisch-ethnographisch-historischem Material gearbeitet werden muß.[2] Die Existenz indessen eines solchen literarischen Genres demonstriert doch hinlänglich die große Bedeutung, die die Alten selber dieser Art von Information beimaßen.

Wie die Griechen das Perserreich sahen

Ktesias von Knidos, jener griechische Arzt, der sich um 400 v. Chr. am Hof des zweiten Artaxerxes lange Zeit aufgehalten hat und viele interne Kenntnisse, landläufige Legenden und Histörchen über das große Reich im Osten sammelte und in seinem Werk «Persiká» verarbeitete, hält sich bei aller griechischen Fabulierlust an dieses Raster, indem er der Multiethnizität des Achämenidenreiches stets Rechnung trägt und seinem Leser manches Detail dazu mitteilt.[3] Dieses Muster, die Geschichte der Achämeniden im Wechselspiel von Aktion und Reaktion der unterworfenen wie der benachbarten Völker zu schreiben, läßt sich einem roten Faden gleich durch alle Photios-Exzerpte verfolgen und demonstriert diesbezüglich ein manifestes Selbstverständnis der Perser hinsichtlich der von ihnen in ihrer ganzen Vielfalt dominierten Oikumene, das der Grieche ohne große Schwierigkeiten übernahm und zu reflektieren vermochte. Dies setzt nicht allein geographische Kenntnisse über alle genannten Gebiete, sondern vor allem ein entsprechendes Bewußtsein voraus, durch das man den Dienst bei den Persern durch Nichtperser als etwas Alltägliches zu betrachten vermochte. In diesem Zusammenhang taucht hier ein weiterer Hellenenname, der des Atheners Konon auf, dessen Übergang zu den Persern in dieser Passage andeutungsweise und als umfangreiche diplomatisch-politische Aktion geschildert wird.[4] Ktesias und Konon gehörten ganz ohne Zweifel zu jener neuen Kategorie von Griechen, die sich bereits wie selbstverständlich zwischen den großen Polen der damaligen Oikumene bewegten und ganz bewußt dieses grenzüberschreitende Miteinander verkörperten, Leute, über die Beziehungen und Kontakte geknüpft wurden, wie selbst der summarische Text des Buches 23 im Auszug des Photios noch deutlich zu machen weiß. Daß ein politisch Aktiver für seine Anerkennung bei den Persern seine Referenzen brauchte, zeigt diese Darstellung eindrücklich, denn Ktesias erweist sich hier als Mittelsmann des Konon vor Artaxerxes, und bis es zu seiner Ernennung zum Admiral kam, bedurfte es eines langen, korrespondenz- und verhandlungsreichen Präludiums. Die Situation ist hier gut eingefangen, selbst wenn sie sich historisch nicht so zugetragen hätte. Andererseits fällt immer wieder auf, daß Ktesias ganz bewußt auf die Nennung der Ethnonyma bzw. der Völkernamen Wert legt und demzufolge auch peinlich genau Unterschiede hervorzuheben scheint, denn ein Hyrkanier war eben kein Lydier und ein Karmanier kein Saka. Natürlich unterschied er sich hier nicht von der sonstigen hellenischen Tradition, aber immerhin berichtet Ktesias von den persiká prágmata, womit von vornherein eine Eingrenzung vorlag, deren Gegenstand ein Staat und ein Volk gewesen ist. Innerhalb dieses einen Ganzen treten aber ethnisch verschiedene Akteure auf, deren gemeinsamer Nenner das Achämenidenreich bzw. jeweils der dasselbe verkörpernde König war. Wenn er so verfuhr, so reflektierte sein Werk offenbar die

Realität im Reich, also die Berücksichtigung der einzelnen Ethnen ganz
im Geist der inschriftlichen Verlautbarungen der Könige an die beherrschten Völker, deren Sinngebung in dem altorientalischen, vor allem assyrischen Vorbild wurzelte, den Glanz und die Macht der eigenen Herrschaft
durch eine Vielzahl der unterworfenen Stämme und Völker zu dokumentieren.[5] Ebenso wird dadurch auch eine herrschafts- und verwaltungstech-
nische Besonderheit des Perserstaates gekennzeichnet: der Nichteingriff in
lokale, vorgefundene Verhältnisse und die Nutzbarmachung derselben nach
dem Loyalitätsprinzip. Den Bezugspunkt und allesumspannenden Bogen
bildete für den einzelnen Untertanen die Achämenidenmonarchie und
deren Repräsentanten – ein Bild, das Ktesias ziemlich präzis in seiner
Darstellung nachzeichnete.

Xenophon, dem ebenfalls eine auf Autopsie beruhende Berichterstattung verdankt wird, liefert uns in seiner «Anabasis» neben einem brauch-
baren Itinerarium des Perserstaates viele wichtige Einzelheiten, die dem
Reisenden nützlich sein könnten, wenn er sich in die vom Zug der
Zehntausend berührten Gebiete begibt.[6] Dieser Orientierung verleiht er
von Anfang an dadurch Ausdruck, daß er die Güter und Gegebenheiten
des Landes, dem agonalen Prinzip folgend, zum Kampfpreis der Hellenen
erklärt, um den sie ringen müßten, wenn sie heil und unversehrt aus dem
fremden Land wieder nach Hause kommen wollten.[7] Die hier geschilderte
Haltung zu dem Nachbarn im Osten läßt ein griechisches Überlegenheitsgefühl eher vermissen, der Perser ist ebenbürtiger Partner und
schließlich auch ein ebensolcher Gegner: in 3,1,15–25, der Rede des
Xenophon vor den Lochagen des Proxenos, kommt dies besonders mar-
kant zum Ausdruck – sie schildert den Übergang vom hellenischen Bun-
desgenossenstatus den Persern gegenüber zum Status eines Feindes der
Perser als einen Wechsel zwischen Ebenbürtigen, wobei den Griechen nur
von den Göttern einige Vorteile verliehen wurden, die Siegesgewißheit
verhießen. Interessant ist aber, daß hier nicht etwa von der bunten Zusammensetzung des persischen Heeres als Abbild der Multiethnizität des
Reiches die Rede ist, sondern bei dem Vergleich prinzipiell zwischen
Griechen und Nichtgriechen unterschieden wird. Xenophons Vertrautheit
mit dem Vielvölkerstaat Persien belegen viele andere Stellen seiner Schriften, und so ist die dezidierte Antithese «wir» und «sie» mit voller Absicht
hier vertreten: der Grieche sah die Achämeniden und ihr großes Reich
als ein zusammenhängendes Ganzes an, in dem es viele Völker gab, aber
sie alle ließen sich schließlich unter dem einen Sammelbegriff «Barbaren»
zusammenfassen, und diese Sicht sollte hier wohl zugrunde gelegt werden.[8] Xenophons Darstellung sublimiert den leisen, aber prinzipiellen
Wandel von den Griechen in persischen Diensten (unter Kyros d. J.) zu
den Griechen als Gegner des Großkönigs: als vertraglich abgesichertes
Corps priesen die Hellenen ihren Dienstherrn, den Perser, ob seines
Reichtums glücklich, was ihnen sogar gefährlicher werden konnte als der

offene Krieg, weil die Abhängigkeit davon eine zu starke Verführung bedeutete. Der immer noch ebenbürtige Vertragspartner wurde zum ernsthaften Gegner, aber in einigen Punkten übertrafen die Griechen eben diesen ethnisch vielgesichtigen Feind und dafür machte der Autor nun die Götter verantwortlich. Es entsteht aber hierbei der Eindruck, als seien die für das hellenische Wohl und Wehe zuständigen Götter ebenso für die Gegner verantwortlich, denn es heißt bei Xenophon unmißverständlich «die Götter», ohne Unterschied, ob der Bezugspunkt Perser oder Griechen waren. Der Grieche Xenophon denkt gewiß an die eigenen Götter, aber die Stelle 3, 2, 10–11 zeigt, wie vieldeutig der Götterbegriff hier ist: er hofft auf ihre Bundesgenossenschaft, weil die Griechen nicht eidbrüchig wurden, aber er setzt damit genauso voraus, daß die Götter auch auf der Seite des Feindes hätten stehen können. Das gegenseitige Verhältnis läßt sich also nicht schlicht mit Fremdheit definieren, während die Unterschiede vor allem in der geographisch-ethnischen Empirie zu suchen sind.

Altorientalische Sichtweisen

Aber auch in den Staaten und Ländern des Alten Orient bietet die Quellenevidenz eine ausgeprägte Tendenz zu einer geographischen und ethnographischen Sichtweise der historischen Abläufe.[9] Insbesondere ist es die offizielle und halboffizielle Annalen- und Chronikliteratur der Herrscher, aus der wir uns über die diesbezügliche Beschaffenheit des Alten Orient im einzelnen belehren lassen können. In diesen Urkunden, die teilweise der öffentlichen Aufstellung vorbehalten waren, beschreiben die Verfasser – der König berichtet oft von seinen res gestae in der ersten Person Singular – vor allem ihre Feldzüge und das sind, betrachtet man es einmal nicht militärisch-politisch, vor allem geographische und ethnographische Fundgruben. Ein umfangreiches Namengut, das Städten, Landschaften, Völkern, Stämmen, Staaten zugewiesen werden muß, weist den siegreichen König als Herrn über weite Territorien aus und je mehr er hier beizubringen wußte, um so rühmlicher erschienen Taten und Herrschaft.[10] Diese Kongruenz zwischen dem geographisch determinierten Umfang des realen Machtbereiches und dem persönlichen Ruhm des Berichterstatters scheint ein beabsichtigtes Element der höfischen Geschichtsschreibung gewesen zu sein und als solches auch seine Wirkung auf die Adressaten derselben nicht verfehlt zu haben. Dabei ergibt sich für die Herrscher des Zweistromlandes eine sehr interessante Beobachtung: die vielen in ihren Berichten genannten Toponyme sind nun keineswegs als Rechts- und Besitztitel im Sinne der europäischen Herrschertitulaturen zu verstehen, denn dafür verfügte man in Babylonien oder Assyrien über eine feste Formel, deren geographischer Bestandteil lediglich die Landesbezeichnung beinhaltete, während sich der grundsätzliche Anspruch auf den gesamten

Erdkreis ohne nähere Spezifizierung im Bild von der Herrschaft über die Gesamtheit und über die vier Weltgegenden manifestierte.[11] Dieses Abstraktum schloß offensichtlich eo ipso jedwede Eroberung, die während der Regierungszeit gemacht wurde, ein, so daß der Herrscher immer im Recht schien, da er in jedem Fall immer nur in Besitz nahm, was ihm ohnehin nach dieser Konzeption schon zustand. In Anbetracht des dauernden Wechsels im Reichsbestand, der stets unsicheren Grenzen und eines ständigen Schrumpfungs- wie Ausdehnungsprozesses dieser Staaten scheint jede andere als diese Sichtweise auch ausgeschlossen.[12]

Zusammenfassender Vergleich der Betrachtungsweisen

An den beschriebenen Sachverhalten fällt, ganz unbefangen betrachtet, das hohe Maß an Selbstverständlichkeit auf, mit der man sowohl in den altorientalischen wie in den antiken Kulturen diesem Phänomen von fremden Völkern begegnet, wenn man sie, wie es die Griechen tun, möglichst präzise und mit ihren aussagekräftigen Charakterzügen beschreibt oder sie, wie in Vorderasien, a priori als potentielle Untertanen betrachtet. Dies scheint einer ganzheitlichen Wahrnehmung der Umwelt zu entspringen, die man als altertumsspezifisch bezeichnen könnte, bei der die Vielfalt zwar reflektiert und in ihren empirischen Erscheinungsformen erkannt wird, die aber qualitative Abwertung und Feindbild vor allem am konkreten Vorkommnis festmacht, also in Konfliktsituationen, nicht aber generell alle Perser zu allen Zeiten zu Feinden der Griechen stilisiert. Die Geschichte kennt hinreichend Beispiele dafür: allein der Dienst der aus Hellas in den Osten strömenden Söldner und politischen Flüchtlinge für die dortigen Könige wäre undenkbar, gäbe es hier wie dort ein Postulat prinzipieller Ablehnung aus Gründen ethnischer Provenienz.[13] Hierzu bieten die Bezeichnungen für Fremde einigen Stoff zum Überlegen, wobei der gängige Begriff der Griechen – «Barbaros» – eine außerordentlich schillernde und letztlich schwer zu fassende Anwendung erfahren hat, die man vielleicht dahingehend fixiert, daß die Beurteilung des Barbaren innerhalb einer Quelle sehr variieren kann und oft davon abhängt, welches Anliegen der Autor jeweils vertritt.[14]

Der vorderasiatische Befund unterscheidet nun ebenfalls zwischen «eigenem und fremdem/feindlichem Land», doch auch hier scheint «fremd/feindlich» nur so lange zu gelten, wie es sich realiter im Kriegszustand befand, denn andererseits kennen wir eine große Anzahl von Landesbezeichnungen, deren Unterscheidungsmerkmal etwa ein Produkt oder ähnliches sein konnte, z. B. Land des ḫaluppu-Baumes oder Land des Zedernbaumes u. ä., was auf seine wertfreie Nutzung hindeuten dürfte; auch steckt die Keilschriftliteratur vor allem der Wirtschaftstexte und der Rechtstexte voller Nachrichten über die Anwesenheit von Fremden in einer Stadt/einem Land, sowohl Freie wie Sklaven, die nicht zwingend fremd oder feindlich einander gegenüberstanden, obwohl natürlich der antike Mensch in beiden Zivilisationen zuerst einmal auf sein Gemeinwesen eingeschworen war. Doch wird eben dieses Prinzip durch den laufenden Bruch desselben immer wieder relativiert, wenn nämlich dieses Gemeinwesen ständig, in welchem Status auch immer, Fremde aufnahm.[15] Der Fremde dürfte auch im Alten Orient nur im konkreten Fall wirklich Feind gewesen sein. Noch in altassyrischer Zeit gab es in den vielen Handelsfaktoreien fernab vom eigentlichen Land Assur sogenannte «Häuser für Freunde» (bit ubrē), unter denen man Aufenthalts- und Lagerhäuser für Leute vermuten darf, die von außerhalb, etwa zu Handelszwecken, kamen. In den Eschnunnagesetzen beispielsweise finden sich Schutzklauseln für Personen dieses Status.[16]

Gemessen an der griechischen Mobilität wird man gewiß immer auch auf die größere Abgeschlossenheit der orientalischen Gesellschaften verweisen müssen, ohne jedoch verkennen zu dürfen, daß dieser Topos durch das Detail häufig seine Widerlegung findet. Für das Hellas des Homer scheint eher das Gegenteil zuzutreffen, denn die Niederlassung an neuen Orten und Stätten gehörte nach dem Zeugnis des Epos zu den zeittypischen Gepflogenheiten und wird nicht ohne den Hintergrund eines Überlebensgedanken zu werten sein. Ob diese Quelle nun eine ihr zeitgenössische, griechische Verhaltensweise widerspiegelt oder doch auch frühere, auf das zweite Jahrtausend zurückgehende Traditionen aufnahm, ist wohl schwer zu entscheiden, aber nicht auszuschließen. Die Griechen jedenfalls sind dann von Anfang an wahrhaft «gereist». Fremdheit scheint im Altertum weniger ethnisch als vielmehr sozial definiert gewesen zu sein, wobei die verbindende Basis die Zugehörigkeit zum Gemeinwesen war, in dessen Rahmen sich antikes Leben abspielte. Dem Bürgerstatus und dem daran gekoppelten sozialpolitischen Netz kam die wirkliche Bedeutung eines unterscheidenden Faktors zu, was in den altorientalischen Reichen hinsichtlich der Stellung des Fremden wohl einem loyalen, dienenden Verhältnis zum Herrscher und seinem Staat gleichkam, in dessen Genuß man unter Einhaltung der notwendigen Konzessionen gelangen konnte. Die Griechen hingegen entwickelten einige das Verhältnis zur Polis regelnde Institute für den Fremden, die wiederum mehr die Stellung einer solchen Person innerhalb der betreffenden Stadt definierten als speziell auf den Thraker, Skythen, Lyder, Karer usw. zugeschnittene Vorschriften festzuschreiben. Als Fremder galt, wer diese Regelungen in Anspruch nahm, sich also auf ein Bleiben im betreffenden Gemeinwesen einrichtete. Dies galt auch für den Griechen in orientalischen Diensten, weil eigentlich erst dieses Verhältnis seine Stellung näher definierte.

Die Situation im Staat der Perser

Wendet man die Aufmerksamkeit nunmehr dem Achämenidenreich zu, so
sieht man sich vor allem mit einer Fülle von Quellenzeugnissen konfron-
tiert, die es von vornherein als multiethnisch geprägte Schöpfung auszuweisen scheinen. Eine erste und wichtige Voraussetzung dafür war allein
damit erfüllt, daß die Perser die Nachfolge der altorientalischen Flächen-
staaten antraten und damit binnen weniger Jahrzehnte über ein Territorium geboten, dessen Zusammenhalt bei aller Gegensätzlichkeit im einzelnen die weitere Entwicklung im klein-, vorder- und mittelasiatischen
Raum sehr entscheidend bestimmen sollte. Die Achämeniden haben während ihrer zweihundertjährigen Herrschaft nicht nur die Geschicke der
Völker des Ostens beeinflußt, sondern durch ihr Expandieren in den Westen auch die griechische Geschichte erheblich mitbestimmt. Schon durch
ihre Vorgänger, das Assyrische und das Neubabylonische Reich, stießen die
kolonisierenden Griechen im Osten an ihre Grenzen, so daß sie sich bei
der Entsendung ihrer Apoikien mehr auf den Westen und Norden orientierten, wo es keine größeren, mächtigen Staatsbildungen gab, mit denen
die Kollision vorprogrammiert war.[17] Dies änderte sich kaum mit den
neuen persischen Machtverhältnissen, aber nunmehr griff der Orient selber nach dem Westen, was das gesamte Beziehungsgefüge grundlegend
umgestaltete. Zwar siedelte der Hellene nicht in kompakten Gemeinschaften in das Achämenidenreich über, man fand andere Formen der Beziehungspflege, doch die Bahn dafür war frei und nach 546 v. Chr., nachdem
der Halys als natürliche Grenze zwischen Europa und Asien sowohl de
facto als mental überwunden war, muß man mit einem steigenden Zustrom von Griechen in den Osten rechnen. Unsere Quellen belegen erst
einmal einen zaghaften, vereinzelten Fluß,[18] aber schon für die Zeit des
Dareios häufen sich die Belege höchst beeindruckend, nach 500 gehört
der Hellene zum Alltag des achämenidisch beherrschten Gebietes, ganz zu
schweigen von den aktiven politisch-militärischen, diplomatischen Kontakten. Da gab es den Fall des einzelnen Griechen, der im Auftrag seines
Gemeinwesens nach Persien reiste, um dort dessen Anliegen zu vertreten.[19]
Doch tauchte sehr bald neben ihm, mit dem Fortschreiten der Expansion
unter Kyros II., der Typ des Griechen auf, der aus eigenem Antrieb in
persische Dienste trat,[20] zugleich mit jenem ebenfalls einzeln bezeugten
Hellenen, den die realen Machtverhältnisse dazu zwangen.[21]
    Diese Kategorien sind die Ionier als Untertanen, Bewohner ihrer klein-
asiatischen Poleis hinzufügen, die zusammen mit anderen Kleinasiaten
als erste Satrapie 300 Talente Silber als Steuer aufzubringen hatten.[22] Eine
ganz besondere Spezies bildeten jene namenlosen, nur in Arbeitstrupps als
existent belegten Hellenen, die als Zwangsverschleppte vor allem dem
Haus des Königs, der königlichen Wirtschaft im Stammland, also der Persis
sowie der Elymais, dienten. Die Deportationen von Ausländern aus ihrer

Heimat zur Arbeit in die Persis sind aus den ersten Jahrzehnten der Achämeniden bis zur Mitte des 5. Jhs. belegt, folgt man der Datierung der Täfelchen aus der Hofkammer und dem Schatzhaus in Persepolis, die fast ausschließlich in elamischer Sprache abgefaßt sind. Allerdings finden sich in diesen Verwaltungsvermerken nicht allein Ionier als Arbeitskräfte, sie stellten eher bescheidenere Kontingente, zahlenmäßig größer waren oft Trupps aus Ägyptern, Kappadokern, Syrern, Medern, Lydern usw.[23] Die Inschrift, die Dareios anläßlich seines Palastbaus in Susa anfertigen ließ, schildert wie Karer und Ionier um 510 Zedernholz aus dem Libanon von Babylon aus nach Susa flößten, das Syrer nach Babylon verbracht hatten. Diese Bauurkunde ist für die weitgespannten Beziehungen und Kontakte schon in der Frühzeit des Perserstaates überhaupt von unschätzbarer Bedeutung, da hier gewissermaßen der Nachweis angetreten wird, daß der Palast von Susa unter breiter Beteiligung der verschiedenen Völker des Reiches fertiggestellt wurde.[24] Mit ganz wenigen Ausnahmen handelte es sich in diesen Fällen des Arbeitseinsatzes um namenlose Griechen. Aber auch bei Herodot finden wir solche persischen Zwangsverschleppungen mehrfach bezeugt und auch dort gibt es keine Erwähnungen von Einzelpersonen, sondern nur den entsprechenden ethnischen oder topographischen Sammelbegriff; selbst im Fall der nach Baktrien verschleppten Branchidai, deren Nachfahren später durch Alexander den Großen eine so unsanfte Behandlung zuteil wurde, fehlt jedwede individuelle Namensnennung.[25] Die Angaben der persischen Verwaltungstäfelchen erlauben gewiß eine relative Statistik des Einsatzes solcher zwangsverschleppten Griechen, da wir durch ihre mögliche Datierung in die Jahre 509–494 und 492–458 gewisse Anhaltspunkte gewinnen, doch stellt das vergleichbare Material aus den griechischen Quellen eben nur eine sporadische Überlieferung dar, die auf etwa 330–340 nachweisbare Einzelfälle für den Gesamtzeitraum des Perserreiches hinausläuft.[26]

Instrumentarien und Formen der persischen Herrschaftssprache

Es ist nicht ohne Faszination, auch im Sinne der hier zu erörternden Fragestellung, daß die Achämeniden offenbar mühelos mit einer solchen Masse von Fremden umzugehen wußten. Neben den von ihnen requirierten Arbeitskräften aus aller Herren Ländern existierten jeweils auch deren freie Landsleute, die nicht im Königsdienst fronen mußten. Aber dieser Dienst machte die Untertanen der Perser keineswegs rechtlos: der Aufstieg im Dienst der Achämeniden schien nicht auf Perser und Elamer beschränkt, wenn diese auch als einzige nicht unter den Arbeitstrupps vorkommen. Der Stolz auf die beherrschten Länder spricht förmlich aus allen königlichen Verlautbarungen und peinlich genau zählte man deren Namen mit dem Hinweis auf die weitreichenden persischen Waffen in den Inschriften auf.[27] Der Treppenaufgang zum persepolitanischen Audienzsaal Apadana wirkt wie ein ethnographisches Museum, denn dem Besucher wird durch die ethnische Vielfalt in den Reliefdarstellungen die Größe der Herrschaft augenfällig gemacht.[28] Bemerkenswerterweise bediente man sich für die politische Propaganda verschiedener Ausdrucksmittel: in der großen Dareios-Inschrift von Bisutun unterscheidet der König zwischen dem rein territorialen Herrschaftsbereich und den Akteuren seiner siegreichen Aufstandsbekämpfung; im ersten Fall beschreibt den Umfang des Reiches eine Länderliste; im zweiten Fall, – Dareios errichtet mit Hilfe seiner Diener gegen die Lügenkönige die Herrschaft neu, – benutzte man das Ethnikon der jeweils handelnden Person und der Akzent liegt dabei auf der Ebenbürtigkeit des Gegners.[29] Damit scheint sich zu bestätigen, was bereits festgestellt werden konnte: die Loyalität zum herrschenden System bestimmt die Stellung des Ausländers, in dem dieser durchaus vollberechtigt leben konnte; die Aufzählung der vielen ethne diente eher einem Ausweis der Herrschaftsfülle und zielte somit auf positive Assoziationen beim Betrachter oder Leser. Erinnert man sich der konsequenten Mehrsprachigkeit königlicher Erlässe, die durch Urkunden nachweisbar ist und die auch Herodot betont, so reflektiert dies ein hohes politisch-kulturelles Bewußtsein der Verwaltung von Fremdvölkern: man nimmt sie ernst, weil man sie offenbar erreichen will.[30] Daß die Kanzlei der Achämeniden offenbar über viele Dolmetscher verfügte (auch wenn die antike Tradition nur einen Dolmetscher namentlich überlieferte – Melon, der in dieser Funktion bei Curt. Ruf. 5, 13, 7 erwähnt ist – muß von dieser Prämisse ausgegangen werden), zeigt allein so ein bemerkenswertes Denkmal wie das griechische Dareiosschreiben an Gadatas, das darüber hinaus auch inhaltlich die Achtung sowie die Nutzung von griechischen sankrosankten Einrichtungen, hier eines Apollonheiligtums, belegt.[31] Der Gadatas-Brief ist immer auch als Zeugnis der persischen Religionspolitik gedeutet worden. Die im Schlußpassus der Inschrift ausgesprochene königliche Empfehlung, man möge doch nicht die Haltung seiner Ahnen *der* Gottheit gegenüber verkennen, die den Persern die volle Wahrheit sagte, belegt in jedem Fall die persische Akzeptanz, wenn nicht gar Instrumentalisierung anderer, hier der griechischen Religion. Eine Deutung dieser Gottheit entweder als Ahura Mazda oder als Apoll bedeutet nichts anderes, daß entweder der Gott der Iranier religiöse Toleranz fordert oder die Perser auch griechische Götterorakel nutzten. Die folgenden Beispiele aus dem AT bzw. dem babylonischen Kulturkreis bezeugen diese Politik der Achämeniden nicht minder eindrucksvoll. Mehrsprachigkeit und Achtung fremder Kulte bedingten einander, das eine wurde zum Medium des anderen, wodurch man zugleich eine funktionierende Verwaltungspraxis erreichte und die ethnischen Besonderheiten der unterworfenen Völker zu berücksichtigen vermochte. So bildet das Kyrosedikt aus Esra 1,2–4 über die Rückführung der Juden aus Babylon ein gutes

Beispiel für diese praktizierte Mehrsprachigkeit, denn es wurde durch Boten auf Hebräisch den Adressaten verkündet und auch so aufgezeichnet. Der Erlaß desselben Königs aus Esra 6,2–5 über den Tempel in Jerusalem war ein Aramäisch abgefaßtes Memorandum für den Interngebrauch der persischen Behörden und signalisiert darüber hinaus, zusammen mit dem früheren Erlaß, die Verantwortung der Perser für einheimische Kulte. Der in Keilschriftakkadisch geschriebene Kyroszylinder belegt uns wohl am besten das enge Band zwischen politischer Herrschaftsausübung und der Integration einheimischer Kulte durch die Perser als Teil ihrer Herrschaftssprache. Er enthielt ebenfalls ein Edikt, das des Königs Beziehungen zu Babylon regelte und die uneingeschränkte Anerkennung der dort heimischen Kulte reflektierte, indem Kyros das Königtum aus den Händen des Gottes Marduk empfing und die Gerechtigkeit wiederherstellte.[32]

Die Geschichten über die Juden Mordechai, Esther und Nehemia, die in den Schriften des AT überliefert sind, belehren uns zusammen mit anderen, ähnlichen Zeugnissen, daß Nichtperser im Reich zu hohen Würden aufsteigen konnten und unsere Tradition kennt wohl keinen Fall, in dem von diesem Sachverhalt etwa als einer Ausnahme Aufhebens gemacht wird. Es sind die Laufbahn, die Taten und die Lebensumstände des Fremden, durch die er in der Gesellschaft eine Stellung gewinnt. Die Zeugnisse über das achämenidische Militärwesen demonstrieren diese Situation sehr anschaulich: es basierte zu einem nicht unerheblichen Anteil auf der Nutzung nichtpersischer Institute und der Heranziehung von Nichtpersern. Für das Zweistromland liefern die Archive der Familie Murašu aus Nippur Anschauungsmaterial, denn deren Repräsentanten verwalteten über ein ausgeklügeltes Pachtsystem die militärischen Landlose – Bogenland, Streitwagenland, Pferdeland – und sicherten damit die Einkünfte für das Heerwesen, also für eine der wichtigsten Reichsstützen.[33] Ein Text aus der Regierungszeit des zweiten Dareios (423 v. Chr.) liefert die Illustration für das dabei angewandte Verfahren: die Dienstpflicht wurde gegen die Aushändigung der Ausrüstung und weiterer Zuwendungen von einer beliebigen Person übernommen; der Gestellungsplatz war in diesem Fall die Stadt Uruk, wo ein Vorsteher der Heeresschreiber den Dienstverpflichteten registrierte, die Registration mußte dem Lehnsinhaber, der mit seinem Besitz, einem Grundstück, für das Ganze aufkam, als Nachweis übergeben werden; alles vollzog man ausdrücklich «gemäß dem Willen des Königs». Die handelnden Personen waren keine Perser, sondern ihren westsemitischen Namen nach jüdische Exulanten, die in dieser Zeit häufig in Nippur bezeugt sind: sie eben stellten hier gegen den Nießbrauch an einem Landstück Soldaten für die großkönigliche Armee.[34]

Von überragender Bedeutung für das persische Militärwesen waren die häufig bezeugten griechischen Söldner, die im Dienst fast aller persischen Könige nachzuweisen sind. Die Prosopographie von Hofstetter nennt allein 117 Namen, von denen stellvertretend als ein frühes Beispiel der aus

Halikarnassos stammende Phanes genannt sei, über den Herodot 3,4 ff. und
11 einiges berichtet (zu ihm s. auch Anm. 20). Sein Schicksal, soweit bekannt, kann als durchaus zeittypisch betrachtet werden: ursprünglich diente er dem ägyptischen König Amasis als Söldnerführer, erwarb sich ausge-
zeichnete Landeskenntnisse, floh dann in Folge eines Zerwürfnisses zu
Kambyses, dem er als Ratgeber bei seinem Ägyptenfeldzug sehr willkommen war. Herodot verleiht der Geschichte eine besondere Tendenz: er
zeigt einen Hellenen zwischen zwei orientalischen Herrschern, die beide
zur Erreichung ihrer ehrgeizigen Ziele seiner, des Griechen, bedürfen.
Phanes, der wandernde Ionier, erscheint hier als Triebkraft des Geschehens,
seine Fachkenntnisse verheißen und bescheren Erfolg. Diese Sicht der
Rolle des Griechen in der noch vorwiegend orientalisch bestimmten Welt
als Soldat und Ratgeber kann als signifikant für die ganze Epoche gelten.[35]
Die Söldner stellten nur eine der Berufsgruppen griechischer Herkunft,
die durch unsere Quellen im Perserreich faßbar werden. Ärzte und Baumeister bildeten weitere Kategorien von Fachleuten, derer man sich in
Persien gerne bediente. Die Schicksale des Demokedes und des Mandrokles charakterisieren Rolle und Stellung eines Griechen im persischen
Dienst sehr anschaulich und können als Muster solcher Kontakte gelten.
Über den aus Unteritalien gebürtigen Demokedes unterrichtet uns ebenfalls Herodot in 3,125,129–133 und schildert den Weg eines Krotoniaten,
der unter abenteuerlichen Umständen an den Hof des Dareios und der
Atossa kam. Als erfahrener Arzt, der bereits in Aigina und Athen im städtischen Dienst gestanden hatte, avancierte er zum persönlichen Arzt des
Polykrates von Samos, mit dem zusammen er auch in persische Gefangenschaft geriet und nach bewährtem Muster ins Innere Asiens verschleppt
wurde. Durch eine erfolgreiche Behandlung des Königs erregte er dessen
Aufmerksamkeit und rückte schnell in die Reihen der Vertrauten auf,
wurde königlicher Tischgenosse und seiner Fähigkeiten wegen von Dareios hochgeschätzt. Herodot erzählt die Geschichte eines Mannes, der
durch seine persönliche Tüchtigkeit und die unverzichtbare göttliche Fü-
gung eine glänzende Karriere machte. Hierhinein fügt sich auch lückenlos
und mit logischer Konsequenz die spätere Flucht des Demokedes, der
wiederum als selbständig handelnde, energische Persönlichkeit dargestellt
ist und allen persischen Verlockungen zum Trotz in seine griechisch-
unteritalische Heimat zurückkehrt.
Die einschlägige antike Überlieferung steckt voll von Berichten über
Männer und Frauen, deren Erfolg nicht auf Geburt, Adel oder Vorrechten
gründet, sondern die aus eigener Kraft ihren Aufstieg schaffen und so zum
Prototyp der Zeit geraten. Ob es sich hierbei um die Interpretatio graeca
eines Zeitphänomens, literarisch verarbeitet, handelte oder um die Wider-
spiegelung tatsächlicher historischer Vorgänge, ist angesichts der Fülle von
zeitnahen, meist orientalischen Quellenbelegen zur griechischen Präsenz
im Orient zweitrangig. Die auffallend häufige Verarbeitung dieses Motivs

dürfte vielmehr beredtes Zeugnis für die intensive Beschäftigung der Zeit-genossen mit dem Thema griechischen Wirkens in achämenidischen Dien-sten ablegen, weil der Trend nach Osten Allgemeingut geworden war und viele in seinen Bann schlug. Bezeichnenderweise tradiert die Bericht-erstattung stets nur jene Stücke eines persönlichen Schicksals, die sich konkret auf die Taten für die Perserkönige beziehen, selten erfährt man etwas darüber hinaus. Zielpunkt der beschriebenen Tat ist der Herrscher, handelndes Subjekt der tüchtige griechische Meister, den reicher Lohn erwartet. Das Vor- und das Nachher spielen keine Rolle: ein gutes Beispiel dafür ist Mandrokles, der Baumeister aus Samos, von dem die Überliefe-rung nur seine große Tat, den Brückenbau über den Bosporus während des Dareios Skythenzug bewahrt hat (Her. 4, 87–89; Polyb. 4, 43; Anth. Pal. 6, 341; Dionys. Byz. Anapl. Bospor. 57). Das historische Vorbild von solchen durch die Tradition festgehaltenen Persönlichkeiten bildeten jene namenlosen Meister der ephesischen Bauhütte, die in Pasargadai für Kyros II. arbeiteten (C. Nylander, Ionians in Pasargadae, Uppsala 1970) bzw. auch jene Griechen, die in den Steinbrüchen von Persepolis ihre Namen einritzten (G. P. Carratelli, Greek Inscriptions of the Middle East, in: East and West 16, 1966, 31–36), um so ihren Besitzanspruch anzuzeigen. Diese Griechen verschiedener fachlicher Provenienz waren zu einer Zeit-erscheinung geworden und strömten in den Osten, um dort mit ihren besonderen und gern genutzten Kenntnissen eine neue Existenz zu grün-den, wenn sie nicht auf andere, etwa gewaltsame Weise dorthin gelangten, aber selbst dann fand ihr Können stets adäquate Anwendung. Die grie-chischen Schriftsteller griffen das Thema auf, verarbeiteten es als aktuelle Fragestellung und warben somit, der eigenen Tüchtigkeit ein Denkmal setzend, für diesen Trend nach Osten.

Zusammenfassende Bemerkungen

Wenn bisher das Bild einer offenen, mobilen Gesellschaft gezeichnet wurde, so muß nun gefragt werden, von welchen Herrschaftsprinzipien sich die Achämeniden leiten ließen, um wirklich Herren ihres Reiches zu sein. Allein die vielbeschworene Toleranz, eine Art Clementia Persarum, dafür verantwortlich zu machen, dürfte nicht ausreichen und auch einzelne Quellen widersprechen durchaus diesem Bild. Als erstes Movens verdient der Umstand Beachtung, daß die Perser nirgends ernsthaft in die inneren Verhältnisse der eroberten und beherrschten Völker eingriffen, um sie etwa nach eigenen Vorstellungen zu formen oder gar umzubilden. Als wesent-lichster Ausdruck ihrer Herrschaft galt der tributäre Charakter des Abhän-gigkeitsverhältnisses, unmittelbar gefolgt vom quantitativ orientierten Bild des Ruhmes persischer und großköniglicher Machtvollkommenheit. Das so geartete Herrschaftsprinzip brachte eine gewisse Unsicherheit und

Instabilität mit sich, so daß Aufruhr und Wirren geradezu vorprogrammiert erschienen, die aber andererseits der machtpolitisch nützlichen Fiktion Vorschub leisteten, die Achämeniden ließen die Zügel locker und wären milde Herren.

Es verhielt sich aber damit eher so, daß entsprechend der Nichteinmischungskonzeption vor allem eine Nutzung der vorhandenen Ressourcen betrieben wurde, wozu auch die aktive Einbeziehung von Vertretern der botmäßigen Völker gehörte, die jeweils mit ihrem Potential dienstbar gemacht wurden. Die Verwendung von Griechen orientierte sich am Nützlichkeitsprinzip, und so setzte sie großköniglicher Wille häufig als Fachleute und Handwerker ein bzw. bediente sich ihres politischen Einflusses in den griechischen Städten, wobei in beiden Fällen die Zielpersonen durch Privilegien gewonnen wurden. Im Grunde genommen handelte es sich um ein sorgfältig ausgewogenes System von Vorteilsgewährung und Ausnützung, in dem der größere Handlungsspielraum immer beim Großkönig und seinen Repräsentanten lag. Die von Herodot aufgezeichnete Geschichte des Demokedes zeigt genauso wie Ktesias' Schilderung des Übertritts von Konon oder Xenophons Anabasis, daß Griechen im Dienst der Perser zwar wohlgelitten und gut belohnt waren, aber über keinerlei Initiativrechte verfügten und sich dem eingegangenen Verhältnis lediglich im Einzelfall durch Flucht, im Kollektivfall durch Aufruhr zu entziehen vermochten. Die Situation gestaltete sich so lange problemlos, wie das lockere Herrschaftsprinzip der Perser zur Wirkung kam, durch das sich gewisse Ventile boten. Die Achämeniden behandelten also die botmäßigen Völker nicht als Fremde, sondern als natürliche Bestandteile ihres Staates mit bestimmten Funktionen und unter Bewahrung ihrer eigenen Traditionen, jedoch immer als unterworfene, gehorsamsverpflichtete Untertanen.

Peter Spahn

Fremde und Metöken in der Athenischen Demokratie

I. Aischylos' *Hiketiden* – Asyl, Metökie und «des Volkes herrschende Hand»

Aischylos' Tragödie *Die Schutzflehenden* – aufgeführt in Athen wahrscheinlich im Jahre 463 v. Chr. – ist für uns das früheste literarische Zeugnis für das Funktionieren und die Notwendigkeit demokratischer Mitbestimmung.

In diesem Stück begegnet uns die Rede von «des Volkes herrschender Hand» (δήμου κρατοῦσα χείρ), die den Begriff δημοκρατία, der bei Herodot zum ersten Mal belegt ist, in gewisser Weise vorwegnimmt. Die Herrschaft bzw. die Macht des Volkes wird von Aischylos ganz konkret aufgefaßt und in ihrem entscheidenden Punkt angesprochen, nämlich im Erheben der Hand bei der Abstimmung in der Volksversammlung.

Dieser Befund wird noch merkwürdiger, wenn wir uns den Gegenstand der Volksabstimmung in jener Tragödie ansehen. Es geht dort um das Asylgesuch einer Gruppe junger Ausländerinnen, das für die zunächst damit befaßte Regierung zu einem unlösbaren Problem geworden ist. Diese wendet sich daher an das Volk, das die heikle Frage mit seinem Beschluß entscheiden soll. Die Aufnahme asylsuchender Fremder wurde so zum ausdrücklichen Testfall und zum Lehrstück für Demokratie – inszeniert im Dionysos-Theater von Athen.

Ob die politische Botschaft dieser Tragödie auch heute noch Aktualität besitzt, ob die antike Demokratie in ihrer Politik gegenüber Asylsuchenden und Fremden ein lohnendes Studienobjekt darstellt, ob die athenische Demokratie in dieser Hinsicht für uns lehrreich ist und vielleicht sogar eine Vorbildfunktion erfüllen kann, sei vorerst dahingestellt. Es geht hier zunächst um eine rein historische Betrachtung. Sehen wir uns also an, worin die Verknüpfung von Asylrecht, Fremdenproblematik und Demokratie bei Aischylos begründet ist, und dann auch: warum gerade im damaligen Athen die Aufnahme und die Behandlung von Landesfremden zu einer hochpolitischen Frage geworden war.

Ich möchte diesen Fragen in einem ersten Teil auf dem Wege der Interpretation von Aischylos' *Hiketiden* genauer nachgehen. Dabei geht es zum einen um die politischen, auf die damals junge Demokratie bezogenen Aspekte des Stückes, zum andern um die damit verbundene spezielle Thematik dieser Tragödie, nämlich um Asyl- und Gastrecht sowie den Status von Fremden und Metöken. Nach der Klärung der griechischen Terminologie für diese Personengruppen werde ich dann in einem zweiten Teil die historische Entwicklung des Metökentums seit dem 6. Jahrhundert verfolgen. Und schließlich soll in einem dritten Teil die soziale Lage und wirtschaftliche Bedeutung der Metöken in der klassischen Demokratie dargestellt werden.

Aber zunächst zu Aischylos und seinem Mythos der Hiketiden:

Bei diesen Schutzflehenden handelt es sich um die Danaiden, die fünfzig Töchter des ägyptischen Königs Danaos. Sie waren zusammen mit ihrem Vater nach Argos in Griechenland geflohen, um nicht ihre Vettern heiraten zu müssen, die fünfzig Söhne von Danaos' Bruder Aigyptos. Eine solche Ehe sei wider das Recht, sagen sie (V. 80ff.). Sie suchen Zuflucht und versprechen sich Aufnahme in Argos, weil von dort ihre Urmutter Io stammte, die Tochter des ersten argivischen Königs. Diese hatte die Aufmerksamkeit und Liebe von Zeus erregt und wurde deshalb – in eine schöne junge Kuh verwandelt – von der eifersüchtigen Hera mittels einer lästigen Bremse durch die halbe Welt gehetzt, bis sie schließlich in Ägypten durch die bloße Berührung von Zeus ihren Sohn Epaphos empfing, den späteren Stammvater der Danaiden.

Diese wenden sich nun, verfolgt von den Aigyptos-Söhnen, an Pelasgos, den König von Argos, mit der Bitte um Asyl und Schutz vor den ungeliebten Vettern. Sie kommen, wie es Schutzflehenden geziemt, indem sie mit Wolle umwickelte Zweige in ihren Händen tragen (21 f.). Sie fallen auf durch ihre dunkle Hautfarbe (155) und ihre exotische Kleidung. Pelasgos wundert sich über diese «unhellenisch» daherkommende Schar in ihren «barbarischen Gewändern» (235). Sie kommen unangekündigt, ohne durch zwischenstaatliche Gastfreundschaftsbeziehungen geschützt zu sein (ἀπρόξενοι) und ohne Führer. Einzig das symbolische Vorzeigen der Zweige stimmt in Pelasgos' Augen mit hellenischen Sitten bzw. Gesetzen überein: von νόμος ist hier die Rede (241). Das bedeutete zunächst Brauch und Sitte, in dieser Zeit aber auch bereits Gesetz. Für die Landfremden ist dieses Ritual wie ein magischer Schlüssel, der Einlaß verschafft, selbst wenn man nicht einmal das Wort «Asyl» kennt.

Die Mädchen tragen ihr Asylgesuch mit allem Nachdruck und ganz ohne Bescheidenheit vor. Sie berufen sich auf Zeus, den Gott der Schutzflehenden (347) – überdies ihr Stammvater (206) – und des Gastrechts (627, 672). Und in ihrer Verzweiflung drohen sie nicht nur dem König, sondern selbst den Göttern mit ihrem kollektiven Selbstmord, falls diese nämlich ihr Recht nicht schützen sollten: sie würden sich im Heiligtum an den Götterbildern erhängen (465).

König Pelasgos gerät in ein furchtbares Dilemma: Bricht er das geheiligte Asylrecht und liefert die Danaos-Töchter ihren Verfolgern aus, wird ihn mit Sicherheit die Strafe der Götter treffen. Erfüllt er jedoch den Aigyptos-Söhnen nicht ihren Willen, dessen Unrechts-Charakter ihm zudem nicht erwiesen erscheint (387 ff.), werden diese mit ihren Kriegern Argos angreifen. Es geht somit in der Konsequenz nicht nur um sein eigenes Schicksal, sondern um die Existenz der gesamten Stadt und ihrer Bürgerschaft. Und dieser Ernstfall tritt dann am Ende sogar ein. Denn in einem weiteren Stück der Danaiden-Trilogie (von dem nur Fragmente erhalten sind), kommt es zu einer Schlacht mit den Ägyptern, in der Argos anscheinend eine Niederlage erleidet.

Pelasgos wendet sich in seiner Aporie an das Volk und begründet dies den Danaiden gegenüber damit, daß sie nicht schutzflehend am Herd seines Palastes säßen. Da die Polis als das Gemeinsame (τὸ κοινόν) von Befleckung bedroht sei, solle auch das Volk gemeinsam (ξυνῇ) für Abhilfe sorgen. Er könne ihnen kein Versprechen geben, ehe er sich nicht mit allen Bürgern gemeinschaftlich abgestimmt habe (κοινώσας). In vier Versen (366–9) ist hier dreimal vom Gemeinsamen im politischen Sinne die Rede.

Der Chor der Danaos-Töchter hält ihm entgegen, daß er die Angelegenheit doch allein entscheiden könne. Er sei der keinem Gericht unterworfene Fürst (371: πρύτανις ἄκριτος), sozusagen der absolute Monarch: «Du bist Polis, du bist das Ganze des Volkes!» (370: σύ τοι πόλις, σὺ δὲ τὸ δήμιον).

Aber Pelasgos will sich auf diesen Gedanken überhaupt nicht einlassen. Von Ludwig XIV. und seinem «l'état c'est moi» ist er epochenweit entfernt. Er möchte, wie er sagt, nicht ohne das Volk handeln, selbst wenn dies in seiner Macht läge (398 f.: hier wird von Aischylos wieder mit dem Begriff κράτος gespielt).

Vor allem will er sich aber, wenn die Sache schiefgehen sollte, nicht vom Volk sagen lassen: «Einwanderern tust du Ehre an, den eigenen Staat richtest du zugrunde!» (401). Hier wird für die «Fremden» nicht das positiv besetzte Wort ξένος verwendet, sondern das neutrale oder sogar ablehnende ἔπηλυς – wörtlich: der Ankömmling, der mit den Bürgern in keiner förmlichen Beziehung steht, der sich auf keine Gastfreundschaft und kein Asylrecht berufen kann, ein bloßer Immigrant eben, der nichts zu beanspruchen hat, vor dem man sich eher in acht nehmen muß.

Dagegen appellieren nun die Danaiden an die religiösen und politischen Institutionen, die ein Gastrecht im Ausland begründen. Pelasgos möge ihr πρόξενος werden (419, 491) – das ist der Titel von einer Art Wahlkonsul, wie er in den zwischenstaatlichen Beziehungen der griechischen Welt, für den Schutz der Bürger in einer fremden Polis und die Vertretung ihrer Interessen eine wichtige Rolle spielte. Mit einem solchen Proxenos im Rücken könnten sie dann – so sagen sie – in voller Sicherheit durch die Stadt schreiten, obwohl sie, vom Nil stammend, ihrem Aussehen und ihrer Natur nach fremdartig wirkten. Sie müßten sich hüten, damit nicht ihre Keckheit bei den anderen Furcht erzeuge. Schon mancher habe seine

Angehörigen (seine φίλοι – 499) aus Unwissenheit erschlagen – eine Anspielung darauf, daß man wegen ihrer anderen Hautfarbe die tatsächlich gegebene Verwandtschaft übersehen könnte: bis heute ein eindrucksvolles Bild für die gemeinsame Natur aller Menschen unabhängig von Herkunft und Hautfarbe.

Pelasgos möchte nun alle Bürger (484: πάντες πολῖται) für die Aufnahme der Danaiden gewinnen. Das Volk gebe zwar gern der Regierung die Schuld und entziehe sich der Verantwortung; aber zuweilen zeige es bei frevelhaften Übergriffen auch Mitgefühl. Und in diesem Fall, so hofft er, werde am Ende aus Sympathie für die Schwächeren jeder den jungen Frauen Wohlwollen entgegenbringen (485–9). Um das zu erreichen, brauche er jedoch einige Überredungs- und Überzeugungskraft (523: πειθώ) und außerdem Glück (τύχη).

Tatsächlich kommt es dann zu dem gewünschten Beschluß (601: ψηφίσματα), der Text eingeleitet mit der offiziellen Formel von Volksbeschlüssen: ἔδοξεν ᾿Αργείοισιν (605). Das ganze Volk (πανδημίᾳ) bekundet mit der rechten Hand: Die Danaiden sollen Mitbewohner dieses Landes sein (μετοικεῖν τῆσδε γῆς), d. h. förmlich als Metöken und als Freie vor Zugriff geschützt werden (610: ξὺν ἀσυλίᾳ). Kein Einwohner und kein Fremder darf sie wegführen. Und wenn jemand – so heißt es weiter – gegen sie Gewalt anwendet, soll jeder von den am Land beteiligten Bürgern (γαμόροι), der ihnen nicht zu Hilfe kommt, ehrlos sein (ἄτιμος), also sein Bürgerrecht verlieren und damit selbst zum Flüchtling werden, durch Volksbeschluß verbannt (614).

Die letzte Bestimmung ähnelt übrigens dem sog. Stasis-Gesetz, das Solon zugeschrieben wurde. Es sah ebenfalls vor, daß derjenige das Bürgerrecht verliere, der im Falle eines Bürgerkrieges nicht zu den Waffen greife, um für eine Seite Partei zu ergreifen (Aristoteles, Athenaion Politeia 8,5). Die Absicht dieses Gesetzes war es, den gewalttätigen Auseinandersetzungen kleiner Gruppen den Verantwortungssinn breiter Bürgerschichten entgegenzusetzen – und im Ernstfall auch deren militärisches Engagement. Der Bürgerkrieg sollte so nach Möglichkeit verhindert oder doch zumindest schnell eingedämmt werden.

Die Echtheit dieses solonischen Gesetzes ist in der Forschung umstritten, läßt sich jedoch mit guten Gründen verteidigen. Auf diese Hiketiden-Stelle hat man dabei, soweit ich sehe, noch gar nicht geachtet. Die Strafandrohung für mangelnde Bürger-Courage, wie sie hier formuliert wird, ist vom gleichen Geist geprägt wie das Stasi-Gesetz und weist Parallelen auf bis hin zur Terminologie. Aber die Reichweite der bürgerlichen Verantwortung ist bei Aischylos im Vergleich zur solonischen Regelung weiter ausgedehnt: Sie schließt nun auch den Schutz von Metöken mit ein. Das ist – wie ich gleich noch zeigen möchte – eine Entwicklung, die erst dem 5. Jahrhundert angehört und wohl noch nicht der Zeit Solons.

Bevor ich näher auf die Metöken-Frage eingehe, lassen Sie mich den politischen Aspekt von Aischylos' *Hiketiden* zusammenfassen und in den historischen Kontext einordnen.

Es geht in dieser Tragödie ganz offensichtlich um die Betonung der politischen Verantwortung des Demos und seiner Beteiligung an wichtigen und strittigen Entscheidungen. Es wird das Prinzip herausgestellt, daß die von der Politik Betroffenen auch letztlich über sie entscheiden sollen. Und das sind, wie Aischylos an mehreren Stellen ausdrücklich sagt: *alle* Bürger (369, 607, 964) bzw. – was hier dasselbe meint – das Volk als politischer Faktor. Die Danaiden nennen es, in ihrer Reaktion auf den für sie günstigen Volksbeschluß, τὸ δήμιον: «das demokratische Prinzip» ist damit gemeint. Von diesem heißt es weiter, daß «es die Polis beherrscht, eine vorausschauend-kluge, aufs Gemeinwohl bedachte Regierung» (699 f.). – Das ist für uns das älteste Loblied auf die Demokratie, und es spricht manches dafür, daß hier etwas Neues und damals höchst Aktuelles ausgedrückt wurde.

Das Drama spielt zwar in Argos, aber es spiegelt zweifellos die politischen Auseinandersetzungen im Athen der später 60er Jahre des 5. Jahrhunderts wider. Damals gab es den Konflikt zwischen Kimon und Ephialtes, der 462/1 – also schon bald nach der Aufführung der *Hiketiden* – zur Entmachtung des Areopags, des alten Adelsrates, führte. Die Demokratie hatte damit ihr letztes aristokratisches Gegengewicht verloren und konnte sich dann in den 50er Jahren unter Führung des Perikles voll entfalten.

Um 460 vollzog Athen auch außenpolitisch eine Wende: Es verbündete sich mit Argos gegen Sparta. Und es führte bald nach 460 einen langen und verlustreichen Krieg gegen die Perserherrschaft in Ägypten (Thukydides I, 109). Ob und inwieweit diese außenpolitischen Ereignisse bereits in den *Hiketiden* anklingen, ist ungewiß. Aber der innenpolitische Streit um die Rolle der demokratischen Institutionen, der dann mit dem Sturz Kimons und des Areopags endete, hat in der Zeit der *Hiketiden* offenbar schon die öffentliche Meinung bewegt.

Dieser politische Zeitbezug des Stückes ist in der Forschung bereits vielfach erörtert worden. Was dabei allerdings noch kaum beachtet wurde, ist der zweite Aspekt, der in dieser Tragödie mit dem Demokratie-Problem verknüpft ist, nämlich die Frage der richtigen Behandlung von Fremden und Metöken.

Meine These ist, daß auch diese Thematik nicht einfach zum vorgegebenen Mythos gehört, der ja in Argos spielt, sondern eine aktuelle Problematik Athens beleuchtet. Ich möchte diese Annahme nun im einzelnen erläutern und begründen.

Dem vorhin zitierten Lobpreis der Volksherrschaft durch den Danaiden-Chor als «vorausschauend-kluge, aufs Gemeinwohl bedachte Regierung» folgt unmittelbar der Bezug auf die Fremden, aber nun in der positiven

Bedeutung von Gästen (ξένοι). Diesen soll man, heißt es da, ihre Rechte
vertragsgemäß und ohne Kränkung zugestehen, bevor man den Kriegsgott
Ares vollständig bewaffnet (701–3). Das heißt wohl: Bevor man sich zum
großen Krieg anschickt, wie es Athen in jenen Jahren tut, soll man den
ansässigen Fremden, mit denen man ein Vertragsverhältnis hat, ihre Rechte
garantieren. Ob hier auch bereits auf die militärischen Dienste der Metöken angespielt wird, möchte ich dahingestellt sein lassen.

   Es gibt im Text noch deutlichere Hinweise auf die Bedeutung der
Metöken. Im Aufnahmebeschluß der Volksversammlung wird den Danaiden der Metökenstatus zugebilligt, der dann – wie schon dargelegt – unter
den besonderen Schutz der gesamten Bürgerschaft gestellt wird. An dieser
Stelle werden merkwürdigerweise allein den Bürgern Pflichten (und
potentiell auch Strafen) auferlegt; den neuen Mitwohnerinnen werden
dagegen nur Rechte zugebilligt, vor allem Freiheit und Schutz.

   Aber Pelasgos bietet ihnen sogar noch mehr: Er fordert sie freundlich
auf, sich mit ihren Dienerinnen in die von Mauern und Türmen wohl-
umhegte Stadt zu begeben. Dort gebe es viele Häuser im Volksbesitz
(wieder das bekannte Attribut: δήμια – δώματα τὰ δήμια), und auch
sein Palast stehe zur Verfügung. Dort würden sie zusammen mit vielen
anderen wohnen. Wenn es ihnen aber besser gefalle, könnten sie auch
«einförmige Häuser» (961: μονορρύθμους δόμους) bewohnen. Und Vater Danaos greift dieses Angebot dann noch einmal auf (1009 f.): Es stehe
Wohnung für sie doppelt bereit: die eine gebe Pelasgos, die andere die
Polis, wo man unentgeltlich wohnen könne.

   Für die schwer verständliche Rede von den Häusern in Volksbesitz, die
durch das Adjektiv μονορρύθμος als *einförmig* charakterisiert werden, trug
ich 1987 auf einem Kolloquium in Konstanz eine Erklärung vor, die
Zustimmung fand: Es handelt sich hier um eine Anspielung auf die Ty-
penhäuser, deren Entwicklung von den Archäologen Hoepfner und
Schwandner mit dem Ausbau von Piräus durch den Stadtplaner und Architekten Hippodamos von Milet in Zusammenhang gebracht worden
war. Und soweit ich sehe, ist die *Hiketiden*-Stelle der einzige zeitgenössische literarische Hinweis auf diese im 5. Jahrhundert neuartige Hausform.
Der von Aischylos verwendete und vielleicht erfundene Ausdruck μονορρύθμος – das Wort ist sonst nirgends belegt – gibt die Form dieser
typisierten Reihenhäuser sehr treffend wieder.

   Die zitierte Passage bietet im übrigen auch einen Anhaltspunkt für die
Problematik der rechtlichen und finanziellen Regelung der Wohnungsver-
gabe an Metöken, über die wir ansonsten für das 5. Jahrhundert überhaupt
keine Quellen haben. Das müßte vor allem deswegen eine zentrale und
zugleich heikle Frage gewesen sein, weil Metöken keinen Grundbesitz in
Athen erwerben durften. Folglich müßte hier – nach den Zerstörungen
durch die Perser 480 – ein erheblicher und schnell steigender Bedarf an
Mietwohnungen entstanden sein.

Was besagt aber vor diesem Hintergrund die auffällige Betonung der komfortablen Wohnmöglichkeiten für die frischgebackenen μέτοικοι in den *Hiketiden?* Ihre Unterbringung scheint überhaupt kein Problem darzustellen. Lediglich ihre Aufnahme in die Polis war eines – wegen der außenpolitischen Verwicklungen. In der Wohnungsfrage dagegen überschlägt man sich förmlich mit großzügigen und neuartigen Angeboten. Hier geht es offenbar nicht um die Unterbringung von Asylanten in Notquartieren. Die Offerten des Pelasgos lassen eher an staatliche Investitionshilfen und Prämien für Gewerbeansiedlungen denken. Man mußte den Leuten ihren Umzug anscheinend erst schmackhaft machen!

Daß Aischylos auch an dieser Stelle seines Stückes den Boden der Realität keineswegs verlassen hat, ergibt sich aus dem Vergleich mit einem anderen literarischen Zeugnis. Xenophons Schrift *Poroi* – die Hauptquelle für unsere Kenntnis von Plänen einer staatlichen Förderung von Wirtschaft und Finanzen in der athenischen Demokratie – verfolgt, etwa ein Jahrhundert nach Aischylos, noch immer die gleiche Tendenz: Man muß Metöken anlocken, und um das zu erreichen, muß man sich etwas einfallen lassen. Xenophon schlägt deshalb vor, diejenigen Bürger auszuzeichnen, welche die meisten Metöken vorweisen könnten. «Dann», so heißt es wörtlich weiter, «dürfte auch dieser Schritt die Metöken gewogener machen, und aller Wahrscheinlichkeit nach dürften alle Heimatlosen (ἀπόλιδες) die Metökie in Athen anstreben und unsere Einnahmen vergrößern» (Por. 2, 7).

Damit greife ich zeitlich schon etwas voraus, und man könnte vielleicht einwenden, daß auch Xenophon nicht die Realität beschreibt, sondern ein Wunschprogramm entwickelt. Aber man muß zugeben: Sein Programm macht nur dann Sinn, wenn der Bedarf an geeigneten Metöken in der Regel größer war als die Nachfrage qualifizierter Fremder, die sich um eine ständige Niederlassung in Athen bemühten. Und eben diese Relation bestand wohl auch in den 60er Jahren des 5. Jahrhunderts.

Wir haben dafür außer Aischylos noch ein weiteres Zeugnis aus der späteren Geschichtsschreibung: Diodor (XI, 43,3) berichtet über die Politik des Themistokles, er habe das Volk überredet, jährlich zwanzig neue Trieren bauen zu lassen sowie die Metöken und Handwerker von Steuern zu befreien (ἀτελεῖς ποιῆσαι) mit dem Ziel, daß eine große Menge von überall her in die Stadt komme und daß die Athener leicht mehr Gewerbe (τέχνας) einrichten könnten. Beide Maßnahmen schienen ihm geeignet für den Ausbau der Seemacht.

Es ist nicht klar, um welche Steuerbefreiung es sich hier genau handelt. Die spezielle Kopfsteuer für Metöken, das μετοίκιον, ist nicht vor dem späten 5. Jahrhundert belegt. Möglicherweise gab es sie in der Frühzeit noch gar nicht. Themistokles' Politik der Anreize für Metöken könnte sich eventuell auch schon auf die Zeit vor 480 beziehen, als die Flotte zuerst aufgebaut wurde. Aber richtig ausgewirkt haben kann sie sich eigentlich erst mit dem Ausbau von Piräus unter Hippodamos' Leitung. Und dieses

Bauprogramm muß sich über einen langen Zeitraum hingezogen haben; es dürfte frühestens in den 60er Jahren, also in der Zeit der *Hiketiden,* richtig in Gang gekommen sein.

Es lohnt sich also durchaus, diese vielbehandelte Tragödie für unser Thema genau zu betrachten. Im übrigen haben wir für das 5. Jahrhundert – zumindest bis in die Zeit des Peloponnesischen Krieges – keine bessere Quelle für die Frage nach dem Verhältnis von Demokratie und Fremden. Und Aischylos erweist sich bei näherem Hinsehen – trotz der Schwierigkeit der Übersetzung – als erstaunlich konkret.

Noch wichtiger ist vielleicht: Die *Hiketiden* führen in eine Zeit, die für die Herausbildung sowohl der Demokratie wie auch des Metökenstatus von einschneidender Bedeutung war. Das habe ich zuvor nur für die Entwicklung der Demokratie im Hinblick auf Ephialtes skizziert. Daß sich auch im Verhältnis zu den Fremden in der 1. Hälfte des 5. Jahrhunderts in Athen etwas Entscheidendes verändert hat, bleibt noch zu zeigen und in seinen Ursachen zu erklären. Sie werden am ehesten verständlich im Vergleich mit den Verhältnissen in der archaischen, vordemokratischen Epoche.

Zuvor sind aber noch die wichtigsten griechischen Termini und Begriffe zu erläutern. Ich möchte mich dabei beschränken zum einen auf die Bedeutung von ξένος und anderer Ausdrücke zur Bezeichnung von Fremden und zum andern auf den Begriff des Metöken.

Wie kaum anders zu erwarten, sind die hier interessierenden Wörter meist mehrdeutig oder gar ambivalent, sie vereinigen in sich widersprüchliche Inhalte. Das gilt im Griechischen vor allem für das Schlüsselwort ξένος, das sprachgeschichtlich mit lat. *hostis* und unserem Wort *gast* verwandt ist. Das Besondere an ξένος scheint mir aber zu sein, daß die Doppeldeutigkeit und potentielle Ambivalenz von *Fremder* und *Gast* immer erhalten blieb. Bei *hostis* verlagerte sich die Bedeutung stärker zum negativen Pol hin: vom Fremden zum *Feind.* – Beim germanischen Wort *gast,* das ursprünglich auch den *Fremden* und sogar den *Krieger* bezeichnen konnte, blieb im Deutschen nur die positive Bedeutung übrig. In ξένος war dieser positive Sinn immer so stark präsent, daß das Fremde allenfalls neutral, aber nicht negativ erschien.

(Daß die Griechen den Ausdruck «Xenophobie» nicht kannten, hängt mit dieser Grundbedeutung des Wortes zusammen: Vor einem Gast – wenn es denn einer ist – braucht man sich nicht zu fürchten.)

Für die negativen Aspekte des Fremden hatten allerdings auch die Griechen genug andere Ausdrucksmöglichkeiten – bis hin zum ἐχθρός, dem Feind. Eher deskriptiv sind ἀλλότριος (andersartig), ἀλλοδαπός (von anderswoher) oder ἔκδημος (außerhalb der Gemeinde stehend). Schließlich gehört in diesen Zusammenhang auch das Wort βάρβαρος mit seiner sehr komplexen und aufschlußreichen Begriffsgeschichte. Die Funktion dieses Wortes ist selbst nach den Perserkriegen bei Autoren des 5. Jahrhunderts wie Aischylos oder Herodot vielfach eher deskriptiv als wertend.

Zum Beispiel entwirft Aischylos in den *Persern* das Traumbild von den beiden Schwestern aus einem Stamm: die eine erhält das hellenische, die andere das barbarische Land zugelost. Griechen und Perser stehen insofern auf der gleichen Stufe. Sie reagieren jedoch unterschiedlich auf das Joch, das Xerxes beiden auferlegt. Die barbarische Schwester erweist sich als leicht lenkbar, die hellenische aber bäumt sich dagegen auf und befreit sich. Eine ähnliche Tendenz läßt sich im Werk Herodots beobachten, wo jedoch neben der militärischen und politischen Überlegenheit der Hellenen auch die Leistungen von Barbaren bewundert werden.

Abgesehen von einzelnen Stimmen in der Sophistik, die eine naturgegebene Gleichheit aller Menschen behaupten – sowohl zwischen Hellenen und Barbaren, als auch zwischen Freien und Sklaven – läßt sich zum 4. Jahrhundert hin dann eine begriffliche Abwertung des Barbaren und eine Verschärfung des Gegensatzes beobachten – so z. B. bei Platon (rep. 470c): die Vorstellung einer natürlichen Feindschaft zwischen der hellenischen und der barbarischen Welt – oder bei Aristoteles (Pol. 1,2): Die Gleichsetzung von Barbaren und Sklaven von Natur aus.

Nun zum Begriff des Metöken:

Das Wort μέτοικος ist ebenfalls doppeldeutig, da die Präposition μετά sowohl *mit* als auch *nach* bedeuten kann. μέτοικος wird deshalb entweder als *Mitbewohner* oder als *Wohnungswechsler* bzw. als *Umzügler* verstanden. (Man erinnere sich an die Hiketiden.) Beides macht Sinn. Wichtig scheint mir, daß das Wort erst im 5. Jahrhundert auftaucht. Die Tragödien des Aischylos bieten die frühesten Belege (zuerst: Pers. 319). Und auch die nicht sehr zahlreichen inschriftlichen Zeugnisse beginnen erst in den 460er Jahren. Dieser Befund verweist also wiederum auf die Entstehungszeit der *Hiketiden*. Tatsächlich scheinen die Metöken erst damals in Athen eine größere Bedeutung erlangt zu haben.

Allerdings hängt die Metökie als Rechtsinstitut nicht an diesem einen Wort. Der Metöke konnte auch als ξένος bezeichnet werden oder durch das Ethnikon, den Namen des Herkunftslandes. Die Metöken selbst haben auf eigenen Inschriften den Terminus μέτοικος sogar durchweg vermieden und entweder ihr Ethnikon oder besondere Privilegientitel angeführt, vor allem die *Isotelie,* also die Besteuerungsgleichheit mit den Bürgern, und das heißt praktisch: die Befreiung von der Metökensteuer und Sondersteuern wie der Eisphora.

Ungeachtet der terminologischen Varianten läßt sich die Metökie als ein einheitlicher Rechtsstatus definieren. Diesen erhält jeder Fremde, der sich länger als eine bestimmte Zeit in Athen aufhält und einen festen Wohnsitz hat – vermutlich bereits nach einem Monat. Er braucht dazu einen Patron aus der Bürgerschaft, einen προστάτης. Der veranlaßt die Registrierung des Metöken in der Liste seiner eigenen Bür-

gergemeinde, seiner Deme. Er vertritt ihn auch vor Gericht. Die Kopfsteuer für Metöken betrug 12 Drachmen und für eine alleinstehende
Metökenfrau 6 Drachmen – ob jährlich oder monatlich, ist nicht ganz
klar. Wenn pro Jahr, wie die meisten annehmen, erscheint dieser Betrag
nicht sehr hoch. Er hätte dann – um einen Größenvergleich zu haben
– ungefähr den durchschnittlichen Lebenshaltungskosten von einem
Monat entsprochen (bei einem Verbrauch von 2 Obolen am Tag). Auf
jeden Fall galt diese Steuer als negatives Statussymbol, das den Unterschied zu den Bürgern am deutlichsten markierte. Und für den athenischen Staatshaushalt war sie anscheinend von beträchtlicher Bedeutung.
Im übrigen bestand für Metöken auch Militärdienstpflicht: je nach Vermögen entweder als schwerbewaffneter Hoplit oder als Ruderer in der
Flotte.

Auf ihre soziale Stellung und ihre wirtschaftliche Bedeutung komme
ich noch zurück. Zuerst möchte ich die Entstehung der Metökie in Athen
darstellen. Denn erst dann wird deutlich, wie sehr dieser eigenartige Weg,
ein Zusammenleben mit Fremden zu institutionalisieren, mit der Herausbildung der Demokratie verknüpft ist.

II. Zur Geschichte der Metökie

Die Anfänge des Metöken-Status in Athen vermutet man allgemein im
6. Jahrhundert v. Chr. Jedoch gehen die Meinungen darüber auseinander,
ob sie in der Zeit Solons – also im frühen 6. Jahrhundert – oder erst im
Zusammenhang der kleisthenischen Reformen gegen Ende des Jahrhunderts liegen. – In welchen historischen Kontext aber gehört die Metökie?
Hat sie sich allmählich herausgebildet oder wurde sie in einer bestimmten
Situation geschaffen? Worin lag eigentlich das Besondere und vielleicht
auch: das historisch Neue dieser Institution?

Kurz gesagt: Die Metökie schuf in der Polis eine Rechtsgrundlage für
das Zusammenleben mit einer relativ großen Zahl von Ausländern, die
nicht in den politischen Verband integriert wurden. Welche Ansätze gab
es dafür in der griechischen Frühzeit, oder gab es vielleicht andere Inte-
grationsmöglichkeiten?

Man denke an die förmlichen Gastfreundschafts-Beziehungen. Davon
hören wir viel, z. B. in den homerischen Epen, aber auch noch später.
Diese Institution gehörte vor allem in die aristokratische Gesellschaft. Sie
war eine persönliche, individuelle Beziehung, wurde aber oft in den Familien gewissermaßen vererbt. Sie führte jedoch in der Regel nicht zu
einem längeren Zusammenleben in ein und derselben Gemeinde.

Neben dem Besuch von Gastfreunden gab es noch eine Vielzahl anderer
Wanderungsbewegungen. Und gerade die Athener waren stolz darauf,
schon immer besonders großzügig Immigranten aufgenommen zu haben.

Kollektive Fremdenfreundlichkeit – φιλοξενία – hatte hier angeblich eine Tradition, die bis in die Zeit der sog. Dorischen Wanderung zurückreicht. In Thukydides' Darstellung der griechischen Frühgeschichte lesen wir (I,1): «Denn aus ganz Hellas wandten sich die Verdrängten und Verbannten, immer die Mächtigsten, nach Athen als einen sicheren Ort, wurden dort Bürger und machten so schon seit ältester Zeit die Stadt noch größer und volkreicher, weshalb sie von hier aus auch später in Ionien, da Attika nicht ausreichte, neue Städte gründeten.»

Diese Beschreibung ist wohl nicht nur eine Projektion aus der Sicht des 5. Jahrhunderts, denn wir wissen, daß es in Athen tatsächlich eine längere Kontinuität der mykenischen Kultur gegeben hat. Thukydides spricht davon, daß die Zugezogenen in Athen *Bürger* (πολῖται) wurden. Was der Bürgerstatus in jener für uns Dunklen Zeit bedeutet hat, wissen wir nicht. Es muß sich hauptsächlich um die Zugehörigkeit zur attischen Aristokratie gehandelt haben, denn nur die Mächtigsten fanden Zugang. Und das Ziel war offenbar die völlige soziale und politische Integration, nicht ein minderberechtigter Status, wie der des Metöken. – Ob und wenn ja, auf welche Weise auch Nichtadlige aufgenommen wurden, wissen wir nicht.

Hinweise darauf gibt es erst in der Zeit Solons. Und manche verbinden mit der solonischen Gesetzgebung auch die Entstehung der Metökie. Aber was Plutarch berichtet – unsere einzige Quelle in dieser Frage – deutet m. E. in eine andere Richtung. Es heißt dort (24,4), das Gesetz Solons über die Aufnahme von Neubürgern bereite Verständnisschwierigkeiten, eine *aporia*, «weil es nur denen gestattet, Bürger zu werden, die für immer aus ihrem Vaterland verbannt sind oder mit ihrem ganzen Hause nach Athen übersiedeln wollen, um ein Gewerbe zu betreiben. Diese Bestimmung soll er getroffen haben, nicht so sehr um die anderen abzuweisen, als um die Bezeichneten durch die sichere Aussicht auf das Bürgerrecht nach Athen einzuladen».

Auch hier geht es offensichtlich noch um die volle Integration in die Bürgerschaft. Nun sind es nicht mehr nur die Mächtigsten, die Einlaß finden, sondern ausdrücklich auch Handwerker, die zur dauerhaften Ansiedlung eingeladen werden – nicht als Metöken, sondern dezidiert: um *Bürger* zu werden (πολίτας γενέσθαι).

In der Kommentierung des Gesetzes läßt Plutarch anklingen, daß andere Gruppen durch dieses Gesetz nicht abgeschreckt werden sollten. Das müßten dann ungelernte Arbeiter gewesen sein oder solche ohne Familie und Haushalt. Daß man angesichts der wirtschaftlichen Schwierigkeiten und sozialen Spannungen in jener Zeit solche Leute tatsächlich nicht von einer Übersiedlung abhalten wollte, ist sehr zu bezweifeln. Es kam dem Gesetzgeber tatsächlich auf die qualifizierten Handwerker an, für die es offenbar großen Bedarf gab. Darauf deuten auch andere Gesetze. Insofern unterschieden sich die Verhältnisse hier nicht von denen der späteren Demokratie. Aber die fundamentale Differenz liegt darin, daß gerade diese Gruppen, die später den Metöken-Status bekamen (Gewerbetreibende und politische Flüchtlinge), hier noch zur Eingliederung in die athenische Bürgerschaft motiviert wurden. Das hängt sicher auch damit zusammen, daß das Bürgerrecht zur Zeit Solons noch nicht die gleiche rechtliche und politische Qualität und Attraktivität besaß wie in der klassischen Demokratie.

Für die Epoche der Tyrannis der Peisistratiden (zwischen etwa 560 und 510) gibt es ebenfalls Nachrichten, die für einen beträchtlichen Zuzug von Auswärtigen sprechen. Neben Handwerkern kommen jetzt vor allem Söldner in Betracht, auf die sich die Tyrannen stützten. (Merkwürdigerweise haben die Griechen Söldner meist mit dem Wort ξένοι bezeichnet.) – Nach dem Sturz der Tyrannis soll es eine Überprüfung der Bürgerliste gegeben haben (Aristoteles, Ath. Pol. 13, 5), da zur Partei des Peisistratos auch solche gehört hätten, deren Herkunft nicht makellos gewesen sei. Wir wissen nicht, wer genau damit gemeint ist, möglicherweise gehörten auch die aufgrund des solonischen Gesetzes Eingebürgerten dazu.

Jedenfalls gab es nach der Tyrannis im Zuge der Reformen des Kleisthenes eine grundlegende Neuregelung des Bürgerrechts, die weitreichende Folgen hatte. Die Bürgerliste wurde nun in den Demen geführt, in den politisch aufgewerteten kommunalen Verbänden. Offiziell wurde der Name des Vaters durch die Demenbezeichnung ersetzt. Damit verbunden war eine Politisierung des Bürgerrechts, die sich zeigte in der Ausweitung der politischen Partizipation der bürgerlichen Mittelschicht in den neu geschaffenen Gremien, etwa im Rat der 500 und auf der kommunalen Ebene.

Erst unter diesen Bedingungen macht meines Erachtens die Schaffung eines besonderen Metökenstatus Sinn. Ab jetzt benutzte man nicht mehr das Bürgerrecht als Anreiz für den Umzug begehrter Handwerker nach Athen. Ab jetzt achtete man vielmehr streng darauf, daß sich keiner zu Unrecht in diese Bürgerschaft, die πολιτεία, einschlich. Die Demokratisierung im Innern hatte somit eine verstärkte Abgrenzung nach außen zur Folge.

Vor diesem Hintergrund und auf dieser rechtlichen und politischen Basis hat man sich also die Entstehung der Metökie am Ende des 6. Jahrhunderts vorzustellen. Ihre weitere Entwicklung, und das heißt vor allem: die Zunahme der Metökenschaft, war nun eine Frage der Konjunktur. Die aber war in Athen primär politisch bedingt, nämlich durch den Ausbau der Flotte und der Seemacht unter Themistokles, und dann weiter unter Kimon und Perikles. Man kann, denke ich, mit einer permanenten Zunahme der Metöken jedenfalls bis in die Zeit des Peloponnesischen Krieges rechnen. Auf die Größenordnungen komme ich noch zurück.

Unter dem Aspekt der historischen Entwicklung der Metökie im 5. Jahrhundert ist hier nur noch auf ein Datum einzugehen, das zwar primär den Bürgerstatus betraf, aber damit zwangsläufig auch auf die Metöken Auswirkungen hatte: Ich meine das perikleische Bürgerschaftsgesetz von 451/50. Es bestimmte, daß nur derjenige athenischer Bürger sei, dessen beide Eltern bereits Athener waren. Das bedeutete eine Verschärfung des Abstammungsprinzips, das nun auch auf die mütterliche Linie ausgedehnt wurde.

Mit dieser Änderung könnten verschiedene Absichten verbunden gewesen sein. So scheint es vor allem auf die führenden Adligen zu zielen, da diese häufig Heiratsverbindungen mit ausländischen Aristokratenfamilien eingingen. Neuerdings hat die französische Althistorikerin Claudine Leduc (in: «Geschichte der Frauen», Bd. 1, hg. v. Pauline Schmitt Pantel, dt. 1993) eine sehr plausible Erklärung des Gesetzes geliefert, indem sie auf den Wandel der Heiratsstrategien unter den Bedingungen der Demokratie abhebt.

Das Gesetz wertete jedenfalls auch die ärmeren Bürger, die Theten, insofern auf, als ihre Töchter als Ehepartner nun begehrter wurden. Umgekehrt konnte eine Metökin bzw. die Tochter eines Metöken nun nicht mehr auf eine bürgerliche Ehe rechnen und auf Kinder, die einmal Bürgerstatus haben würden. Ein Metöke, der selber so gut wie keine Aussicht auf Einbürgerung hatte, konnte nun auch nicht mehr darauf hoffen, daß wenigstens seine Enkel einmal Athener Bürger würden.

Das Gesetz betraf also in erster Linie gar nicht die Adligen (zumal es keine rückwirkende Geltung hatte), sondern es berührte tatsächlich die gewöhnlichen Bürger – aber eben auch die Metöken, und zumal die Wohlhabenden unter ihnen. Die Bürgerschaft grenzte sich nun noch schärfer ab. Dadurch hat auch der Metökenstatus an Profil gewonnen, wenn auch im negativen Sinne.

Die Danaos-Töchter, die vor der Ehe in Ägypten geflohen waren, hätten – gut ein Jahrzehnt nach der Aufführung der *Hiketiden* – keine Aussicht mehr auf eine gute Partie in Athen gehabt. – Man hatte die Fremden vielleicht etwas zu herzlich eingeladen! Sie waren in großer Zahl gekommen. Und deshalb zog man relativ schnell die Konsequenz, sich in einem essentiellen Bereich stärker von ihnen abzugrenzen.

Wie aber waren die konkreten Lebensbedingungen der Metöken im demokratischen Athen? Unser Bild davon setzt sich aus sehr verschiedenartigen Mosaiksteinchen zusammen, die viele Lücken lassen. Das hat in der Forschung zu recht unterschiedlichen Beurteilungen geführt. Eine ältere Ansicht ist die der Metökie als einer Quasi-Bürgerschaft (Wilamowitz). Jüngere Arbeiten sehen im Metöken eher den «anti-citizen» (Whitehead, S. 70). Victor Ehrenberg (Aristophanes und das Volk von Athen, S. 168) neigte mehr der ersten Position zu und kam zu dem Schluß, «daß Bürger und Metöken gemeinsam eine höhere und niedrigere Mittelklasse gebildet haben». – Wie war es also tatsächlich um die soziale Lage und die wirtschaftliche Bedeutung der Metöken im klassischen Athen bestellt?

III. Soziale Lage und wirtschaftliche Bedeutung der Metöken

Zunächst ein Wort zur Anzahl der Metöken im Verhältnis zu der der Bürger. Unsere Informationen darüber sind spärlich. Für das späte 4. Jahrhundert haben wir die Angabe von 21 000 Bürgern gegenüber 10 000 Metöken. Aus dem 5. Jahrhundert gibt es allein den Hinweis bei Thukydides (II, 13; II, 31), daß das Hoplitenheer Athens zu Beginn des Peloponnesischen Krieges – also auf dem Höhepunkt seiner Kampfstärke – aus 13 000 Bürgern und 3000 Metöken bestanden habe. Mit einigen Vorbehalten kann man diese Zahlen hochrechnen auf etwa 40 000 Bürger und 10 000 bis 15 000 Metöken, also ein Verhältnis von 4:1 bis 3:1. Die Relation verschob sich demnach bis gegen Ende des 4. Jahrhunderts, als die Demokratie gerade abgeschafft war, auf etwa 2:1. Dabei ist zu berücksichtigen, daß sich der Charakter der Metökie inzwischen verändert hatte, indem dieser Status pauschal an ganze Städte verliehen werden konnte (s. Kahrstedt, S. 280 ff.).

Festzuhalten bleibt, daß der Anteil der Metöken an der Gesamtbevölkerung in der Demokratie sehr hoch war. Und dabei ist noch zu bedenken, daß sich die Metöken in der Stadt und vor allem in Piräus konzentrierten, während die Bürger vor dem Peloponnesischen Krieg mehrheitlich in den Landgemeinden Attikas ansässig waren. Im Stadtgebiet – der *asty* – dürfte somit die Bürger- und die Metökenzahl annähernd gleich gewesen sein. Nimmt man vorübergehend anwesende Fremde und gar noch die ungezählten Sklaven hinzu, könnte man von einer quantitativen Mehrheit von Nichtathenern und insofern von einer Überfremdung sprechen. – Merkwürdigerweise jedoch lassen unsere Quellen fast nichts von einem sich daraus vielleicht ergebenden Ressentiment erkennen. Und im Theater – zumal in der Komödie – hätte es viel Gelegenheit gegeben, eine solche Stimmung laut werden zu lassen!

Aristophanes – und anscheinend auch andere Komödiendichter – stehen den Metöken im allgemeinen positiv gegenüber, jedenfalls soweit sie Griechen sind (vgl. Ehrenberg, S. 159 ff.). Die Komödien wenden sich auch gegen eine rigorose Einschränkung von Bürgerrechtsverleihungen, zu der die radikale Demokratie tendierte. Wo Ausländer, zumal nicht-hellenische, in der Alten Komödie verspottet werden, geht das nicht über das Maß hinaus, das auch einzelne Bürger, bestimmte Bürgergruppen oder der gesamte attische Demos sich gefallen lassen müssen.

Offenbar neigten die Athener wenig zu Fremdenfurcht und sahen eher die Vorteile der Weltoffenheit. Sogar ein oligarchischer Gegner der Demokratie stellt dazu in den Anfangsjahren des Peloponnesischen Krieges fest:

«So haben sie (die Athener) dank der Seeherrschaft erstens Mittel zu Schlemmereien ausfindig gemacht, indem sie hier diesen, dort jenen sich zugesellten; und was es nur an Leckereien in Sizilien und Italien oder auf Zypern oder in Ägypten oder in Lydien oder in Pontos oder in der Peloponnes oder sonstwo gibt, all dieses ist an einem Punkt zusammengeströmt dank der Seeherrschaft. Ferner haben sie beim Anhören jeder Sprache sich aus der das, aus der jenes ausgesucht; und so bedienen sich, während die Griechen ihre eigene Sprache und Lebensweise und Tracht vorziehen, die Athener einer aus allen Griechen und Nichtgriechen vermischten.» (Pseudo-Xenophon, Ath. Pol. II,7 f.)

Zu dieser in Griechenland bis dahin nicht gekannten Vielfalt und Buntheit des städtischen Lebens haben nicht zuletzt die Metöken beigetragen. Ihrer Herkunft nach waren es sowohl Hellenen wie Barbaren. Wahrscheinlich hat sich der Anteil der Letzteren im 4. Jahrhundert vergrößert. Xenophon – auch er kein Freund der Demokratie – nennt an einer Stelle «Lyder, Phryger, Syrer und andere Barbaren aus vielerlei Ländern», aus denen Metöken stammten (Por. 2, 3). Dies hing auch damit zusammen, daß freigelassene Sklaven in Athen den Metökenstatus erhielten – und nicht (wie in Rom) das Bürgerrecht. Die ethnische Verschiedenartigkeit dieser Bevölkerungsgruppe nahm daher in Athen immer mehr zu.

Ebenso vielfältig waren die Berufs- und Gewerbezweige, in denen Metöken arbeiteten. Da sie vom Haus- und Grundbesitz ausgeschlossen waren, der allein Bürgern vorbehalten blieb, mußten sie sich auf Handel und Handwerk verlegen. In der Landwirtschaft waren sie allenfalls als Lohnarbeiter oder Pächter tätig. Eine Inschrift aus dem Jahre 400 (Tod GHI Bd. 2, Nr. 100) nennt uns Namen von Metöken mit Berufsbezeichnungen wie: Koch, Zimmermann, Maultiertreiber, Baumeister, Gärtner, Eseltreiber, Ölhändler, Händler mit Nüssen, Brotverkäufer, Tuchwalker, Bildhauer, Lohnarbeiter und mehrfach Bauer, was wohl nur mit Pacht zu erklären ist, wenn es sich bei diesen um Metöken handelt.

Man muß dazu anmerken, daß der fragmentarische Zustand der Inschrift keinen sicheren Beweis ergibt, daß alle diese Personen Metöken waren; aber es handelte sich jedenfalls um Nichtbürger, die zum Lohn für ihre Unterstützung der Demokraten im Kampf mit den «Dreißig Tyrannen» nun das Bürgerrecht erhalten sollten. Es fällt auf, daß hier überwiegend einfache Berufe und Tätigkeiten erscheinen. Es wurden eben nicht nur qualifizierte Handwerker gebraucht, wie es nach dem solonischen Gesetz den Anschein hatte. Und die Metöken waren auch nicht überwiegend reiche Kaufleute, Schiffseigner und Bankiers, wie man vielleicht aufgrund bestimmter Ehreninschriften meinen könnte. Realitätsnäher sind da die Figuren der Komödien des Aristophanes, die auf dem Marktplatz spielen und uns die typischen Kleinhändler (κάπηλοι), Imbißbudenbetreiber und Hausierer zeigen. Oft handelte es sich auch um Frauen mit Metökenstatus.

Über Handwerker und ihre Bezahlung erfahren wir zahlreiche Details aus den inschriftlich erhaltenen Bauabrechnungen des Erechtheions ab dem Jahre 409/8. Diese betreffen Bildhauerarbeiten am Skulpturenschmuck des Frieses, ferner die Kannelierung der Säulen und verschiedene Holzarbeiten im Zusammenhang der Dachkonstruktion des Tempels, wie etwa das Schnitzen der Deckenrosetten. Die Entlohnungsmodalitäten waren je nach Branche und Tätigkeit unterschiedlich. Die meisten Arbeiten wurden im Akkord- bzw. Stücklohn abgerechnet, also entsprechend dem einzelnen Werkstück bzw. nach Aufmaß. Für andere wurde ein fixer Tageslohn zugrunde gelegt, der maximal eine Drachme betrug. Die Besoldungsunterschiede, etwa zwischen dem Architekten (mit 1 Drachme) und seinem Sekretär (mit 5 Obolen), aber auch im Vergleich zu den ungelernten Tagelöhnern, waren erstaunlich gering, selbst wenn man annimmt, daß der Architekt vielleicht noch andere Baustellen zu betreuen hatte oder über andere Einkommensquellen verfügte.

Bemerkenswert ist jedoch vor allem, daß die auf der Baustelle nebeneinander beschäftigten Bürger, Metöken und Sklaven pro Mann für die gleiche Arbeit den gleichen Lohn erhielten, der den namentlich aufgeführten Personen – und das gilt auch für die Sklaven – jeweils individuell zugeschrieben wurde. Es ist allerdings anzunehmen, daß die Sklaven ihren Lohn ganz oder teilweise an ihre Herren abzuführen hatten, worauf bereits Pseudo-Xenophon (I, 11) hinweist, der außerdem von «reichen Knechten» (πλούσιοι δοῦλοι) und der Möglichkeit der Freilassung spricht.

An den Erechtheion-Abrechnungen fällt außerdem ein deutliches zahlenmäßiges Übergewicht der Metöken auf, nämlich insgesamt 42 gegenüber 24 Bürgern und 20 Sklaven – also etwa ein Verhältnis von 2 : 1 : 1. Und bei diesen Metöken zeigt sich zudem ein besonders hoher Anteil spezialisierter Gewerbe, wie etwa: Bildhauer, Holzschnitzer, Maler oder Vergolder. Die Überzahl der Metöken mag in dieser Zeit auch kriegsbedingt gewesen sein. Denn bei der unmittelbar vorausgehenden militärischen Katastrophe in Sizilien hatten zweifellos die Bürger – und zumal die Theten – im Verhältnis die größten Verluste erlitten. Das dürfte aber nur zu einem Teil erklären, warum sie hier prozentual so schwach vertreten sind.

Denn eine solche Situation war für die militärisch expansive Demokratie im Grunde seit den Perserkriegen typisch und macht den Bedarf an Fremden, seien es Metöken oder Sklaven, nur besonders deutlich. Die Kooperation der unterschiedlichen Standesgruppen auf der Tempelbaustelle ist in gewisser Hinsicht für die Wirtschafts- und Gesellschaftsordnung Athens bezeichnend. Ich möchte daraus keineswegs eine soziale Harmonie zwischen Bürgern, Metöken und Sklaven ableiten. Aber man kann wohl sagen, daß es keine auffällige wirtschaftliche Konkurrenz zwischen den Ständen gab, auch nicht zwischen Bürgern und Metöken. Obwohl man mit einem hohen Anteil an freier Arbeit und Lohnarbeit rechnen muß, gab es keinen Arbeitsmarkt (im modernen Sinne) – aber auch keine Zünfte, welche die Produktion, Preise und Löhne reguliert hätten.

Dafür gab es politische Faktoren, welche die wirtschaftlichen und sozialen Verhältnisse entscheidend prägten: Die Bürger wurden in der Demokratie – zumal seit der Mitte des 5. Jahrhunderts – tatsächlich zu einem großen Teil und für lange Zeit von der Politik in Anspruch genommen. Die Mehrheit wohnte zunächst noch im attischen Umland und lebte von der Landwirtschaft. Aber der städtische Wirtschaftsbereich, der sich damals beträchtlich ausweitete, konnte nur zum kleineren Teil durch Bürger versehen werden. Wegen der Demokratie und der Seemacht – das heißt: primär aus politischen Gründen – entstand hier eine Lücke für Arbeitskräfte mit oder ohne besondere Fähigkeiten, die nur mit Hilfe von Metöken und Sklaven geschlossen werden konnte.

Dieser zwangsläufige Zusammenhang wird sehr eindrucksvoll von dem bereits einmal zitierten «Alten Oligarchen» auf den Punkt gebracht, wenn dieser schreibt: «Bei den Sklaven hingegen und den Metöken herrscht in Athen größte Zuchtlosigkeit, und man kann dort den Sklaven weder schlagen, noch wird er dir bescheiden ausweichen. Weswegen das aber landesüblich ist, will ich sofort erklären. Wenn es Brauch wäre, daß der Sklave von jedem beliebigen freien Mann geschlagen würde oder gar der Metöke und der Freigelassene, so hätte er schon oft auf den ersten Eindruck hin, der Athener vor ihm sei ein Sklave, dreingehauen; denn wie an Kleidung das Volk daselbst nichts Besseres ist als die Sklaven und die Metöken, so sind sie auch in ihrer ganzen Erscheinung um nichts besser. Wenn aber auch einen das wundert, daß sie dort die Sklaven üppig werden, ja einige sogar auf großem Fuß leben lassen, auch das tun sie, wie ich vielleicht zeigen kann, mit Absicht. Denn wo es eine Seemacht gibt, ist es eine Notwendigkeit für die Sklaven, für Geld Sklavendienste zu leisten, damit ich als Herr von ihrer Tätigkeit wenigstens die Abgaben bekomme, und sie freizulassen ... Deshalb also haben wir sogar für die Sklaven freie Meinungsäußerung eingeführt in demselben Maße wie für die Freien; und auch für die Metöken in demselben wie für die Bürger, weil die Polis Metöken braucht, sowohl um der Menge der Gewerbe als auch um des Seewesens willen.» (Pseudo-Xenophon, Ath. Pol. I,10–12).

Das ist sicher in mancher Hinsicht eine verzerrte und übertriebene Darstellung: etwa die Behauptung, in Athen komme die ἰσηγορία auch den Sklaven und Metöken zu, also das gleiche Recht der freien Rede, bei Herodot geradezu das Kernstück der Demokratie. Insofern stellt der Oligarch die Verhältnisse auf den Kopf, denn am politischen Bereich ließ man die Metöken oder gar die Sklaven gerade nicht teilnehmen. Und ähnlich tendenziös ist es, Sklaven und Metöken praktisch in einen Topf zu werfen, Rechtsbarrieren also zu ignorieren.

Aber die Bemerkung, daß man in Athen auf der Straße oft nicht wußte, wen man vor sich hatte, ob einen Freien oder Sklaven, Metöken oder

Bürger – und ebenso die Beschreibung der relativ selbständig arbeitenden und sich freikaufenden Sklaven – das paßt im Grunde genau in das Bild, das die genannten Inschriften von der Baustelle des Erechtheions ergeben.

Soweit zu den Verhältnissen im späten 5. Jahrhundert. In der Demokratie des 4. Jahrhunderts hat sich der Metökenstatus und das Verhältnis der Athener zu den Fremden in manchen rechtlichen Details verändert. Die Grundlagen für das Zusammenleben von Bürgern und Nichtbürgern blieben jedoch die gleichen. Die sehr rigide rechtliche und politische Statusbarriere gegenüber den Metöken bestand weiter. Die Verleihung des athenischen Bürgerrechts oder spezieller Privilegien an Metöken wurde nur vereinzelt gegenüber solchen Personen vorgenommen, die sich um die Bürgerschaft besonders verdient gemacht hatten.

Auch das Reformprogramm Xenophons zur Vermehrung der Staatseinkünfte *(Poroi),* das bereits erwähnt wurde, blieb prinzipiell noch in diesem Rahmen. Die Förderung der Metöken wird in dieser Schrift zum vorrangigen Gesichtspunkt der Wirtschafts- und Finanzpolitik. So heißt es etwa: «Einkünfte von ihnen scheinen mir nämlich zu den besten zu gehören, weil die Metöken, die sich selbst ernähren und den Städten großen Nutzen bringen, keine Besoldung annehmen, sondern sogar noch die Metökenabgabe entrichten» (Por. II,1). Ziel der Politik war es deshalb nach wie vor, die Zahl der Metöken in Athen möglichst zu erhöhen. Aber um das zu erreichen, mußte man im Vergleich zum 5. Jahrhundert den begehrten Fremden noch mehr entgegenkommen und ihnen zusätzliche Privilegien anbieten, die finanziell wiederum relativ wenig zu Buche schlugen. Xenophon schlägt daher unter anderem vor, die Metöken vom lästigen Hoplitendienst zu entlasten und ihnen dafür den ehrenvollen Zugang zur Ritterschaft zu eröffnen. Ferner wollte er besonders würdigen Metöken das Recht auf Haus- und Grundbesitz einräumen, da sich ja in der Stadt ohnehin noch genug Baulücken befänden. Oder, in antiken Gesellschaften besonders beliebt: verdiente ausländische Kaufleute und Reeder sollten durch Ehrenplätze im Theater ausgezeichnet werden – und anderes mehr (Por. II,2 ff.).

Die Mehrheit in der Demokratie mochte solche Vorschläge bereits als Zumutung empfunden haben. Und sie wurden ja auch nicht verwirklicht. Beim Grundbesitz hörte auch für den athenischen Bürger die Konzilianz auf. Und die Ehrenplätze im Theater waren vorerst noch tabu. Dennoch zielten auch diese Pläne im Grunde nicht auf eine andere Gesellschaftsordnung. Die grundlegende Scheidung zwischen Bürgern und Metöken – und erst recht zwischen Freien und Sklaven – wird immer noch aufrechterhalten. Und vor allem ist Xenophons Hauptfrage eine traditionelle, nämlich: Wie ist es zu bewerkstelligen, daß die Bürger ihren Unterhalt gewinnen können, auch wenn sie nicht mehr wie früher vom Krieg und den Tributen der Bundesgenossen leben? – Seine Antwort: Das ist zu schaffen, selbst unter den machtpolitisch sehr veränderten Bedingungen;

aber nicht etwa durch eigene Arbeit der Bürger und Ausbau ihrer häuslichen Ökonomie, sondern durch den verstärkten Einsatz von Sklaven und Metöken, der von der Polis organisiert werden soll.

IV. Funktionsteilungen zwischen Politik und Ökonomie –
die akzeptierte Gesellschaftsordnung der Demokratie

Welche Schlußfolgerungen lassen sich nun daraus ziehen?

In den *Poroi* Xenophons wird die Arbeitsteilung zwischen Bürgern auf der einen und Metöken und Sklaven auf der anderen Seite in gewisser Weise auf die Spitze getrieben. Auf eine Formel gebracht – und mit den Kategorien Max Webers ausgedrückt: dieses Programm lief auf die strikte Unterscheidung zwischen dem *homo politicus* und dem *homo oeconomicus* hinaus: Zwei Idealtypen, die hier nicht, wie bei Weber, auf die antike und mittelalterliche Stadt aufzuteilen sind, sondern die in einer Polisgesellschaft zusammenlebten. In der sozialen Realität der athenischen Demokratie war diese Funktionsteilung zwar nicht in solch reiner Form gegeben, aber sie war doch deutlich angelegt.

Für unser Thema sind die Auswirkungen von Belang, die dieses Bürgerideal auf das Verhalten gegenüber Fremden hatte. Unter diesem Aspekt habe ich hier vor allem das Phänomen der Metöken betrachtet. Es gab weitere Personen, welche die Griechen nicht unter die ξένοι – die Gäste – rechneten, die man aber vielleicht bei ihnen als die eigentlich Fremden ansehen könnte, nämlich die Sklaven. Gerade wenn man das Phänomen Fremdenfeindlichkeit und Angst vor dem Fremdartigen im Auge hat, könnte man den Umgang der Griechen mit ihren Sklaven miteinbeziehen. Aber das wäre dann ein eigenes – gesamtantikes – Thema und nicht mehr ein spezifisches Problem der athenischen Demokratie.

Metöken andererseits gab es zwar auch in anderen Poleis, aber Genaueres wissen wir nur über die athenischen. Und es spricht vieles dafür, daß sie hier eine ungewöhnlich große Rolle spielten und deswegen besonders auffielen. Ihr Status ist nämlich immer in Relation zu dem des Bürgers zu sehen. Da dieser in der Demokratie politisch am aktivsten war, wurde dort der Unterschied zum Metöken auch am stärksten bewußt.

Das Metökentum ist in der Antike eine vorübergehende Erscheinung gewesen. Es gehört im wesentlichen in die klassische Epoche, in der es jene politisch aktiven und autonomen Bürgerschaften gab. Sowohl in der archaischen wie in der hellenistischen Zeit haben Metöken anscheinend keine Rolle gespielt. Zu vermuten ist: weil ihr Gegenpart, der Aktivbürger, fehlte.

Der Metökenstatus scheint für alle Beteiligten ein akzeptabler Modus vivendi gewesen zu sein. Wir hören nichts von einem Kampf der Metöken zur Verbesserung ihrer Lage oder Rechte. Sie waren als Schicht sehr inhomogen, was ihre Herkunft, Bildung, Beruf und Vermögensverhältnisse anging. Das allein schon hätte eine Solidarisierung und Organisation erschwert. Aber ein Zusammenschluß hätte vor allem der Geschäftsgrundlage ihres Status widersprochen. Metöken waren politisch stumm, und jeder war auf sich gestellt. Nur als einzelner konnte er durch persönliche Verdienste eventuell eine Privilegierung erreichen. Wenn sein Status ihm nicht mehr gefiel, blieb ihm nur noch die Abstimmung mit den Füßen. Diese spricht in Athen per Saldo nicht für eine große Unzufriedenheit dieser Schicht.

Während die Berechtigung der Sklaverei von einigen wenigen Theoretikern in der Antike immerhin zum Problem gemacht wurde, hat man über die Legitimität des Metökentums offenbar gar nicht debattiert. Der berühmteste athenische Metöke, nämlich Aristoteles, der ansonsten in seinem Werk so gut wie keine Frage ausgelassen hat, behandelt die Metöken in seinen politischen Schriften nur beiläufig. Um so mehr ist dort vom Bürger und den politischen Institutionen die Rede. Soll man dies als Kompensation, jenes als Verdrängung verstehen? – Aber auch die Schriften anderer bekannter Metöken, wie etwa die des Rhetors Lysias, bestätigen die Annahme, daß man das Metökentum an sich nicht als Problem empfand.

Zusammenfassend läßt sich somit feststellen: Die Metökie war eine sehr eigenartige Institution: einerseits ein Status, auf den man nicht stolz war; man schrieb ihn nicht auf den Grabstein oder auf andere Denkmäler. Andererseits war sie aber ein Weg, der ein friedliches Zusammenleben sehr unterschiedlicher Volksgruppen für lange Zeit ermöglichte.

Eine wesentliche Bedingung dafür war, daß diese Fremden nicht völlig integriert wurden, sondern daß man sich klar von ihnen abgrenzte.

Das geschah aber nicht räumlich: man verbannte sie in kein Ghetto. Sie waren auch nicht an ihrer Tracht zu erkennen. Und am gesellschaftlichen Leben der Bürger, an Gemeindefesten und Kultfeiern waren sie durchaus beteiligt.

Die Grenzziehung verlief im Politischen und Rechtlichen. Und hier waren es drei Felder, die sich die Bürger vorbehielten: die legitime Ehe, den Grundbesitz und die Entscheidungsgewalt in den Gremien der Polis. Im wirtschaftlichen Leben dagegen gab es keine Beschränkung, außer der für manche Metöken wohl lästigen Steuer.

Alltägliches Zusammenleben mit Fremden auf der Basis einer unsichtbaren, aber sehr wirkungsvollen Abgrenzung: das war das Erfolgsgeheimnis der Metökie, einer Institution und Lebensform, die aus der antiken Demokratie nicht wegzudenken war, die diese aber auch nicht überdauert hat.

Heinrich Schlange-Schöningen

Fremde im kaiserzeitlichen Rom

I.

Von Anfang an haben in der Geschichte Roms Fremde eine wichtige Rolle gespielt. Das beginnt mit der sagenhaften Fahrt des Aeneas durch das Mittelmeer und der historischen Auseinandersetzung der Römer mit den sie umgebenden Völkern. Sodann führte die schrittweise Unterwerfung großer Teile der damals bekannten Welt unter die Herrschaft Roms dazu, daß Fremde einen großen Anteil an der Bevölkerung des Römischen Reiches gebildet haben. So sind die Römer ihrerseits oft die Fremden gewesen. Und das nicht nur in den von ihnen beherrschten Ländern, sondern auch in Rom.

Im Rückblick auf die Frühgeschichte Roms stellt Livius einen Zusammenhang zwischen Expansion und Integrationsfähigkeit her. Der augusteische Historiker erklärt, daß die Macht Roms gewachsen sei, solange man «kein Geschlecht, welches sich durch Tugend auszeichnete, seiner Herkunft wegen verachtet und zurückgewiesen habe».[1] Ihre Stärke habe die Stadt gewonnen, weil geeigneten Personen politische Befugnisse unabhängig von ihrer nationalen oder sozialen Herkunft übertragen worden seien. So hätten die Sabiner Numa Pompilius und Titus Tatius die Herrschaft ausgeübt. Auch der Sohn einer Kriegsgefangenen, Servius Tullius, sei König gewesen. Außerdem lägen die Ursprünge vieler patrizischer Familien außerhalb Roms.

Auch mit seinem Bericht über die Ankunft von Aeneas und Antenor auf italischem Boden verdeutlicht Livius, daß die Integrationsbereitschaft als das Charakteristikum der römischen Politik zu verstehen sei. Nach dem Untergang ihrer Heimatstadt suchten die beiden Trojaner mit ihren Gefolgschaften nach neuen Siedlungsplätzen. Nach ihrer Landung in Italien aber verhielten sich die beiden Befehlshaber auf sehr unterschiedliche Weise. Livius zufolge soll die von Antenor in Venetien durchgeführte Landnahme eine brutale Eroberung und Vertreibung der ursprünglichen Einwohnerschaft gewesen sein (I, 1, 3). Aeneas aber hätte mit der ihm zunächst feindlichen Bevölkerung unter dem König Latinus noch vor dem Ausbruch eines Kampfes ein Bündnis geschlossen.[2] Durch die Ehe des Aeneas mit der Königstochter Lavinia sei das Bündnis gefestigt und eine dann von den Trojanern neugegründete Stadt nach ihr Lavinium genannt worden. Bald danach sollen die beiden Völker den gemeinsamen Namen Latiner angenommen haben (I, 1, 9–2, 4). Antenor dagegen scheint mit seinem Volk kompromißlos siegreich gewesen zu sein und die vorgefundenen Einheimischen vollständig vertrieben oder vernichtet zu haben. Seine neugegründete Stadt soll Antenor Troja genannt haben, gerade so, als sei in der Zwischenzeit nichts geschehen. Aber eine weitere Geschichte für dieses neue Troja hat es nicht gegeben. Aeneas dagegen hat aus der Verbindung mit Latinus für die römische Geschichte eine Zukunft gewonnen.

Man wird der Interpretation, die Heinz Haffter zu dieser Livius-Stelle gegeben hat, zustimmen können: «Wir spüren die Symbolik: Rom vernichtet diejenigen, die sich ihm anschließen, nicht, und es ist bereit, die Unterworfenen, die Verbündeten mit ihrer Eigenart weiterleben zu lassen". Haffter geht aber noch einen Schritt weiter. Livius' Darstellung ist ihm ein Zeugnis für «die Unbefangenheit der Römer den Fremden gegenüber», ein Beleg für den römischen «Willen zu assimilieren».[3] Hat es tatsächlich eine solche Unbefangenheit gegeben? Um diesen Zweifel zu begründen, genügt es, neben Livius den Herrscher Augustus selbst zu stellen und einen Ausschnitt seiner Politik im Spiegel zweier kaiserzeitlicher Quellen zu betrachten.

Sueton berichtet von dem Versuch des Augustus, «das Volk von jeder Blutsvermischung mit Angehörigen fremder Völker oder Leuten, die von Sklaven abstammten, rein und unverdorben zu erhalten» (Übers. R. Till).[4] Ähnliches bringt auch Cassius Dio. Testamentarisch habe Augustus verlangt, daß man «die Stadt nicht zu sehr mit gemeinen Volk überladen und deshalb nicht zu viele Sklaven freilassen bzw. mit dem Bürgerrecht nicht zu freigebig sein solle. Auch in Zukunft solle ein großer Unterschied zwischen Römern und Untertanen bestehen bleiben».[5]

So zeigt sich ein deutlicher Unterschied zwischen Livius' Darstellung vorbildhafter *exempla* und den politischen Vorstellungen des Augustus. Während Livius von den Erfolgen der römischen Integrationspolitik berichtet, empfiehlt Augustus die rechtliche Ausgrenzung von Nichtrömern. Auch die Bewertung der jeweils angesprochenen Bevölkerungsgruppen fällt gegensätzlich aus. Bei Livius erscheinen die Völker, mit denen sich die trojanischen Vorfahren der Römer in Italien verbunden haben, als moralisch integer (I, 2, 5). Augustus dagegen beurteilt einen Teil der Bevölkerung der Hauptstadt abschätzig.

Wer aber lebte in Rom? Wie war die Bevölkerung der Hauptstadt zusammengesetzt? Eher beiläufig geben die Autoren der Kaiserzeit Hinweise zur Beantwortung dieser Frage. So hat Seneca, der im Jahr 41 nach Christus aus Rom verbannt wurde und in der Trostschrift an seine Mutter Helvia darzulegen versuchte, daß Verbannung kein Hindernis sein könne für ein glückseliges, gutes Leben, darauf hingewiesen, daß auch die Mehrzahl der Einwohner Roms fern von ihrer Heimat leben würden: «So blicke doch einmal auf diese Volksmenge, für welche kaum die Häuser der unermeßlichen Stadt hinreichen: der größte Teil dieser Menschen ist seinem Vaterland entrissen. Aus ihren Municipien und Kolonien, ja aus dem ganzen Erdkreis *(ex toto orbe terrarum)* sind sie zusammengeströmt».[6]

Für Rom, das er in diesem Zusammenhang auch als «allgemeine Vaterstadt» *(civitas communis)* bezeichnet, nennt Seneca zunächst Bewohner, die italischer Abstammung waren und seit dem Bundesgenossenkrieg ein Anrecht auf das römische Bürgerrecht hatten, um dann zusammengefaßt den ganzen *orbis terrarum* in Betracht zu ziehen. Genauere Angaben zur Herkunft der Einwohner Roms macht Athenaios. Er nennt in seinem zu Beginn des III. Jahrhunderts verfaßten ‹Gelehrtenmahl› Rom ein «Kompendium der Welt». In dieser einen Stadt seien auch alle anderen Städte zu sehen, wie die «goldene Stadt der Alexandriner», die «schöne Stadt der Antiochener», die «noch schönere Stadt der Nikomeder» und auch die «leuchtendste aller Städte», – Athen. Ein ganzes Jahr wäre nötig, um alle in der «Uranopolis» Rom enthaltenen Städte aufzuzählen.[7] Noch im IV. Jahrhundert soll der Kaiser Constantius II. nach Aussage des spätantiken Historikers Ammianus Marcellinus bei einem Besuch in Rom erstaunt darüber gewesen sein, in wie großer Zahl Angehörige jedes nur denkbaren Volkes in die Hauptstadt gekommen waren. Wie ein «Asyl für die gesamte Welt» – *asylum mundi totius* – sei Rom dem Kaiser erschienen (XVI, 10, 6).

Diese Zusammensetzung der Einwohnerschaft Roms hat aber nicht nur Bewunderung, sondern auch Ablehnung hervorgerufen. So hat Lucan um 50 nach Christus in seiner Darstellung des Bürgerkriegs zwischen Caesar und Pompeius über die Hauptstadt geschrieben, sie sei damals nicht von «eigenen Bürgern, sondern vom Abschaum der Welt bewohnt» gewesen.[8] Lucan gebraucht hier den Begriff *cives,* der auf die rechtliche und politische Sonderstellung des römischen Bürgers im Vergleich zu allen anderen Bewohnern des Römischen Reiches verweist. Lucan versucht, die Schrecken des Bürgerkriegs mit der Aussage zu belegen, daß es während dieses Krieges kaum noch Bürger in der Hauptstadt Rom gegeben habe, während er zugleich den größten Teil der Einwohnerschaft als Gesindel hinstellt. Wie sehr aber die Aussagen über die Bevölkerung Roms und ihren rechtlichen Status von den politischen Absichten des Urteilenden abhängig sein konnten, belegen die Schriften Ciceros. Er bezeichnet einmal die Stadt Rom als eine *civitas ex nationum conventu constituta,* – als eine Bürgerschaft, die aus dem Zusammenschluß der Völker entstanden sei. In diesem Zusammenhang erscheint die Einwohnerschaft als *optimorum civium genus,* – als ein «Volk aus besten Bürgern». Ein anderes Mal aber fordert Cicero die Gründung von Kolonien, um die Bevölkerung Roms zu verringern, welche nun *sentina urbis,* «Jauche der Stadt», genannt wird.[9]

II.

Angriffe in solcher Schärfe formulierte nach Cicero auch Juvenal. Zu Beginn des II. nachchristlichen Jahrhunderts klagte dieser Satiriker über den vermeintlichen Sittenverfall, über die Habgier der Reichen und die wenig beachtete Not der Armen. Seine Äußerungen richten sich wiederholt auch gegen die Anwesenheit, die Gewohnheiten und den Einfluß von Fremden in Rom. So z.B. in der 3. Satire: «Was das beliebteste Volk jetzt ist bei unseren Reichen und vor wem ich vor allem fliehe, das will ich sogleich gestehen, nicht abhalten soll mich die Scham. Nicht ertragen kann ich, ihr römischen Bürger, diese griechische Stadt; und wie klein ist dabei doch der Anteil an achäischem Abschaum», – gemeint ist der eigentlich griechische Anteil an dieser wieder wie von Lucan als *faex* bezeichneten Einwohnerschaft. «Längst floß Syriens Strom, der Orontes, schon in den Tiber und hat uns die Sitten und die Sprache und mit dem Flötenspieler die schrägen Harfentöne gebracht und die Handpauken und die Mädchen, denen befohlen ist, sich am Zirkus zu prostituieren».[10]

Juvenal spricht hier über die Bewohner Roms, die aus der griechischen Welt stammten. Er zielt weniger auf diejenigen, die aus *Achaia,* also aus der Provinz Griechenland kamen, als auf jene aus den hellenisierten Ländern des Ostens, aus Kleinasien und Syrien. Durch sie wurde Griechisch zur zweiten Sprache in Rom. Juvenal faßt diese Einwohner Roms unter dem spöttischen Ausdruck *graeculi* – ‹Griechlein› – zusammen und gibt eine Liste ihrer Berufe: «Einen flinken Verstand hat er, grenzenlose Frechheit, mit dem Wort ist er schnell. ... Was glaubst du, was jener ist? Jede mögliche Figur trägt er in sich und bringt sie zu uns: Grammatiker, Rhetor, Geometer, Maler, Masseur, Weissager, Seiltänzer, Arzt, Magier. Ein hungriger *graeculus* kann alles, – in den Himmel steigt er, wenn du es befiehlst».[11]

Genannt werden Tätigkeiten, die als nichtrömisch angesehen und tatsächlich in Rom vor allem von Griechen und Orientalen ausgeübt wurden. Dazu zählten auch Rhetorik, Grammatik, Medizin. Die Bedeutung dieser Fächer hatte man in Rom längst erkannt und so waren diese Berufe seit Caesar und Augustus durch Privilegien ausgezeichnet und gefördert worden. Juvenal will den Eindruck vermitteln, daß *graeculi* die genannten Berufe nur aus Gründen des Gelderwerbs ausüben würden. Auffallend ist auch, daß Juvenal von diesen Tätigkeiten unvermittelt zu den gering geachteten Tätigkeiten des Magiers und Weissagers weitergeht und dann noch zu der des Seiltänzers, womit er zur gleichermaßen verachteten wie anziehenden Sphäre der Theater-Halbwelt gelangt. Überhaupt ist für Juvenal *graeculus* gleichbedeutend mit ‹Schmeichler› und ‹Schauspieler›. Er spricht von der *gens prudentissima adulandi* – von dem «im Schmeicheln äußerst geschickten Volk» – und behauptet: *Natio comoeda est:* «dieses Volk besteht aus Schauspielern» (III 86.100). Auf diese Weise schafft Juvenal auch eine Grundlage für den Vorwurf, solche Menschen seien ständig bereit, ihre sexuellen Begierden wahllos an irgendeinem Mitglied einer römischen Familie zu befriedigen: «Nichts ist ihm heilig und nichts ist sicher vor seiner Begierde, nicht die Hausfrau, nicht die jungfräuliche Tochter, auch nicht ihr noch glatter Verlobter, der Sohn nicht, der bislang sittsam war, – und wenn es mit diesen nicht geht, dann nimmt er sich ins Bett des Freundes Großmutter».[12]

Juvenal liefert ein in doppelter Hinsicht klassisches Beispiel eines uneingeschränkt verallgemeinerten Urteils, also eines Vorurteils. Er erhöht die Wirkung des Vorurteils durch die Einfügung in einen sexuellen Zusammenhang. Angriffswaffen sind der Witz sowie ein geschickter Gebrauch von Signalworten. Juvenal verdeutlicht die Bedrohung, die angeblich vom *graeculus* für die römische Familie ausgeht, indem er als sein erstes Opfer die *matrona* anführt, – die in der römischen Gesellschaft einen besonders geachteten Rang einnehmende, verheiratete römische Bürgerin. Ihre Bedeutung für die Familie unterstreicht Juvenal noch dadurch, daß er sie als *matrona laris* bezeichnet, als *matrona* des von eigenen Familiengöttern, den Laren, geschützten Hauses.

Keine der übrigen von Juvenal mit seinem Spott angegriffenen Gruppen wird so nachdrücklich verurteilt wie die der Griechen und Orientalen. Dabei steht Juvenal mit seiner Darstellung der *graeculi* in einer Tradition, die bis auf Cato zurückreicht, jenen strengen Wächter des Römischen und Griechenhasser, für den Sokrates nur ein Schwätzer gewesen sein soll.[13] Seit den Zeiten Catos sind die Griechen, neben dem immer wieder bezeugten Respekt vor ihrer kulturellen Tradition, als Schmeichler und Schlemmer verlacht und beschimpft worden. Geschwätzigkeit, ein fehlendes Empfinden für das Schickliche, also *levitas,* auch die Bereitschaft zu Betrug und Falschaussage wurden als vermeintliche Bestandteile griechischen Wesens neben die griechische Bildung und Wissenschaft und gegen Leitbegriffe des römischen Selbstverständnisses wie *gravitas,* den römischen Ernst, gestellt. In Ausdrücken wie *graeca adulatio* (‹griechische Schmeichelei›), *otium graecum* (‹griechischer Müßiggang›) und *pergraecari,* das als Wort für ‹sich wie ein Grieche verhalten› gleichbedeutend war mit ‹trinken, tafeln, lieben›, fand die Verbindung von Wertvorstellungen mit Nationalem ihren Ausdruck.[14]

So trägt Juvenal seinen Zuhörern Altbekanntes, immer neu Befestigtes vor. Das gilt nicht weniger im Hinblick auf seine Aussagen über eine andere Gruppe, die Juden. Auch Juvenals Äußerungen zu den Juden in Rom sind eine Wiederholung und Ausgestaltung der Vorwürfe, wie sie schon von Seneca und Horaz erhoben worden sind. Die religiöse und kulturelle Eigenständigkeit und Abgegrenztheit der Juden (ἀμιξία), die später auch den Christen zum Vorwurf gemacht worden ist, der jüdische Monotheismus, die Sabbatfeier, die Beschneidung und der Verzicht auf den Verzehr von Schweinefleisch, zudem die jüdischen Missionsversuche haben bei Autoren, die dem römischen Herrschaftsgedanken verpflichtet waren, Verärgerung hervorgerufen.[15] Auch Juvenal kritisiert die Juden wegen ihrer Abgeschlossenheit. Und er leitet aus der jüdischen Befolgung eigener Gesetze die Mißachtung der römischen Gesetze ab (XVI 100 f.). Aber Juvenal beurteilt die Juden letztlich weniger nach rechtlich-politischen, als nach moralischen und gesellschaftlichen Maßstäben. So wird ihm die Sabbatfeier zu einem Argument für eine angebliche jüdische Faulheit (XVI 105 f.). Die Juden treten als Angehörige der ärmsten Bevölkerungsschicht in Erscheinung, die sich ihren Unterhalt durch Tagelöhnerarbeit und durch preiswerte Traumdeutungen und Vorhersagen verschaffen müssen.[16]

Vergleicht man die Nachdrücklichkeit der Vorwürfe gegenüber den Griechen und Orientalen mit denen, welche den Juden gegenüber erhoben werden, so ist es die erstgenannte Gruppe, die von Juvenal besonders grell beleuchtet wird. Zwar greift er die Juden wiederholt ihrer nichtrömischen Lebensart wegen an, aber vor allem führt er eine Gruppe armer Menschen vor, die sich keinerlei Hoffnung auf einen gesellschaftlichen und wirtschaftlichen Aufstieg machen konnten. Die *graeculi* dagegen erscheinen in Juvenals Satiren als diejenigen, die im Hinblick auf den gesellschaftlichen Aufstieg gute Aussichten auf Erfolg hatten. Dabei wird ein solcher Aufstieg von Juvenal mit dem römischen Klientelwesen in Zusammenhang gebracht. Jene angeblichen Schmeichler und Schauspieler sollen zu solchem Einfluß bei den Wohlhabenden gekommen sein, daß diese sich um ihre bisherigen Klienten kaum noch gekümmert hätten. Und unerträglich erscheint Juvenal auch das Selbstbewußtsein, mit dem einige *graeculi* auftreten. Da verlangt doch bei einem Besuch, der dem *patronus* abgestattet wird, ein Freigelassener, der vom Euphrat stammt – seine Herkunft ist an den durchbohrten Ohrläppchen leicht zu erkennen – den Vortritt vor einem Prätor oder einem Tribunen. Und als Begründung führt er an, er verdiene mit seinen Geschäften jedes Jahr vierhunderttausend Sesterzen, also den Mindestzensus für einen römischen Ritter (I 99 ff.). Für Juvenal gefährden die *graeculi* mit solchem Verhalten die Ordnung und den Bestand der römischen Gesellschaft. Als ein Leitgedanke der Dichtung Juvenals erscheint somit der seiner Meinung nach ungerechtfertigte und unzulässige Aufstieg von Angehörigen einer nichtrömischen Unterschicht, eine soziale Mobilität, wie sie durch Sklaverei und Freilassung sowie durch offene Wege der Bereicherung ermöglicht wurde.[17]

III.

Rom war als *civitas communis* auch das «Haus aller Götter».[18] George La Piana hat in einer schon 1927 erschienenen, umfangreichen Arbeit versucht, die für Rom bezeugten Kultorte ursprünglich fremder, nichtrömischer Götter als Anhaltspunkte nicht nur für die Anwesenheit von Fremden, sondern auch für ihre Wohnorte zu nutzen. Denn so wie die zunächst fremden, dann im Rom einheimisch gewordenen Kulte Hinweise auf die nichtrömischen Völker in der Stadt geben, erlaubt es die Topographie der Kultplätze in Rom, bestimmte Stadtviertel als bevorzugte Wohnorte der nichtrömischen Nationalitäten anzunehmen. Zu nennen sind der Aventin, der Quirinal, das Marsfeld und auf der anderen Tiberseite der Janiculus. Heiligtümer, Inschriftenfunde und in manchen Fällen auch das Zeugnis von Straßennamen legen nahe, daß es hier ägyptische, syrische, kleinasiatische und jüdische Gemeinden gegeben hat. Dabei hat aber eine einzelne Nationalität durchaus an verschiedenen Stellen der Stadt Kult- und Wohnorte gehabt.[19]

Die literarischen Zeugnisse haben gezeigt, daß für die hauptstädtische Bevölkerung nicht von einem selbstverständlichen Einheitsempfinden ausgegangen werden kann. Juvenals Satiren haben zudem Hinweise auf mögliche soziale Spannungen gegeben, die Auswirkungen auf das Zusammenleben der Nationalitäten in Rom gehabt haben könnten. Nun ist aber festzustellen, daß die Quellen trotz dieser schwierigen Bedingungen nicht von größeren gewalttätigen Auseinandersetzungen zwischen einzelnen nationalen Gruppen in der Hauptstadt berichten.

Historisch gesehen sind die nichtrömischen Bevölkerungsteile Roms Angehörige der von den Römern im Laufe von Jahrhunderten unterworfenen Völker. Wenn Seneca in seiner Trostschrift an Helvia von den vielen Bewohnern Roms spricht, die aus ganz unterschiedlichen Gründen wie beruflichem Ehrgeiz, geschäftlicher Unternehmungslust, wegen der Wissenschaften oder aus Genuß- und Vergnügungssucht in die Hauptstadt, die «sowohl den Tugenden als auch den Lastern große Belohnungen ausgesetzt» habe, gekommen seien, so können diese Gründe zutreffend gewesen sein für die freien Reichsbewohner, die *peregrini,* aber nicht für die nach Rom gebrachten Sklaven, nicht für die Freigelassenen und ihre Nachkommenschaft. Ein großer Teil der Bevölkerung Roms hat aus Fremden dieser Herkunft bestanden. Wenn also z. B. Griechen oder Juden von den Zeitgenossen wie Lucan oder Juvenal als nichtrömisch und fremd angesehen wurden, so stimmte dies für einen großen Anteil unter ihnen zumindest hinsichtlich ihrer rechtlichen Stellung nicht. Schon der Freigelassene galt als römischer Bürger, trotz einer gewissen Einschränkung seines Bürgerrechts. Die rechtliche Situation der nachfolgenden Generation war dann bereits weitgehend die eines freigeborenen römischen Bürgers.

Für die Zeit des Augustus ist die Bevölkerung Roms auf ungefähr achthunderttausend Einwohner geschätzt worden. Dabei könnte der Anteil der Sklaven bei bis zu zweihunderttausend Personen und der Anteil der Freigelassenen bei über dreihunderttausend gelegen haben. Nur das letzte Drittel hat wohl aus den Bürgern römischer Abstammung und den freien Bewohnern des Reiches ohne römisches Bürgerrecht, den Peregrinen, bestanden.[20] Um diese Zahlen zu verstehen, muß man sich an die Berichte über die Kriege Roms während der Zeit der Republik erinnern. Seit dem zweiten Jahrhundert vor Chr. bedeuteten die römischen Siege für Tausende von Angehörigen der unterlegenen Völker, in die Sklaverei verkauft zu werden. So sollen zu Beginn des zweiten vorchristlichen Jahrhunderts zunächst vierzigtausend Einwohner Sardiniens und dann noch einmal einhundertfünfzigtausend Menschen aus Epirus versklavt worden sein. Für das erste Jahrhundert vor Christus gibt es noch gewaltigere Zahlen. Nach Caesars Siegen in Gallien soll ein Drittel der Bevölkerung in die Sklaverei geführt worden sein. Plutarch notiert zum Ruhme Caesars die Gefangennahme von insgesamt mehr als einer Million Menschen (Caesar 67, 2). So haben die Lieferungen für den Sklavenmarkt beträchtliche Ausmaße erreicht und die Kassen der Militärs gefüllt. Alle etwas vermögenden Personen in Rom haben Sklaven besessen.

Gewiß gab es schon während der Republik freie Fremde, die als Händler, Ärzte, Lehrer oder auch als Schauspieler nach Rom gekommen waren. Ihr Anteil aber scheint im Verhältnis zu der großen Gruppe der Sklaven und ihrer Nachkommen gering gewesen zu sein. Erst während der Kaiserzeit ist die Hauptstadt als Mittelpunkt der befriedeten und romanisierten Welt dann in stärkerem Ausmaß Zielort der Peregrinen gewesen. Gleichwohl waren sie auch jetzt nur eine Minderheit unter den Fremden in Rom. Es ist zwar unmöglich, genaue Zahlenangaben zu den Bürgern, Peregrinen, Freigelassenen und Sklaven in Rom anzugeben, aber der Inschriftenbefund läßt doch vermuten, daß die Freigelassenen die größte Bevölkerungsgruppe gebildet haben.[21] Auch während der Kaiserzeit wurden Sklaven nach Rom geliefert. Sie waren zu einem Teil die Kriegsgefangenen innerer oder äußerer Kriege, wie der jüdischen Kriege unter Vespasian, Titus und Hadrian oder der Grenzkriege und Expeditionen nach Germanien oder Illyrien.[22] Zum anderen Teil haben Seeräuberei, Kinderverkauf und die rechtlosen Ehegemeinschaften zwischen den Sklaven für Sklavennachwuchs und -nachschub gesorgt.

Der starke Zustrom von Sklaven nach Rom hätte die freien Bürger zwangsläufig zu einer immer kleineren Minderheit machen und wohl auch ihre Sicherheit zunehmend gefährden müssen, wenn nicht Freilassungen zu einem Ausgleich geführt hätten. Zu der großen Zahl von *liberti* in Rom ist es nicht nur durch gelegentliche Massenfreilassungen gekommen, wie sie Sulla und Pompeis vorgenommen haben. Vielmehr konnten die Sklaven in Rom immer damit rechnen, nach einer gewissen Zeit in die Freiheit entlassen zu werden.[23]

Im Hinblick auf ihre soziale Stellung gehörten somit viele Menschen, die in Rom als Fremde galten, zur untersten Schicht der Bevölkerung. Daß diese Personen auch über ihre Freilassung hinaus als fremd betrachtet werden konnten, wurde durch die Anwesenheit großer nationaler Gruppen begünstigt, denen etwa der einzelne Syrer oder Ägypter zugeordnet werden konnte. Die Freigelassenen ihrerseits bemühten sich aber, die mit ihrer Freilassung verbundene Möglichkeit zum Aufstieg zu nutzen und soweit wie möglich zu Römern zu werden. Die Durchlässigkeit der Grenze zwischen Sklavenstand und Bürgerschicht und der Wunsch der ehemaligen Sklaven, einen Platz in der Gesellschaft ihrer ehemaligen Herren zu finden, bildeten eine entscheidende Voraussetzung für die Stabilität der römischen Gesellschaft.[24] Diese Besonderheit des römischen Rechts, die ehemaligen Sklaven vermittels der Freilassung zu integrieren, ist nicht nur wegen ihrer Folgen für die Zusammensetzung der Bürgerschaft bemerkenswert, sondern auch deshalb, weil das römische Bürgerrecht ein für freie Nichtrömer nur schwer zu erlangendes Recht gewesen ist.

Ursprünglich war das Bürgerrecht eng verbunden mit der Religion. Nur der Bürger war zur Teilnahme an den religiösen Handlungen zugelassen. Dann war das Bürgerrecht während der Republik aber auch ein politisches Recht. Mit ihm war die Stimmabgabe in den Wahlversammlungen verbunden. Aufgrund des Zusammenhangs zwischen Religion, Recht und Wirtschaft war der römische Bürger außerdem im Hinblick auf seine wirtschaftlichen Handlungsmöglichkeiten und durch eine Rechtssicherheit privilegiert, wie sie den anderen freigeborenen Bewohnern des Römischen Reiches nicht gegeben war.[25] Und schließlich war mit dem Bürgerrecht ein besonderes Sozialprestige verbunden. Noch der ärmste freigeborene Bürger stand gesellschaftlich über dem reichgewordenen Freigelassenen. Ehen zwischen freigeborenen Bürgern und Freigelassenen waren unter Augustus ausdrücklich verboten und wohl auch sonst nicht üblich.[26] Der sozialen Abgrenzung entsprechend erlebten manche Freigelassene in ihrem Bemühen, gesellschaftliche Anerkennung zu finden, herbe Zurückweisungen. So erzählt Martial von einem Freigelassenen namens Diodor, der zu seinem Geburtstag zwar Senatoren und Ritter beköstigen konnte, außerhalb seines Hauses von diesen Standespersonen aber einfach übersehen wurde (X 27).[27]

Auch für die weniger reichen Freigelassenen ist bezeugt, daß sie um gesellschaftliche Anerkennung bemüht waren. Auf bemerkenswerte Weise belegen die von Paul Zanker untersuchten Grabreliefs römischer Freigelassener, wie diese Personen versuchten, ihrem neuen Status als römischer Bürger gerecht und von ihrer Umwelt als solche auch erkannt zu werden. Die Grabreliefs stellten in vielen Fällen noch lebende Menschen dar. Der Tod eines Familienmitglieds wurde zum Anlaß genommen, entweder die Ehepartner oder die ganze Familie abzubilden. Dabei waren die Darstellungen keine Idealisierungen – wie etwa die Kaiserbilder der julisch-claudischen Dynastie –, sondern von großer Lebensnähe. Es ging den Auftraggebern offenkundig darum, von den Vorübergehenden persönlich und in ihrem neuen Rechtsstatus erkannt zu werden.[28] Keine Schicht der römischen Bevölkerung hat so sehr die Vorstellung vom Römischen zum bildlichen Ausdruck gebracht, wie eben diese Freigelassenen nichtrömischer Abstammung. Ihre Porträts machen römische Strenge und *dignitas* sichtbar; sie haben die moderne Vorstellung vom Römertum beeinflußt. Das wird gerade durch die gelegentliche Fehldeutung eines Reliefs bezeugt, die zustande kommen kann, wenn der für Fremde in Rom charakteristische Anpassungsdruck und Eingliederungswille zu wenig beachtet wird. Es handelt sich um ein im Vatikanischen Museum befindliches Relief, das bisweilen in Schulbüchern abgebildet und dann mit der Beschriftung «römisches Ehepaar» versehen wird.[29] Bekannt ist das Paar unter dem Namen «Cato und Porcia».[30] Tatsächlich ist aber seit langem bekannt, daß es sich um die Freigelassene Chrite und ihren Mann M. Gratidius Libanus handelt. Da Gratidius seinerseits mit großer Wahrscheinlichkeit der Sohn eines Freigelassenen gewesen war, ist weder für Chrite noch für ihren Mann von einer römischen Herkunft auszugehen. Man könnte allerdings auch zugunsten der Schulbücher argumentieren, die das Paar als «römisches Ehepaar» bezeichnen. Denn die in den Vordergrund gestellte Verbindung der beiden Personen – sie wird vor allem durch die ineinandergelegten Hände, die *dextrarum iunctio,* zum Ausdruck gebracht – soll gerade zeigen, daß Chrite und Gratidius durch die Freilassung zu römischen Bürgern geworden waren und somit das Recht erlangt hatten, eine vollwertige römische Ehe zu führen. Sklaven war dies nicht möglich.[31] Wie auf vielen anderen Reliefs, welche Freigelassene zeigen, so werden auch in diesem Beispiel die Attribute in den Vordergrund gestellt, die den Bürgerstatus verdeutlichen. Dazu gehört die Toga, das römische Kleidungsstück, dessen Tragen Augustus auf dem Forum und im Zirkus den Bürgern vorgeschrieben hatte (vgl. Sueton, Aug. 40).

Schon den Zeitgenossen ist nicht nur die große Zahl von Freigelassenen bewußt gewesen, sondern auch die Bedeutung dieser Bevölkerungsgruppe für den Bestand des Römischen Reiches. Tacitus berichtet für die Zeit Neros von einer kontroversen Senatsdebatte über die Frage, wie mit undankbaren Freigelassenen umzugehen sei. Eine Partei vertrat die Meinung, allen Freigelassenen solle mit der Erneuerung ihres Sklavenstatus gedroht und eine entsprechende Verfügung in die Entscheidung der ehemaligen Besitzer gestellt werden. Dies wurde von der Gegenpartei mit der folgenden Begründung abgelehnt: «Der Stand der Freigelassenen sei ja besonders groß. Aus ihm wären zum größten Teil die Tribus, die Decurien, das Personal der Beamten und Priester, sowie die städtischen Kohorten zusammengesetzt. Die meisten Ritter und Senatoren würden von Freigelassenen abstammen. Nach Abzug der Freigelassenen würde sich ein Mangel an Freigeborenen zeigen».[32] Zumindest ein Teil der Senatoren befürwortete somit einen vorsichtigen Umgang mit der größten Gruppe von Fremden in Rom, den Freigelassenen. Dies ist ein nachdrücklicher und nicht der einzige Beleg für die römische Integrationsbereitschaft. Angesichts der vielfältigen sozialen und wirtschaftlichen Spannungen, welche die Anwe-

senheit einer großen Anzahl von Sklaven und Freigelassenen in der Hauptstadt verursachte, und angesichts der Vorurteile und Vorwürfe, mit denen
diese Fremden angegriffen wurden, unterscheidet sich der Umgang mit
Fremden in Rom zwar beträchtlich von den idealen *exempla,* mit denen
Livius die Vorteile eines Zusammengehens von Römern und Fremden
herausstellt. Aber dem Wunsch der *liberti,* vollwertige römische Bürger zu
werden, entsprach die Einsicht der römischen Führungsschicht, ohne die
Aufnahme der ehemaligen Sklaven in den eigenen Bürgerverband den
Bestand Roms zu gefährden.

Alexander Demandt

Die Germanen im Römischen Reich

Kaum ein historisches Phänomen ist so oft als beispielhaft für die Gegenwart beschworen worden wie das Imperium Romanum während seiner Blüte und Verfallszeit. Man glaubte, an ihm mustergültig studieren zu können, welche Folgen mit der Verstädterung, der Zivilisation und dem Luxus verbunden sind, welche Auswirkungen Besitzkonzentration, Bürokratisierung und Staatskirchentum haben und wie sich kosmopolitische Strukturen mit dem Eigenleben der Völker vertragen. In diesem Zusammenhang verdient das Verhältnis zwischen Römern und Germanen besonderes Interesse: immer Nachbarn, oft Gegner; erst Stützen, dann Zerstörer und zuletzt die Erben einer großen Kultur. Wie war das möglich?

I. Goten in Antiochia

Im Herbst des Jahres 376 erschien im syrischen Antiochia vor Kaiser Valens eine Gesandtschaft von Westgoten. Sie kamen von der Schwarzmeerküste nördlich der Donaumündung, hatten vom Statthalter Niedermösiens die Genehmigung erhalten, die staatliche Post zu benutzen und waren durch Kleinasien an den Hof gefahren, der sich wegen des Krieges in Armenien damals im Osten befand.

Die Goten hatten ein für ihr Volk lebenswichtiges Anliegen. Sie baten um Aufnahme ins Reich. Ein unbekanntes Reitervolk, die Hunnen, seien aus dem Osten erschienen. Diese hätten bereits die östlichen Goten unterworfen, und deren König Ermanarich hätte sich nach der Niederlage das Leben genommen. Sollte der Kaiser das Aufnahmegesuch abschlagen, so blühe den Westgoten ein ähnliches Los: Sie würden kriegsfolgepflichtig und bedrohten sodann gemeinsam mit den Hunnen die römischen Grenzen. Falls der Kaiser den Westgoten indessen die Einwanderung gestatte, seien sie bereit, die Grenzen zu verteidigen.

Nachdem die Goten ihr Gesuch vorgetragen hatten, bezogen sie eine Herberge in Antiochia und warteten auf die Entscheidung des Kaisers. Dieser stellte die Frage im Kronrat, dem *sacrum consistorium,* zur Diskussion. Wir wissen aus Ammianus Marcellinus (XXXI 4,1 f.), dem antiochenischen Historiker der Zeit, daß sich darüber zwei Parteien bildeten. Gegner wie Befürworter der Einbürgerung konnten aus der römischen Geschichte Argumente vorbringen, da die Situation nicht völlig neu war.

Zu den Befürwortern zählte ohne Zweifel der platonische Philosoph und Redner Themistios. Er stand beim Kaiser in hohem Ansehen und

befand sich am Hof. Themistios erklärte, der Kaiser habe eine Fürsor-
gepflicht auch gegenüber den Barbaren, die Philanthropia komme zumal
im heiligen Gastrecht der schutzsuchenden Fremden zum Ausdruck. Für
Themistios war die Aufnahme der Germanen ein Gebot der Selbstach-
tung und der Klugheit. Das lehrten ihn sein Gewissen und die Geschichte.

II. Rom und die Fremden

Valens hatte keine Schulbildung genossen (Amm. XXXI 14, 5) und empfand zumal den Mangel an historischem Wissen schmerzlich. Daher hatte
ihm sein *magister memoriae* Eutropius einen Abriß der römischen Geschichte verfaßt, den dieser zugleich als Lehrbuch der Politik verstand.
Daraus konnte Valens ersehen, daß bereits Romulus, der erste König,
seine neugegründete Stadt damit bevölkerte, daß er eine «Menge von
Nachbarn» aufnahm und diesen sodann durch den Raub der Sabinerin-
nen Frauen verschaffte.

Eutrop schöpfte sein Wissen aus Livius. Ihm konnte Valens entnehmen,
daß der Vorfahr des Romulus, Aeneas, aus dem brennenden Troja geflohen
war und als Fremdling Aufnahme in Latium gefunden hatte. Romulus
hatte auf dem Kapitol ein Asyl eröffnet. Livius (I 8) berichtet uns, wie sich
daraufhin alle möglichen Fremden eingefunden hätten: Abenteurer und
Raufbolde, entlaufene Hirten und Sklaven, ja sogar flüchtige Verbrecher.
Ihnen allen habe Romulus Bürgerrecht gewährt, freilich unter der Voraussetzung, daß sie am Aufbau der Stadt mitwirkten. Unter seinen Nachfolgern kamen sogar mehrere Könige aus fremden Stämmen, und das
wurde zum Vorbild: *Dum nullum fastiditur genus, in quo eniteret virtus, crevit
imperium Romanum.* – ‹Indem kein Fremder abgewiesen wurde, der sich
als tüchtig erwies, wuchs das römische Reich› (Livius IV 3, 13).

So waren die Römer von Anbeginn ein Mischvolk, zusammengehalten
durch politischen Willen und gemeinsames Handeln. Ein Volk, das allem
Fremden, fremden Menschen und fremden Einflüssen gegenüber offen
war – und eben dadurch groß und mächtig wurde. In ihrer Frühzeit
haben die Römer die *gens Claudia* aus dem Sabinerlande aufgenommen,
und später haben sie den verbündeten Italikern im *bellum sociale* Bürgerrechte und Gleichberechtigung gewährt. Kaiser Claudius verlieh den
Galliern das *ius honorum,* indem er daran erinnerte, wie seine eignen
Vorfahren Asyl in Rom fanden (Tac., Ann. XI 23 f.), und schließlich hat
Kaiser Caracalla 211 alle freien Einwohner des Weltreiches zu römischen
Bürgern erklärt (Dig. I 5, 17).

III. Germanen als Söldner

Da die Römer die Aufnahme von Fremden von deren *virtus* abhängig machten, hatten die bei Valens in Antiochia vorstellig gewordenen Goten gute Chancen, eingebürgert zu werden. *Virtus* heißt ursprünglich Männlichkeit, deren ureigenste Eigenschaft ist die Tapferkeit. Für diese waren die Germanen berühmt. Während der gesamten Antike galten die Völker aus dem kalten Norden als freiheitsbewußt und kriegerisch; zunächst beobachtete man das an den Skythen und Kelten, dann an den Germanen, einer *laeta bello gens* (Tac., Hist. IV 16). Ihren Kriegsgeist bezeugt Caesar (Bell. Gall. I 1, 4; IV 1, 3; VI 21, 3), ihn bestätigen Seneca (De ira I 2, 3; Nat. Quaest. VI 7, 1), Mela (III 3,26 ff.), Tacitus (Germ. 30), Pausanias (VIII 43, 6) und Julian (359 B). Freilich fehlten den germanischen Kriegern die Disziplin und die Bewaffnung der Römer, doch gewannen sie beides durch den Umgang mit diesen. Was Tacitus (Germ. 30) von der Kriegszucht der Chatten berichtet, die das Legionslager von Mainz vor Augen hatten, galt nach und nach ebenso für die anderen germanischen Stämme.

Die Germanen selbst besaßen einen bemerkenswerten Kriegerstolz. Das beleuchtet die Anekdote von den beiden Friesenfürsten, die zu Kaiser Nero kamen und um Land am Niederrhein nachsuchten. Man zeigte den Germanen die Herrlichkeiten der Hauptstadt und führte sie auch ins Pompeius-Theater. Als sie die streng nach sozialen Rängen gegliederte Sitzordnung sahen, erblickten sie ganz vorn auf den Ehrensitzen Personen in fremder Tracht. Man erklärte ihnen, das seien Vertreter von besonders geschätzten Verbündeten Roms, denen diese Auszeichnung eigens verliehen worden sei. Kurz und bündig behaupteten die beiden Friesen, kein Volk der Welt überträfe die Germanen an Tapferkeit und Treue, stiegen die Treppe hinab und nahmen in der Ehrenloge Platz. Darauf erhoben sich teils Unwille, teils Beifall im Auditorium. Die Zustimmenden setzten sich durch, und Nero nahm die friesische Dreistigkeit gnädig auf. Er verweigerte den Fürsten zwar ihre Bitte, verlieh ihnen aber das römische Bürgerrecht und schickte sie wieder heim an die Ems (Tac., Ann. XIII 54).

Der Kriegsgeist der Germanen macht es verständlich, daß die Römer sie als Söldner in ihr Heer aufgenommen haben. Julius Caesar (Bell. Gall. VII 13; 67; 70; 80) hat als erster germanische Reiter in sein Heer eingereiht, und sie haben die Entscheidungsschlacht bei Alesia gegen Vercingetorix gewonnen. Die Tüchtigkeit der Germanen war der Grund, daß ebenso Pompeius, ja sogar der Judenkönig Herodes (Jos., Bell. Jud. I 33,9) germanische Hilfstruppen eingesetzt hat. Kaiser Augustus besoldete Cherusker unter der Führung des Arminius (Tac., Hist. II 10). Die julisch-claudischen Kaiser hatten germanische Leibwächter (Suet., Aug. 49; Dio LVI 23). Grabinschriften an der Via Appia bezeugen ihre Herkunft: *natione Batavus, natione Frisius, natione Suebus* oder einfach *natione Germanus*

(Mommsen, Staatsrecht II 808). Als Nero gestürzt wurde, haben diese Männer sich in aussichtsloser Lage für ihren Herrn eingesetzt (Suet., Nero 34). Galba hat darauf die Truppe aufgelöst und die Krieger nach Hause geschickt (Suet., Galba 12).

In den Markomannenkriegen hat Marc Aurel Germanen gegen Germanen eingesetzt: *Emit Germanorum auxilia contra Germanos* (SHA 21, 7). Die sarmatischen Jazygen stellten ihm 8000 Reiter (Dio LXXI 16). Caracalla bildete sich wieder eine germanische Leibwache, seine «Löwen» (Herodian IV 7, 3), und Aurelian schuf Auxiliareinheiten, die nach ihren Stammesnamen benannt wurden (Schenk v. Stauffenberg 1948, 213). Constantin wurde von einem Alamannenfürsten, der im Heere seines Vaters diente, zum Kaiser ausgerufen (Aur. Vict., Epit. 41,3). Im weiteren 4. Jh. stiegen die germanischen Verbände zum schlagkräftigsten Teil des römischen Heeres auf. Das spätrömische Staatshandbuch, die Notitia Dignitatum, verzeichnet sie mit ihren Stammesnamen und Schildzeichen.

Parallel dazu vollzog sich der Aufstieg tüchtiger Germanen in der Rangliste. Nicht umsonst hat schon Kaiser Gallienus dem Herulerfürsten Naulobatus die Konsularinsignien verliehen (Synkellos 717, 20), hat der große Constantin einzelnen Germanen die größte Auszeichnung gewährt, die der römische Staat zu bieten hatte: das ordentliche Konsulat (Amm. XXI 10, 8). Unter seinen Söhnen finden wir Germanen im höchsten Militäramt, dem von Heermeistern *(magistri militum);* um die Jahrhundertmitte hatten, so meldet Ammian (XIV 10, 8), die Alamannen am Hof das Heft in der Hand.

Die Anwerbung von Germanen für das römische Heer entsprach dem Prinzip der Arbeitsteilung. Schon Platon hatte im 2. Buch seiner «Politeia» gezeigt, wie die höhere Gesittung nicht nur der Hellenen, sondern der Menschen überhaupt darauf beruht, daß nicht alle alles tun, sondern jeder das Seine, nämlich das, wohin Geschick und Neigung ihn ziehen. Gewiß hat sich Themistios dieses Argument im Kronrat zu Antiochia nicht entgehen lassen. Man wußte, daß unter den Römern sich mit wachsender Zivilisation eine Abneigung gegen den Kriegsdienst breitmachte, bei den reicheren ebenso wie bei den ärmeren. Ein Zeugnis unter vielen dafür war das kurz zuvor erlassene Gesetz Valentinians, wonach jeder auf dem Scheiterhaufen sterben sollte, der sich den Daumen abhackte, um dem Kriegsdienst zu entgehen (Cod. Theod. VII 13, 5; Amm. XV 12, 3).

Bei den Germanen war dies ganz anders. Kennzeichnend ist eine Episode aus dem Jahre 267, als die Heruler Athen erobert hatten und die Bücherrollen der Hadriansbibliothek auf die Agora schleppten, um sie anzuzünden. Dies verhinderte ein alter Grieche mit dem Ratschlag: Laßt den Römern ihre Bücher! Dann vergraben sie sich darein, und ihr könnt Politik machen, wie ihr wollt (Petr. Patr. fr. 169).

IV. Germanen als Siedler

Die Germanen waren nicht allein für ihren Kriegsgeist, sondern ebenso für ihren Menschenreichtum bekannt. Auch das konnte Themistios 376 zur Befürwortung des Aufnahmegesuches anführen. Während das Reich auf weite Strecken dünn besiedelt war, weil in den Unterschichten die Armut und in den Oberschichten der Lebensgenuß den Kinderreichtum drosselten (Petron 116; 124 f.; Amm. XIV 6, 22), haben die Germanen an Bevölkerung dauernd zugenommen. Caesar (Bell. Gall. IV 1) berichtet von der alljährlichen Aussendung der Jungmannschaft bei den Sveben, gegliedert nach Tausendschaften. Josephus (Bell. Jud. II 16, 4) meldet den Menschenreichtum der Germanen, und Tacitus (Germ. 19) bezeugt, daß die Germanen ihre Kinderzahl nicht künstlich beschränkten. Noch in der Spätantike wird die Fruchtbarkeit der Germanen mehrfach vermerkt, so bei den lateinischen Panegyrikern (IV 17), bei Ammian (XXVII 10, 5; XXVIII 5, 9) und Jordanes (Get. IV 25).

Dem wachsenden Bevölkerungsdruck haben die Römer seit der frühen Kaiserzeit dadurch entgegenzuwirken versucht, daß sie größere Gruppen, ja ganze Stämme auf Reichsboden übernahmen. Schon Agrippa, der Freund des Augustus, siedelte die von ihren Nachbarn bedrängten Ubier auf das linke Rheinufer um, ihr städtischer Mittelpunkt wurde die Stadt Köln. Ihre Kinder lernten Latein und wurden zu Römern (Strabo IV 3, 4; Suet., Aug. 21). Wenig später kamen von ihren Landsleuten vertriebene Sveben und Sugambrer hinzu (Dio LIV 36, 3). Wenn Tiberius unter Augustus 40 000 Germanen, die sich ergeben hatten, sog. *dediticii,* am Rhein ansässig machte, könnte das auch eine strafweise Umsiedlung gewesen sein (Suet., Tib. 9), ebenso die Übernahme von 10 000 transdanubischen Barbaren mit ihren Familien unter Nero (Dessau 986).

Marc Aurel belohnte die Donaubarbaren je nach ihrer Haltung zu Rom mit Subsidien, Steuerfreiheit, Bürgerrecht und Land: «Zahllose Barbaren» holte er ins Reich (SHA. 24, 3), darunter waren gefangene Marcomannen, die um Ravenna angesiedelt wurden, sich aber erhoben und die Stadt zu plündern versuchten, so daß der Kaiser sie wieder über die Donau nach Hause schickte (Dio LXXI 11; 19; SHA. 22, 2).

Im dritten Jh. beginnt die eigenmächtige Landnahme der Germanen im Reich. 230 und 260 stürmten die Alamannen den Limes rechts des Rheins, zwischendurch besetzten die Franken die Niederlande links des Rheins. Dennoch hielten die Römer an der Umsiedlungspolitik fest. Unter Claudius Gothicus (SHA. 9) ist von angesiedelten wehrpflichtigen Goten die Rede. Probus verpflanzte erfolgreich Vandalen nach Britannien (Zos. I 68, 3), aber erfolglos fränkische Kriegsgefangene ans Schwarze Meer. Die Franken kaperten dort Schiffe der Donauflotte, durchquerten den Bosporus, plünderten Samos und den Piräus, setzten Syrakus und Karthago in Schrecken, segelten durch die Straße von Gibraltar und erreichten wohlbehalten ihre Heimat (SHA. 18, 3; Paneg. Lat. VIII 18, 3; Zos. I 71, 2).

Die Ansiedlung der Franken (Paneg. Lat. VI 5, 3; VIII 21, 1) und dakischen Carpen (Amm. XXVIII 1, 5) unter der Tetrarchie gelang wiederum. Fortan begegnet uns der Begriff *laetus* für den germanischen Siedler in Gallien und Italien. Es handelt sich um grundhörige Nachkommen von Deditiziern, die der Steuer- und Wehrpflicht unterlagen, aber persönlich frei waren (Amm. XX 8, 13; Not. Dign. occ. 42, 33 ff.). Unter Cantantia wurden Sarmaten in Thrakien, unter Valentinian Alamannen als *tributarii* auf fruchtbarem Boden in der Poebene angesiedelt. Diese Bevölkerungspolitik kam sowohl den Germanen als auch den Römern zugute, jedenfalls solange die außenpolitische Lage stabil war. Dennoch war sie kritisch, das zeigt die Behauptung der Alamannen, Constantius II habe ihnen im Kampf gegen den Usurpator Magnentius das Land links des Oberrheins überlassen (Lib. or. 18, 52; Amm. XVI 12, 3), und die Verbreitung der Franken in der Belgica, wo Julian sie militärisch züchtigte, aber in ihren Sitzen beließ (Julian 280 C; Amm. XVII 8, 3). Verbündete Stämme an den Grenzen waren ein wirksamer Schutz gegen Angreifer aus dem Inneren Germaniens.

Auf all diese Dinge konnte Themistios hinweisen, sie entsprachen dem politischen Programm der Römer seit Vergil (Aeneis VI 847 ff.). Er hatte Roms schicksalhafte Berufung zum Weltregiment verkündet. So wie den Griechen die Kunst, die Wissenschaft und die Philosophie obliege, so sollten die Römer die Völker regieren und zivilisieren. Ihre Aufgabe sei es, Frieden, Recht und Wohlstand zu schaffen. Hatte nicht auch der Apostel Paulus (Römer 13, 4) erklärt, die römische Obrigkeit sei von Gott bestellt, die Guten zu schützen und den Bösen zu wehren?

V. Germanen als Gegner

Die Leistung der Germanen als Siedler und Söldner sprach für das Aufnahmegesuch der Goten in Antiochia. Valens aber mußte auch die Gegenargumente erwägen, und deren wichtigste waren die zahllosen Kriege mit den Nordvölkern. Konnte man mit diesen Barbaren überhaupt auf die Dauer friedlich zusammenleben? Die antigermanische Haltung im Consistorium vertrat möglicherweise der Heermeister Flavius Victor. Er war Sarmate, verheiratet mit einer christlichen Sarazenenprinzessin und befand sich 376 am Hof.

Mit allen Feinden war Rom fertig geworden. Pyrrhos und Hannibal, Antiochos und Perseus, Jugurtha und Spartacus, Vercingetorix und Decebalus waren niedergerungen, und selbst die immer gefährdete Front gegen Parther und Perser im Osten unterlag keinen größeren Verschiebungen. Nur gegenüber den Germanen kam es weder zu einem endgültigen Sieg noch zu einem dauerhaften Frieden: Immer besiegt, nie überwunden, *tam diu Germania vincitur* klagte Tacitus (Germ. 37).

Der Angriff der Kimbern und Teutonen war nach empfindlichen Anfangsverlusten abgeschlagen worden. Den bedrohlich nahegerückten Svebenfürsten Ariovist konnte Caesar über den Rhein zurückwerfen und den Fluß als Grenze gewinnen. Augustus schob die Macht Roms bis an die Donau vor und suchte die Elbgrenze zu erreichen. In seinem Tatenbericht (26) behauptete er, Europa von Gades (Gibraltar) bis zur Mündung der Elbe befriedet zu haben. Die Niederlage gegen Arminius im Teutoburger Wald verschwieg er. Drusus und Tiberius zuvor und Germanicus hernach konnten nicht einmal Germanien bis zur Weser unterwerfen. Nach Kämpfen, die sich über 30 Jahre hinzogen, nahm Tiberius die Legionen auf das linke Rheinufer zurück und stationierte dort ein Drittel der gesamten Reichsarmee. Domitian errichtete im Vorfeld des Oberrheins den Limes, und diese Militärgrenze blieb 150 Jahre fest.

Die Drohung aus dem Norden erneuerte sich in den Markomannenkriegen; 166–180 n. Chr. stellten sie die Donaugrenze in Frage. Zum ersten Mal werden damals Belagerungsmaschinen bei den Germanen bezeugt (SHA. Marcus 24, 4). Marc Aurel mußte alles aufbieten, um Italien und die Donauprovinzen zu schützen. Wie alle Germanensiege, so hielt auch der über die Markomannen nur bis zur nächsten Generation. Unter Caracalla erschienen die Alamannen am Limes, 260 warfen sie die Römer bis zum Bodensee zurück. Fränkische Scharen plünderten 12 Jahre lang ungestraft Gallien und Spanien (Orosius VII 41, 2), ja stießen vor bis Nordafrika. Sächsische Seeräuber verunsicherten die Küsten Galliens und Britanniens, die Alamannen überquerten mehrfach die Alpen, der Kaiser Decius fiel 251 im Kampf gegen die Goten.

Aurelian schützte Rom mit einer gewaltigen Mauer vor den Germanen und stellte das militärische Gleichgewicht wieder her. Diocletian und Constantin befestigten die Nordgrenzen, aber der Druck ließ nicht nach. Ihre Nachfolger zogen von Kriegsschauplatz zu Kriegsschauplatz, um die Eindringlinge zurückzuwerfen und ihnen die zu Tausenden verschleppten und versklavten Provinzialen abzujagen, und nun sollte Valens ein ganzes Volk ins Reich aufnehmen?

Bevor der Kaiser sich entschied, befragte er seinen Finanzminister und seinen Hofkaplan. Beide rieten zu. Der Finanzminister verwies darauf, daß die gotischen Foederaten billiger seien als römische Rekruten. Da diese mit Vergnügen die Ablösegebühr für ihre Wehrpflicht zahlten, das *aurum tironicum* (Amm. XIX 11, 7) und überdies als landbebauende Steuerzahler für die Versorgung von Heer und Hof unentbehrlich seien, wäre es töricht, ein Angebot abzulehnen, das Nachwuchs für die Armee und weitere Landarbeiter verhieße.

Der Hofkaplan sodann machte den Kaiser darauf aufmerksam, daß die Westgoten jüngst zum Christentum übergetreten seien. Ihr Bischof Wulfila habe die Bibel ins Gotische übersetzt und lehre das homöische Credo. Valens vertrat ebenfalls die arianische Richtung und konnte somit gegen die katholische Orthodoxie im eigenen Lande in den Goten konfessionelle Glaubensbrüder erblicken (Theodoret HE. IV 37). Er ließ die Gesandten aus ihrer Herberge kommen und eröffnete ihnen, daß er ihrem Einlaßbegehren stattgebe. Die Provinzverwaltung von Moesia erhielt den Befehl, die Einwanderung über die Donau zu organisieren, die Goten zu verpflegen und ihnen in Thrakien Land zuzuweisen.

Sobald die Aktion in Gang gekommen war, geriet sie indessen aus der Kontrolle der Beamten (Amm. XXXI 4). Die Versuche, die Einwanderer zu zählen, waren hoffnungslos. Nicht nur die römischen Schiffe, sondern alle möglichen Gefährte wurden benutzt, Tag und Nacht ruderte man hin und her. Sehr bald gingen den Goten die Lebensmittel aus. Die römischen Offiziere benutzten die Gelegenheit, sich zu bereichern. Sie verkauften den Hungernden Nahrung für teure Preise: einen toten Hund für einen Fürstensohn.

Als die Goten zu plündern begannen, lud der römische Kommandant die Gotenfürsten nach Marcianopel zu einem Gastmahl, angeblich, um die Lage zu besprechen, in Wahrheit, um die Anführer zu beseitigen. Als ihr Gefolge draußen im Hof des Prätoriums umgebracht wurde, während man in der Halle tafelte, gab es Geschrei, das außerhalb der Stadtmauern vernommen wurde. Die Goten begannen den Sturm auf die Stadt. Fritigern, der Gotenfürst, erklärte, wenn er nicht sofort freigelassen würde, um seine Landsleute zu beruhigen, gäbe es Krieg. Man ließ die Gotenfürsten ziehen, die von ihren Leuten mit Jubel begrüßt wurden, und der Krieg war da.

Der Zuzug über die Donau hielt an; die germanischen Sklaven begrüßten ihre Landsleute mit offenen Armen. Es kam zu Scharmützeln mit wechselndem Ausgang. Schließlich machte sich Valens von Antiochia aus auf den Weg und bat seinen Mitkaiser Gratian in Trier um Hilfe. Auch dieser setzte sich in Marsch. Bevor er aber in Thrakien ankam, war das Unglück geschehen. Valens hatte sich bei Adrianopel in den Kampf mit den Goten eingelassen und war am 9. August 378 mit seinem gesamten Heer vernichtet worden (Amm. XXXI 13).

VI. Adrianopel und die Folgen

Die Schlacht bei Adrianopel bezeichnet die Wende im Kräfteverhältnis zwischen Römern und Germanen. Sie waren fortan nicht mehr aus dem Reich zu verdrängen. Die Kontrolle über die Donaugrenze war dahin. 382 hat Theodosius, der Nachfolger des Valens, die Landnahme der Westgoten legalisiert, diese dienten ihm dafür als Hilfstruppen, allerdings unter eigenen Anführern. Die Goten lebten nach eigenem Recht auf römischem Boden. Den Vertrag handelte Themistios (or. XVI) aus, der als Gesandter zu den Goten ging. Theodosius war der letzte römische Kaiser, der die Germanen wenigstens notdürftig in Schach halten konnte. Als der *amator pacis generisque Gothorum* (Jord, Get. 146) 395 starb, war die Machtübernahme der Germanen nur noch eine Frage der Zeit. Geradezu hilflos wirkten die gesetzgeberischen Maßnahmen: Pelzmäntel, lange Hosen und ungeschnittene Haare wurden in Rom verboten (Cod. Theod. XIV 10,2 ff.), und doch legten bisweilen die höchsten römischen Würdenträger germanische Kleidung an (Claudian V 78 ff.). Die Verbote, den Germanen Waffen zu verhandeln, sie in der Seefahrt zu unterweisen, ihnen Öl und Wein zu liefern und Eheverbindungen mit ihnen einzugehen (Cod. Theod. III 14, 1) blieben erfolglos. Die Kaiser haben das nach dem Tode des Theodosius selbst nicht respektiert. Vier von ihnen haben Germaninnen geheiratet.

Folgenreich war das Jahr 407, als Alamannen, Vandalen und Alanen bei Mainz über den Rhein gingen, Gallien und Spanien heimsuchten und nicht mehr zu verdrängen waren. Im Jahr darauf fiel der römische Reichsfeldherr Stilicho, an dessen Kaisertreue auch seine Gegner nicht zweifelten, einem nationalistischen Komplott zum Opfer. Die Frauen und Kinder von mehreren Tausend germanischen Föderaten wurden abgemetzelt. 410 folgt die Einnahme Roms durch Alarich, der abwechselnd als römischer *magister militum* und gotischer Heerkönig auftrat. Als Alarich gestorben war, «während noch die Jugendlocken seine Schultern blond umgaben», übernahm sein Schwager Athavulf die Ansiedlung der Goten in Aquitanien. Athavulf heiratete die in Rom erbeutete Galla Placidia, die Tochter des großen Theodosius.

Die sich hier eröffnende Chance für eine germanisch-römische Synthese fand programmatischen Ausdruck in einer Bemerkung des Gotenkönigs. Athavulf sagte, ursprünglich habe er aus dem *Imperium Romanum* ein *Imperium Gothorum* machen wollen und für dieses Gotenreich dasselbe leisten wollen, was Augustus für das Römerreich geleistet habe. Dann aber habe er in langer Erfahrung gelernt, daß seine Goten in ihrer zügellosen Wildheit nicht bereit seien, sich irgendwelchen Gesetzen zu unterwerfen. Ohne Gesetze aber gebe es keinen Staat, keine *res publica*. Darum habe er, Athavulf, beschlossen, seine Ehre darein zu setzen, mit den Kräften der Goten das Imperium Romanum zu erneuern und zu vergrößern, damit er bei der Nachwelt als Urheber der Wiederherstellung Roms dastehe, nachdem er es hätte nicht umwandeln können (Oros. VII 43). Athavulfs Plan kam nicht zur Ausführung, er wurde von seinen eigenen Landsleuten umgebracht.

Ebensowenig gelang eine Symbiose von Vandalen und Römern. 429 eroberte Geiserich Nordafrika, die Kornkammer Roms. Der Kaiser Valentinian III. war wehrlos, ja er mußte seine Tochter mit dem Thronfolger Geiserichs verloben. Als der nachfolgende Kaiser die Prinzessin seinerseits für seinen Sohn beanspruchte, plünderte Geiserich 455 die Hauptstadt ein zweites Mal, und darin liegt die Wurzel des Begriffs Vandalismus. Mehrere Angriffe römischer Truppen konnte Geiserich abwehren, zuletzt den der vereinigten ost- und weströmischen Flotte.

Geiserich ist insofern ein Lehrbeispiel, als wir hier halbwegs verläßliche Bevölkerungszahlen haben. Beim Übergang nach Africa wurden 80 000 Menschen gezählt (Vic. Vit. I 2). Die Armee, mit der die Vandalen einrückten, betrug etwa 2% der wehrfähigen Römer. Wenn diese gleichwohl keine Chance gegen die Invasoren hatten, so beruht das nicht nur darauf, daß diese Fremden Berufskrieger waren, gegen die Zivilisten notwendig im Nachteil sind. Als der römische Stadtpräfekt den Rom belagernden König Alarich auf die Anzahl der Männer in Rom hinwies, bemerkte der Gote lakonisch: «je dichter das Gras, desto leichter das Mähen» (Zos. V 40, 3). Auch in der Africa Proconsularis waren die römischen Männer seit Jahrhunderten der Waffen entwöhnt. Sie hofften auf Hilfe vom Kaiser, sei es in Form von Truppen, sei es in Form einer Ernennungsurkunde für Geiserich zum *magister militum per Africam*. Dafür gibt es Beispiele, aber ein durchaus unrömisch-römischer Nationalismus am Hofe erschwerte diese diplomatische Lösung des Konflikts. In Konstantinopel kam es zu einem regelrechten Antigermanismus.

Der Übergang der Macht von den Römern zu den Germanen vollzog sich in Stufen. Nach dem erwähnten Einfluß der Alamannen auf Constantius II schalteten die Franken Merobaudes und Arbogast als *magistri militum* eigenmächtig als Kaisermacher. Der römische Heermeister Stilicho, vandalischer Herkunft, regierte als von Theodosius eingesetzter Vormund des jungen Honorius. Der Svebe Rikimer und der Burgunder Gundobad behandelten die letzten Westkaiser als Marionetten. Der Thüringer Odovacar machte sich zum *rex Italiae* und verbannte den letzten Knabenkaiser Romulus Augustulus 476 mit einer guten Jahresrente von 6000 Goldstücken in eine Villa des Lucullus bei Neapel. 493 zog der Gotenkönig Theoderich in Ravenna ein, erschlug Odovacar mit eigener Hand und beendete die römische Geschichte.

Die Lage im Osten war insofern stabiler, als Kleinasien, Syrien und Ägypten außerhalb der Reichweite der Germanen lagen. Die nach Anatolien vorgedrungenen Goten waren nicht zahlreich genug, um ernsthaften Schaden zu stiften. Zweimal haben germanische Heermeister versucht, auch in Konstantinopel die Macht zu ergreifen. Der Aufstand des Gainas scheiterte 400 in einer Straßenschlacht mit der Bevölkerung, und die mächtige Sippe Aspars wurde 472 heimtückisch beim Gelage im Palast abgeschlachtet. Als es gelang, Theoderich mit seinen Ostgoten gegen Odovacar zu schicken, mußte sich der Kaiser sagen lassen, er habe Italien geopfert, um Thrakien zu retten.

VII. Eine mißlungene Integration

Die Geschichte der Germanen im Römischen Reich ist die Geschichte einer mißlungenen Integration. Weder konnten die Römer mit, noch ohne die Germanen leben, während die Germanen weder in ihren Stammsitzen noch auf Reichsboden glücklich waren: Jahrhundertelang drängten sie ins Imperium hinein, und als sie schließlich die Grenzwehr bezwungen hatten, erwiesen sie sich außerstande, die Zivilisation fortzuführen, die sie angelockt hatte. Die Bäder und Theater zerfielen, die Brücken stürzten ein, die Wasserleitungen und Straßen wurden nicht ausgebessert. An die Stelle des Steinbaus traten primitive Holzkonstruktionen, die Kunst wurde so barbarisch wie die Sprache. Lesen und Schreiben lernte nur noch die Geistlichkeit.

Zu den großen Fragen der Geschichte gehört die nach den Gründen für das Mißlingen. Warum hat die römisch-germanische Symbiose nicht funktioniert? Warum gelang das Zusammenleben nicht so, wie es mit den Griechen, Syrern und Ägyptern, mit den Thrakern und Illyriern, mit den Galliern, den Keltiberern und selbst mit den Numidiern geglückt war? Sie alle konnten überwunden werden und haben sich in die *Pax Romana* eingefügt, aber die Germanen blieben zunächst außen vor und haben zuletzt das System gesprengt. War diese Entwicklung zwangsläufig?

Sowohl die Gegner als auch die Befürworter der Einbürgerung hätten die Notwendigkeit des Scheiterns bestritten. Könnten wir die beiden Widersacher in Kronrat zu Antiochia nachträglich um ihre Meinung bitten, so würden sie ihre Haltung kaum ändern, indem sie die politischen Fehler jeweils beim anderen suchten.

Flavius Victor, der bei Adrianopel fiel, könnte sich folgendermaßen verteidigen: «Grundsätzlich, mein Themistios, verdient der Fremde Gastrecht. Darin sind sich Homer und Moses einig. Das Gastrecht hat aber Grenzen, und diese Grenzen bestimmt der Wirt. Die Römer haben die Germanen mit derselben Sympathie betrachtet wie die anderen unzivilisierten Völker in ihrem Bereich. Tacitus (Germ. 19) hat sie sogar zum Muster unverfälschter Natürlichkeit, unverdorbener Ursprünglichkeit erhoben: *nec corrumpere et corrumpi saeculum vocatur.*

Zu Tausenden haben wir ihnen Land und Lebensmöglichkeit geboten. Was war der Dank? Diese Fremden aus dem Norden haben die Provinzen geplündert, wo immer sie konnten; dennoch haben ihre Fürsten es nicht verschmäht, wenn sie, nicht kriegerisch genug, vertrieben wurden, im Reich Zuflucht zu suchen. Daß die Germanen den Kaisern Söldnerdienste geleistet haben, beruht allein darauf, daß sie in den Auxiliarkohorten besser beherbergt, besser verpflegt und versorgt wurden als von ihren eigenen Häuptlingen. Mit Respekt vor dem römischen Recht hat das wenig zu tun.

Nicht nur Sold, sondern auch Subsidien wurden ihnen gezahlt. Seit den ersten Kaisern gingen regelmäßige Geldtransporte ins Barbaricum, offiziell als Freundschaftsgeschenke an die grenznahen Fürsten, aber tatsächlich, um ihnen den Angriff auf unsere Provinzen in vorauseilendem Gehorsam abzukaufen. Und was haben die Germanen mit diesen Stillhaltegeldern gemacht? Sofern sie die Münzen nicht ihren Frauen um den Hals gehängt haben, sind sie in die römischen Fabriken gegangen, um sich Waffen einzukaufen, mit denen sie dann gegen uns losgezogen sind.

Die Römer hätten erkennen können und erkennen müssen, daß solch wildes Volk nicht integrierbar war, die Männer mit ihrem zügellosen Kampfgeist und die Frauen, die ihnen die Waffen als Morgengaben überreichten und sie zum Beutemachen anstachelten. Kam dann die Nachricht vom Tode des Sohnes, hatte die Mutter inzwischen zwei weitere Söhne geboren. Nein, hier konnte Rom nur durch eine konsequente Abwehr gerettet werden. Trajan und Marc Aurel, Septimius Severus und Aurelian, Constantin, Julian und Valentinian haben das gezeigt. Sobald aber die Beschwichtigungspolitik der Kinderkaiser einsetzte, da mußte Rom fallen. Rom ist gescheitert aus Mangel an Weitsicht und Tapferkeit.»

Wenn wir nun Themistios zu Worte kommen lassen, so wird es ihm an Einwänden nicht fehlen: «Ich gebe dir zu, Victor, daß Inkonsequenz die schlechteste Politik ist. Ich bestreite aber, daß ein konsequenter Antigermanismus uns gerettet hätte. Die Naturanlagen der Germanen haben sich ohne unser Zutun entfaltet. Ihr Land wurde urbar gemacht, die Eisenvorkommen wurden erschlossen – das konnten wir nicht verhindern. Das Naturell der Germanen hat ihnen die Zivilisierung erschwert, aber auch wir haben nicht alles getan, was ihrer Entwicklung dienlich gewesen wäre. Männer aus allen Provinzen haben irgendwann Zutritt zum Senat erhalten, die Germanen nie. Alle Gegenden des Reiches haben irgendwann einmal einen Kaiser oder gar eine Dynastie stellen können, die Germanen nie. Es blieb bei illegalen Funktionen: bei Usurpationen und Kaisermacherei.

Niemand kann von sich behaupten, das christliche Liebesgebot erfüllt zu haben. Seine Verletzung müssen auch wir eingestehen. Der christliche Historiker Orosius (VII 35,19) verbuchte es als Gewinn, daß im Kampf gegen den Heiden Arbogast zehntausend gotische Krieger Alarichs für Theodosius, den *christianissimus imperator,* gefallen waren, denn diese Goten war ja bloß Barbaren, ja, *horribile dictu,* Christen arianischen Glaubens. Aber haben nicht wir Römer selbst den Goten das Credo geliefert, das wir ihnen jetzt als Makel unüberwindbarer Fremdheit anrechnen?

Unsere Ausgrenzungspolitik hat üble Früchte getragen. Die Fremden machten *nolens volens* Politik auf eigene Rechnung, und unsere Oberschicht wollte nichts von ihnen wissen. Sowohl unsere senatorischen Literaten als auch unsere kirchlichen Autoren haben die Germanen als wilde Tiere diffamiert. Der traditionsstolze Ammian (XXXI 8,9), der Philosoph Synesios aus Kyrene (De regno 21) nannten die gotischen Föderaten Wölfe, die sich als Hirtenhunde ausgeben, und der fromme Prudentius (Contra

Symm. II 816ff.) dichtete: Römer und Barbaren unterscheiden sich wie Zweibeiner von Vierfüßlern. Welche Mentalität spricht aus der Leuchte unseres Senats, aus Symmachus (ep. II 46), wenn er seinem Bedauern darüber Ausdruck verleiht, daß 29 kriegsgefangene Sachsen, die ihm der Kaiser für die Zirkusspiele zur Prätur seines Sohnes geschenkt hatte, sich in der Nacht vor dem Auftritt in den Kellern des Colosseums gegenseitig umbrachten, anstatt dem römischen Volk das Vergnügen zu gönnen, sie in der Arena verbluten zu sehen.

Die höchste Aufgabe der Politik ist nicht die Besitzstandwahrung der *beati possidentes,* sondern die Schaffung eines vernünftigen Nebeneinander, Miteinander und Füreinander aller Lebewesen. Das hat Rom nicht geleistet. Rom ist gescheitert an einem Mangel an Menschlichkeit. So könnte Themistios argumentieren.

Welches Fazit können wir daraus ziehen? Eutrop und die übrigen römischen Historiker waren im Irrtum, wenn sie meinten, historische Beispiele böten unmittelbare Handlungsmuster. Kenntnis der Geschichte ist für die politische Vernunft notwendig, aber nicht hinreichend. Notwendig ist sie insofern, als sie uns verrät, was wir erwarten dürfen und was wir befürchten müssen. Das Imperium Romanum hat für die Integration von Fremden mehr geleistet als die meisten anderen Großstaaten der vorindustriellen Zeit.

Gleichwohl hat es die Germanen nicht mehr verkraftet, mag dies an der mangelnden Integrationsbereitschaft der Römer oder an der ungenügenden Integrationsfähigkeit der Germanen gelegen haben. Vielleicht waren es auch einfach zu viele. Eine inhumane Realpolitik muß ebenso scheitern wie eine unrealistische Philanthropie. Politik ist die Kunst des Ausgleichs, des Mittelwegs und wird, wo sie nicht zum Ziele führt, von beiden Seiten angegriffen. Aber nicht jedes Ziel ist erreichbar.

Die unterschiedlichen Erklärungsmöglichkeiten für Erfolg und Mißerfolg in der Geschichte sind ein Grund dafür, weshalb ihre Kenntnis keine hinreichende Bedingung für politische Vernunft darstellt. Ein zweiter liegt darin, daß die Vergangenheit uns nicht alles offenbart, was möglich ist. Das Schlimmste und das Schönste unter den menschlichen Möglichkeiten zeigt uns die Geschichte nicht, und gerade die Vorstellungen hiervon bewegen uns. Ein dritter Grund ist, daß ein angeborenes Ungenügen am Bestehenden allzeit Neues schafft.

Wie kein anderes Volk haben die Römer die *mores maiorum,* die bewährten Vätersitten beachtet. Diese besagten aber nicht, daß alles beim alten bleiben müsse. Beizubehalten sind nicht die guten Regeln selbst, die ja unter veränderten Umständen Schaden stiften können; beizubehalten ist vielmehr das bewährte Verfahren, nach dem man zu guten Regeln kommt. Bei Cicero (De imp. Pompei 60) heißt das: *semper ad novos casus temporum novorum consiliorum rationes accommodare.* Neue Probleme erfordern neue Lösungen.

Carsten Colpe

Toleranz im Islam

Um die Frage nach der Toleranz im Islam zu klären, ist es erforderlich, daß man für alle Aspekte des Problems in den Koran und in das Leben des Stifters des Islam schaut, mit dem man bei dem Thema «Toleranz im Islam» notwendig beginnen muß. Im folgenden gilt die theokratische Repräsentanz für alle Lebensphasen des Propheten; die Unterscheidung zwischen Prophet und Politiker deckt sich nicht voll mit seiner mekkanischen und medinensischen Wirksamkeit; die Zuweisung von Intoleranz und Toleranz zum einen und zum anderen legt hauptsächlich wechselndes Gewicht auf die beiden Seiten des dialektischen Verhältnisses, in dem sie zueinander stehen.

I. Die historische Rolle Mohammeds

Die indirekte Rechtleitung der islamischen Gemeinde durch Gott und die direkte Rechtleitung derselben Gemeinde durch Mohammed sind ein- und dasselbe. Da aus dieser Identität keine Identität der beiden Rechtleitenden folgen kann, bleibt logisch nur das Verhältnis der Repräsentanz. Dieses ist in moderner Sprache das, was der Koran in alter Sprache mit Beauftragung und Entsendung meint. Zum Beispiel:

«Die Menschen waren (ursprünglich) eine einzige Gemeinschaft *(umma)*. Dann (nachdem sie uneins geworden waren) ließ Gott die Propheten als Verkünder froher Botschaft und als Warner auftreten. Und er sandte mit ihnen (jeweils) die Schrift mit der Wahrheit herab, um (dadurch) zwischen den Menschen über das, worüber sie uneins waren, zu entscheiden ... Nun hat Gott diejenigen, die gläubig sind, zu der Wahrheit geleitet, über die sie (bisher) uneins waren. Gott führt, wen er will, auf einen geraden Weg» (Sure 2, 213, Übers. R. Paret; ähnlich 2, 142; 6, 153; 10, 25; 24, 46, u. ö.).

Später ist oft eine Umgewichtung der Auftragsautorität auf den Gesandten festzustellen, wodurch das, was Gott will, und das, was man auf Erden vorfindet, in eine Beziehung zueinander treten, die den Europäer an das Verhältnis zwischen Idee und Realität erinnert. Auch dafür ein Beispiel.

«Der letzte Auftrag des Propheten lautete: ‹Auf der Insel der Araber sollen nicht zwei Religionen bestehen bleiben!›» – «In den Tagen der Apostasie-Bewegung erhob sich Abu Bakr (eine Rede zu halten). Er pries und lobte Gott, dann sagte er: ‹Preis sei Gott, der (uns) leitet und (für uns) sorgt, der (uns) beschenkt und dadurch zufriedenstellt! Gott schickte Mohammed, als das Wissen geächtet, der Islam fremd und verstoßen war; als das Seil (des Islam) morsch geworden, die Blütezeit (des Islam) dahingegangen war, als seine Anhänger von ihm abgeirrt waren. Gott haßte damals die Schriftbesitzer. Darum gab er ihnen nichts Gutes um des einen Guten willen, das sie bereits besessen (und leichtfertig vertan hatten, d. h. die Offenbarung); er wandte darum auch kein Übel von ihnen ab wegen des einen Übels, das sie (begangen) hatten: Sie hatten ihr Offenbarungsbuch abgeändert, es mit Dingen zuschanden gemacht, die es gar nicht enthalten hatte. Die heidnischen Araber dagegen wußten gar nichts von Gott ...»[1]

Diese Überlieferung, erhalten in dem Werk des Historikers Ṣāliḥ b. Kaisān, zeigt eine Erweiterung des islamischen Anspruchs an; denn es wird weiterhin berichtet, daß die Beduinen der arabischen Halbinsel bekämpft wurden, weil sie vom Islam abgefallen seien. Da aber eine ganze Anzahl von Stämmen den Islam noch gar nicht angenommen hatte, bedeutete der Kampf gegen sie als eine Apostasiebewegung, daß sie als Araber bereits potentielle Muslime seien. Indem dies im Namen des Propheten geltend gemacht wird, wird dieser zum theokratischen Repräsentanten, d. h. zu einem Menschen, bei dem die Menschen von vornherein und ohne daß sie erst durch Kampf dazu gezwungen werden müßten, anzuerkennen haben, daß er im Namen Gottes herrschen darf.

Angesichts des zur prophetischen Intoleranz Gesagten ist es geradezu selbstverständlich, daß Mohammed in die Genealogie derselben voll hinein gehört.[2] Es wird zwar häufig Sure 2, 256 dagegen angeführt, wo es heißt: «In der Religion gibt es keinen Zwang.» Das ist aber rein grammatisch nicht als Gebot oder Aufforderung zu verstehen, sondern als eine Tatsachenfeststellung, etwa in dem Sinn: «Man kann in der Religion soviel Zwangsmittel anwenden wie man will, man wird dadurch doch nichts erreichen.»[3] Den Ungläubigen und den Andersgläubigen wird halb mitgeteilt, halb angedroht, daß Gott für sie die verdiente Strafe bereithalte.

Im übrigen sprechen Mohammeds später in der Sure 9 («Die Buße») gesammelten Aussprüche sowie seine Urteile über die drei altarabischen Göttinnen[4] und über seine bei ihrem Götzendienst bleibenden beduinischen Landsleute eine nach und nach schärfer werdende, deutliche Sprache. Hatte es in der ganz kurzen, frühmekkanischen Sure 109 noch geheißen: «Sag: Ihr Ungläubigen! Ich verehre nicht, was ihr verehrt!, und Ihr verehrt nicht, was ich verehre! ... Ihr habt eure Religion und ich die meine», so wird in der medinensischen Sure 7 an Hand von sechs Straflegenden (59–102) die ganze die Generationen durchziehende Prophetengeschichte als Beleg dafür herangezogen, daß die Ungläubigen die Strafe Gottes schon im Diesseits ereilt. Alle prophetischen Warnungen münden letzlich in einer Konvergenz der beiden Grundlagen für Intoleranz, nämlich der Erhaltung und Ausbreitung des wahren Glaubens und der Festigung der Gemeinde der Rechtgläubigen.

Indessen nahm Mohammed zu den *ahl al-kitāb* «Leuten des Buches» oder «Schriftbesitzern» bekanntlich eine andere Stellung ein:[5] Sie galten als Empfänger derselben Offenbarung, die er als letztem der in seinem Gesichtskreis liegenden Völker auch den Arabern bringen wollte. Im Verhältnis zur *Taurat* (Torah, Gesetz) der Juden, zum *Indschīl* (Evangelium) der Christen und zum *Sabūr* (Psalter) sollte sein Qur'an keine Berichtigung der Substanz dieser Urkunden, sondern höchstens textliche Korrekturen bringen. Das war möglich, weil sein Text eine Verbindung zur «Mutter des Buches», die im Himmel aufbewahrt wurde, behalten hatte, eine Verbindung, die seiner Meinung nach den ihm voraufgehenden Glaubensgemeinschaften verlorengegangen war.

Diesen Sachverhalt darf man als inhaltliche religiöse Toleranz bezeichnen. Denn es war damit eine grundsätzliche Bejahung des Inhalts dieser Schriften verbunden, obwohl er den Juden und den Christen – sowie einigen, hier übergangenen weiteren Gemeinschaften – zum Erweis ihrer religiösen Identität diente. An diesem Sachverhalt ändert Mohammeds späterer Kampf gegen die Judenstämme[6] in Medina und ihre z. T. grausame Ausschaltung nichts: Mohammed nahm den Kampf gegen sie nicht um ihres Glaubens willen auf, sondern weil sie mit seinen sonstigen Gegnern Bündnisse geschlossen hatten. Ihre spätere Duldung blieb davon unberührt. Obwohl sie Mohammed nach seinem «Buch»-Verständnis zu Unrecht, d. h. aus Mißverständnis der ihnen anvertrauten Offenbarung, ignoriert oder verhöhnt hatten, muß er zu den Juden insgesamt eine solche Haltung haben erkennen lassen, daß ihre Zugehörigkeit zu den Ahl al-kitāb nie in Zweifel gezogen wurde.

Mohammed wußte sich mit seiner Prophetie als Repräsentanten Gottes auf Erden. Die Repräsentanz war teils eine überzeitlich-eschatologische, teils eine historisch-politische. Die erstere forderte eine Entscheidung mehr für seine Person, die letztere mehr für seine Predigt. Vor dem erwarteten apokalyptischen Gericht stellte sich die Toleranzfrage nicht, und die Intoleranz äußerte sich, indem die gegen Mohammed Entschiedenen dem Höllenfeuer überantwortet oder auf andere symbolische Weise schuldig gesprochen wurden. Als diese Einstellung den Bedürfnissen der Gemeindeleitung wich, galt die Toleranzfrage durch das Bekenntnis zu Allah als positiv erledigt, und die Intoleranz galt denen, die dieses Bekenntnis nicht ablegten, mit taktischer Ausnahme in bestimmten temporären Fällen und mit grundsätzlicher Ausnahme der Schriftbesitzer.

II. Die Stellung der islamischen Rechtsschulen

Die eschatologische Perspektive konnte zur Folge haben, daß die Intoleranz auf Erden nicht exekutiert wurde, so daß für die Betroffenen praktisch Toleranz herauskam. Die Einordnung der Toleranz in den politisch-

juristischen Bereich konnte zur Folge haben, daß über Streitfragen bei den
zu Tolerierenden gerichtlich so entschieden werden konnte, daß für die
Betroffenen praktisch Intoleranz herauskam. Eine Statistik einschlägiger
Streitfälle in der Geschichte islamischer Völker und Staaten kann niemand
aufstellen. Für die Erkenntnisse, die man daraus gewinnen könnte, bieten
die Meinungen solcher Rechtslehrer einen gewissen Ersatz, die unter anderem auch auf Einschränkungen der politischen Toleranz oder Zuteil-
werden von Intoleranz mit der Ausarbeitung einer Reihe juristischer
Regelungen reagierten, die sich im Koran erst in nuce finden.[7] Die in
Mohammeds prophetischer Predigt vorgenommene Klassifikation der
Menschen in Rechtgläubige und Un- oder Andersgläubige wurde von
der Rechtswissenschaft in großräumige Dimensionen übertragen. Grundsätzlich zerfällt nach islamischem Konsens die bewohnte Welt in zwei Teile:
den *dār al-Islām* («Haus des Islam») und den *dār al-ḥarb* («Haus des Krieges»). Durch Glaubensanstrengung *(dschihād)*, die militärische Formen annehmen kann, ist das «Haus des Islam» in ebendem Maße zu vergrößern,
in dem das «Haus des Krieges» zu verkleinern ist. Diese Doktrin, meist
auch noch zur Chimäre «Heiliger Krieg» aufgezäumt, dient in der westlichen öffentlichen Meinung als Begründung der oft wiederholten Warnung, man müsse sich vor dem Islam, der allenthalben bedrohlich «auf
dem Vormarsch sei», gehörig in acht nehmen. Wäre dies keine Position
nur auf der strategischen Landkarte, wie es deren auf der Welt unzählige
gibt, sondern in der geographischen Realität, so könnte die Warnung
berechtigt sein, allerdings nur unter der weiteren Voraussetzung, daß un-
bezweifelbar feststünde, warum die gewarnten christlichen Staaten mit
einer Niederlage gegen christliche Gegner besser daran seien als mit einer
Niederlage gegen islamische Gegner. Aber so weit braucht man die Sache
gar nicht zu durchdenken. Denn es ist im Lauf der Geschichte zum Glück
öfter so gewesen, daß nichts so heiß gegessen wurde wie gekocht.

Zum *dār-al ḥārb.* Nach der Vernichtung des jüdischen Stammes der
Quraiza und der Vertreibung der jüdischen Stämme der Qainuqa und der
Naḍīr war die Herrschaft des Islam so gesichert, daß Mohammed es sich
leisten konnte, dieselbe mit einer anderen Methode, nämlich durch Abkommen mit anderen Völkerschaften und Stämmen, zu sichern. Die Berichte darüber stehen nicht im Koran, sondern bei den frühen arabischen
Historikern. Es besteht in einigen Fällen die Möglichkeit, daß ihre Angaben keine wirklichen Ereignisse wiedergeben. Doch auch wenn sie fiktiv
sind, besagt das noch immer, für wie wirklich und legitim man schon in
der ersten Generation nach Mohammed ein Vertragswesen hielt, das auf
der pragmatischen Anerkennung von benachbarten Stämmen und erst
recht der großen Mächte basierte.

So soll Mohammed Verträge mit den Juden von Khaibar, den Bewohnern der Bahrain-Inseln und von Aila (an der nordöstlichen Spitze des
Golfes von Aqaba), mit den arabischen Nadjranern und den Taghlib ge-

schlossen haben. Sie beruhen teils auf dem freien Entschluß ihrer Gouverneure und sonstigen Häupter, teils aber auch auf notgedrungener Wahl zwischen einem Krieg und der Alternative, eine jährlich zu zahlende Geldsumme in den Vertrag aufzunehmen, der freundlichst angeboten wurde. Diese Verträge dienten in späteren Zeiten als Richtlinie für die Behandlung der Nichtmuslime außerhalb und innerhalb des islamischen Herrschaftsgebiets. Ich nenne − in notwendiger Kürze − einige charakteristische Möglichkeiten für unkriegerischen Umgang von Staaten miteinander, wie sie die liberalste unter den vier islamischen Rechtsschulen, die hanefitische, entwickelt hat. (Diese Möglichkeiten konnten in anderen Schulen auch unter *dār as-sulḥ* «Haus der Waffe(nruhe)» und *dār al-ʿahd* «Haus des Bündnisses» zusammengefaßt werden.)[8]

Zwischen Staaten mit islamischen und solchen mit nichtislamischen Bewohnern und Gesetzen bestehen Rechtsprobleme in vierfacher Hinsicht:,[9] und zwar a) als «muslimisches Völkerrecht», d. h. als ganz der Rechtswirklichkeit und nicht der Rechtstheorie angehörendes Verkehrsrecht muslimischer Staaten untereinander; b) als Lehre von den *siyar* («Verfahrensweisen»), d. h. einseitiger Vorschriften des internen Rechts für das Verhalten gegenüber der nichtmuslimischen Umwelt (unilaterales «Außenrecht»); c) als «Vertragsvölkerrecht», d. h. unter gewissen Bedingungen von den *siyar* zugelassenem begrenztem Kompromiß zwischen den Forderungen der Doktrin und denen der Praxis; d) schließlich als «partikuläres Völkergewohnheitsrecht», das sich im Verkehr mit nichtmuslimischen Staaten zwischen den Partnern entwickelt hat und dessen Formen zwar von den beiderseitigen Doktrinen nicht unbeeinflußt sind, im wesentlichen aber von den Erfordernissen der Praxis bestimmt werden.

Zum *dār al-Islām*. Dasselbe gilt für alle, die in einstmals nichtislamischen, dann von muslimischen Heeren eroberten Ländern wohnen, aber ihre angestammte Religion behalten wollen. Für sie wird das System der *ahl al-Dhimma*, der «Leute des Vertrages» oder «der Verpflichtung» ausgearbeitet, das sie zu *Dhimmi's*, zu «Schutzbefohlenen» macht. Den Status, der dadurch entsteht, kann man einen politisch formal, aber religiös inhaltlich tolerierten nennen.[10] Die Schriftbesitzer galten nun als Spezialfall der Dhimmi's. Von vornherein gehörten nur Juden, Samaritaner, Christen, Zarathustrier und Sabier dazu. Die liberalen Hanefiten rechnen auch noch Götzendiener hinzu, die keine Araber sind. In praxi sahen sich muslimische Staaten oft genötigt, noch andere Leute als «Buchbesitzer» anzuerkennen. Die Pflichten der Dhimmi's bestehen darin, alles zu unterlassen, was die Muslime gehindert hätte, ihnen der Status des Dhimmi zu gewähren. Sie alle mußten die Djizya, d. h. die kopfweise auferlegte Duldungssteuer als Spezialfall des Kollektivtributs zahlen, der eroberten Ländern auferlegt wurde, dazu Grund- und Militärsteuer. De facto bedeutete dies keine Einschränkung der politischen Toleranz; denn dafür waren sie nicht zur Zakāt, der Almosensteuer verpflichtet, die von Muslimen zu entrichten war.[11]

Die Dhimma[12] bildet die eigentliche Mitte des Themas «Toleranz im Islam». Es ist nur deshalb zu verantworten, sie hier so kurz wie die anderen Teile zu behandeln, weil man sich mit dem Hinweis auf alle Verrichtungen des Tages und alle Probleme des Lebens begnügen kann. Abkommen im Namen derer, die zu ihrem Schutz eine Dhimma anstreben, schließt einer ihrer berufenen Vertreter mit der jeweiligen islamischen Autorität. Das Abkommen garantiert ihnen ihre öffentlichen Rechte, d. h. die Sicherheit des Lebens und des Eigentums, dazu ihre privaten Rechte, d. h. Heirat, Erbschaft, Handel und das Recht, die Gerichte anzurufen. Geregelt werden die Voraussetzungen dafür, daß sie nach der Freiheit ihres Gewissens – die inhaltlich nicht ins Abkommen aufgenommen wird – leben können; die Religionszugehörigkeit der Minderjährigen und der Findelkinder; der Unterricht in der eigenen Religion; die Rechtsstellung ihrer Kultgebäude und der darin Amtierenden; das Eherecht einschließlich der Ehescheidung und der konfessionellen Mischehen; Erb-, Prozeß- und Strafrecht; Militärdienst; Zugang zu öffentlichen Ämtern; Vertrags- und Handelsrecht; und natürlich ausführlich die Djizya, insbesondere deren Höhe.

Der Dhimmi wird damit praktisch zum vollberechtigten Schutzbürger. Sein Status ist mit dem des *ger* im alten Israel zu vergleichen.

Den Begriff der *Ridda,* auf deutsch «Abtrünnigkeit, Abfall»,[13] hat das islamische Recht eingeführt. Die Person, die sich Ridda zuschulden kommen läßt, heißt *Murtadd.* Ihm wird im Koran Gottes Zorn und schwere Strafe auf Erden angedroht:

«Diejenigen, die nicht an Gott glauben, nachdem sie gläubig waren – außer wenn einer (äußerlich zum Unglauben) gezwungen wird, während sein Herz (endgültig) im Glauben Ruhe gefunden hat, – nein, diejenigen, die frei und ungezwungen dem Unglauben in sich Raum geben, über die kommt Gottes Zorn, und sie haben (dereinst) eine gewaltige Strafe zu erwarten. Dies (geschieht ihnen) dafür, daß sie das diesseitige Leben dem Jenseits vorziehen. Gott leitet eben das Volk der Ungläubigen nicht recht. Das sind diejenigen, denen Gott ihr Herz, ihr Gehör und ihr Gesicht versiegelt, und die (überhaupt) nicht achtgeben. Wahrlich, im Jenseits sind sie (dereinst) diejenigen, die (letzten Endes) den Schaden haben» (Sure 16, 106–109). Ähnliches steht in Sure 3, 80 ff.; 4, 13; 5, 52; 9, 67.

Es war von Anfang an ein Problem, wie diese eschatologische Überzeugung auf Erden wirksam gemacht werden konnte. Je weiter sich die Tradition zeitlich vom Koran entfernt, desto schwächer klingen die Aussagen über die jenseitigen Strafen, und je stärker werden die diesseitigen Strafen erörtert. Hier gibt es in der Traditionswissenschaft ein breites Spektrum von Ansichten, z. B. daß man den Apostaten zur Reue anhalten und ihn so wieder gewinnen solle oder ob man ihn in irgendeiner Weise sozial isolieren solle, oder ob man ihm ohne Rücksicht auf das, was er wirklich denkt, ein unzweideutiges, d. h. rechtgläubiges Bekenntnis abzwingen soll. Das scheint aber in der Praxis nicht ausreichend genug das erwünschte

Ergebnis gehabt zu haben, denn schon früh tritt als neuestes Moment zu solchen Maßnahmen die Todesstrafe hinzu. Das klassische islamische Recht setzt dies so klar als einstimmigen Konsens voraus, daß es sich nicht mehr damit grundsätzlich, sondern nur mit den Modalitäten des Tötens auseinandersetzt, z. B. ob nur Männer getötet werden sollen oder auch Frauen. (Für die Frau wird öfter dagegen als dafür gesprochen, kaum aus Höherschätzung gegenüber dem Mann, eher weil sie nicht als vollwertiges religiöses Subjekt gilt.) Für den Mann wird dann erörtert und festgesetzt, daß er geschlechtsreif und im Besitz seiner Geisteskräfte sein muß, für die Frau etwa, falls für sie einmal ein Todesurteil gesprochen wird, daß sie nicht schwanger sein darf. Sodann gibt es Erörterungen über die Art der Vollstreckung; Enthauptung, Verbrennen, Ertränken, Erwürgen, Steinigen kommen in Frage.

Möchte man aufgrund dieser Tatsachen zu einem negativen Urteil über Toleranz im Islam kommen, braucht man nur einen Blick auf die christliche Kirchengeschichte zu werfen,[14] wo man mit frühen Heidenverfolgungen über die Inquisition und die Hexenprozesse bis zum innerchristlichen Krieg in Irland reichlich bedient wird. Aufschlußreicher ist aber ein anderes Zeugnis aus Europa. Hier wird die Aufklärung als Ermöglichung von Religionsfreiheit und somit als Verwirklichung des Toleranzgedankens weithin gerühmt. Was aber lesen wir bei dem aufgeklärten J.-J. Rousseau (1712–1778) im «Gesellschaftsvertrag»?

«Es gibt also ein rein bürgerliches Glaubensbekenntnis. Seine Artikel müssen vom Souverän erlassen werden. Sie dürfen keine Dogmen sein, sondern Gemeinschaftsgefühle, ohne die es unmöglich ist, ein guter Staatsbürger oder ein treuer Untertan zu sein. Zwar kann niemand gezwungen werden, daran zu glauben, aber der Souverän kann jeden aus dem Staat verbannen, der nicht daran glaubt. Er kann ihn nicht als Ungläubigen verbannen, sondern als einen Asozialen, der unfähig ist, die Gesetze und die Gerechtigkeit aufrichtig zu lieben und notfalls sein Leben für seine Pflicht zu opfern. Wer diese Glaubenssätze öffentlich anerkannt hat und sich dennoch benimmt, als glaube er nicht daran, der soll mit dem Tod bestraft werden. Er hat das größte aller Verbrechen begangen: er hat vor dem Gesetz einen Meineid geleistet.»[15]

Nimmt man hiermit zusammen, was der Philosoph an anderer Stelle über die Unzulässigkeit der Todesstrafe im christlichen Staat sagt, und vergleicht beides mit gewissen Regulierungen im islamischen Staat, so kommt man zu dem Ergebnis, daß die letzten Gründe für die Verhängung der Todesstrafe nicht in einem religiösen, sei es christlichen, sei es islamischen Bekenntnis liegen, sondern im Postulat einer geschlossenen Gesellschaft. Denn eine solche ist der Staat, der durch den «contrat social» zustande kommt, eine solche ist auch das corpus Christianum im Mittelalter, und ebenso ein islamischer Staat, über den letztlich theokratisch ein Kalif herrscht. Es hängt im übrigen viel vom Naturell eines solchen, eines

Statthalters oder eines Richters ab, ob die Todesstrafe auch wirklich voll-
streckt wird.

Wie sah nun im Islam die Häresie aus, kraft derer derjenige, der sie
vertrat, in der Glaubensgemeinschaft zum Fremden werden konnte? Formal wären hier natürlich alle Bekenntnisse zu nennen, die zuerst in der
Nachbarschaft, dann auf dem Territorium des Islam vertreten wurden, aber
nur insofern sie für Muslime interessant waren. Im letzteren Falle konnte
die Beschäftigung mit einem solchen Bekenntnis einen schließlich zum
Häretiker machen. Das war z. B. beim Manichäismus relativ häufig der
Fall.

Am aufschlußreichsten ist der Übergang von Mystik in Häresie, weil
die Sufis immer darauf bedacht waren, ihre Lehre nicht in Widerspruch
zum Koran treten zu lassen, und gelegentlich ihre nähere Umgebung sogar
durch eine allegorische oder figurale Schriftdeutung zu überzeugen vermochten. Hier gerieten nur die aus dem Konsens heraus, bei denen sich
dieses auch mit einer Wahl neuer Wörter verband.[16]

Der immer wieder zitierte Protagonist war Husain ibn Mansūr al-Hal-
lādsch. Bei ihm mündete das Entwerden der Person und der Seele in den
Ausspruch *ana'l-haqq:* «Ich bin die Absolute Wahrheit», oder, wie meist
übersetzt, «Ich bin Gott.» Das brachte ihm die Todesstrafe ein, die nach
neunjähriger Kerkerhaft i. J. 922 grausam vollzogen wurde.

Bei einem anderen Mystiker, Schihābaddīn Yahyā as-Suhrawardī (1156–
1191), sieht die faszinierende, zur Gottesleugnung führende Auslegung des
Glaubensbekenntnisses so aus. Auf der ersten Stufe sagt der Muslim «lā
ilāha illa llah», zu deutsch «Es gibt keinen Gott außer Gott (Allah).» Auf
der nächsthöheren geistigen Rangstufe sagt man dann «lā ilāha illā huwa»,
«Es gibt keinen Gott außer Ihm». Noch einen Rang höher, also im dritten
Rang oder Grad der besonderen Einweihung, sagt man, da man den
Gottesnamen nicht mißbrauchen will, «lā huwa illā huwa», «Es gibt kein
Er außer Ihm.» Auch diese «Er-heit» ist noch nicht das Wahre, und man
sagt deshalb im vierten Rang, statt der dritten die zweite Person benut-
zend, «Es gibt kein Du außer Dir». Das «Du» aber signalisiert noch eine
Getrenntheit, und auch diese ist aufzuheben. Dann kann man im fünften
und obersten Grad nur noch sagen: «lā ana illā ana», «Es gibt kein Ich
außer Mir». Dies brachte Suhrawardī im Alter von 35 Jahren den Tod
(1191). Seine Hinrichtung machte solchen Eindruck, daß man ihn seither
«maqtūl», «den Getöteten» nannte, um ihn von drei anderen Trägern seines
Namens zu unterscheiden.

Diese beiden Mystiker, deren Geschick hier für das von vielen stehen
muß, geben Anlaß zu der allgemeinen Bemerkung, daß Mystik immer
tolerant ist. Zu ihrem Wesen gehört es, im Streben zur Einheit mit Gott
auch die Einheit aller derer aufzusuchen, denen dieses Streben gemeinsam
ist. Und da dies bei den wahren Frommen in jeder Religion theoretisch
der Fall sein muß, gilt es, die Gemeinschaft ihrer aller auch praktisch –

im Leben wie in der Koranauslegung – zu vertreten, gerade wenn sie noch nicht sichtbar geworden ist. Insofern die islamische Mystik unbedingt zum Islam im ganzen gehört, ist dieser auch tolerant. Auf das Ganze gesehen ist das bis zur Feindschaft gehende spannungsreiche Verhältnis zwischen persönlicher Mystik und staatsgestützter Orthodoxie eine innerislamische Auseinandersetzung zwischen Toleranz und Intoleranz.

Der ausländische Staatsbürger (*Ḥarbī*) und der einheimische Schutzbürger (*Dhimmī*) werden vom islamischen Recht beide unter dem Oberbegriff des Nichtmuslim behandelt. Es ist ein- und dasselbe Rechtssystem, das in Anwendung auf den ersteren unserem internationalen oder Völkerrecht, auf den letzteren unserem Ausländerrecht entspricht. Mit der Realisierung aller vier Möglichkeiten des Verhaltens gegen den *Ḥarbī,* zu der es seit dem 11./12. Jahrhundert (in dem die islamische Völkerrechtslehre entwickelt wurde) oft genug gekommen ist, setzen sich gegenüber dem Dhimmi breit angelegte Praktiken faktischer Toleranz ohne Rücksicht auf die niemals geänderte Rechtsmeinung durch, daß die Individuen unter den Völkerrechtspartnern im «Haus des Krieges» wohnen und ihre nichtmuslimischen Brüder im «Haus des Islam» eigentlich entsprechend zu behandeln wären. Der Überzeugung, daß die *Ḥarbī's* irgendwann in der Zukunft durch militärische Unterwerfung zu Muslimen oder Dhimmis gemacht werden, entspricht die Überzeugung, daß die Dhimmis am ehesten Muslime werden, wenn man ihnen auf allen Gebieten möglichst viele Gelegenheiten bietet, sich selbst von der Qualität des Lebens unter dem islamischen Gesetz zu überzeugen. Da im aufgeklärten Islam (ebenso wie im aufgeklärten Christentum!) keine Berechnungen angestellt werden, wann der Jüngste Tag anbricht, der unter anderem auch der Gültigkeit des Gesetzes ein Ende machen wird, erhält das Fremdenrecht in seinen beiden Formen, dem Völkerrecht und dem Ausländerrecht, den Status einer vorläufigen Endgültigkeit. Diese sieht politischer Pragmatik zum Verwechseln ähnlich. Damit sagt auch die Fähigkeit zu derselben sowohl speziell über die Fähigkeit des Islam zur Toleranz wie allgemein über weitere Voraussetzungen von Toleranz etwas aus.

III. Das Toleranzproblem in islamischen Großräumen

Da es nunmöglich ist, alle Fälle der Praktizierung und Nichtpraktizierung derartiger Toleranz aufzulisten, muß man sich, wenn man dennoch auf einer gewissen historischen Erkenntnis besteht, an Epochen und Räume halten, in denen sich so viele Fälle angesammelt haben müssen, daß man mit statistischen Mittelwerten rechnen kann. Es gibt hier noch andere historische Konstellationen als das Nebeneinander von Staaten, die sich faktisch so eindeutig als der Herbeiführung großräumiger Toleranz oder Intoleranz günstig erwiesen haben, daß jede Theorie hinterherhinkt.

An der Spitze der Ausübung einer Art «kollektiver Toleranz» steht unstreitig das Verhältnis zwischen Islam, Judentum und Christentum auf der Iberischen Halbinsel, das häufig genug als einziges, aber zu verallgemeinerndes Beispiel für Toleranz im Islam zitiert wird.

In Spanien und Nordafrika hatte eine Begegnung verschiedener Kulturen der Art stattgefunden, wie man sie in solchem Reiz und in solcher Vielfalt in der Geschichte nicht oft studieren kann. Von 711, als die Araber über die Straße von Gibraltar setzten, bis zur christlichen Rückeroberung, die 1492 beendet war, war Spanien die Zentrale des geistigen Austausches zwischen christlich-abendländischer und «morgenländischer» Kultur, ein Umschlagplatz zweier Welten.[17] Das war der Fall von Anfang an unter dem Kalifat von Cordoba (bis 1031) bis zum Schluß unter den Nasriden im «Königreich» von Granada (1235–1492), ja noch darüber hinaus: in Tunesien machte sich im Jahre 1237 die berberische Dynastie der Hafsiden selbständig, die 1259 den (kurzfristig auch in Mekka und in Ägypten anerkannten) Kalifentitel annahm und fallweise ähnliche Verhältnisse wie in al-Andalus ermöglichte, solange sie das Land (bis 1574) beherrschte.

Mit dem Geschick der auf der Iberischen Halbinsel sich ablösenden christlichen wie islamischen Dynastien hing unauflöslich die politische, weniger eng aber auch die kulturelle Geschichte Nordafrikas zusammen. Für die Dynastien der Almoraviden (ca. 1086–1145) und der Almohaden (ca. 1130–1225; im Jahre 1275 wurden die letzten Reste ihrer Macht vernichtet, nachdem sie sich schon 1225 aus Spanien zurückgezogen hatten), die beide aus berberischen Reformbewegungen hervorgegangen waren, bedeutete die Erweichung der politisch-militärischen Macht eine kulturelle Blüte. Sie wurde noch dadurch vorangetrieben, daß sich in Marokko die Dynastie der Meriniden gegen die Almohaden erhob. Was den Islam speziell anlangt, so ist er in Andalus wie in Nordafrika eindeutig als tolerant zu bezeichnen. Aber er ist es, weil er sich auch in einem multikulturellen Milieu, also keinem Kriegsgegner gegenüber, zu behaupten vermag, ohne an Substanz zu verlieren.

Ein ganz anderer Fall ist die Trennung Pakistans von Indien. Das Verhältnis zwischen Muslimen und Hindus in Indien war jahrhundertelang wechselnd schwierig gewesen und hatte zu zahlreichen Verbindungsformen geführt. Man kannte synkretistische Gruppen, duldsames Nebeneinander, Einrichtung besonderer Kasten für Muslime, Einrichtung neuer Hindu-Kasten zur Abgrenzung von Muslimen, ethnische Selbstidentifizierungen von Hindus unter Zuhilfenahme einer muslimischen Genealogie, und vieles andere mehr.

All diese Dinge gab es aber nur, wo die Hindus die Majorität hatten, nicht die Muslime. Der Separationswille kam denn auch eindeutig von islamischer Seite. Schon der Name, der für das separierte Gebiet in die Debatte gebracht wurde, spricht Bände: Pakistan heißt «Land des Reinen». Die Toleranzfrage wurde akut, als Hindus und Muslime, die man jedenfalls von außen jahrhundertelang in den Dörfern friedlich hatte zusammen wohnen sehen, plötzlich Todfeinde gegeneinander wurden. In dem Kämpfen sollen, zu den Hindus und Muslimen noch die Sikhs hinzugerechnet, 250000 bis 2 Millionen Menschen umgekommen sein.[18] Davon geht ein bestimmter Prozentsatz zu Lasten der Muslime, wieviel, das wird sich angesichts der Unmöglichkeit, auszumachen, wer jeweils angefangen hat, nicht mehr klären lassen. Hier sind bis zum 15. August 1947, an dem die Teilung vollzogen wurde, die Muslime jedenfalls nicht der tolerantere Bevölkerungsteil. Ob sie damit die intolerantesten waren, kann man angesichts des fundamental-nationalistischen Bildes, das der Hinduismus auch immer wieder bietet, nicht sagen.

Der heutige Streit, ob in Ayodhya an einer bestimmten Stelle ein Hindutempel oder eine Moschee zu stehen habe, kann, wenn man das Prinzip des ersten Besitzes anwenden will, im Prinzip nur archäologisch entschieden werden. Aber die Grabungstechnik kann von einer bestimmten Tiefe an nicht mehr sagen, welcher Grundriß der älteste war.

Der dritte aufschlußreiche Fall ist der Islam in Bosnien.[19] Er hat keineswegs die Balkanhalbinsel zu dem kartographisch-ethnischen Flickenteppich gemacht, der uns allabendlich in der Tagesschau präsentiert wird. Dieser Flickenteppich war bereits vorhanden, weil vom Ende des 6. Jh.s bis zur zweiten Hälfte des 9. Jh.s zahlreiche Zwangsumsiedlungen von Europa nach Asien und von Asien nach Europa stattgefunden hatten, für die die byzantinischen Kaiser verantwortlich zeichnen.[20] Hinzu kamen Fluchtbewegungen von Angehörigen des Byzantinischen Reiches vor ins Reich eindringenden Feinden in allen Reichsteilen; hier führten die Fluchtbewegungen aus dem Byzantinischen Staat heraus, zu anderen Zeiten gab es aber auch Fluchtbewegungen von Bevölkerungsgruppen aus den Nachbarstaaten ins byzantinische Reich hinein.

Gleichzeitig mit den Fluchtbewegungen und Umsiedlungen fand nämlich von Osten her die slawische Einwanderung statt. Dabei gerieten die Anführer der Serben in eine dynastisch-ideologische Konkurrenz sowohl zum abendländischen als auch zum byzantinischen Kaisertum. Die serbischen Biographien der zwei Heiligen, Vater Stefen Nemanja (um 1166-1196, gest. als Mönch Simeon) und Sohn Stefan der Erstgekrönte (1196-1227? seit 1217 König) sind hier besonders aufschlußreich.[21] Sie sind zwar im Stil der Hagiographien dieser Zeit geschrieben, aus ihnen heraus aber entwickelt sich gleich die von dem Sohn verfaßte Vita des Vaters zu einem Musterbeispiel mittelalterlicher dynastischer Geschichtsschreibung. Deutlich schimmert noch ein heidnisch-kriegerisches Ethos durch, das in der Sorge um die eigene bedrohte Thronfolge und in dem Willen, das Geschehen der Zeit überhaupt zu beeinflussen, immer wieder in massiven politisch-militärischen Aktionen gipfelte. Die autokephale serbische Kirche stellte mit ihrem Mönchtum ein Element dar, das sowohl der Vertiefung der Reichsideologie als auch ihrem Schutz vor Verfall gleich dienlich war. Der erste Dienst bestand in einer Verbindung von dynastischer Geschichte, verkündetem Gottesgnadentum und Anspruch auf Geblütsheiligkeit, die alles Vergleichbare im Heiligen Römischen Reich Deutscher Nation und in Byzanz, dem zweiten Rom – und natürlich auch in Moskau, dem dritten Rom – hinter sich ließ. Der Schutz dieses Komplexes konnte immer dann realisiert werden, wenn ein Herrscher die Sache aus Mangel an Fähigkeiten oder durch Mißgeschick zu verspielen drohte. Er wurde dann einfach als Mönch aufgenommen, der mit Politik nichts mehr zu tun hatte.

Diese Verhältnisse fand der Islam vor und konnte dann natürlich lediglich der ethno-religiösen Landkarte einige weitere Flickenstücke mit noch anderen Farben hinzufügen.[22] Daran sollte man gerade als Abendländer denken, und nicht immer gleich an «die Türken vor Wien». Dies war ja eine militärische Tatsache, aber wie andere solche Tatsachen hat sie mit dem Toleranzproblem nichts zu tun. (Die Verhältnisse, in deren Gefolge die Toleranz heute zum Teufel geht, haben einen älteren Grund. Sie sind für Idee und Praxis jedweder – auch späterer – Toleranz das reine Gift gewesen.)

IV. Zusammenfassung

Die Frage «Ist der Islam tolerant oder nicht?» ist falsch gestellt. Sie muß lauten: «Ist das Wesen des Islam so beschaffen, daß es nur dann besteht und Gültigkeit hat, wenn die prophetische Intoleranz durchgehalten wird?» Die Antwort lautet «Nein». Denn der Islam macht als Religion unter allen Religionen keine Ausnahme von der dialektischen Tatsache, daß man ihn sowohl richtig versteht, wenn man ihn für eine unverrückbare Gottesoffenbarung hält, als auch dann, wenn man ihn als Menschenwerk beschreibt. Als letzteres ist er in die Geschichte verflochten und unterliegt damit allen sozialen, kulturellen und politischen Bedingungen, unter denen Toleranz gedeihen oder nicht gedeihen kann. Die Frage kann für den Islam allenfalls in bezug auf das Ausmaß, den Tiefgang und das durchschnittliche Eintreten von Toleranz besonders gestellt werden. Dafür aber fehlen die Vorarbeiten.

Ralph-Johannes Lilie

Fremde im Byzantinischen Reich

Fremd sein kann man in vielerlei Beziehung, nicht nur nach außen, sondern auch als Teil einer nach außen durchaus geschlossen auftretenden Gesellschaft. Dies gilt beispielsweise für Personen oder Gruppen, die sich von den durch die herrschenden Kreise geforderten und durchgesetzten Normen abgrenzen und sie nur bedingt oder gar nicht akzeptieren. Wenn wir im Mittelalter bleiben, wären dies zum Beispiel Häretiker. Auch die Juden könnte man trotz mancher Besonderheiten darunter einordnen. Im sozialen Bereich könnte man das Bemühen der herrschenden Klasse um Abschottung nach unten dazu zählen, das dazu führt, daß Aufsteiger herkunftsmäßig und kulturell diskriminiert werden, um sie auf diese Weise von vornherein auszugrenzen. Das «Goldene Buch» im spätmittelalterlichen Venedig ist dafür ebenso ein Beispiel wie etwa manche Zunftordnungen im westeuropäischen Raum oder die Abschottung der Adelskaste gegenüber der nichtadligen Mitbevölkerung.

In Byzanz hat es keine solchen Schranken zwischen den verschiedenen Bevölkerungsschichten gegeben wie im Westen. Von Beginn des Byzantinischen Reiches bis hin zum Jahre 1453 war sozialer Aufstieg immer möglich, wenngleich vielleicht nicht sehr häufig. Aber das heißt natürlich nicht, daß die herrschende Klasse, um sie einmal so zu nennen, keine solche Abschottung versucht hätte. Aber sie war damit nur mäßig erfolgreich. Der Grund hierfür liegt in dem Verhältnis zwischen dieser Klasse, also der Aristokratie, und den Kaisern, die häufig genug Leute von außen – das meint Aufsteiger, Eunuchen, auch Ausländer – ganz bewußt als Gegengewicht einsetzten, um so ihre eigene Position zu stärken, und es ist verständlich, daß solche Leute angefeindet worden sind.[1]

Wir selbst kennen nur noch Spuren solcher Propaganda, zum Beispiel in den Geschichtswerken, die in ihrer überwiegenden Zahl von Autoren stammen, die entweder selbst Aristokraten waren oder ihnen doch nahestanden und dementsprechend die Meinungen dieser Gruppe kolportierten.[2] Neben den unvermeidlichen Klagen über Bestechlichkeit, Unfähigkeit und dergleichen sind das häufig Hinweise auf fehlende Erziehung, mangelnde Bildung und auf niedere Abkunft, also auf ein Fehlen von Standards, die von der Aristokratie selbst gesetzt werden konnten. Und es ist nicht ohne Ironie, daß, wenn nicht die betroffenen Aufsteiger selbst, so doch spätestens die nächstfolgende Generation diese Standards ihrerseits schon so verinnerlicht hat, daß sie selbst oft genug zu ihren vehementesten Fürsprechern wird. Freilich ist es auch ein Hinweis auf die Kraft, die in diesen Forderungen steckte. Umgekehrt akzeptierte die Aristokratie solche

Aufsteiger der zweiten Generation, ja sogar der ersten, wenn sie sich nur zur Genüge den geforderten Normen anpaßten – was hinwiederum ihren Wert für den Kaiser mindern mußte.

Schwieriger war zweifellos die schon genannte erste Gruppe, die der «ideologischen Abweichler», das heißt in Byzanz: Häretiker. Hier reagierte der Staat wesentlich härter, oft genug bis zur Auslöschung der Existenz häretischer Gruppen und Einzelpersonen. Ein Grund dafür mag die dem Mittelalter allgemein und Byzanz im besonderen eigene Identifizierung der Staatsmacht mit der anerkannten, der «orthodoxen», Lehre sein, die ideologische Abweichungen stets auch als Angriffe auf den Staat und als Bedrohung der Gesellschaft sehen mußte, die diesen Staat bildete.

Man sollte sich allerdings davor hüten, gerade wenn man sich mit Byzanz beschäftigt, die byzantinischen Verhältnisse als statisch anzusehen. Gerade im byzantinischen Reich und in der byzantinischen Gesellschaft sind die Verhältnisse in einem weitaus größeren Maße im Fluß, als man es sich gemeinhin vorstellt.[3] Dies gilt besonders für das hier behandelte Thema. Bis zu dem 7. Jahrhundert ist Byzanz nur sehr oberflächlich ein kulturell-zivilisatorisch-gesellschaftlich homogener Staat, und Konstantinopel ist noch keineswegs sein allein anerkannter Mittelpunkt. In Ägypten und Syrien/Palästina existieren schwergewichtige Konkurrenten, in Italien, Spanien und Nordafrika gibt es noch «lateinisch» geprägte Regionen. Der Fernhandel nach Innerasien geht an Konstantinopel in dieser Zeit noch eher vorbei,[4] und im Bereich der kirchlichen Machtverteilung muß Konstantinopel sich neben Rom mit den Patriarchaten von Antiocheia, Alexandreia und Jerusalem messen.

Erst der Verlust der Orientprovinzen an die Araber und die Zurückdrängung der Byzantiner aus ihren westeuropäischen Besitzungen beschränkt das Reich auf seine neuen Kernländer in Kleinasien und – später – auf dem Balkan und führt so zu einer größeren Homogenität, die man allerdings auch als Verarmung interpretieren könnte. Erst jetzt wird Konstantinopel zum alleinigen Mittelpunkt, auf den hin sich das ganze Reich ausrichtet und das fortan die Standards für die verbliebene «byzantinische Welt» setzt.[5]

Bevor wir uns den Fremden zuwenden, bleibt zu berücksichtigen, daß Byzanz kein normaler mittelalterlicher Staat gewesen ist, sonder ein absolutes Unikat, und vor allem, daß es sich selber so gesehen hat, auch wenn die anderen diese Sicht, je länger desto weniger geteilt und schon gar nicht akzeptiert haben. Byzanz war nicht irgendein Reich. Es war die βασιλεία τῶν Ῥωμαίων, das Römische Reich, das *imperium Romanum,* und dies mit allen Konsequenzen. Hinzu kam, daß es gleichzeitig der Erbe der griechischen Antike war, ja sich selbst als Verkörperung und Fortsetzer dieser Antike sah. Daraus ergab sich ein Selbstbewußtsein gegenüber den anderen, das auf jene als reine Arroganz wirken mußte: eine Arroganz sowohl im kulturell-zivilisatorischen wie auch im politischen Bereich.[6]

In ersterem mag sie lange Zeit in gewisser Weise begründet gewesen sein, im letzteren sicher nicht – und um so weniger, je größer die Diskrepanz zwischen den Ansprüchen der Byzantiner und ihren Möglichkeiten wurde. Der Anspruch auf Weltgeltung und auf die erste Stellung unter allen Herrschern der bekannten Welt, den der byzantinische Kaiser noch im 14. und 15. Jahrhundert erhob, mochte im Reich selbst noch ernstgenommen werden, auch wenn Byzanz in dieser Zeit zu einem Vasallenstaat des türkischen Sultanats der Osmanen herabgesunken war. Im Abendland wurde er nicht einmal mehr wahrgenommen, so lächerlich wirkte er. Aber er hatte eben seine Auswirkungen auf die Einstellung, die Byzanz gegenüber der Außenwelt einnahm und für die nur ein einziges Beispiel zitiert sei, nämlich die bekannte Attitüde der byzantinischen Schriftsteller, ihre zeitgenössischen Nachbarn nicht mit deren eigenen Namen zu benennen, sondern mit solchen aus der klassischen antiken oder zumindest römisch-christlichen Vergangenheit. So werden Ungarn, Petschenegen und Kumanen zu Skythen, Seldschuken werden zu Persern, Araber zu Agarenern, und die Lateiner sind und bleiben unterschiedslos Franken, Alamannen oder Italier. Sicher mag das auch eine literarische Konvention sein, aber in gewisser Weise zeigt es doch, daß man eben nicht bereit war – zumindest nicht im ideologischen Bereich –, der Außenwelt eine eigene Existenz zuzugestehen.[7]

Das gilt natürlich nicht für die tägliche Politik, die im Gegenteil weitaus realistischer gewesen ist, aber eben für die Grundeinstellung, die man in Byzanz für diese lästigen Ausländer gehabt hat. Aber zurück zum Thema: Ausländer in Byzanz. Es folgt zunächst eine kurze Übersicht mit einigen Beispielen, an die sich dann am Ende der Versuch einer Analyse und einige Erklärungsversuche anschließen.[8]

Man kann die Fremden, mit denen man es in Byzanz zu tun hatte, in fünf Gruppen einteilen:

1. Fremde, seien es nun einzelne Personen der Gruppen, die mit Zwang in das Reich geholt oder dort festgehalten und so zu Byzantinern gemacht werden.

2. Fremde, die nur vorübergehend nach Byzanz kommen, ohne dort länger bleiben und sich mit den Einheimischen auseinandersetzen zu wollen, in welcher Form auch immer. Es sind in der Regel Pilger, die auf der Fahrt ins Heilige Land den Weg über Byzanz nehmen, auch reisende Kaufleute. Eine Sonderform dieser Spezies sind ganz zweifelsohne die Kreuzfahrer, die für das Verhältnis zwischen Byzanz und dem Abendland nachgerade disaströse Konsequenzen gehabt haben.

3. Fremde, die für eine begrenzte Aufenthaltszeit kommen, dabei aber für sich bleiben und nur die geschäftlich notwendigsten Kontakte zu der einheimischen Bevölkerung unterhalten. Hier wären vor allem die italienischen Händler zu nennen, die nach Byzanz kommen und dort handeln, sich aber in ihren eigenen, begrenzten Territorien aufhalten, theoretisch

zwar der Gewalt des λογοθέτης τοῦ δρόμου unterstehen, de facto aber nur ihren eigenen Autoritäten.

4. Die vierte Gruppe bilden Fremde, die gleichfalls vorübergehend anwesend sind, dabei aber nicht für sich bleiben, sondern in byzantinische Dienste treten. Im wesentlichen handelt es sich hier um Spezialisten, konkret: um Söldner, die für eine bestimmte Zeit in den Dienst des Kaisers treten und nach Ablauf ihrer Dienstzeit entweder in Byzanz bleiben und sich dort niederlassen, oder aber nach Hause zurückkehren.

5. Die fünfte und letzte Gruppe schließlich sind Fremde, die für unbestimmte Zeit kommen, die wieder in ihre Heimat zurückkehren können, aber ebenso auch auf Dauer in Byzanz bleiben und Byzantiner werden, also reguläre Einwanderer sind, aber auch Exulanten, die in der Romania Asyl suchen. Das sind dann in der Regel allerdings keine einfachen Leute, sondern zumeist Adlige, die der byzantinischen Führungsschicht vergleichbar sind.

Zunächst zu der ersten Gruppe: freiwillig oder mit Zwang sozusagen «byzantinisierte» Personen oder Gruppen. Hier scheint es, insgesamt gesehen, wenig oder keine Schwierigkeiten mit der ansässigen byzantinischen Bevölkerung gegeben zu haben. Zumindest finden wir in den Quellen keinerlei derartige Erwähnungen. Der Status solcher Gruppen ist gleichfalls nicht bekannt. Man wird hier allerdings wohl Unterschiede annehmen können, je nach Größe, Herkunft und sozialem Status der Beteiligten. So wurden im 7. und 8. Jahrhundert größere Mengen von Slawen nach Kleinasien umgesiedelt, die offenbar zumindest teilweise den Status von Sklaven oder Kriegsgefangenen hatten, wie die verschiedenen erhaltenen Siegel eines Verwaltungsbeamten zeigen, der mit ihnen zu tun hatte.[9] Wie lange diese Einstufung gegolten hat, wissen wir nicht. Allzu lange kann es nicht gewesen sein, da wir in späteren Quellen, auch Siegeln, keine solchen Hinweise mehr finden. Umgekehrt begegnen im 8. und 9. Jahrhundert Namen slawischer Provenienz in der byzantinischen Führungsschicht, von denen einige mit diesen früheren Umsiedlungen zu tun haben mögen. Aber für genauere Hypothesen ist das Quellenmaterial nicht ausreichend.[10]

Anders bei Einzelpersonen, für die ich hier nur ein Beispiel anführen möchte: Während seiner Kampagnen gegen die kleinasiatischen Seldschuken nahm Kaiser Alexios I. Komnenos unter anderem einen seldschukischen Jungen gefangen, der getauft und dem Thronfolger Johannes, der damals gleichfalls noch ein Kind war, als Spielgefährte beigegeben wurde. Dieser Axuch, wie der Familienname lautete, den er und seine Familie beibehielten, erreichte im Laufe seines Lebens die höchsten Stufen in der byzantinischen Hierarchie, wurde Großdomestikos und maßgeblicher Politiker am Hofe des Kaisers, seine Söhne heirateten zum Teil in die kaiserliche Dynastie ein, und wir hören niemals etwas von irgendwelchen Vorbehalten ihnen gegenüber, die etwa auf ihre Herkunft zurückzuführen wären. Sie waren ganz offensichtlich völlig anerkannte und sogar führende Mitglieder des byzantinischen Hochadels im 12. Jahrhundert.[11]

Noch weniger Probleme gab es mit einem weiteren Sonderfall, der dieser Gruppe zuzuordnen ist, den, wenn man so will «Rücksiedlern», d. h. Personen oder Gruppen, die – ehemals Byzantiner – in früher byzantinisch beherrschten Regionen lebten und im Zuge byzantinischer Feldzüge in das Innere des Reiches umgesiedelt wurden. Man denke beispielsweise an den späteren Kaiser Leon III., der als Kind mit seiner Familie aus dem nordsyrischen Germanikeia-Marasch in das europäische Hinterland Konstantinopels umgesiedelt wurde, dann in die Armee eintrat und im Lauf seiner Karriere bis zum Strategen des Themas Anatolikon aufstieg, einem der drei oder vier höchsten Posten der militärischen Hierarchie in Ostrom, von wo aus er mit Erfolg dann den Sprung auf den Thron wagte. Überhaupt ist, nicht nur in diesem Fall, das Militär in Byzanz eine der Leitern für sozialen und beruflichen Aufstieg.[12]

Grundsätzlich sind für Byzantiner, gleich welcher sozialen oder ethnischen Gruppierung sie angehören, alle Posten innerhalb des Reiches offen. So entstammt mit Tarasikodissa-Zenon ein Kaiser dem Stamm der Isaurier, mit Tiberios-Apsimar ein anderer den sogenannten Gothograikoi, also den Nachkommen von Goten, die, freiwillig oder gezwungenermaßen, im westlichen Kleinasien angesiedelt worden waren. Sein Sohn, möglicherweise selbst sogar zeitweilig Kaiser, wird später Erzbischof von Ephesos und einer der einflußreichsten Berater Kaiser Konstantins V. in der Zeit des Ikonoklasmus.[13]

Die Beispiele ließen sich problemlos vermehren – und als Fazit können wir feststellen, daß «Fremde» aus diesen Gruppen wenig oder keine Probleme hatten, in Byzanz akzeptiert zu werden und innerhalb des Reiches Karriere zu machen.

Doch kommen wir zu den «richtigen» Fremden, zu den Ausländern, die nun eindeutig und unzweifelhaft «von außen» kommen und sich von den «Einheimischen» in Sprache, Kultur, Religion und zum Teil sogar im Aussehen unterscheiden. Es sind Fremde, die nur vorübergehend nach Byzanz kommen, sich mit den Byzantinern kaum oder gar nicht einlassen wollen und bald wieder aus ihrem Blickfeld verschwinden.

Eine einheitliche Antwort ist nicht möglich. Nehmen wir als ein Beispiel den heiligen Willibald, der als junger Mönch zu Beginn des 7. Jahrhunderts in das Heilige Land pilgert und dabei auch Byzanz besucht. Er spricht nicht über seine Behandlung, aber wir wissen, daß er mehrere Monate in einer Zelle in der Apostelkirche lebte, von der aus er bei Tag und Nacht die Gräber einiger Apostel sehen konnte. Allzu viele solcher Zellen kann es schon aus Platzgründen kaum gegeben haben. Willibald hat also eine durchaus freundliche, ja äußerst zuvorkommende Behandlung erfahren, auch wenn er zu diesem Zeitpunkt noch ein junger unbekannter Mönch gewesen ist.[14]

Aber er war ein Einzelreisender, in einer Zeit, als es nur wenig Reisende gab und die Kontakte zwischen Byzanz und dem Westen noch enger waren als später. Trotzdem finden wir in den Pilgerberichten über lange Zeit kaum negative Urteile über die Aufnahme in Byzanz. Liutprand von Cremona bildet einen Sonderfall. Natürlich ist er äußerst schlecht behandelt worden. Man hat über sein Aussehen gespottet, ebenso wie über seine hinterwäldlerischen Ansichten und Gewohnheiten. Aber das hing nicht damit zusammen, daß er ein Fremder in einem fremden Land war, sondern daß er als Gesandter des abendländischen Kaisers auftrat, sozusagen des ideologischen Konkurrenten des Basileus, und daß seine Gesandtschaft anscheinend ein kompletter Mißerfolg gewesen ist. Hinzu kommt, daß wir nur seinen eigenen Bericht haben, in dem er sich verständlicherweise in den Vordergrund rückt und die schlechte Behandlung von seiten der Byzantiner hervorhebt, wohl um seinen eigenen Mißerfolg zu kaschieren.[15] Ansonsten gibt es aus dieser Epoche eigentlich noch keine negativen Nachrichten über die etwaige schlechte Behandlung von auswärtigen Pilgern oder Reisenden, die nach Byzanz kommen, von seiten der byzantinischen Bevölkerung oder Bürokratie.[16]

Erst im 11. Jahrhundert ist langsam ein Umschwung zum Schlechteren zu konstatieren, der aber auch damit zusammenhängt, daß jetzt größere Zahlen von Pilgern in die Levante kommen. Man könnte, mit gewissen Einschränkungen, geradezu von Massentourismus sprechen. Hinzu kommen die Sprachschwierigkeiten und die gewachsenen Unterschiede im theologischen und zivilisatorischen Bereich, die das Verständnis füreinander nicht gerade beflügelten. Wenn der byzantinische Grenzbeamte den Teilnehmern der großen deutschen Pilgerfahrt in den sechziger Jahren des 11. Jahrhunderts den Übertritt in das muslimische Gebiet verweigerte, weil dort Unruhen herrschten, dann wurde das ebenso als Schikane aufgefaßt, wie beispielsweise der von Basileios II. angeordnete Zoll auf Pferde und andere Transporttiere.[17] Und wenn die Infrastruktur des Reiches nicht ausreichte, um mehrere rasch aufeinander folgende Scharen von Pilgern und Kreuzfahrern mit den nötigen Lebensmitteln zu versorgen, dann war eben auch das böse Hinterlist. Auf der anderen Seite boten solche «Pauschaltouristen» natürlich auch einen Anreiz zu Lug und Betrug, wie ja auch heute noch. So mischten während des zweiten Kreuzzugs betrügerische Händler Kalk unter das Mehl, das sie den Kreuzfahrern verkauften, was jene wiederum natürlich als von der Regierung gewollte Massenvergiftung anprangerten – und so weiter und so fort.[18]

Das Hauptdilemma war, daß diese Ausländer, wie allgemein im Mittelalter, praktisch rechtlos waren und in der Tat häufig auch unter offiziellen Schikanen zu leiden hatten. Die Akten der italienischen Händler sind voll davon, und selbst wenn der Kaiser ihre Klagen akzeptierte, so hieß das noch lange nicht, daß auch die lokalen Behörden entsprechend reagierten. Auch dies wurde dann natürlich dem Kaiser angelastet und als typisch griechische Perfidie und Doppelzüngigkeit ausgelegt.[19] Das mag es in einigen Fällen sogar gewesen sein, mindestens ebenso häufig allerdings hat es seinen Grund in der mangelnden Durchsetzungsfähigkeit der Zentralregierung in den Provinzen, und das wurde um so schlimmer, je weiter diese Provinzen von Konstantinopel entfernt lagen und je einflußreicher und eigenständiger die lokalen Verwaltungsspitzen agieren konnten. In Trapezunt beispielsweise hatte der Kaiser den größeren Teil des 12. Jahrhunderts hindurch praktisch überhaupt nichts mehr zu sagen, und auch in anderen Provinzen verliefen viele Klagen im Sand einer uninteressierten und oft auch widerwilligen Bürokratie.[20] Alles dies ist sozusagen «normale» mittelalterliche Praxis, die wir nicht nur in Byzanz antreffen.

Anders und schlimmer war es mit den Kreuzzügen, denn hier zogen nicht mehr Einzelpersonen oder kleinere Gruppen durch das Reich, sondern große, schwerbewaffnete Scharen unter eigener Führung, die noch dazu oft genug aus Ländern kamen, die mehr oder weniger im Kriegszustand mit Byzanz lagen und den Byzantinern teilweise massive Schwierigkeiten bereiteten. Der Schritt von einfachem Mißtrauen über dumpfe Feindseligkeit bis hin zur offenen Auseinandersetzung war hier nicht weit, und zwar auf beiden Seiten. Im Gegenteil, hier blieb man sich wahrlich fremd und hatte auch nicht den Wunsch, diese Distanz in irgendeiner Weise zu verringern, und das galt für beide Seiten.[21]

Sehr viel anders ist dies auch nicht mit der nächsten Gruppe, den Ausländern, die sich zwar für länger in Byzanz aufhielten, dabei aber für sich blieben und sozusagen nur beruflich mit der einheimischen Bevölkerung zu tun hatten. Im wesentlichen besteht dieser Personenkreis aus den italienischen Händlern, die ab etwa dem Ende des 11. Jahrhunderts in immer größerer Zahl in die Romania kommen, um dort zu handeln, und zwar vorwiegend mit agrarischen Produkten, die sie nach Italien exportieren. Es handelt sich um Venezianer, Pisaner und Genuesen, die in ihren eigenen Quartieren leben und dort ihren eigenen Autoritäten unterstehen. Diese Quartiere, die zum Teil die Größe von Stadtvierteln erreichten, waren ihnen von den Kaisern gegeben worden, im Austausch für Militärhilfe gegen die Feinde des Reiches, im wesentlichen gegen die süditalienischen Normannen, ab der zweiten Hälfte des 12. Jahrhunderts dann auch gegen das deutsche Reich. Das heißt, daß diese eigenen Quartiere, wie auch die großen Zoll- und Abgabenprivilegien, die vor allem die Venezianer erhielten, aber auch Pisaner und Genuesen, nicht aus dem Handel zwischen Griechen und Lateinern entstanden waren, sondern aus politischen Gründen, und es ist leicht verständlich, daß sie bei der byzantinischen Konkurrenz böses Blut machten. Die «Ghettoisierung», um sie einmal so zu nennen, geht in diesem Fall nicht von Byzanz aus, sondern von den Italienern selbst, und die Privilegien, die sie genossen, mußten, ebenso wie ihre räumliche Absonderung, den Gegensatz zu den Einheimischen eher vertiefen. Die Klagen der Quellen sind denn auch sonder Zahl: Man klagt über die Arroganz der Italiener und über ihre Habgier, und auf der anderen Seite beobachtet man neidisch ihren Reichtum und ihre Privilegien. Solange die Kaiser hinter diesen Fremden standen, war das relativ unproblematisch, aber als die politischen Bündnisse sich lockerten und zum Teil sogar ins Gegenteil verkehrt wurden, verschlechterte sich auch die Lage der Händler in den Quartieren, die nun häufiger zu Zielen von Überfällen durch die Bevölkerung wurden, zum Teil toleriert von der Obrigkeit, zum Teil von ihr sogar initiiert. Von einer Annäherung zwischen Lateinern und Griechen kann jedenfalls bei diesem Personenkreis nicht gesprochen werden. Die Händler blieben für sich, heirateten im wesentlichen untereinander und verbrüderten sich kaum mit den Einheimischen. Im 13. Jahrhundert und später wurde diese Absonderung noch schärfer, als die Genuesen in Galata praktisch eine eigene Stadt erhielten, die befestigt war und in der die Kaiser nichts mehr zu sagen hatten.[22]

Womit wir bei der vierten Gruppe wären, den Söldnern. Söldner hat es in Byzanz immer gegeben, in jedem Jahrhundert der byzantinischen Geschichte, wenn auch in unterschiedlicher Stärke. Während wir in der frühbyzantinischen Periode vor allem auf Germanen treffen, manchmal auch auf Perser und Hunnen, sind es in der mittelbyzantinischen Zeit vorwiegend Armenier, seltener Araber, aber auch Slawen, Avaren, Bulgaren und andere, meist aus den Nachbarländern des Reiches. Ab dem 10. Jahrhundert spielen die skandinavischen Waräger eine besondere Rolle, aber jetzt zunehmend auch wieder Abendländer, daneben Petschenegen und Kumanen, Seldschuken und Ungarn, Italiener und Normannen, ohne die das byzantinische Heer fast nicht mehr denkbar ist. Die byzantinische Einstellung gegenüber diesen Fremden ist wechselnd. Die Armenier beispielsweise gelten schon fast als Byzantiner, armenische Auswanderer in Byzanz sind keine Seltenheit, wir kennen sogar Kaiser armenischer Herkunft oder zumindest armenischer Abstammung. Ihr Ruf ist wechselnd, und sie gelten als unzuverlässig. Dennoch spielen sie in der byzantinischen Armee lange Zeit eine herausragende Rolle.[23]

Ein Sonderfall sind die Waräger. Schon ihr Beginn in Byzanz ist bezeichnend. Kaiser Basileios II. ist in einen schweren Bürgerkrieg verstrickt und droht zu unterliegen. In seiner Not bittet er den Großfürsten von Kiew um Hilfe und bietet als Gegenleistung die Hand seiner Schwester Anna. Der Großfürst schickt eine Abteilung von einigen fünftausend Mann, mit deren Hilfe Basileios die Lage meistert.

Diese Waräger haben in den byzantinischen Quellen einen geradezu sagenhaften Ruf. Sie gelten als große Krieger, im Kampf sind sie kaum zu überwinden, und vor allem sind sie unbestechlich, allein auf den Kaiser verpflichtet und daher eine unentbehrliche Stütze der kaiserlichen Macht. Sie haben sogar eine eigene Kirche in Konstantinopel, die dem hl. Olaf geweiht ist, sind in eigenen Kasernen untergebracht und haben nur wenig Kontakt mit der einheimischen Bevölkerung. Bei dem Kaiser, dessen unmittelbare Leibwache sie bilden, stehen sie in hoher Gunst und werden mit Gold, Waffen, Seidengewändern und anderem geradezu überschüttet. Kein Wunder, daß der Dienst in Miklagård, wie Byzanz in den isländischen Sagas genannt wird, sich großer Beliebtheit erfreute und, literarisch gesehen, geradezu zu einem Topos wird: Der Held geht für einige Jahre zu den Griechen, erlebt dort unerhörte Abenteuer und kommt, an Gold und Ehre reich wie kein Daheimgebliebener, zurück in sein Vaterland.[24] Von den Byzantinern hat er nach wie vor keine Ahnung!

Und er soll sie ja auch gar nicht haben, denn das ist der andere Aspekt dieser Söldneranwerbung, der sie gerade für die Kaiser so wichtig macht: Die Söldner sind nicht nur ein wertvolles Kampfmittel gegen die auswärtigen Feinde des Reiches, sie sind daneben auch nahezu unverzichtbar für die Sicherung der internen Position des Kaisers gegenüber den anderen Mächten in Byzanz. Spätestens seit dem 10. Jahrhundert sind dies vor allem die großen Adelsfamilien, die in sich selbst ein so großes Potential vereinigen, daß sie dem Kaiser, zumindest in ihren eigenen Hochburgen, erfolgreich Widerpart bieten können. Zwar kann der Kaiser seinerseits auf den von ihm kontrollierten Regierungsapparat vertrauen, aber sein Arm reicht nicht mehr unbedingt bis in jede Provinz, und selbst in dem von ihm kontrollierten Gebiet hat er den Adel zu fürchten, der andererseits für ihn unentbehrlich ist, aber dies eben nur zu einem Preis, der sich bei anderer Gelegenheit auch gegen den Kaiser richten kann. Hier sind Söldner, die auf den Kaiser selbst – und nur auf ihn – fixiert sind, ein nachgerade unschätzbares Hilfsmittel, und Basileios II. und seine Nachfolger haben nicht gezögert, sie, wenn möglich und notwendig, in den innerbyzantinischen Auseinandersetzungen einzusetzen. Aber dieser Wert der ausländischen Söldner für den Kaiser hing in entscheidender Weise davon ab, daß sie Fremde blieben und nicht von den Byzantinern absorbiert wurden. Geschah dies, schwand ihr spezifischer Wert für den Kaiser, und zwar genau in dem Maße, in dem sie ihr Fremd-Sein verloren. Es ist also kein Wunder, daß die Kaiser die Absonderung beispielsweise der Waräger geradezu förderten und selbst ihre religiöse Eigenständigkeit unterstützten. Das war keine Toleranz, sondern im Gegenteil geradezu die Vorbedingung für ihre Brauchbarkeit.[25]

Damit können wir aber jetzt auch die Vorbehalte verstehen, die die byzantinischen Chronisten vielen dieser Söldner entgegenbrachten, denn in demselben Maße, in dem die Kaiser in den Söldnern ein Kampfmittel gegen den byzantinischen Adel sahen, mußte jener in ihnen seine Feinde sehen, zumindest solange es ihm nicht gelang, seinerseits eigene Söldner anzuwerben. Und hiervor wissen wir wenig. Zu der ablehnenden Haltung trägt sicherlich bei, daß solche Söldner eben Soldaten waren, die mit den kulturellen Standards, die ein byzantinischer Adliger für selbstverständlich und unabdingbar hielt, nichts im Sinn hatten. Und dem entspricht die Einstellung ihnen gegenüber: Man achtet ihre kämpferischen Fähigkeiten,

preist – gerade bei den Warägern – ihre durch nichts zu erschütternde
Standhaftigkeit und Treue –, blickt aber andererseits mit Verachtung auf
diese ungebildeten und unzivilisierten Barbaren, mit denen man eigentlich
nichts anzufangen weiß. Auch sie bleiben Fremde, selbst wenn sie seit
langen Jahren in der Romania und in byzantinischen Diensten sind, und
man sieht sie im allgemeinen ohne Bedauern in ihre Heimat zurückkehren.

Womit wir zu der letzten Gruppe kommen: den Einwanderern. Auch
solche hat es die ganze byzantinische Zeit hindurch gegeben, sowohl ganze
Gruppen, wie auch und vor allem einzelne Personen, meist natürlich
Adlige, mit ihrem größeren oder kleineren Anhang. Es war immer schon
byzantinische Politik gewesen, solche Leute, die in den Machtkämpfen in
ihren Heimatländern unterlegen waren, aufzunehmen und mit entsprechenden Apanagen zu versehen, sei es, daß man in ihnen ein Druckmittel
gegenüber den neuen Machthabern zu haben glaubte, oder auch weil sie
sich dem Reich als nützlich erwiesen.

Viele dieser Exulanten – oder Asylanten, wie man will – kehrten nach
kürzerer oder längerer Zeit zurück. Aber viele blieben und wurden in die
byzantinische Gesellschaft integriert. Beschränken wir uns der Einfachheit
halber auf das 11. und 12. Jahrhundert und hier auf die Normannen aus
Unteritalien und Sizilien, die am Hof von Konstantinopel Zuflucht suchten und dann in Byzanz blieben: Man denke beispielsweise an die Raoul,
an die Petraliphai, an die Rogerioi, denen sogar die Einheirat in die
Familie der Dalassenen und später, noch weitergehend, in die kaiserlich-
kommenische Dynastie gelang. Hier vermischen sich dann ursprüngliche
Söldner oder Exulanten und werden über kurz oder lang vollgültige Mitglieder der byzantinischen Gesellschaft, und zwar in einem solchen Maße,
daß z. B. der Nachfahre eines solchen Exulanten beziehungsweise Söldners
sogar als Epigrammdichter in Erscheinung treten kann, und dies keine
fünfzig Jahre nach dem ersten Auftauchen seines Vorfahren in Byzanz. Mit
anderen Worten: Wir begegnen hier dem auch sonst schon mehrfach kon-
statierten Phänomen, daß eine Familie, die ursprünglich aus dem Nichts
kommt, sich in wenigen Generationen völlig assimiliert, nicht nur im
politischen, sondern auch im kulturellen Bereich. Von etwaigen «rassischen» Vorbehalten ist jedenfalls nichts festzustellen. Bedenken werden
allenfalls gegen die mangelnde Bildung und Kultur der Ankömmlinge
geäußert, und auch das verschwindet nach einiger Zeit.[26]

Ansonsten kann man diese Gruppe mit der allerersten vergleichen, den
sozusagen Zwangsbyzantinisierten und den byzantinischen Rücksiedlern,
die freiwillig unter den Schutz des Kaisers flüchten. Beide Gruppen haben
in der Regel keinerlei Probleme damit, von der byzantinischen Gesellschaft akzeptiert zu werden, und es dauert auch nicht allzulange, bis sie
ihrerseits sich assimiliert haben und zu «vollgültigen» Byzantinern geworden sind, die man allenfalls noch anhand ihrer Familiennamen als ehemalige Ausländer erkennen kann.

Daß Byzanz kein grundsätzlich toleranter Staat gewesen ist, brauchen wir nicht weiter zu betonen. Das ist kein mittelalterlicher Staat je gewesen und konnte es, bei der wechselseitigen Durchdringung von Staat und Kirche, auch gar nicht sein. Dennoch ist die bzyantinische Gesellschaft, in einer geradezu eigentümlichen Antinomie, zugleich abweisender als jede vergleichbare abendländische Gesellschaftsordnung, aber auch offener. Fremde stießen jedenfalls nicht per se auf Ablehnung, sondern man war grundsätzlich bereit, sie aufzunehmen, als gleichberechtigt anzuerkennen und ihnen einen Platz in der eigenen Gesellschaft zuzuerkennen. Freilich mußten sie dafür auch einen Preis entrichten: Sie hatten sich anzupassen! Abweichungen wurden nicht toleriert, weder bei Fremden noch bei der eigenen Bevölkerung.

Dennoch gibt es auch hier Unterschiede! Fremde, die nur für eine eng begrenzte Zeit in der Romania bleiben, die sie vielleicht nur als Durchgangsstation auf dem Weg zu anderen Zielen sehen, sind, wenn sie sich auch nur einigermaßen akzeptabel verhalten, weitestgehend uninteressant und bleiben infolgedessen im allgemeinen auch unbehelligt. Sicher, man betrügt sie und behandelt sie vielleicht auch nicht immer sehr zuvorkommend, aber im großen und ganzen hat man nichts gegen sie. Dies zeigt deutlich das Beispiel Willibald, das sich – bis in die Spätzeit hinein – mit den Beispielen aus anderen Pilgerberichten deckt. Hier gibt es wenig oder keine Probleme.

Etwas problematischer wird es schon bei größeren Pilgergruppen, die allein aufgrund ihrer Anzahl größeres Selbstvertrauen entwickeln, anmaßender auftreten und auch im logistischen Bereich größere Schwierigkeiten bereiten. Aber auch hier kann man noch nicht von einer grundlegenden Feindseligkeit sprechen, im Gegenteil: auch die Byzantiner stellen sich im Lauf der Zeit auf diesen Verkehr ein, der ja durchaus auch Reichtum ins Land bringt. In Konstantinopel gibt es eigene Fremdenführer, die den Aufenthalt der Reisenden organisieren, für die Notwendigkeiten des täglichen Lebens sorgen und beispielsweise den Besuch der Sehenswürdigkeiten ermöglichen.[27] Es gibt eigene Sprachführer, nicht unähnlich den heutigen Polyglottführern, ja es gibt eine ganze eigene Infrastruktur, die für die Betreuung der Pilger zuständig ist: Xenodochia, Hospitäler und ähnliches mehr.[28]

Auch die Lateiner unterhielten in Byzanz solche Stützpunkte. So haben wir in Konstantinopel eine Niederlassung des Johanniterordens, die nur der Pilgerbetreuung gedient haben kann, wir kennen ein Kloster der Cluniazenser in der weiteren Umgebung der Stadt. Italienische Klöster unterhielten an vielen Orten in Ostrom ihre Dependancen, vorwiegend natürlich solche aus den byzantinischen Seehandelskommunen, die ohnehin in Byzanz Interessen hatten. Auch wenn das in erster Linie der Versorgung der eigenen Bürger gedient haben mag, so profitierten doch auch die anderen Abendländer von diesen Einrichtungen.[29]

Wie gesagt, das sind lateinische Einrichtungen, die aber eben von der byzantinischen Regierung toleriert werden, selbst wenn sie die eigenen byzantinischen Belange berühren sollten. Es ist kaum wahrscheinlich, daß der Patriarch von Konstantinopel die Existenz beispielsweise einer Moschee in Konstantinopel sehr goutiert haben wird, trotzdem gab es eine, eben weil man auf die Belange der Fremden, in diesem Fall der muslimischen Kaufleute, einging.[30] Gleiches galt mutatis mutandis für die Lateiner.

Ein Sonderfall in diesem Personenkreis sind freilich die Kreuzfahrer, für die das «normale» Verhältnis zwischen Fremden und Einheimischen nicht gilt, ja gar nicht gelten kann, weil es von den politischen Belangen überlagert wird. Hier kamen ja nicht einzelne Gruppen, sondern ganze Heere unter eigener Führung, mit eigenen Zielen, nicht gerufen von den Byzantinern, sondern oftmals sogar gegen deren Willen. Wenn beispielsweise ein Bohemund mit einer kriegsstarken Truppe nach Byzanz kommt, der an der Spitze derselben Leute gerade fünfzehn Jahre zuvor versucht hatte, das Reich zu erobern, und der nur mit äußerster Mühe und letzter Kraft abgewehrt worden war, wenn ein solcher erklärter Feind wieder erscheint, dann wäre es auch in einem anderen Land wohl kaum vorstellbar, daß man ihn vorbehaltlos aufgenommen und seinen Marsch auch noch freundlich unterstützt hätte.[31] In ähnlicher Weise gilt dies auch für die anderen Kreuzfahrer. So sind weder Konrad III. noch Friedrich Barbarossa «normale» Pilger, sondern hier sind außenpolitische Interessen involviert, die bestimmte Verhaltensweisen erzwangen, mochten sie nun der eigenen Bevölkerung vermittelbar sein oder auch nicht.[32]

Dies gilt ebenso für die italienischen Händler in ihren eigenen Quartieren. Auch sie sind ein Ergebnis der außenpolitischen und dabei insbesondere der militärischen Zwänge, denen die Kaiser unterworfen waren. Gewiß profitierte auch die byzantinische Bevölkerung von diesen Kaufleuten, so beispielsweise die Bauernschaft, die in den Italienern sichere Abnehmer für ihre Produkte hatte. Ob sich freilich die Stadtbevölkerung über die dadurch gestiegenen Preise sehr gefreut haben wird, steht dahin. Und es ist schwer vorstellbar, daß die Italiener in Konstaninopel sehr beliebt waren, wenn gleichzeitig ihre Heimatstädte mit dem offiziellen Byzanz über Kreuz lagen, wenn venezianische, genuesische und pisanische Piraten griechische Handelsschiffe überfielen und sich um die Klagen des Kaisers wenig scherten, wußten sie doch, daß Byzanz wegen seiner eklatanten Schwäche zur See vor schärferen Reaktionen zurückschrecken würde. Auch hier haben wir also einen Sonderfall, der mit den normalen Kriterien nur unzureichend erfaßt werden kann.[33]

Etwas anderes ist es mit den anderen Gruppen von Fremden, die wir besprochen haben. Hier ist umgekehrt eigentlich eher die Leichtigkeit erstaunlich, mit der sie von der byzantinischen Gesellschaft toleriert, ja sogar akzeptiert werden.

Wir haben darauf hingewiesen, daß Söldner abgelehnt worden sind, zum Teil weil sie auch als Mittel in innerbyzantinischen Auseinandersetzungen eingesetzt worden waren. Auch dies ist übrigens ein Punkt für die Unbeliebtheit der Venezianer, Pisaner und Genuesen in Byzanz, die so unklug gewesen waren, Partei zu ergreifen und die dann dafür büßen mußten. Für die Söldner gilt dies noch mehr. Wenn beispielsweise Niketas Choniates darüber klagt, daß Kaiser Manuel I. Komnenos ungebildete Barbaren über gute einheimische Soldaten setze und ihnen sogar noch griechische Bauern zuweise,[34] dann hat dies seinen tieferen Grund in dem Spannungsverhältnis zwischen der byzantinischen Aristokratie auf der einen und dem Kaiser auf der anderen Seite. Aber – und das ist das Entscheidende – sobald dieser Söldner aus dem kaiserlichen Dienst entlassen wird, hören diese Schmähungen auf, auch wenn er in Byzanz bleibt. Offenbar hat er keine Probleme mit seiner Integration, von Einzelfällen abgesehen, die immer und überall vorkommen. Für ihn gilt dann das, was schon über Einwanderer oder auch Umgesiedelte gesagt worden ist. Sie werden von den Byzantinern toleriert und im allgemeinen auch ohne Schwierigkeiten integriert – und zwar in einer Vollständigkeit und Problemlosigkeit, wie sie aus den gleichzeitigen, lateinischen Staaten des Mittelalters nicht bekannt ist.[35]

Die Frage ist, welche Ursachen diese Offenheit hat? Die Antwort ist notwendigerweise hypothetisch und kann auch keine Vollständigkeit beanspruchen. Aber sie speist sich aus denselben Quellen, die wir schon bei der inneren Differenziertheit der byzantinischen Gesellschaft angedeutet haben: Die byzantinische Gesellschaft ist erheblich offener als die gleichzeitige abendländische. Sie kennt Möglichkeiten des sozialen Aufstiegs, die in der feudal bestimmten Sozialordnung des Westens undenkbar sind, allerdings sind diese Wege nicht nur nach oben, sondern gleichermaßen nach unten offen. So schnell wie man in Byzanz oben sein kann, so schnell kann man auch wieder nach unten fallen. Ein reines Paradies für Aufsteiger ist Ostrom sicher nicht![36]

Ihren Grund hat diese Offenheit wahrscheinlich in der fehlenden Normierung der byzantinischen Gesellschaft, die wiederum ihre Grundlagen in der spätantiken Gesellschaft hat und von der Feudalstruktur des lateinischen Mittelalters erst sehr spät und auch dann nicht hundertprozentig beeinflußt wird.

Wie schon gesagt, aufsteigen kann in Byzanz jeder. Es reicht, ein einziges Beispiel zu nennen, den Kaiser selbst: Das Kaisertum ist die entscheidende Institution im Oströmischen Reich. Dennoch gehören die Kaiser keinesfalls ausschließlich zu der jeweils herrschenden Klasse. Sie können von außerhalb kommen, ja sogar von ganz unten. Wer fähig ist, das nötige Glück hat und die Gunst der Stunde nutzt, kann den Thron erringen, mag ihn zunächst auch nichts dazu prädestiniert haben.

So stieg beispielsweise im 6. Jahrhundert Justin I. aus dem Nichts ganz nach oben. Angeblich konnte er nicht einmal lesen und schreiben.[37] Im

7. Jahrhundert kommt mit Phokas ein einfacher Unteroffizier auf den Thron,[38] in den folgenden Jahrhunderten haben wir unter anderem: einen Steuereinnehmer, der sich aus Angst angeblich sogar versteckt haben soll, als man ihn zum Kaiser machen wollte, einen Kaufmann armenischer Herkunft ohne irgendeine offizielle Stellung[39] und schließlich einen Glücksritter, der nur aufgrund seiner körperlichen Vorzüge und zugegebenermaßen dank seiner rücksichtslosen Energie Karriere machte und schließlich Kaiser wurde.[40] In der Praxis überwiegt natürlich das normale Avancement, sei es auf dem Weg über die dynastische Erbfolge oder über das Militär: nicht gerade die «Schule der Nation», aber in jedem Fall das wichtigste Sprungbrett zu den meisten höheren Weihen, auch dem Kaiserthron.

Wo aber solcher Aufstieg möglich ist und von den Kaisern auch immer wieder gefördert wird, ist naturgemäß auch ein Seiteneinstieg leichter möglich als etwa in einer Gesellschaft, die an die Übernahme von Stellen und Funktionen eng begrenzte Anforderungen auch formaler Natur stellt und die die Schranken innerhalb der Gesellschaft möglichst hoch ansetzt. Und so ist in der byzantinischen Gesellschaft ein Einstieg von außen leichter möglich als etwa in den abendländisch geprägten Gesellschaften.

Freilich – und das ist die unabdingbare Voraussetzung – diese Aufnahmebereitschaft gilt nur, wenn der Neuankömmling sich anpaßt und seinerseits bereit ist, die Normen seiner neuen Heimat bedingungslos zu den seinen zu machen. Tut er dies nicht, ist eine Integration nicht möglich, und die Stellung des Fremden bleibt höchst labil.

Dies gilt auch innerhalb der byzantinischen Gesellschaft: Abweichungen von der anerkannten Norm werden nicht akzeptiert. Häretische Gruppen etwa, die den allgemeinen Konsens verletzen, werden verfolgt und ausgerottet, wenn sie sich nicht ins Ausland retten können oder zu stark sind, um mit Erfolg auf Dauer unterdrückt werden zu können. Das gilt in der Zeit vor dem siebten Jahrhundert beispielsweise für die Monophysiten, die aber auch auf die von ihnen bewohnten Regionen beschränkt bleiben,[41] während später die Paulikianer bzw. die Bogumilen gnadenlos verfolgt werden.[42] Für die Juden gilt es vielleicht nur deshalb nicht, weil sie einmal ein sozusagen anerkannter Sonderfall sind und zum anderen, im Gegensatz zu «normalen» Häretikern, nicht missionieren. D. h. sie stellen keine Bedrohung für die Gesellschaft dar, in der sie leben, und insoweit können sie wenigstens einigermaßen toleriert werden, ohne allerdings je eine wirkliche Sicherheit zu genießen.[43]

Diese fehlende Missionierung gilt zwar auch für die Lateiner, aber diese sind wiederum in der Regel erheblich reicher als die Juden in Byzanz und eignen sich insofern besser als Neidobjekte. Dazu steht hinter den Juden keine auswärtige Macht, die unter Umständen feindlich ist, und für die sie als Geiseln oder als Ersatzopfer dienen können.[44]

Vor allem aber begreifen die Lateiner sich häufig selbst als Fremde, die an einer Integration gar nicht interessiert sind, sich damit bewußt absondern und von dem innerbyzantinischen Konsens ausschließen. Insofern ist es auch nicht weiter verwunderlich, wenn Niketas Choniates von ihnen sagt: Die Lateiner tragen die unselige Begier nach unseren Gütern in sich und sinnen unserem Volk immer Böses und richten immer Unheil an ... Zwischen ihnen und uns klafft die tiefste Kluft der Feindschaft, unser Denken und Wollen ist mit dem ihren unvereinbar, wir stehen in schärfstem Gegensatz zueinander, auch wenn wir uns körperlich nahe sind und oft in ein und demselben Haus leben.[45]

Hier hat eben auch die byzantinische Toleranz ihr Ende, und es ist zu bezweifeln, daß es heutzutage in einem vergleichbaren Fall sehr viel anders sein würde, sosehr man das vielleicht auch bedauern mag.

Christian Lübke

Fremde im frühmittelalterlichen Ost- und Mitteleuropa

Wer sich intensiver mit der mittelalterlichen Geschichte der östlichen Hälfte Europas beschäftigt, dem ist das Zusammenwachsen von Gruppen unterschiedlichster Herkunft nicht unbekannt. Reinhard Wenskus[1] hat schon vor drei Jahrzehnten nachgewiesen, daß die frühmittelalterlichen *gentes* nicht etwa ethnisch geschlossene Gruppen waren, die sich in gerader Linie aus ihren Wurzeln fortentwickelten. Vielmehr hatten sie sich unter der Führerschaft namengebender Eliten («Traditionskerne») und charismatischer Könige und unter den Bedingungen von Akkulturation und ethnischer Umformung gebildet. Ganz im Gegensatz zur älteren Forschung beschrieb Wenskus ein «wechselndes ethnisches Bewußtsein» und den «Wechsel der ethnischen Selbstzuordnung», Phänome, deren Effizienz jüngst Walter Pohl am Beispiel der Avaren erneut nachgewiesen hat.[2] Beispiele integrativer Prozesse im weiteren Verlauf des Mittelalters sind die «multiethnischen Handelsplätze»[3] an der Peripherie Osteuropas (wie Haithabu, Birka, Arkona, Wollin, Alt-Ladoga, Itil und Bolgar), die Verschmelzung von namengebenden Eroberern[4] und sprachlich dominanten Eingesessenen im Bulgarischen Reich und in der Kiever Rus, die Ausbildung der Germania Slavica[5] und der Strukturwandel im östlichen Mitteleuropa durch den hoch- und spätmittelalterlichen Landesausbau unter Mitwirkung fremder Siedler.[6] Gerade in der Zeit der Ausbildung fester Territorialstaaten und im Gefolge davon eines nationalen Bewußtseins,[7] was gemeinhin mit einer gesteigerten Aggressionsbereitschaft gegenüber Fremden[8] und Nachbarn in Zusammenhang gestellt wird, schrieb König Stephan von Ungarn «Ermahnungen» an seinen Sohn Emmerich, von denen ein Kapitel die folgenden Sätze enthält: «In Fremden (Gästen) und ankommenden Männern liegt so viel Nützliches ... Für uns ist ein Reich mit einer Sprache und einer Sitte schwach und gebrechlich. Daher befehle ich Dir, mein Sohn, daß Du mit gutem Willen diese versorgst und ehrenvoll behandelst, damit sie vergnügt bei Dir leben ...»[9]

Es lohnt sich also, das Augenmerk auf die einvernehmlichen Interaktionen, auf die positiven, kultur- und zivilisationsfördernden Aspekte des Zusammenlebens von Menschen zu richten, die verschiedenen Sprach- und Kulturkreisen entstammen; auf die solchermaßen ethnisch definierten Fremden muß sich dieser Beitrag beschränken.[10] Aus der Bandbreite von Tätigkeitsbereichen dieser Fremden sollen hier zwei herausgehoben werden, in denen sie im östlichen Europa bedeutende Wirkung entfalteten: der Handel und der Waffendienst.[11] Der vergleichende Blick nach Westen mag dazu beitragen, den Stellenwert der damit verbundenen Prozesse zu ermessen.

Im Handel lassen sich die Interaktionen zwischen den Angehörigen verschiedener Gruppen bis in die frühesten menschlichen Gesellschaften zurückverfolgen. Solche Interaktionen sind, wie der französische Ethnologe Arnold van Gennep eindrucksvoll nachgewiesen hat, stets mit ausgeprägten Zeremonien, mit «Übergangsriten» verbunden. In seinem im Jahr 1909 veröffentlichten Hauptwerk «Les rites de passage»[12] betrachtet van Gennep die Geschichte der Menschheit unter dem Aspekt ihrer Differenzierung in eine Vielzahl von Gruppen (räumlich, sozial und altersbedingt). Veränderungen innerhalb dieser Ordnung werden von den Gruppenmitgliedern als eine Gefährdung des Soziallebens aufgefaßt; sie müssen daher durch entsprechende Maßnahmen – eben Übergangsriten – abgefedert werden. Van Gennep vergleicht die menschliche Gesellschaft mit einem Haus, das in Zimmer und Flure unterteilt ist, wobei die einzelnen Zimmer zunächst sorgfältig voneinander isoliert sind. Um von einem Raum in einen anderen zu gelangen, sind Formalitäten und Zeremonien erforderlich. Je weiter sich die Gesellschaft im Zivilisationsprozeß entwickelt, umso dünner werden die Trennwände zwischen den Zimmern und um so weiter stehen die Türen der Kommunikation offen.

Eine solche gesellschaftliche Entwicklung ist vor allem im östlichen Europa durch die umfangreichen Migrationen seit der Spätantike ganz erheblich forciert worden. Die Wanderungs- und Siedlungsbewegung, in deren Folge seit dem 6. Jahrhundert die Slaven in den schriftlichen Quellen erscheinen, war für die beteiligten Individuen und Gruppen notwendigerweise mit einer Ausweitung ihrer Lebenswelt verbunden; ihre ursprüngliche lokale Beschränkung mußten sie dabei auch mental überwinden. Die strenge Scheidung in eine vertraute Eigenwelt und in eine bedrohliche Fremdwelt geriet ins Wanken. Das Kennenlernen neuer Lebensräume und die Begegnung mit fremden Nachbarn verlangten zweifellos die Bereitschaft, mit Fremden zu kommunizieren und Formen des Umgangs mit ihnen auszubilden.

Übergangsriten, die in der Regel mit dem Austausch von Gaben verbunden sind, haben dafür eine ganz entscheidende Bedeutung. Hier liegt zugleich die Wurzel des Handels, dessen Weiterentwicklung auf dem Kontakt mit «anderen» basierte. Wenn diese «anderen» aus einem anderen Kulturkreis kamen und daher über außergewöhnliche Güter verfügten, und wenn es zudem bei den Einheimischen Güter gab, die woanders selten und deshalb außerordentlich begehrt waren, dann war der Anreiz um so größer, die einmal angeknüpften Kontakte in regelmäßige Austauschbeziehungen umzuwandeln. Die äußeren Bedingungen dafür steckte in vorstaatlicher Zeit das Gastrecht ab: Jedes Gastgeber-Gast-Verhältnis wird ursprünglich nämlich durch einen typischen Übergangsritus, eben durch den Austausch von Gaben, begründet.[13] Gastfreundschaft ist deshalb häufig zielgerichtet, und sie folgt einem ursprünglich «egoistischen» Motiv, nämlich dem Wunsch nach «Ermöglichung eines gesicherten Handelsverkehrs».[14] In vielem sind die Bestimmungen des Gastrechtes daher als ein Produkt von Handelsinteressen anzusehen. Den Menschen, die unterwegs waren, gaben die sich gewohnheitsrechtlich entwickelnden Regeln der Gastfreundschaft die Gewißheit, daß es nicht nur in der engeren Heimat möglich war, feindliche Begegnungen zu vermeiden, die den Verlust der Ware oder gar des Lebens bedeutet hätten. Das Gastrecht sicherte ihnen darüber hinaus für die Dauer ihres Aufenthaltes in einer fremden Umgebung Unterkunft und Verpflegung.

Wie überaus wichtig die ordnungsgemäße, das heißt dem Übergangsritus entsprechende Ankunft von Fremden gewesen ist, läßt sich aus der Fortdauer eines archaischen Rechtes ablesen, das bis in die frühe Neuzeit gegenüber jenen in Anspruch genommen wurde, die ohne Berücksichtigung der tradierten Rituale die Grenze überschritten. Es war das Strandrecht, das den Küstenbewohnern oder dem Inhaber des Strandregals in weiten Teilen Europas, dabei in krassem Gegensatz zum römischen Recht, grundsätzlich alles übereignete, was das Meer an sein Ufer warf. Das betraf nicht nur das an den Strand gespülte Gut, sondern auch die Schiffbrüchigen, denen das Schicksal der Sklaverei drohte, falls sie ihr Leben retten konnten.[15]

Doch ist auch der Status des Gastes durchaus ambivalent gewesen. Dort, wo sich frühmittelalterliche Gesetze damit beschäftigen, erscheint sein Aufenthalt in der Fremde eher als eine Art Geschäft, das durchaus mit Risiken verbunden war. Die Gewährung von Unterkunft und Verpflegung – rechtlich meistens mit einer Dauer von mindestens drei Tagen verknüpft – bedeutete nämlich die Ausdehnung der Hausherrschaft des Gastgebers über den Gast, für den er, wie für einen abhängigen Unfreien, vor Gericht haftete.[16] Starb ein Kaufmann bei seinem gastgebenden Handelspartner, dann war damit für seine Nachkommen sogar der Verlust des Erbes verbunden. In diesem Fall fiel dem Gastgeber die Habe des Verstorbenen zu.[17]

Für den reisenden Kaufmann war es also ratsam, in der Fremde einen vertrauenswürdigen Gewährsmann zu haben, der ihn in allen Belangen vertrat und beschützte, der als sein «Patron» auftrat.[18] Die Übereignung eines Gastgeschenkes war der geeignete Übergangsritus für die Anknüpfung persönlicher und bindender Beziehungen zwischen zwei Partnern. Eine mit einer Inschrift versehene Kupferdose aus Sigtuna, die wohl aus der ersten Hälfte des 11. Jahrhunderts stammt und die für die Aufbewahrung von Waagschalen bestimmt war, ist einer der seltenen Belege für eine derartige Begründung einer individuellen Handels-Partnerschaft. Sie berichtet über die Beziehungen zwischen dem Schweden Djarf und einem Mann aus dem südbaltischen Semgallen (oder Samland).[19] Wenn es um die Beziehungen zwischen den Handelsplätzen des östlichen Europa geht, scheinen aber in der Regel die bereits vor Ort ansässigen Landsleute die

Rolle von Gastgebern übernommen zu haben, wodurch in den frühstädtischen Siedlungen Quartiere entstanden.

Grundlage für solche Niederlassungen ist stets die pauschale Gastfreundschaft gewesen. Von den westlichen Nachbarn, zum Beispiel von den Chronisten Adam von Bremen im 11. und Helmold von Bosau im 12. Jahrhundert, wurde die Gastfreundschaft der Slaven als unvergleichlich gerühmt. Bei den Ranen auf Rügen, bei der Tempelfestung Arkona, war sie zwar auf bestimmte Gelegenheiten beschränkt, und sie schloß auch nicht die Aufnahme in die Gemeinschaft der Gastgeber ein.[20] Dennoch erlangten die Fremden auch dort Sicherheit, und zwar durch Geldzahlungen in der archaischen Form der Darbietung eines Opfers an die lokale Gottheit, an den Tempel des Svantevit.[21] Die ausführlichste Schilderung stammt von Adam von Bremen, der die *civitas Jumne,* also Wollin in der Odermündung beschrieb, wo Slaven *cum aliis gentibus, Grecis ac Barbaris* sowie auch *advenae Saxones* lebten. Besonders rühmte Adam eben die unvergleichliche Gastfreundschaft der Wolliner, die nur durch das Verbot eingeschränkt wurde, sich während des Aufenthaltes öffentlich zum Christentum zu bekennen;[22] die Gäste waren gleichberechtigt und hatten volles Niederlassungsrecht *(parem cohabitandi legem acceperunt).*

Allgemein gültige und schriftlich niedergelegte Rechtsvorschriften über den Umgang mit Fremden existierten aber im östlichen Europa in der Zeit vor dem hochmittelalterlichen Landesausbau kaum. Zu erwähnen ist nur die Gewährung von Rechtsschutz in Markt- und Vermögensangelegenheiten sowie des Rechts, sich (in besonderen Kolonien) niederzulassen, wie sie, im ältesten skandinavischen Stadtrecht, dem sogenannten Bjärköarät,[23] festgehalten ist, sowie die Bevorzugung fremder Händler *(gost' iz inogo goroda ili čužezemec')* gegenüber den einheimischen *(domašni)* bei der Eintreibung von Schulden in der Russkaja Pravda.[24]

Wollin ist zu jenen multiethnischen Handelsplätzen zu zählen, für die jeweils auch eine gewisse Unabhängigkeit von den benachbarten politischen Mächten charakteristisch war. Gewisse Ansätze zur Ausbildung solcher Siedlungen hat es, wo Bedarf und Verkehrslage günstig waren, auch im Fränkischen Reich gegeben, so beispielsweise in den Häfen an der Kanalküste,[25] oder in den alten Römerstädten Neustriens, wo Syrer und Juden Handelsware aus dem Mittelmeerraum vertrieben. Mit Sicherheit gewährten anfangs auch hier die Regeln der Gastfreundschaft die Bedingungen für gegenseitigen Besuch und friedlichen Handel. In den Gesetzen der Westgoten finden wir zuerst das Bestreben, Rechtsvorschriften für den Fall von Streitigkeiten zu schaffen, die aus den Kontakten von Überseehändlern *(transmarini negotiatiores)* mit Einheimischen entstanden (Diebstahl und Einstellung von Lohnarbeitern durch die Kaufleute). Ebenso betrafen sie Rechtsfälle zwischen den Fremden selbst; ein ausdrücklicher Rechtsschutz wurde diesen aber nicht zugebilligt.[26]

Staatliches, das heißt eigentlich herrscherliches Interesse hat sich im

Fränkischen Reich ganz allmählich in die profitträchtigen Handelsbeziehungen eingemischt und für günstige Verkehrsbedingungen gesorgt.[27] Der König schlüpfte gewissermaßen in die Rolle des Gastgebers, beanspruchte in der Form des Zolls die Gastgeschenke für sich und garantierte dafür landesweit die persönliche Integrität der fremden Kaufleute. Im Fall des Ablebens seines Gastes fielen sein Hab und Gut an ihn.[28] Solange der Wunsch des Königs nach seltenen und exotischen Waren[29] Vorrang vor ideologischen Bedenken hatte, konnten fremde Händler sogar ihre heidnische Religion in der christlichen Umwelt ausüben. In der zweiten Hälfte des 8. Jahrhunderts wurde beispielsweise die kultische Handlung der Verbrennung und Urnen-Bestattung eines friesischen Kaufmanns direkt vor den Mauern der königlichen Pfalz Ingelheim vollzogen.[30] In England ermöglichte das sogenannte *primsigning,* die vorübergehende Kennzeichnung heidnischer nordischer Händler mit einem auf die Stirn gemalten Kreuz, noch im 10. Jahrhundert den Besuch christlicher Märkte.[31]

Daß man auch im Hinblick auf die Erhebung von Abgaben durchaus flexibel war und wenn nötig auf gewachsene Strukturen Rücksicht nahm, läßt eine Urkunde Karls des Großen erkennen. Friesischen Händlern in Dorestad, die zur *familia* des Bischofs von Utrecht gehörten, sicherte sie zu, daß sie ihre Handelspartner auf ihren außerhalb der Siedlung liegenden Uferstücken empfangen durften, ohne daß diese die ortsüblichen Abgaben zu zahlen hatten.[32] Insgesamt aber haben sich die fränkischen Könige den Handel als eine wichtige Einnahmequelle erschlossen. An den Eingangsorten in ihr Reich organisierten die Karolinger Kontrollen für den grenzüberschreitenden Handel, so gemäß dem Kapitular von Diedenhofen entlang der gesamten Grenze zum Slavenland und gemäß der Zollordnung von Raffelstetten (Ende 9. Jahrhundert) für eine ganze Handelsregion entlang der Donau im Grenzland zum Großmährischen Reich. Eine Duldung oder gar Förderung unabhängiger multiethnischer Handelszentren ist daher mit dem Anspruch der Karolinger auf Kontrolle des Handels in ihrem *regnum* nicht vereinbar gewesen, ganz zu schweigen von den religiösen Vorbehalten, die um so schwerer wogen, als die Bischofsstädte im Marktgeschehen eine führende Rolle spielten.

Eine Ausnahme bildeten aber die Juden; für die christliche Kirche galt deren Erhalt im Hinblick auf die Wiederkunft Christi sogar als «heilsnotwendig».[33] Als Fremde genossen sie den Vorteil, frei von allen Bindungen zu sein, die ihre Bewegungsfreiheit hätten einengen können. Politisch waren sie neutral, weshalb sie ungehindert zwischen dem muselmanischen Spanien und dem heidnischen Slavenland pendeln konnten, ja, für den diplomatischen Verkehr waren ihre Dienste unverzichtbar. Vor allem dominierten Juden den überaus lukrativen Bereich des Sklavenhandels, der Christen verwehrt war, in dem aber großer Gewinn lockte.

Es ist daher kein Wunder, daß die karolingischen Herrscher die Tätigkeit jüdischer Händler durch die Ausstellung von Privilegien förderten.[34] Diese sicherten den Juden über die Handelsvorteile hinaus die Bewahrung ihrer kultischen und sozialen Identität, den Monarchen dagegen die für ihr herrscherliches Selbstverständnis notwendigen exotischen Luxusgüter. Die ihnen verliehenen Privilegien empfanden die gegenüber der heimischen Bevölkerung bevorrechtigten Juden sicher als «Befreiung»; genau genommen war ihre Sonderstellung aber eher Ausdruck von Unfreiheit, nämlich der fehlenden Teilhabe an der schützenden Rechtsgemeinschaft der heimischen Gesellschaft. Auf dieser Basis spielte sich dennoch ein über lange Zeit gültiger *modus vivendi* ein, von dem beide Seiten profitierten, der aber die Fremdheit der Juden und ihre Spezialisierung im Handel festschrieb, die dann in der Formulierung des Raffelstettener Zollweistums *(Mercatores, id est Iudei et ceteri mercatores)*[35] ihren treffenden Ausdruck fand. Als Beschützer ihrer jüdischen Hoflieferanten haben die Herrscher auch über die Grenzen ihrer Reiche hinaus gewirkt. Für den arabischen Schriftsteller des 10. Jahrhunderts Ibrahim al Quarawi war es ein charakteristisches Merkmal der Juden, daß sie «unter dem Schutz der Franken» standen.[36]

Im Gegensatz zu dieser engen Bindung der fremden Fernhändler an den Herrscher stehen die multiethnischen Handelsplätze der Osthälfte Europas. Hier ist zu berücksichtigen, daß weite Gebiete von Gruppen besiedelt wurden, die sich in ihrer Lebensweise und materiellen Kultur nicht sonderlich unterschieden. Deshalb hat der Handel an der Peripherie, wozu vor allem die Seehandelsplätze zu zählen sind, stets eine führende Rolle gespielt, während er im Binnenland auf die stimulierende Wirkung der Transitrouten angewiesen war. An den Austauschplätzen in der Peripherie und an den Transitrouten entwickelten sich dabei nicht nur interethnische Kontakte, sondern es entstanden auch Formen eines frühstädtischen multiethnischen Zusammenlebens.[37]

Vor allem die Handelszentren im Ostseegebiet hatten als *ports of trade* oder als «Freihandelszonen» einen hohen Grad an innerer Autonomie. Die Nachbarmächte verzichteten auf Annexion, solange der dort praktizierte freie Warenaustausch ihnen Nutzen brachte.[38] Mitunter beschränkte sich der nächste Inhaber politischer Gewalt auf die bloße Repräsentanz in der Nähe, um seinen Anspruch auf Oberherrschaft zu demonstrieren. Auf lange Sicht aber war dieser Typ von Austauschplätzen dennoch nicht lebensfähig: Mit dem Schrumpfen von Grenzmarken zu Grenzlinien verschwand der Lebensraum der *ports of trade,* und der Anspruch der Fürsten auf unumschränkte Herrschaft in ihren *regna* war mit der Duldung solcher exterritorialer Gebiete nicht vereinbar. Sobald territoriale Herrschaftsbildungen den engeren Rahmen von Sippe und Stamm sprengten, reklamierten die Fürsten und Könige die Einnahmen aus den Handelsgeschäften in Form von Zöllen für sich, indem sie die Rolle des Gastgebers und damit des Empfängers jener Gastgeschenke übernahmen, die mit dem Akt der Grenzüberschreitung unmittelbar verküpft waren.[39] Zuvor hatten die Vorsteher der Stämme und Siedlungsgefilde, in Einzelfällen – wie auf

Rügen – auch die Priester der lokalen Heiligtümer, vom Transithandel profitiert.[40]

Um so höher mußten die Einnahmen aus dem Zollgeschäft – in der Regel ein Zehntel der mitgeführten Waren – sein, wenn man über einen florierenden Markt für Fernhändler verfügte, an dem die wertvollsten Luxusgüter angeboten wurden. Am besten wird diese enge Verknüpfung von Handelsgeschehen und politischem Erfolg des lokalen Herrschergeschlechts am Beispiel des zentralen böhmischen Marktortes Prag sichtbar. Vielleicht ist es nur Zufall, daß die Quellen ausgerechnet für jene Zeit stadt- und handelspolitische Maßnahmen der Fürsten im östlichen Europa überliefern, in der Ibrahim ibn Ja'qub seine bekannte Schilderung des multiethnischen Handelsplatzes Prag gab.[41] Damals, in den 60er Jahren des 10. Jahrhunderts, streckte Mieszko von Polen, dessen Land nicht über einen vergleichbaren Ort verfügte, seine Hand nach Jumne/Wollin aus, also nach jenem *port of trade,* der in der Odermündung im Schnittpunkt dänischer, schwedischer, lutizischer, pomoranischer und polnischer Interessen lag.[42] Wenige Jahre später trachtete Fürst Svjatoslav von Kiev danach, seine Residenz nach Perejaslavec an der Donau zu verlegen,[43] das sich wohl ebenfalls als ein *port of trade* im Schnittpunkt byzantinischer, bulgarischer, ungarischer, pečenegischer und ostslavischer Interessen entwickelt hatte. In eben dieser Zeit ist auch im Ottonischen Reich ein handelspolitisches Umdenken zu beobachten, da an die Stelle der alten Privilegierungen einzelner Händler, wie wir sie aus der Karolingerzeit kennen, nun die Förderung ganzer städtischer Kaufleute-Gruppen trat, nämlich erstmals in einer Urkunde von 965 für die *iudei vel ceteri ibi manentes negotiatores* in Magdeburg.[44] Hier deutet sich für die Zukunft die rechtliche Absonderung eines ganzen Bezirkes an, der Rechtsstadt.

Zunächst aber hatten Erfolg und Ruf der multiethnischen Austauschplätze ihren Anteil daran, daß um die Jahrtausendwende immer mehr Menschen mit der Aussicht auf gute Geschäfte zu den Märkten der christlich gewordenen Staaten am Ostrand des Reiches zogen. Besondere Anziehungskraft hat damals offenbar Ungarn gehabt, von wo der Ruf Stephans nach *hospites* bis ins Rheinland drang. Im Jahr 1003 verzichtete hier der Freie Anselmus gegen eine Entschädigung von 12$^{1}/_{2}$ Mark auf sein von der Abtei Stablo bezogenes Lehen, um nach Ungarn zu gehen.[45] In diesen Zusammenhang kann man auch Formulierungen im Hofrecht Bischof Burchards von Worms stellen, die den Verkauf von Erbgut und das Verlassen der Heimat *(ire extra patriam)* als geläufige Maßnahme zur Überwindung von Armut anzeigen.[46]

Die fortdauernde Geltung der bereits in vorstaatlicher Zeit entwickelten Regeln des individuellen Gastrechts hat diesen Prozeß erleichtert. Den ursprünglichen Zusammenhang zwischen der Rechtsstellung fremder Kaufleute und der Gewährung von Gastfreundschaft verdeutlicht noch der altrussische Terminus *gost';* ganz parallel dazu wurde auch in der deutschen

Rechtssprache der fremde Händler als «Gast» bezeichnet,[47] und ebenso ist auf die Tätigkeit der in den lateinischen Quellen Ostmitteleuropas häufig erwähnten *hospites* im Handel zu verweisen.[48] Im Ostseegebiet blieb das Gastrecht auch nach dem Ende der Wikingerzeit ein Pfeiler des freien Handelsverkehrs in den neuen Rechtsstädten. Urkunden garantierten allen Beteiligten die «volle wechselseitige Rechtsgleichheit»,[49] und zwar zuerst im Jahr 1188 für Lübeck,[50] wo *Rutheni, Gothi, Normanni et cetere gentes orientales* Begünstigung fanden; entsprechende Gegenleistungen sicherten Novgorod, Polock und Smolensk zu.[51] In Novgorod hatten deutsche Kaufleute schon zuvor Aufnahme und Unterkunft im Hof der Gotländer gefunden,[52] die bereits früher dort so fest etabliert waren, daß sie die Rolle des Gastgebers (bzw. Residenten) für fremde Kaufleute übernehmen konnten.

Ähnlich wie im Handel kam auch auf dem Feld der Tätigkeit mit Waffen den Fremden eine bedeutende Stellung zu.[53] In bezug auf die Funktion und Zusammensetzung bewaffneter Gruppen ist für das östliche Europa beim Übergang von der noch durch Sippen- und Stammesstrukturen geprägten Periode zur Epoche der Staatlichkeit ein deutlicher Wandel festzustellen. Ursprünglich galt es, die Siedlungsgefilde gegen feindliche Überfälle zu sichern, wozu alle wehrfähigen Männer ihren Beitrag leisteten; spätestens seit dem 10. Jahrhundert stand aber das Interesse der Monarchen und ihrer *regna* im Vordergrund.[54] Die Anfänge dieser Entwicklung sind dort zu beobachten, wo im 6. und 7. Jahrhundert das Byzantinische Reich und seine «barbarischen» Nachbarn, vor allem die aus den Steppen vordringenden Avaren und (Proto-)Bulgaren um die Vorherrschaft rangen. Die Begegnung mit fremden und kampferprobten Völkern, die damit verbundenen kriegerischen Ereignisse und die Einordnung in neue politische und gesellschaftliche Verhältnisse waren die äußeren Bedingungen für die Wanderungen kleinerer und größerer, meist noch durch verwandtschaftliche Bande zusammengehaltener slavischer Gruppen und für ihre Niederlassung in neuen Wohngebieten. Das ursprüngliche «demokratische Organisationsprinzip» konnte hier früh durch herrschaftliche Elemente überlagert werden.[55]

Ethnische und sprachliche Barrieren spielten dabei ganz offensichtlich keine Rolle. Der langobardische Thronprätendent Hildigis zum Beispiel hatte um das Jahr 547/48 ein Gefolge, das aus Slaven bestand, bei denen Hildigis auch überwiegend lebte. Mag die Folgerung, daß er «sozusagen der erste bekannte Slawenkönig» war, wie Walter Pohl formulierte,[56] auch überspitzt sein, unberechtigt ist sie nicht. Im 7. Jahrhundert hat dann ein anderer Fremder, Samo, sogar ein Reich von überregionaler Bedeutung bei den Slaven begründet. Und seit den Avaren-Kriegen des späten 6. Jahrhunderts, war es – wenn auch häufig Zwang ausgeübt wurde – offenbar Gewohnheit der slavischen Männer auf dem Balkan, sich bei Aussicht auf Erfolg für militärische Aktionen anwerben zu lassen. Zwar kehrten sie in der Regel nach Abschluß solcher Züge in ihre Heimat zurück, wo sie wie gewohnt Landwirtschaft betrieben, doch machten einzelne Krieger auch Karriere im Heer der Avaren, in deren Gesellschaft sie integriert wurden. Für andere waren Kriege und Raubzüge die Basis für die Begründung regionaler Herrschaftsbereiche.[57] Zur Sicherung ihrer Machtbasis war das traditionelle Aufgebot der wehrfähigen Männer aber nicht mehr das geeignete Instrument; vielmehr benötigten sie dazu eine ständig verfügbare Truppe von Berufskriegern.

Neben die allmähliche Überlagerung «demokratischer» Stammes-Traditionen durch die Ausformung der Vormachtstellung allgemein anerkannter Dynastien trat ein weiterer Faktor: das stetige Anwachsen äußerer Einflüsse, als deren geschichtswirksamstes Mittel sich schließlich die Christianisierung erwies. Beide Faktoren korrespondierten miteinander und verstärkten ihre Wirkung gegenseitig, wodurch sich seit dem 9. Jahrhundert – je nach Region in unterschiedlichem Tempo – der innere Wandel noch beschleunigte. Dabei spielten zunächst gewaltsame Ereignisse eine wichtige Rolle: Kriege an den Grenzen zu den beiden Kaiserreichen, Beutezüge nomadischer Nachbarn, Errichtung von Tributherrschaft, militärische Sicherung von Handelswegen. Solche Phänomene haben dort, wo sie regelmäßig in Erscheinung traten, zu einer gegenseitigen Durchdringung der Lebensweise der beteiligten Gesellschaften in vielen Bereichen geführt, gewiß aber auf dem Gebiet der militärischen Organisation.

Die Tätigkeit fremder Waffenträger im östlichen Europa ist durch die schriftlichen und archäologischen Quellen vor allem für das 9.–11. Jahrhundert vielfach belegt. Der Waffendienst bei fremden Herren hatte aber bei den germanischen Stämmen bereits eine ältere Tradition, die in Tacitus' «Germania» zuerst sichtbar wird.[58] Germanische Krieger ließen sich nicht nur von stammesverwandten Fürsten anwerben, sondern auch in der römischen Armee sind sie vielfach bezeugt. Seit dem späten 5. Jahrhundert überliefern die germanischen Stammesrechte eine ganze Reihe von speziellen Termini für einzelne Personen, die im Auftrag mächtiger Persönlichkeiten oder des Königs mit der Waffe tätig waren. Das Gemeinsame der *bucellarii, saiones, leudes, gasindii. vassi* und *antrustiones*,[59] die aus der Schicht der Freien *(liberi, ingenui)* der Stämme kamen, war stets, daß sie den Großen mit der Waffe dienten und dabei in ihrem Schutz standen; für Leute des Königs galt ein erhöhtes Wergeld. Der Herr kam für den Lebensunterhalt seiner Krieger (und ihrer Familien) auf, er entlohnte sie mit Waffen oder Land, und er beteiligte sie an der Kriegsbeute.[60]

Männer, die ihre Heimat verließen und woanders den Dienst mit der Waffe anstrebten, wurden als *waregang*[61] bezeichnet. Der langobardische «Edictus Rothari» aus der Mitte des 7. Jahrhunderts beschreibt, daß die *wargengi* von außerhalb in das Reich des langobardischen Königs kamen, sich seinem Schutz unterstellten und nach langobardischem Recht lebten, sofern sie nicht ein anderes Recht erlangten.[62] Die Wergeldregelungen im

Recht der chamavischen Franken machen deutlich, daß die *wargengi,* wie die *antrustiones,* in einem besonderen Verhältnis zum König standen: Die 600 *solidi* Wergeld für sie gingen vollständig *in dominico,*[63] also an den königlichen Fiskus. Diese Rechtsvorschriften fanden möglicherweise auf den protobulgarischen Fürsten *(Vulgarum dux)* Alzeco Anwendung, der sich im 7. Jahrhundert mit seinen Kriegern nach Italien begab und dem langobardischen König Grimoald unterstellte. Alzeco und seine Leute wurden im Dukat Benevent angesiedelt und in die langobardische Gesellschaft eingegliedert: Auf den Titel *dux* mußte er verzichten, doch erhielt er dafür den Rang eines Gastalden.[64]

Auch innerhalb des Fränkischen Reichs ist die Bereitschaft zur Mobilität anfangs selbstverständlich gewesen, wenn es darum ging, Lehen und Ämter in allen Reichsteilen zu erwerben.[65] Gefolgschaftlich – das heißt auf individuellen Bindungen basierend – organisierte Gruppen von Waffenträgern mit einem jeweils eigenen Gruppenbewußtsein haben sich hier aber nicht ausgebildet. Es mögen galloromanische Einflüsse gewesen sein, die – wie bei den Westgoten und Langobarden – die Entwicklung in eine andere Richtung lenkten.[66] Die Ausbildung einer zentralen Herrschermacht im fränkischen Königtum führte zur allmählichen Auflösung der Schicht der waffentragenden Freien. Die Merowinger monopolisierten das Antrustionat zunächst für sich,[67] und die Karolinger förderten die Formierung eines neuen Adels, dessen wirtschaftliche Grundlage die Verfügungsgewalt über Grund und Boden war, wodurch ein neues System sozialer Abhängigkeiten entstand. An die Stelle des durch Vertrag, Eid und Handgang festgeschriebenen Dienstverhältnisses trat die Verpflichtung zum Heerdienst auf der Basis von Lehensrecht und Vasallität.

Diese beiden Faktoren konnten auch eine Form des Friedensschlusses bilden, ja der Integration fremder Gegner. Sie traten in dem Abkommen zwischen dem Wikingerführer Rollo und dem westfränkischen König Karl (dem Einfältigen) zutage, durch das – nach dem Vollzug der Taufe – Rollo zum Grafen von Rouen und damit zum Vasallen des Königs wurde. Die Normannen verpflichteten sich zur Abwehr anderer Wikingerverbände, also zur militärischen Hilfe für den fränkischen Lehnsherrn; im Innern ihres Herrschaftsbereiches aber blieben die Normannenfürsten selbständig. Auch an der Ostgrenze des Ottonenreiches ist die Verpflichtung zu Heeresfolge und Waffendienst auf der Basis von Vasallität und Lehensrecht zu beobachten.[68] Ähnlich wie die Normannenfürsten wurde offenbar Fürst Mieszko I. von Polen durch die Verleihung besonderer Befugnisse im Grenzgebiet als Bündnisgenosse im Kampf gegen die heidnischen Lutizen gewonnen.[69]

Ganz andere Formen der Entlohnung und der Organisierung des Waffendienstes waren dagegen in den sich formierenden Staaten des östlichen Europa wirksam. Hier entstanden militärische Verbände in der engsten Umgebung des Fürsten. Wenn wir die schriftlichen Quellen zugrunde

legen, spielen solche Gefolgschaften – slavisch *družiny* – gerade dort die
am besten dokumentierte Rolle, wo Gruppen von Skandinaviern unterwegs waren: am «Weg von den Varägern zu den Griechen», wie der Han-
delsweg entlang des Dneprs zum Schwarzen Meer in der ältesten russischen Chronik, der Povest' vremennych let, genannt wird. Die ersten Spuren eines professionellen Kriegertums sind hier in Form von Schwertern
archäologisch etwa für die zweite Hälfte des 9. Jahrhunderts nachweisbar.[70]
Die schriftlichen Quellen reichen sogar noch weiter zurück: Die in den
Annales Bertiniani zum Jahr 839 erwähnten *Rhos* waren Schweden, die
über Konstantinopel nach Ingelheim kamen.[71]

Nach der Beschreibung der Povest' vremennych let dehnten die Kiever
Fürsten Askold und Dir, nach Ausweis ihrer Namen ebenfalls Skandinavier,
ihre Macht auf die benachbarten slavischen Stämme aus. Es entstand also
eine Herrschaft von Fremden, die im Verhältnis zur einheimischen slavischen Bevölkerung weder auf dem Charisma ihrer Führer noch auf gewachsenen Verfassungsstrukturen gründen konnte. Vielmehr basierte sie
zunächst auf militärischer Stärke. Eine mobile, dabei aber in sich gefestigte
und ständig kampfbereite Gruppe von Kriegern war das passende Instrument für ihre Realisierung, und es kann kein Zweifel daran bestehen, daß
die aus Skandinavien stammenden Herrschaftsträger anfangs hauptsächlich
Personen aus ihrer Heimat um sich scharten. Der nordische Einfluß in
diesem Bereich offenbart sich auch in der altrussischen Terminologie: Alt-
russisches *gridin* und das dazugehörige Kollektivum *grid'*, das komplemen-
tär zu slavisch *družina* zu stellen ist, sind vom altnordischen *hird*[72] abgeleitet.

Das Ziel der nordischen Krieger war gewöhnlich die Erringung von
Reichtum in der Fremde, aber stets verbunden mit der Rückkehr nach
Hause. An eine dauerhafte Niederlassung fern der Heimat haben sie kaum
gedacht. Askold und Dir waren daher, wie jener Hildigis im 6. Jahrhundert
und wie Samo im 7. Jahrhundert, auf die militärische Hilfe Einheimischer
angewiesen. Es war die Lukrativität des Handelsweges, die den Ausschlag
dafür gab, daß eine solche Zusammenarbeit realisiert wurde und daß nun
ethnisch gemischte *družiny* entstanden.[73] Deren Mitglieder formten einen
Lebensstil aus, der vielleicht am ehesten repräsentativ war für jene «bedeutende Kulturgemeinschaft», die Ingmar Jansson aufgrund des archäologischen Fundmaterials für die Rus', die östliche Ostsee und Schweden,
konstatierte. Sie wurde geprägt durch intensive Kontakte zwischen den
ostslavischen Stämmen, den Skandinaviern, den Balten, den Finno-
Ugriern und den Steppennomaden.[74]

Die Mitglieder der fürstlichen Gefolgschaft *(družinniki)* waren ursprünglich also nicht loyale Untertanen, sondern fremde Berufskrieger, die den
Wert ihrer Fähigkeiten kannten, die den von ihnen erwählten Herren
selbstbewußt gegenüberstanden, und die ganz spezifische gefolgschaftliche
Verhaltensmuster ausformten und tradierten.[75] Dazu gehörte die Forde-

rung nach angemessener Verpflegung und Lohn und nach standesgemäßer Ausstattung,[76] der wegen der Konkurrenz verschiedener *družiny* hohe Bedeutung zukam. Gefolgschaften gruppierten sich nämlich auch um die wichtigsten Großen, die zum Fürsten selbst in einem gefolgschaftlichen Verhältnis standen, und ebenfalls um die ostslavischen Stammesfürsten.[77]

Der Einfluß gefolgschaftlichen Denkens auf das innere Leben der Rus' im 10. Jahrhundert ist vielleicht am besten an den Ereignissen um die Person des Svenald[78] festzumachen, der einen hohen Rang am Hof und in der Militärhierarchie der Kiever Fürsten von Igor bis zu Jaropolk innehatte. Svenald war, dem Namen nach, ein Skandinavier, doch bezeugen die slavischen Namen seiner Söhne (Mstiša und Ljut) die Slavisierung seiner Familie, wahrscheinlich durch eine Ehe Svenalds mit einer Slavin. Svenald hatte eine eigene Gefolgschaft, die mit Waffen und Gewändern besser ausgestattet war als die *družina* Fürst Igors.[79] Als dieser von den Derevljanen erschlagen wurde, stand Svenald im Jahr 946 an der Spitze des Rachefeldzuges der Fürstenwitwe Ol'ga. Umgekehrt fühlte sich der spätere Kiever Fürst Jaropolk dazu verpflichtet, seinem Gefolgsmann Svenald zur Rache zu verhelfen, als dessen Sohn Ljut im Jahr 975 von dem inzwischen bei den Derevljanen als Fürst eingesetzten Oleg (Svjatoslavic) ermordet wurde: Jaropolk zog, wenn auch widerwillig, auf Svenalds Drängen gegen den eigenen Bruder.[80]

Als eine direkte Folge der Notwendigkeit, die fremden Waffenträger zu versorgen, ist die spezifische Art der Steuererhebung im frühen Kiever Staat anzusehen, das von Konstantin Porphyrogennetos geschilderte *polud'je*. Es handelt sich dabei um die Ausweitung des Prinzips der (Königs-)Gastung, wie wir sie in fast allen Kulturkreisen beobachten können.[81] In einer so extensiven Form wie in der Rus' war es auch von den Avaren zwei bis drei Jahrhunderte zuvor gegenüber den von ihnen unterworfenen Slavenstämmen angewandt worden.[82] Der Kiever Fürst übertrug das *polud'je* und die Einziehung von Steuern zum Teil seinen Gefolgsleuten. Möglicherweise sind auch die während der Sommermonate auf Handelsfahrt befindlichen *gosti* des Fürsten im Winter am *polud'je* beteiligt gewesen. Die Einnahmen der Gefolgschaftsmitglieder beruhten also auf der Beteiligung am Einkommen des Fürsten – sei es ursprünglich an der Kriegsbeute oder aber in zunehmenden Maße an Tributen und Steuern. Eine Ausstattung mit Land, die einerseits die Bindung an die Wahlheimat verstärkt, andererseits die Bindung an den Herrn gelockert hätte, gab es wohl nur in Ausnahmefällen.[83]

Auch für die Gefolgschaften westslavischer Fürsten ist die Tätigkeit fremder Krieger bezeugt, wenn auch weniger zahlreich. Welch wichtige Rolle gut bewaffnete Berufskrieger im Großmährischen Reich spielten, haben vor allem die archäologischen Funde gezeigt.[84] Man darf vermuten, daß diese nicht nur aus der heimischen Umgebung der Mährerfürsten stammten. Im benachbarten Böhmen wird die Gefolgschaft als das entscheidende Machtmittel der Premysliden-Dynastie angesehen.[85] Die Mittel zu ihrer Versorgung sicherte wohl vor allem der einträgliche Handelsplatz Prag. Auf dem Weg zwischen Prag und Kiev, oder von der Ostsee auf dem Weg über Oder und Weichsel, konnten skandinavische Waffenträger auch hierher gelangen und den Prager Fürsten ihre Dienste anbieten. Ein Schlaglicht auf die besonderen Aufgaben, die sich für solche landfremden Abenteurer boten, ist die Ermordung der heiligen Ludmila durch zwei Gefolgsleute ihrer Schwiegertochter Drahomira. Deren Namen, Gomo und Tunna, sind vielleicht skandinavischen Ursprungs, sicher aber nicht westslavisch.[86] Angesichts ihrer Tat ist darauf hinzuweisen, daß auch in der Kiever Rus «fremde» Gefolgsleute solche anrüchigen Aufgaben übernahmen, nämlich die Beseitigung der Thronkonkurrenten Jaropolk im Jahr 980 (auf Veranlassung seines Bruders Vladimir) und Gleb im Jahr 1015 (auf Veranlassung Svjatopolks).[87] Wegen eines Mordes hatte der in der Chronik Thietmars von Merseburg mit dem Beinamen *superbus* gekennzeichnete, Sachse Erich seine Heimat verlassen müssen. Er fand Aufnahme in die engere Gefolgschaft des Fürsten Bolesław Chrobry von Polen, der ihn so sehr schätzte, daß er sich energisch für seine Freilassung aus der Haft Heinrichs II. einsetzte.[88] Daß Erich kein Einzelfall war, verdeutlicht das von Gallus Anonymus anläßlich von Bolesławs Tod angeführte Klagelied, in das die waffentragenden *hospites* des Fürsten einstimmen.[89]

In Ungarn zielte die Zentralisierung der großfürstlichen Macht der Arpaden durch Geysa in der zweiten Hälfte des 10. Jahrhunderts auch auf die Monopolisierung der bewaffneten Gefolgschaft.[90] Zur Durchsetzung seiner Ziele setzte Geysa schon früh auf die Hilfe fremder Krieger, vor allem auf Ritter aus Schwaben;[91] sie nahmen führende Positionen in der ethnisch gemischten ständigen Truppe des Großfürsten ein.[92] Charakteristisch für die Offenheit der Arpaden gegenüber Fremden, die sich aber zu einem guten Teil aus dem Mißtrauen gegen die heidnischen Konkurrenten aus dem ungarischen Stammesadel nährte, ist eben jenes erwähnte Kapitel in der Unterweisung König Stephans für den Thronfolger Emmerich. Unter den *hospites,* deren Rolle für die Entwicklung seines Staates *(regnum)* Stefan so hoch einschätzte, waren auch jene, die Waffen mit sich führten.[93] Emmerich selbst wurde in den Hildesheimer Annalen als *dux ruizorum* bezeichnet; wahrscheinlich hatte er eine Schar von in der Rus angeworbenen (skandinavischen) Waffenträgern um sich.[94]

Eine Gefolgschaftsideologie, wie sie sich in der Rus' als Folge des steten Zusammenhangs mit den nordischen Gesellschaften ausbildete, hat sich im östlichen Mitteleuropa nicht in gleichem Maße entwickelt. Die Form der Organisierung der Bewaffneten, die sich zum Teil aus Fremden rekrutierten, hat sich den im Laufe des 10. Jahrhunderts veränderten Verfassungsstrukturen aber ohne weiteres angepaßt: War es zunächst noch das Ziel der Anführer starker bewaffneter Gefolgschaften gewesen, Streifzüge in ferne Länder durchzuführen, so ging es den Fürsten nun immer mehr um die organisierte Ausbeutung der Bevölkerung ihrer *regna,* die sich zugleich als Staaten stabilisierten. Dazu war die Beteiligung des zum Teil aus der Gefolgschaft hervorgehenden Adels an der Administration und später – zu seiner Selbstversorgung – am Land notwendig. So war es in Polen, Böhmen, Ungarn und auch in der Rus'. Dagegen bildeten jene slavischen und osteuropäischen Gruppen, bei denen ein starkes bewaffnetes Gefolge nicht sichtbar ist, und die keine weiten Raubzüge unternahmen, auch keine dauerhaften staatlichen Strukturen aus.[95]

Insgesamt läßt sich feststellen, daß in der zweiten Hälfte des ersten nachchristlichen Jahrtausends die gesellschaftliche Entwicklung vor allem in der östlichen Hälfte Europas in engem Zusammenhang mit der Intensivierung des materiellen und kulturellen Austauschs stand. Sichtbarster Ausdruck dafür waren zunächst die multiethnischen Handelszentren. Zwar haben sie weder als selbständige Gebilde noch als integrale Bestandteile der neu entstehenden Territorialstaaten überlebt, doch hat die in ihnen praktizierte Toleranz gegenüber den Angehörigen anderer Ethnien und Religionen ihre Wirkung hinterlassen. Sie gab den Anstoß zur Aufnahme fremder Spezialisten durch die Fürsten, zunächst im Heer, dann nach der Christianisierung in der Kirche und schließlich in der Wirtschafts- und Fiskalverwaltung. Diese Fremden, die hauptsächlich an den fürstlichen Residenzen und Burgen sowie an den Bischofssitzen tätig waren, wurden durch Ämter entlohnt oder durch Anteile an den fürstlichen Einnahmen. Anders als im Westen gab es zunächst keine Landschenkungen oder -leihen, wodurch eine enge Bindung der Fremden an die Fürsten bestehen blieb. Die fremden Elemente trugen zur Ausprägung einer neuen politischen Elite bei und auf diese Art und Weise, so scheint es, schließlich auch zur Ausbildung eines gemeinsamen Bewußtseins aller Angehörigen des Landes, aller Untertanen des Monarchen.

Winfried Schich

Zum Ausschluß der Wenden aus den Zünften nord- und ostdeutscher Städte im späten Mittelalter

In einer Reihe von deutschen Städten im einst slawischen Siedlungsgebiet und an dessen Rand forderten die Zünfte für die Mitgliedschaft den Nachweis der deutschen und nichtwendischen Geburt. Die Forderung gehörte in den Rahmen der persönlichen Voraussetzungen, die von demjenigen erfüllt sein mußten, der die Aufnahme in die Zunft begehrte. Sie findet sich neben den auch in anderen deutschen Regionen geltenden persönlichen Kriterien des eigenen moralischen Lebenswandels und der ehelichen, ehrlichen und freien Geburt. Wir sollten daher auch nicht von einem «Wendenparagraphen» sprechen, wie es in der Literatur verbreitet ist. Die Forderung nach der deutschen Geburt erscheint nämlich in den Zunftstatuten nicht in einem gesonderten «Paragraphen», sondern in der Regel zusammen mit den anderen Ehrbarkeitsanforderungen. Hinzu kamen allgemein die materiellen und technischen Bedingungen, wie etwa die Zahlung einer Aufnahmegebühr und der Nachweis der entsprechenden handwerklichen Fähigkeiten.[1]

Verbreitet war der Ausschluß von Wenden aus den Zünften im Lüneburger «Wendland» und im angrenzenden östlichen Sachsen, im Erzstift Magdeburg, in der Mark Brandenburg, in den Territorien an der südlichen Ostseeküste sowie in der Niederlausitz.[2] Betroffen waren fast alle Handwerkszweige; freilich hat sich die Bestimmung nicht in allen Gewerben und auch nicht in allen Gegenden in der gleichen Weise durchgesetzt. Eine Untersuchung nach Ort und Zeit bleibt noch zu leisten.[3] Im Vordergrund standen die Händlerzünfte (Gewandschneider und Krämer) sowie die wichtigsten der Kleidung und Nahrung schaffenden städtischen Gewerbe, nämlich die Schuhmacher und Tuchmacher sowie die Bäcker und Fleischer, die z. B. in vielen brandenburgischen Städten neben den Händlerzünften zu den angesehensten Genossenschaften gehörten und häufig – als sogenannte Viergewerke – auch einen gewissen Anteil am Stadtregiment erreichten.[4]

Die frühesten Quellen über die Nichtzulassung von Personen slawischer Herkunft zur Zunft stammen aus den 50er Jahren des 14. Jahrhunderts. Alle in der Literatur begegnenden, angeblich älteren Nachweise halten einer kritischen Überprüfung nicht stand; entweder wurden die entsprechenden Quellen falsch datiert oder überhaupt inhaltlich falsch wiedergegeben. Letzteres gilt für die Ordnung der Lakenmacher von Braunschweig von 1323, in der «unechte» Personen wie Bettler, «Lotterbuben»,

Barbiere, Bader, Schäfer und Leineweber sowie Personen von anderem «verschmähten Geschlecht» ausgeschlossen wurden.[5] Die «Wenden» kamen erst bei der inhaltlichen Wiedergabe des Statutes der Lakenmacher in der Braunschweiger Altenwiek im «Archiv für Sippenforschung» im Jahre 1933[6] hinzu und haben dadurch Eingang in die Literatur gefunden[7] – so auch noch in die Neubearbeitung des von Joachim Herrmann herausgegebenen einschlägigen Handbuches «Die Slawen in Deutschland» von 1985.[8] Das Datum 1323 und der Name Braunschweig sollten im Zusammenhang mit der Herausbildung des sogenannten «Wendenparagraphen» nach sechzig Jahren endlich wieder aus der Literatur verschwinden. Nach Braunschweig gelangte die Formel «deutsch und nicht wendisch» erst erheblich später unter dem Einfluß anderer Städte.[9]

Die Ordnung der Krämerinnung von Anklam, deren Kern vermutlich aus dem Jahre 1335 stammt und die ein Zutrittsverbot für Nichtdeutsche (Dänen, Wenden und Schotten!) enthält,[10] wurde mit Sicherheit wesentlich später, wohl im 16. Jahrhundert, erheblich überarbeitet[11] und scheidet daher als Zeugnis für die Diskriminierung von Wenden im 14. Jahrhundert aus. Zu erwähnen bleibt in diesem Zusammenhang, daß auch das in der Literatur genannte Datum 1309 für den angeblichen Ausschluß der Prussen im Deutschordensland «von Handwerk und Kaufmannschaft» als gegenstandslos erwiesen werden konnte; hier wurden erst um 1400 «Schranken errichtet».[12]

Als frühester Beleg für die schriftlich fixierte Diskriminierung von Zunftbewerbern slawischer Herkunft bleibt dann das Statut der Schuhmacher von Beeskow aus dem Jahre 1353;[13] hinzu kommt das etwa gleichzeitige Statut der Krämer aus Lüneburg – falls dieses richtig datiert ist bzw. der gesamte, im Gildebuch aus dem 15. Jahrhundert überlieferte Text in diese Zeit gehört.[14] Wie bei anderen Zunftordnungen, die nur in jüngerer Abschrift überliefert sind, muß man mit der Möglichkeit rechnen, daß der Text später aktualisiert wurde.[15]

Beeskow lag im Randbereich eines zu der Zeit vergleichsweise geschlossenen slawischen Siedlungsgebietes;[16] in Teilen der Lausitz ist bekanntlich die slawische Sprache, das Sorbische, bis heute lebendig geblieben. Lüneburg war die bedeutendste Stadt am westlichen Rande des slawischen Siedlungsgebietes, des noch heute so genannten Wendlandes.[17] Hier ist die slawische Sprache, das sogenannte Dravänopolabische, erst am Anfang des 18. Jahrhunderts endgültig verstummt.[18] Die Tatsache, daß die Diskriminierung von Wenden zuerst aus Städten bekannt wird, die in oder nahe einem in dieser Zeit mit Sicherheit noch slawisch besiedelten Gebiet lagen, gibt schon zu erkennen, daß die Forderung nach der deutschen Geburt hier durchaus relevant war, daß es sich um eine Vorschrift handelte, die den tatsächlichen Verhältnissen Rechnung trug. Dies gilt sicher auch für Schwerin, wo der Ausschluß der Wenden zuerst 1372 in einer Willkür der Wollweber begegnet.[19] Schwerin lag nicht weit von der Jabelheide entfernt, die in dieser Zeit noch ein ziemlich geschlossenes slawisches Siedlungsgebiet bildete.[20]

Mit den 50er Jahren des 14. Jahrhunderts besitzen wir für die Anfänge des schriftlich fixierten Ausschlusses von Zunftbewerbern slawischer Abstammung jetzt einen festen zeitlichen Ausgangspunkt. Weitere Verbreitung fand der Wendenpassus erst seit dem späten 14. Jahrhundert. Seit dieser Zeit wurden allgemein die Anforderungen an die Ehrbarkeit des Zunfthandwerkers wie auch seiner Ehefrau, später auch die Aufnahmebedingungen zur Zunft auf der materiellen und technischen Ebene (Aufnahmegebühr, handwerkliche Fähigkeiten) verschärft, wobei die Abschließungstendenzen im Norden Deutschlands wohl früher einsetzten als im Süden. Auf diesem Hintergrund ist auch die Verbreitung der Forderung nach deutscher Herkunft zu sehen. Die Ehrbarkeitsforderung einschließlich der deutschen Geburt wurde sogar schon bald auf die vier Ahnen, also auf zwei Generationen, ausgedehnt; zuerst belegt ist dies für die Schuhmacher in der niederlausitzischen Stadt Luckau im Jahre 1384.[21]

Wir wenden uns noch einmal kurz dem Inhalt der frühesten Statuten mit der Diskriminierung der Wenden zu. Im Ratsstatut für die Beeskower Schuhmacher von 1353 wird im Zusammenhang mit der Forderung der rechten Geburt des Lehrlings darauf hingewiesen, daß die Kinder von Badern, von Verurteilten, von Leinewebern, Schäfern, Wenden und Pfaffen sowie alle unechten Kinder von der Ausübung des Handwerkes ausgeschlossen seien.[22] Hier erscheinen also die Kinder von Slawen in einer Reihe mit Personen, die auch sonst in dieser Zeit als unehrlich betrachtet wurden: mit Priesterkindern und Kindern, deren Vater einen unehrlich machenden Beruf ausübte, wozu auch handwerkliche Tätigkeiten auf dem Lande gehörten.[23] Alle diese Personen waren nicht durch ihr eigenes Verhalten unehrlich geworden, sondern – dies ist wichtig – sie waren in die Unehrlichkeit hineingeboren.

In dem wenig älteren Ratsstatut für die Beeskower Schuhmacher von 1341 fehlt die zitierte Bestimmung ebenso wie in den ebenfalls aus den 40er Jahren stammenden Ratsordnungen für die Gewandschneider (1340), die Tuchmacher (1344) und die Fleischer (1348) derselben Stadt.[24] Hier wird gefordert, daß der Bewerber sich nachweislich bisher «ehrlich gehalten» hat. Bei den Schuhmachern wird allerdings 1341 zusätzlich der Nachweis des Geburtsstandes durch schriftliches Zeugnis verlangt. Es wäre möglich, daß davon auch die Kinder von Slawen betroffen waren. Andererseits deuten aber Formulierungen im Ratsstatut für die Beeskower Bäkker von 1387 und auch in Ordnungen für andere Beeskower Zünfte aus derselben Zeit darauf hin, daß es sich bei dem Ausschluß von Personen slawischer Geburt um eine Neuerung handelte und daß sich die Maßnahme nicht gegen die bereits der Zunft angehörenden Slawen richtete. Nach der Forderung des Nachweises der ehelichen, deutschen und ehrlichen Geburt gegenüber Rat und Zunftgenossen wird nämlich einschränkend bemerkt, daß alle diejenigen, die bisher und im Augenblick «an dem Werke» sind, und alle ihre Nachkommen in der Stadt jedes Handwerk wählen und ausüben könnten. Aber – so heißt es weiter – «künftig mag keiner aus dem Werke wendische Art in das Werk ziehen» (vermutlich durch Heirat oder als Lehrling).[25] In den im übrigen gleichlautenden Zunftbriefen für die Kürschner und die Leineweber, die der Rat 1397 ausstellte, fehlt dagegen die Forderung des Nachweises der deutschen Geburt.[26] Wir haben es offenbar mit einer «Übergangsperiode» zu tun, wie sie auch für den Ausschluß der «Undeutschen» aus den Gilden der livländischen Städte in der zweiten Hälfte des 14. Jahrhunderts festgestellt worden ist.[27] Der Ausschluß von Bewerbern «wendischer Art» bürgerte sich vermutlich nach und nach, in der einen Zunft früher, in der anderen später, ein. In der Mitte des 15. Jahrhunderts hatte sich dann in Beeskow die Diskriminierung der Wenden wie der anderen Randgruppen offensichtlich verfestigt. Die Beeskower Ratsherren teilten 1457 den Magdeburger Schöffen in einer Streitsache wegen des Ausschlusses eines Mitglieds der Schneiderinnung infolge der Heirat einer Leineweberstocher mit, daß man in ihrer Stadt seit Menschengedenken «keine Leineweber-Art, weder Frau noch Mann, auch nicht Bader-Art, nicht Töpfer-Art, nicht wendische Art noch keinerlei geringes Volk» zu den «Gewerken» zuließe und die Heirat einer Frau derartiger Herkunft den Ausschluß des Betreffenden aus der Zunft zur Folge habe.[28] In Beeskow wurden also die Wenden der Reihe der als unehrlich betrachteten Gewerbetreibenden zugeordnet. Anders der Wortlaut in dem nicht weit entfernt gelegenen Luckau: Dort forderten 1384 die Schuhmacher, daß der Bewerber «recht ehelich geboren sei von ehrlichen, guten deutschen Leuten von allen seinen vier Ahnen her, daß er nicht wendisch» sei.[29] Allein die unterschiedliche Formulierung in den Zunftstatuten der beiden im sorbischen Siedlungsgebiet gelegenen Städte spricht dagegen, daß es sich *hier* um eine rein formale Übernahme von der einen zur anderen Stadt handelte. Eine Beeinflussung in der Frage des Ausschlusses der Wenden hat aber angesichts der engen Beziehungen zwischen beiden Städten sicher vorgelegen. Beeskow hatte von Luckau sein Stadtrecht übernommen, und in den 1280er Jahren dienten auch für die Beeskower Handwerkerordnungen, darunter die der Schuhmacher, die Verhältnisse in Luckau als Vorbild.[30]

Auch in (Bad) Freienwalde begegnet die Forderung nach der deutschen Geburt («daß er geboren sei aus deutscher Zunge») zuerst bei den Schuhmachern, und zwar in einer allerdings nur kopial überlieferten Urkunde aus dem Jahre 1414.[31] In der Nähe der Stadt lag am östlichen Rande des Oderbruchs eine Reihe von *villae slavicae*, die in dieser Zeit offensichtlich noch eine slawische Sprachinsel bildeten.[32]

Die später verbreitete Formel mit dem Gegensatzpaar «deutsch und nicht wendisch» scheint sich am Westrand des slawischen Siedlungsgebietes ausgebildet zu haben. Sie begegnet zuerst in den 50er Jahren des 14. Jahrhunderts in Lüneburg. Dem Statut der Krämer zufolge mußte derjenige, der aufgenommen werden wollte, durch Zeugen oder durch Geburtsbriefe nachweisen, daß er «echt, recht, deutsch und nicht wendisch, frei und niemandem eigen und von frommen Leuten mit gutem Ruf geboren war».[33] Weitere Zünfte in Lüneburg erhoben eine entsprechende Forderung etwa seit der Zeit um 1400.[34] Die Formel «echt und recht, deutsch und nicht wendisch, frei und niemandem eigen» wurde in Lüneburg bei der Aufnahme in die Zünfte tatsächlich über lange Zeit verwendet. Um 1600 stellte in der Morgensprache der Bäckerzunft, in die eine Frau aufgenommen werden wollte, der Altermann der Zunft zwei aus der Bürgerschaft genommenen Zeugen folgende drei Fragen: «Ihr wollet auch davor sein, daß sie ist echt und recht geboren?», «..., daß sie ist deutsch und nicht wendisch?», «..., daß sie ist frei und niemandem eigen?», auf die die beiden Bürger jeweils mit «ja» antworteten. In gleicher Weise wurde es, wie eine andere Bestimmung zeigt, mit den männlichen Zunftbewerbern gehalten.[35]

Für Auswärtige war etwa seit der Mitte des 14. Jahrhunderts in der Regel das schriftliche Zeugnis erforderlich geworden. Der Ordnung der Schweriner Wollweber von 1372 zufolge war es in dieser Zeit in «allen Städten» (d. h. dieses Raumes) «übliche Gewohnheit», vor der Aufnahme in die Zunft die Vorlage eines Zeugnisbriefes zu verlangen, aus dem ersichtlich wurde, daß der Antragsteller die von der Zunft an seine Herkunft gestellten Bedingungen, darunter die deutsche Abstammung, erfüllte.[36] Eine Reihe derartiger Geburtsbriefe mit dem Zeugnis der echten und rechten Geburt, die von den Behörden des Heimatortes ausgestellt wurden, hat sich in Lübeck im Original erhalten; die ältesten stammen laut Olof Ahlers aus den 50er Jahren des 14. Jahrhunderts.[37] Der ausdrückliche Hinweis, daß der Überbringer deutscher und nicht wendischer Art sei, findet sich dort erstmals in einem vom Bischof von Ratzeburg 1385 ausgestellten Brief. In ihm wird bestätigt, der Betreffende sei *non de genere Slavicali, ... sed de bonis ac honestis hominibus Teutonicis.*[38]

Die Tatsache, daß in einer Stadt wie Braunschweig die Ausstellung von Geburtsbriefen durch den Rat gegen Ende des 14. Jahrhunderts deutlich zunahm und daß die bis dahin übliche Bestimmung «frei, echt und recht geboren» in Geburtsbriefen, die für Städte im Einzugsbereich des Wendlandes bestimmt waren, durch den Zusatz «deutsch und nicht wendisch» erweitert wurde, zeigt, daß sich die Formel im ostsächsischen Raum rasch durchsetzte.[39] In der eigentlichen Mark Brandenburg verbreitete sie sich in den Zunftstatuten verschiedener Städte erst während des 15. und 16. Jahrhunderts.[40]

Wir wenden uns der Frage zu, wie die Slawen in den nord- und ostdeutschen Städten in der Zeit vor der Mitte des 14. Jahrhunderts behandelt wurden. Haben wir mit der Nennung der Wenden in den Zunftquellen etwa lediglich die schriftliche Fixierung eines seit langem praktizierten

Ausschlusses vor uns? Diese Annahme ist in der Literatur verbreitet.[41] Es muß aber betont werden, daß auch im Zunftwesen die Verhältnisse des späten Mittelalters und der frühen Neuzeit nicht ohne weiteres auf die des hohen Mittelalters übertragen werden können. Andererseits besitzen wir aus dieser frühen Zeit kaum Quellen, die eine einigermaßen sichere Antwort erlauben.

Dora Grete Hopp, die 1954 die bisher letzte umfassende Untersuchung über die «Zunft und die Nichtdeutschen im Osten» veröffentlicht hat, ging – wie andere Autoren auch – davon aus, daß jede Form städtischer Siedlung östlich der Elbe von den einwandernden Deutschen erst geschaffen wurde und die Slawen, die auf einer niedrigeren Stufe der Wirtschaftsentwicklung standen, anfangs überhaupt keinen Anteil an der Entfaltung städtischen Lebens gehabt hätten.[42] Doch so einfach kann die Antwort auf die Frage nach dem Anteil der Slawen an der Bevölkerung der hochmittelalterlichen Stadt in dem Raum, in dem nach der Mitte des 14. Jahrhunderts den Wenden der Zutritt zu den Zünften und die Ausübung des betreffenden Handwerks durch gesetzliche Maßnahmen untersagt wurde, heute nicht mehr ausfallen. Wir müssen die wirtschaftliche Entwicklung bei den Nordwestslawen in der vordeutschen Zeit beachten. Die Forschung der letzten Jahrzehnte hat deutlich gemacht, daß nicht erst die in deutscher Zeit entstandene hochmittelalterliche, geschlossene Rechts- und Marktstadt die erste Ausprägung städtischen Wesens in diesem Raum bedeutete, daß diese vielmehr zumindest in einigen Fällen funktional, vor allem wirtschaftlich, die ältere, slawische Siedlung fortsetzte.[43] Archäologische Untersuchungen haben nachgewiesen, daß es handwerklich geprägte Siedlungen gab – in der späteren Mark Brandenburg z. B. in Brandenburg und Spandau.[44] Es fragt sich, wo deren slawische Bewohner geblieben sind.

Wenn wir bei der Mark Brandenburg bleiben, so scheint sich eine Antwort anzubieten: in den Kietzen. Die Masse der brandenburgischen Städte war Teil eines Siedlungskomplexes, zu dem noch eine herrschaftliche Burg und ein neben dieser gelegener und ihr zugeordneter Kietz gehörten. Der slawische Charakter einiger Kietze läßt sich noch im 14. oder, wie übrigens auch im Falle Beeskow, sogar noch bis in das 15. Jahrhundert nachweisen.[45] Die ursprünglich von Slawen bewohnten Kietze in der Mark Brandenburg, die in der Mehrzahl neben einer Stadt lagen, scheinen nun gerade zu belegen, daß Slawen nicht in die deutschrechtliche Stadt aufgenommen wurden. Hier scheint vielmehr eine deutliche ethnische Trennung in zwei Siedlungen unterschiedlicher Qualität vorzuliegen.[46] Wurden also die Slawen durch Zwangsmaßnahmen der neuen deutschen Herrschaft, d. h. der askanischen Markgrafen von Brandenburg, grundsätzlich von den neuen Städten ausgeschlossen? Die Masse der Kietze ist ohne Zweifel von den Askaniern zur Versorgung ihrer Burgen angelegt worden. Die Kietze unterstanden nicht dem Stadtrecht, sondern einem besonderen Burgdienstrecht. Die in ihnen lebende slawische Bevölkerung wurde aus den Städten herausgehalten und zu herrschaftlichem Recht in einer Sondersiedlung zusammengefaßt. Wenn dies auch sicher ist, so besagt es doch keineswegs, daß dieses Schicksal die gesamte slawische Bevölkerung am Ort getroffen hat. Immerhin war die Zahl der Bewohner des slawenzeitlichen stadtartigen Siedlungskomplexes vielfach deutlich größer als die des späteren Kietzes.[47]

Einige archäologische Beobachtungen in (Berlin-)Spandau scheinen sogar dafür zu sprechen, daß Slawen von der alten in die neue städtische Siedlung umgezogen sind. Die ältesten Häuser in der «deutschen» Stadt, die einige Kilometer vom Kern der slawischen Vorgängersiedlung entfernt angelegt wurde, sind in derselben Zimmermannstechnik wie die Häuser aus der jüngsten Schicht der älteren städtischen Siedlung errichtet worden. Und in den Gräbern bei der Pfarrkirche, die in das frühe 13. Jahrhundert datiert werden, befanden sich bei einigen Bestatteten Schläfenringe, und diese sind typische Bestandteile der slawischen Tracht.[48] Es scheint also, daß in der neuen «deutschen» Stadt sogar Slawen leben konnten, die nicht alle Kennzeichen ihres Volkstums abgelegt hatten. Dies sind freilich nur sehr vage Hinweise auf Handwerker slawischer Herkunft.

Die Stadtgründungsurkunden und Stadtrechtsprivilegien enthalten gewöhnlich keinen Hinweis auf das Ethnikum der Bürger. Lediglich in einem Falle, nämlich bei der Gründung der Neustadt Salzwedel im Jahre 1247, bestimmten die Markgrafen Johann I. und Otto III., die die urbane Entwicklung als Mittel der Territorialpolitik in der Mark Brandenburg entscheidend gefördert haben, ausdrücklich, daß für alle in die Stadt Zuziehenden, sowohl für die deutschen als auch für die slawischen Bauern aus der Nachbarschaft, das Stadtgericht zuständig sein sollte.[49] Das bedeutet, daß hier Deutsche und Slawen die gleiche Rechtsstellung erhalten sollten. Andererseits hatten dieselben Markgrafen drei Jahre früher in Friedland im kurz zuvor erworbenen Land Stargard die Slawen, die innerhalb und außerhalb der Stadt lebten, einem *besonderen* Gericht, dem *iudicium Slavorum,* unter dem markgräflichen Vogt unterstellt.[50] Dies erinnert an Rostock, wo es im 13. Jahrhundert ebenfalls einen *advocatus Selavorum* gab.[51] Vor Verallgemeinerungen wird man sich in dieser Frage also hüten müssen.

Daß es Bürger slawischer Herkunft auch in den frühen deutschrechtlichen Städten östlich der Elbe gab, kann nicht bezweifelt werden. Die nachweisbare Zahl ist freilich gering. Uns steht dafür im wesentlichen nur das Personennamenmaterial zur Verfügung,[52] und dieses ist doch von sehr begrenztem Aussagewert.[53] Aber ein Zuname *Slavus* bzw. Wend bezeichnet in der Zeit, in der die Beinamen noch nicht als Familiennamen fest geworden waren, also jedenfalls noch im 13. Jahrhundert, sicher eine Person slawischer Herkunft. Die Träger eines slawischen Vornamens stammten gewiß ebenfalls aus einer slawischen Familie. Derartige Namen finden wir in den Ostseestädten sowohl bei den Handwerkern als auch in der ratsfähigen Oberschicht. In Lübeck traten z. B. 1175 Borwin und Ratze als Vertreter der Bürgerschaft, 1230–40 Borwin als Ratsherr hervor, desgleichen 1234 Werner Wend, 1234–56 Arnold Wend (bzw. Arnold Slavus).[54]

Häufig geht man aber davon aus, daß Slawen nur «Bürger minderen Rechtes» werden konnten.[55] Grundlage für diese Ansicht ist eine Bestimmung im lübischen Recht, nach der Wenden und «Freigelassene» *(vrilinge)*, also Personen minderen Rechtes, vor Gericht nicht über «Blau und Blut» Zeugnis ablegen durften. Doch eine Reihe von Handschriften gibt dazu die Erläuterung: Wenn aber ein Wende für wüdig befunden worden war *(des werdich were)*, Bürger zu werden, so sollte er das gleiche Recht wie die anderen Bürger haben.[56] Dies dürfte doch wohl bedeuten, daß zwar ein starker Vorbehalt gegenüber den Slawen bestand, daß aber derjenige, den man für würdig erachtete, ein Mitbürger zu sein, das gleiche Bürgerrecht genoß. Außerdem geht es hierbei schlicht um «Wenden» und noch nicht um Personen «wendischer Geburt».

Die frühen Zunftordnungen richteten, wie schon erwähnt, ebenfalls noch keine Hindernisse speziell für die Slawen auf. In solchen aus brandenburgischen Städten, die seit den 1230er Jahren vorliegen, wurde lediglich gefordert, daß der Bewerber selbst rechtschaffen und anständig war *(probus homo sit et honestus).*[57] Daneben wurde, abgesehen von der Aufnahmegebühr, nur der Besitz oder Erwerb des Bürgerrechtes verlangt. Der Erwerb des Bürgerrechtes bedeutete aber für die Slawen in der Masse der Städte in der Regel keine Schwierigkeit. Weitere persönliche Eigenschaften, einschließlich der ehelichen Geburt, spielten bei den Zünften auch in anderen Teilen Deutschlands vor dem 14. Jahrhundert noch keine Rolle.[58] Die Anforderungen an die Ehrbarkeit konzentrierten sich in dieser Zeit offensichtlich noch auf das Verhalten der Person selbst. Die *Geburt* (auch die slawische) machte – so scheint es – noch nicht «unehrlich».

Es geht hier nur darum festzustellen, daß es aus der Zeit vor der Mitte des 14. Jahrhunderts in den Quellen keinen Hinweis auf einen grundsätzlichen Ausschluß von Personen slawischer Herkunft aus der Bürgergemeinde oder aus einer ihrer Teilgemeinschaften gibt. Damit ist natürlich nicht gesagt, daß es in der Praxis keine Diskriminierungen gegeben hat.

Schließlich ist zu berücksichtigen, daß bis zum 14. Jahrhundert sowohl die Landesherren als auch die Städte selbst, zumindest die städtische Führungsschicht und der von ihr besetzte Rat, an einem Bevölkerungszuzug interessiert waren, um so die Wirtschafts- und Verteidigungskraft zu erhöhen oder zu erhalten. Die mittelalterliche Stadt war allein wegen ihrer höheren Sterblichkeitsquote auf eine ständige Zuwanderung angewiesen. Selbst später, als die Zünfte immer mehr Bewerber als unwürdig abwiesen, hatten die städtischen Behörden gegen eine Aufnahme derselben in die Stadt häufig nichts einzuwenden. Dies zeigt z. B. die Klage des Frankfurter Stadtschreibers Nikolaus Teymler von 1516 über den Rat: Während die dortigen Viergewerke stets den Geburtsbrief verlangten, nähme der Rat «auf, wer kommt *sine differencia,* er sei Wende, ehelich oder nicht.»[59] Als Arbeitskräfte in abhängiger Stellung, als Knechte oder Mägde oder als Tagelöhner, werden die Wenden stets willkommen gewesen sein. Auch eine Reihe von niederen städtischen Berufen wird ihnen immer offengestanden haben. In der Periode des Landesausbaues im 12./13. Jahrhundert kann dies aber durchaus auch für andere Gewerbe gegolten haben. In einer Zeit des wirtschaftlichen Aufschwungs können Vorurteile gegenüber Fremdgruppen auch in der mittleren Schicht der Städtebürger zurückgetreten sein.

Freilich war die neue Stadt von Anfang an nach deutschem Recht und deutscher Gewohnheit organisiert. Zu ihren wesentlichen Kennzeichen gehörte die – wenn auch durch herrschaftliche Rechte eingeschränkte – bürgerliche Selbstverwaltung und in den bedeutenderen Städten sogar die bürgerliche Selbstregierung. Und diese bildete ein neues Element in der urbanen Entwicklung unseres Raumes. Genossenschaftlich organisierte deutsche Kaufleute waren an der Gründung und am Ausbau der Stadt in frühdeutscher Zeit entscheidend beteiligt. Die städtische Selbstverwaltung lag zunächst wesentlich in ihren Händen, weil sie mit dem neuen städtischen Recht vertraut waren. Wer am Wirtschafts-, Sozial- und Rechtsleben der Stadt mit deutschem Recht in vollem Maße teilhaben wollte, mußte sich möglichst rasch anpassen. Dies war hier in weit höherem Maße notwendig als in den «vorstädtischen» Sondersiedlungen, deren Bewohner sich mit Tätigkeiten beschäftigten, die anfangs weniger marktorientiert waren, und die nach einem besonderen Recht lebten. Wer Bürger wurde, unterwarf sich dem für die Ausübung von Handel und Wandel vorteilhaften «deutschen» städtischen Recht; der rechtlichen folgte in der Regel die kulturelle Integration in die städtische Gesellschaft. Die slawische Bevölkerung innerhalb der Stadt besaß, anders als die jüdischen Bewohner, keine eigene gefestigte Gruppenkultur. Nur in Städten mit einer vergleichsweise starken wendischen Besiedlung in der ländlichen Umgebung wie in der Niederlausitz hielt sich die slawische Sprache länger.

Mit dem Beginn des 14. Jahrhunderts lief der hochmittelalterliche Landesausbau und die mit ihm verbundene dynamische Entwicklung aus, und in einer derartigen Situation beginnt sich nicht selten die Einstellung gegenüber Randgruppen zu verhärten. Vor allem ist aber zu berücksichtigen, daß in dieser Zeit die Zunfthandwerker als die «Mittleren» innerhalb der Stadt sich sozial nach oben orientierten, eine Beteiligung am Stadtregiment verlangten und sich in diesem Zusammenhang bewußt nach unten abgrenzten.[60] Schließlich entstand in der Mitte dieses Jahrhunderts insofern eine neue Lage, als die krisenhafte Situation auf dem Lande in den Jahrzehnten nach dem Schwarzen Tod eine verstärkte Zuwanderung zu den Städten zur Folge hatte.[61] Dies ist für Lüneburg wie für andere Hansestädte nachgewiesen.[62] Die Bevölkerungsverluste innerhalb der Städte infolge dieser und der im späteren Mittelalter noch folgenden Pestwellen wurden auf diese Weise rasch wieder ausgeglichen. Unter den Zuwanderern befanden sich Slawen bzw. Personen slawischer Herkunft. Dies war früher auch schon so, jetzt aber dürfte ihre Zahl deutlich zugenommen haben, vor allem in den Städten inmitten und am Rande geschlossener slawischer Siedlungsgebiete. Die Zünfte richteten gegen die nichtstädtischen Zuwanderer höhere Schranken auf. Sie ordneten die im 14. Jahrhundert noch nicht vollständig assimilierten Slawen der Gruppe der Unehrlichen und Unfreien zu.[63] Mit der Diskriminierung der slawischen Geburt wurde ein nennenswerter Teil der Zuwanderer vom Lande erfaßt. Es ist sehr wahrscheinlich, daß in einer derartigen Kontaktzone mit erlebter interethnischer Konkurrenz wie zwischen dem östlichen Sachsen und dem «Wendland» aus älterer Zeit herrührende Vorurteile lebendig geblieben bzw. in der Mitte des 14. Jahrhunderts wiederbelebt worden sind. Im 14. Jahrhundert dürften kaum schon wirtschaftliche Konkurrenzgründe allein bestimmend gewesen sein; denn die wirtschaftliche Krise erfaßte die meisten Städte erst später. Wie in anderen Regionen ging es in dieser Zeit wohl vorrangig um die (vermeintliche) Ehrbarkeit. Freilich konnte dann der Wendenpassus wie die anderen Aufnahmebeschränkungen gezielt zur Ausschließung von Konkurrenten im Handwerk herangezogen werden.

Schließlich muß man einen gewissen Anteil der Kirche an der Verbreitung von Vorbehalten gegenüber den nicht oder nur unzureichend in die christliche Gesellschaft integrierten Wenden in Rechnung stellen. Es sei an den vom Bischof von Ratzeburg schon 1385 ausgestellten Geburtsbrief erinnert. Zwar kann von einer grundsätzlich slawenfeindlichen Haltung der Kirche in diesem Raum nicht die Rede sein,[64] doch ist zu denken an die in einigen sächsischen Klöstern bewahrte Tradition von den heidnischen slawischen Feinden der Christenheit, von den Wenden, die sich der Annahme des Christentums lange erbittert widersetzt hatten bzw. die nach der Annahme des Christentums von diesem «treulos» wieder abgefallen waren.[65] Das Bild vom treulosen Wenden, vor dem man sich hüten müsse, war alt. Wir finden es im 12. Jahrhundert bei Helmold von Bosau in seiner «Slawenchronik», in der er die mühsame Christianisierung des an das sächsische Holstein östlich anschließenden Wendenlandes schildert.[66] Dem Topos vom «untreuen Wenden» begegnen wir noch in Martin Luthers Tischreden.[67]

Ausdrücklich zur Anwendung gelangte das Negativprädikat der wendischen Untreue zuerst in Lüneburg, wo 1409 die Slawen generell vom Bürgerrecht ausgeschlossen wurden. Bürgermeister und Rat faßten den Beschluß, «daß sie nunmehr keinen wendischen Mann zum Bürger nehmen wollten, da andernfalls die Stadt in ewiges Verderben fallen würde wegen deren Untreue».[68] Doch als Lohnarbeiter, vor allem als Schifferknechte und Salinenarbeiter, lebten und arbeiteten weiterhin Slawen in der Stadt – ohne daß diese dadurch Schaden erlitt.[69] Umgekehrt war es für den einzelnen in Lüneburg tatsächlich schädlich, wenn er als «Wende» galt. Dies zeigt deutlich eine Begebenheit aus dem Jahre 1456, als sich ein Bürger gegen den Vorwurf wehrte, er sei ein Wende, weil ihn dies «in Schaden bringen» würde.[70] Noch im 16. Jahrhundert wurde in Lüneburg einem Bürger das Bürgerrecht aberkannt, als der Rat erfuhr, daß er entgegen seinem Geburtsbrief doch «wendisch» war.[71]

Es stellt sich in diesem Zusammenhang schließlich noch die Frage, ob das Wort «wendisch», nachdem es einmal negativ besetzt war, später nicht auch mit niederdeutsch «wendisch» in einer Bedeutung, die der Untreue nahestand (wetterwendisch, seinen Mantel nach dem Winde wenden o. ä.), assoziiert werden konnte.[72] Dies könnte allerdings keinesfalls auf die frühere Zeit zurückgehen, da sich die stolzen Städte im Kerngebiet der Hanse mit Lübeck an der Spitze schließlich seit dem 13. Jahrhundert selbst als «wendische» Städte bezeichnet haben.[73]

Durch das Wandern der Handwerkergesellen, das im 14. Jahrhundert üblich wurde und im 15. Jahrhundert seine entscheidende Ausprägung erhielt, bevor es in der Regel im 16. Jahrhundert verbindlich wurde,[74] wie auch durch die Verbreitung der Formel in den Geburtsbriefen konnten schließlich die Vorurteile gegenüber den Wenden zusätzlich Verbreitung finden, auch in Gegenden, in denen die Slawenfrage zu der Zeit nicht besonders relevant war. In diesem Zusammenhang bleibt noch darauf hinzuweisen, daß in der Frühzeit die Wendenformel in einer Reihe von Städten (Beeskow, Luckau, Freienwalde, Brandenburg, Stendal) zuerst bei den Schuhmachern auftaucht. Es fragt sich, ob dies mit der nachweislich frühen Verbreitung des Gesellenwanderns bei ihnen zusammenhängt, das auch in Brandenburg schon um 1400 organisierte Formen angenommen hatte (wenn es auch längst noch keinen Zwang zum Wandern der Gesellen gab).[75] Außerdem gehörten die Schuhmacher zu denjenigen Gewerbetreibenden, die in vielen Städten mit besonderem Nachdruck einen Anteil am Stadtregiment verlangten.

Es ist nicht auszuschließen, daß in den Städten der Kernlande der Mark Brandenburg das Vorurteil gegenüber den Slawen auf eigenständige Wurzeln traf, nämlich auf den Gegensatz zwischen der ansehnlichen bürgerlichen Stadt und dem weniger ansehnlichen Kietz bzw. zwischen dem nach oben strebenden ehrbaren Zunfthandwerker und dem herrschaftlich gebundenen und daher von jenem als «unfrei» angesehenen Kietzbewohner, der über längere Zeit als Angehöriger einer – sozial, rechtlich, sprachlich und räumlich – abgesonderten Gruppe deutlich erkennbar war.[76] Ein häufiger Bevölkerungswechsel und die stärkere Einbeziehung in den städtischen Markt hat allerdings offenbar seit dem ausgehenden Mittelalter zu einer raschen Eindeutschung auch der Kietze geführt.

An dieser Stelle soll schließlich noch darauf hingewiesen werden, daß aus den Zunftordnungen kaum die volle Realität zu erkennen ist. Wir müssen auf der einen Seite mit der Möglichkeit rechnen, daß Zünfte, die nur die echte und rechte Herkunft verlangten, darunter auch die deutsche verstanden. Auf der anderen Seite bleibt einschränkend zu bemerken, daß die Wirklichkeit mit der Strenge zünftischer Statuten nicht immer übereinstimmte.[77] In Luckau, wo die Schuhmacher seit 1384 den Nachweis der deutschen und nicht wendischen Geburt sogar für zwei Generationen verlangten, gab es noch im 16. Jahrhundert Schuhmacher *wendischer art oder geburt.*[78] Dies spricht dafür, daß sich in Luckau die Geburtsforderung ebenso wie in Beeskow anfangs gegen auswärtige wendische Bewerber gerichtet hatte. Die betreffenden Luckauer Schuhmacher wehrten sich um 1550 ebenso wie andere Bürger wendischer Herkunft gegen Versuche, sie tatsächlich von Handwerk, Brauerei und Ausschank auszuschließen, obwohl sie genauso wie die deutschen Bürger die städtischen Lasten in vollem Umfang mittrugen. Der königlich-böhmische Landvogt der Niederlausitz, Albrecht Schlick, entschied den Streit in ihrem Sinne, unter anderem mit der Begründung, daß Deutsche und Wenden denselben christlichen Glauben hätten. Auch in Beeskow hatte sich «wendische Art» in den Zünften, offenbar ebenso wie in Luckau gestützt von der vergleichsweise dichten sorbischen bäuerlichen Siedlung in der Umgebung, bis zum 16. Jahrhundert gehalten.[79] Dennoch war die Forderung «deutsch und nicht wendisch» im späten Mittelalter nicht etwa eine inhaltslose Formel. Dies haben schon einige der erwähnten Fälle gezeigt, und dies belegt auch noch das instruktive Beispiel für die zunehmende Diskriminierung der Wenden, nämlich das der Stadt Salzwedel in der Altmark im äußersten Nordwesten der Mark Brandenburg, das hier abschließend vorgestellt werden soll. In der Nachbarschaft von Salzwedel befand sich das Lüneburger Wendland, und auch in der unmittelbaren altmärkischen Umgebung war die slawische Bevölkerung im späten Mittelalter noch verhältnismäßig zahlreich.[80]

Salzwedel nahm im 13. Jahrhundert einen gewaltigen wirtschaftlichen Aufschwung, der u. a. (1263) zur Aufnahme der Salzwedeler in die Genossenschaft der deutschen Gotlandfahrer führte und der sich auch in einer bedeutenden Bautätigkeit widerspiegelte.[81] Dieser Ausbau verlangte eine große Zahl von Arbeitskräften, die nicht zuletzt aus der Umgebung zugewandert sein dürften. In beiden Städten Salzwedel herrschten im späten Mittelalter unter den Herkunftsnamen diejenigen, die nach Dörfern aus der näheren Umgebung gebildet sind, eindeutig vor. Wenn auch aus der gleichberechtigten Stellung der deutschen und slawischen Bauern, die in die 1247 gegründete Neustadt übersiedelten,[82] nicht geschlossen werden darf, daß dasselbe für die weniger ackerbürgerlich geprägte Altstadt galt,[83] so spricht doch nichts dagegen, daß einzelne Slawen auch in der Altstadt zu vollberechtigten Bürgern aufgenommen wurden. Der Name Wend findet sich jedenfalls auch dort in der ratsfähigen Oberschicht.[84]

Salzwedel besaß ein eigenständiges Stadtrecht, das sich – vor allem im Kontakt zu Lüneburg – am Ort herausgebildet hatte; die Stadt kennt daher im Gegensatz zu den meisten anderen märkischen Städten verhältnismäßig ausführliche Rechtsaufzeichnungen.[85]

Im 1273 kodifizierten Stadtrecht heißt es: *Quicunque voluerit civis esse in Saltwedele, libere intrabit et veniet ac recedet, sine gravamine quolibet et impedimento.*[86] Der Erwerb des Bürgerrechts war also jedem freigestellt. Das Stadtrecht von 1273 wie auch das 1278 um einige Rechtssätze erweiterte markgräfliche Stadtrechtsprivileg und die in 87 Artikeln zusammengestellte deutsche Redaktion des Salzwedeler Rechts, das sich als ein gut durchgebildetes Stadtrecht erweist, enthalten keine speziell auf die Wenden bezogene Bestimmung.[87] Dagegen finden sich hinsichtlich des Zeugnisses vor Gericht und des Waffentragens Sonderbestimmungen für die Juden, weil sie nicht Teil der Christenheit waren.[88] Danach gab es in Salzwedel in dieser Zeit wohl eine religiöse, aber keine ethnische Problematik, die eine Kodifizierung verlangte.

Erst 1428 erscheint in Salzwedel das erste Zunftstatut, das der Krämer, mit der Forderung der deutschen Geburt: «daß er sei echt und recht, deutsch und nicht wendisch, frei und nicht eigen geboren».[89] Andere Zünfte folgten, wie sich später zeigen wird. Doch die Diskriminierung von Slawen hatte auch hier schon vor 1400 eingesetzt, denn die Forderung taucht bereits in einem Geburtsbrief des Braunschweiger Rates von 1399 auf, der für die Salzwedeler Lakenmacher bestimmt war.[90] 1486 ordnete dann der gemeinsame Rat der Alt- und Neustadt an, daß in beiden Städten Salzwedel «kein Wende, Mann oder Frau», ein Brauerbe kaufen und besitzen solle, auch nicht durch einen Deutschen als Mittelsmann, und von diesem Tage an niemand mehr in Salzwedel brauen dürfe, «es sei denn, daß beide, Frau und Mann, ... alle beide recht und deutsch geboren sind.»[91]

Die Brauberechtigung war in dieser Zeit zum Realrecht geworden, das auf entsprechend privilegierten Bürgerhäusern ruhte.[92] Die von diesem Verbot betroffenen Slawen gehörten keineswegs zu den Vermögenslosen – im Gegenteil; denn der Erwerb eines Hauses mit Brauberechtigung erforderte beträchtliche finanzielle Mittel.[93] Unter den Brauberechtigten, die sich im Zuge der allgemeinen Tendenz zur Berufsgruppenbildung im 15. Jahrhundert vielerorts auch zu Genossenschaften zusammenschlossen,[94] befanden sich zahlreiche Angehörige der städtischen Führungsschicht. Das Brauen, das von den Berechtigten, als Nebengewerbe, in einem bestimmten Turnus ausgeübt wurde, war einträglich, weil sich der Bierverkauf dank der städtischen Bannmeile auch auf die ländlichen Krüge im Umkreis erstreckte.

Das Salzwedeler Verbot von 1486 wurde auch in die Tat umgesetzt, und das Brauen wurde selbst denjenigen slawischen Bürgern, die bereits ein Brauerbe besaßen, untersagt. Dies erfahren wir aus der 1512 ergangenen kurfürstlichen Verordnung, denjenigen Wenden, die ein Brauerbe innehatten, die aber laut städtischem Statut nicht zum Brauen zugelassen waren, dieses Erbe unverzüglich zu entziehen und ihnen andere Häuser zur Verfügung zu stellen, wo sie sich auf andere Weise ihre Nahrung beschaffen könnten.[95] Der Landesherr, der im Interesse einer gesicherten Steuereinnahme, der lange umstrittenen Bierakzise,[96] einschritt, forderte den Rat auf, energisch vorzugehen, falls die Wenden nicht gütlich zur Aufgabe ihrer Häuser zu bewegen seien. Die Wenden wurden nicht mehr zum Brauen und auch nicht mehr zu den übrigen zünftigen Handwerken zugelassen. 1527 bestätigte der Kurfürst den beiden Städten Salzwedel auf deren Bitte hin zusammenfassend, daß nach altem Brauch und Herkommen «keine Bürger daselbst, so aus wendischer Art von Vater oder Mutter geboren, in den Rat und in nachfolgende Werke» hineingenommen werden dürften, nämlich in die der Gewandschneider, Brauer, Goldschmiede, Krämer, Knochenhauer, Schuhmacher, Schneider, Tuchmacher, Bäcker, Kürschner, Schmiede und Gerber.[97] Aus allen diesen Zünften waren die Wenden sicher schon im 15. Jahrhundert ausgeschlossen. Dagegen wurden ihnen 1527 das Bürgerrecht und der Zutritt zu den übrigen, wohl nichtzünftigen Handwerken ausdrücklich eingeräumt: «daß gleichwohl die Wenden zu Bürgern in unserer Stadt Alt- und Neusalzwedel aufgenommen und zu den anderen Handwerken, Nahrungen und Handlungen ... außerhalb der obengenannten Werke, wie von alters herkommen, unverhindert zu gebrauchen gestattet ... werden sollen.» Viele handwerkliche Tätigkeiten standen ihnen angesichts der obigen Aufzählung freilich kaum noch offen.

Erst Streitigkeiten in der Krämergilde über die Zunftfähigkeit von Wenden aus dem benachbarten Wendland gaben den Anlaß, daß Kurfürst Friedrich Wilhelm 1668 und 1669 dieser Zunft, die 1428 zuerst in Salzwedel den Slawenausschluß kodifiziert hatte, untersagte, Bewerber nur deswegen auszuschließen bzw. nicht zuzulassen, weil sie wendischer Art oder Geburt seien, «wan sie sonsten sich ehrlich und from verhalten.»[98] Die entsprechenden Statuten der Salzwedeler Zünfte seien als nicht «raisonnabel» zu kassieren; denn sie erschwerten die Zuwanderung mancher wohlhabenden Person. Daran aber war der Landesherr, unter dem Brandenburg erneut zum Einwanderungsland zu werden begann, lebhaft interessiert.[99]

Ich fasse zusammen. Da eine Reihe von Städten im Raum östlich der Elbe an eine frühstädtische Siedlung der slawischen Zeit anschloß, in der auch verschiedene handwerkliche Tätigkeiten betrieben wurden, steht grundsätzlich der Annahme nichts im Wege, daß ein Teil der slawischen Bevölkerung am Ort in die Stadt aufgenommen wurde, daß die Slawen auch vollberechtigte Bürger werden und als Handwerker tätig sein konnten. Ein Teil der slawischen Bevölkerung blieb freilich außerhalb der neuen Stadt in einer Sondersiedlung wie dem Kietz zur Versorgung der benachbarten herrschaftlichen Burg. Die deutsch geprägte genossenschaftliche Organisation führte dazu, daß in den meisten Städten die Slawen, die Bürgerrecht erhielten, verhältnismäßig rasch assimiliert wurden. Das gleiche gilt für diejenigen, die im Laufe des 13. Jahrhunderts dem allgemeinen Zug in die Städte folgten – von Anfang an auch in die neu gegründeten Städte, wie es für die Neustadt Salzwedel belegt ist.

Soziale Vorurteile gegenüber der Fremdgruppe wird es bei der deutschen Mehrheit auch früher schon gegeben haben, aber soziale Vorurteile bedingen noch nicht notwendig eine soziale, vor allem nicht eine institutionelle Diskriminierung. Günstige wirtschaftliche Bedingungen lassen Vorurteile zurücktreten. Solche Bedingungen bestanden in dem hier behandelten Raum zur Zeit des hochmittelalterlichen Landesausbaues. Mit dem Auslaufen der dynamischen wirtschaftlichen Entwicklung in der ersten Hälfte des 14. Jahrhunderts dürfte sich die Einstellung der städtischen Gesellschaft gegenüber den Slawen wie gegenüber anderen Randgruppen zu ändern begonnen haben.[100] Dies traf besonders diejenigen Slawen, die in der Folgezeit in die Stadt zuwanderten. Die Forderung des Nachweises der deutschen und nichtwendischen Geburt vor der Aufnahme in die Zunft finden wir in Zunftstatuten zuerst in den 50er Jahren des 14. Jahrhunderts in Städten, in deren Nachbarschaft auf dem Lande in dieser Zeit noch eine größere Zahl von Slawen siedelte. Weitere Verbreitung fand der Ausschluß von Zunftbewerbern wendischer Geburt offenbar erst seit dem ausgehenden 14. Jahrhundert. Ein Zusammenhang der gesetzlichen Maßnahmen gegen die Personen slawischer Herkunft mit dem verstärkten Zuzug in die Städte wegen der krisenhaften Situation auf dem Lande nach dem großen Schwarzen Tode und nach den folgenden Pestwellen erscheint offenkundig. Die Slawen fielen wie andere Randgruppen unter die Maßnahmen der Zunfthandwerker, mit denen diese ihre angeblich gefährdete Ehrbarkeit schützen und bei Bedarf zugleich möglichst viele Konkurrenten abwehren wollten. Als Waffe im Konkurrenzkampf wurde die Forderung nach der nichtwendischen Geburt von der deutschen Mehrheit massiv offenbar erst seit dem 15. Jahrhundert eingesetzt.

Es sind mehrere Quellen vorstellbar, aus denen sich das Vorurteil speiste, das dann zur bewußten Diskriminierung herangezogen wurde: so etwa längere Spannungen in den Kontaktzonen deutlich trennbarer deutscher und slawischer Siedlung, die Distanz der Städtebürger gegenüber den im Kietz «am Rande» außerhalb der Stadt wie auch in einigen nahen ländlichen Siedlungen lebenden Wenden sowie die Verbreitung des Vorurteils durch die interurbanen Kontakte der Zünfte und der einzelnen Handwerker. Eine monokausale Erklärung ist hier ebensowenig wie für heutige Vorgänge angebracht. Eine genauere Untersuchung der politischen, wirtschaftlichen und sozialen Entwicklung der einzelnen Städte könnte zu einer weiteren Klärung beitragen. Dabei wäre besonders auf die Krisensituation zu achten, in denen allgemein «die Grenzen der Wir-Gruppen» gegenüber anderen undurchlässiger zu werden pflegen.[101]

Angelika Schaser

Städtische Fremdenpolitik
im Deutschland der Frühen Neuzeit

I. Grundtendenzen der Entwicklung der deutschen Städte
in der Frühen Neuzeit

«Wollen wir zusammen wandern?» fragte der Schuster den Schneider. «Mir
ist's recht», antwortete der Schneider, «wenn du nur Lust hast, in die große
Stadt zu gehen, wo es nicht an Arbeit fehlt.» «Gerade dahin wollte ich
auch», antwortete der Schuster, «in einem kleinen Nest ist nichts zu verdienen, und auf dem Lande gehen die Leute lieber barfuß.» Wohin konnten die beiden Wanderer aus dem gleichnamigen Märchen der Brüder
Grimm ihre Schritte lenken, auf der Suche nach der «großen Stadt»? Auf
dem Gebiet des Heiligen Römischen Reiches Deutscher Nation lagen in
der Frühen Neuzeit ca. 3000 Städte, in denen bis zu einem Viertel der
Gesamtbevölkerung lebte. Die Zahl der Städte dürfte vom 16. bis zum
18. Jahrhundert relativ konstant geblieben sein; man schätzt, daß sich seit
der Mitte des 15. Jahrhunderts die wenigen Stadtneugründungen mit der
Zahl der Ortschaften, die das Stadtrecht in dieser Zeit verloren, in etwa
die Waage hielten.[1] Führende Städte und Städtelandschaften des Spätmittelalters verloren in dieser Zeit an Bedeutung; andere, v. a. von den Entdeckungen profitierende Handelsplätze und die frühneuzeitlichen Sonder-
typen der Haupt- und Residenz-, Festungs- und Exulantenstädte stiegen
auf. Die Entwicklung von Köln z. B., im Spätmittelalter die einwohner-
reichste Stadt mit ca. 30 000–40 000 Einwohnern, stagnierte. In Augsburg
und Hamburg dagegen verdoppelte sich bis 1600 die Bevölkerungszahl.[2]
Besonders auffallend ist die bevölkerungsdynamische Entwicklung der
Haupt- und Residenzstädte in der Epoche der Frühen Neuzeit: Die Einwohnerzahl Berlins verachtfachte sich zwischen 1688 und 1800, die Wiens
vervierfachte sich im Zeitraum von 1630 bis 1800 und die Münchens
verdreifachte sich zwischen 1500 und 1800.[3] Überproportional wuchsen
dabei die unterbürgerlichen Schichten an, ein Prozeß, der mit der Neu-
gründung bzw. dem Anwachsen der Vorstädte einherging.

Dieser Wandel der Städte hing mit ökonomischen und demographischen Faktoren und den Veränderungen innerhalb des Reiches, mit der
Entstehung der frühmodernen Territorialstaaten und der Reformation zusammen. Landesherren regierten nun in die Städte hinein, versuchten, sie
ihrem Herrschaftsbereich einzuverleiben. Die Stadt sollte sich nicht als
«Staat im Staate» dem Zugriff der landesherrlichen Verwaltung entziehen

können. Innerstädtische soziale und religiöse Konflikte wurden geschickt dazu benutzt, die Selbstverwaltung der Städte immer weiter einzuschränken. Das galt natürlich in erster Linie für die Territorialstädte, aber selbst die Freien Reichsstädte, deren Zahl sich von ca. 65 zu Beginn der Frühen Neuzeit auf 51 im 18. Jahrhundert reduziert hatte, mußten Eingriffe in ihre Verfassung durch den Kaiser hinnehmen. Bei Streitigkeiten zwischen dem Rat und der Bürgerschaft wurden immer häufiger Kaiser und Reichsgerichte angerufen.[4] Wenn auch gerade in den kleinen Territorien die Reichsverfassung damit Instrumente zur Verfügung stellte, die sich als «retardierendes Moment gegenüber dem fürstlichen Absolutismus» erwiesen,[5] so bildete nun doch der Staat das übergeordnete Ordnungssystem, das zunehmend in das Leben jedes einzelnen Untertanen eingriff. Der Staat und nicht mehr die Stadt stellte die außenpolitischen, wirtschaftlichen und bevölkerungspolitischen Rahmenbedingungen.

Parallel dazu verfestigte sich innerhalb der Städte die Oligarchisierung bzw. Reoligarchisierung der städtischen Räte, deren zunehmend obrigkeitliches Selbstverständnis dazu führte, daß sie sich der Bürgerschaft gegenüber nicht mehr verantwortlich fühlten.[6] Ein kleiner Kreis von ratsfähigen Familien stellte sich auf eine Stufe mit den Landesfürsten, fühlte sich nicht mehr als Mandatsträger, sondern verstand sich als Obrigkeit, die berechtigt war, für das materielle und sittliche Wohl ebenso wie für das Seelenheil der Stadtbewohner, die hier als Untertanen verstanden wurden, durch Reglements und Kontrollen in sämtlichen Bereichen des täglichen Lebens zu sorgen.

Diesen Abschließungstendenzen schlossen sich auch die neuen bildungsbürgerlichen Eliten an, Beamte, Gelehrte und Akademiker, die sich seit der Mitte des 17. Jahrhunderts durch eine wachsende Professionalisierung auszeichneten. Von den Landesherren oft zur Kontrolle oder Ergänzung der Räte eingesetzt, integrierten sie sich in der Regel schnell in den Kreis der etablierten Stadthonoratioren.[7] Dies führte in der Regel dazu, daß die Stadträte selbst im 17. und 18. Jahrhundert ihrem Selbstverständnis nach keineswegs reine Exekutivorgane der landesherrlichen Verwaltung waren. Vielen Territorialstädten gelang es, bis in das 18. Jahrhundert hinein die innere Selbstverwaltung in Eigenregie zu gestalten. Selbst Städte, die – wie z. B. Mannheim – zum «Spielball fürstlicher Willkür und Laune»[8] wurden, konservierten trotz ungünstigster Verhältnisse Bürgersinn und Anspruch auf Selbstverwaltung, auch wenn beide zunächst durch die Mediatisierungstendenzen nahezu vollkommen unterdrückt wurden.[9] So bleibt festzuhalten, daß «nach wie vor ... Städte auch in verfassungsgeschichtlicher Hinsicht ein individuelles Gepräge»[10] behielten. Die von Staatstheoretikern bereits Ende des 17. Jahrhunderts geforderte Unterordnung der Städte setzte sich erst gegen 1800 durch.[11]

Das Auseinanderbrechen der «res publica Christiana» und der damit einsetzende Konfessionalismus im Deutschen Reich brachten auch und gerade für die Städte entscheidende Impulse mit sich. Auseinandersetzungen zwischen Kaiser bzw. Landesfürst und Städten entzündeten sich ebenso wie innerstädtische Konflikte seit dem 16. Jahrhundert in vielen Fällen an Glaubensfragen. In der Konfrontation mit der Kirche und den Landesherren war die Reformation für die Städte ebenso attraktiv wie für die von dem Stadtregiment ausgeschlossenen Bevölkerungsschichten. «Von den 65 freien und Reichsstädten zu Beginn der Neuzeit haben 51 sich im Verlaufe ihrer Geschichte für dauernd oder vorübergehend der Reformation zugewendet. Nur 14 haben keine evangelische Gemeinde in ihren Mauern geduldet.»[12] Die Reformation, fast überall von Volksbewegungen gefordert, wurde in der zweiten Phase vom Rat genutzt, seine Aufsicht über die neuen Kirchen auszudehnen. «Man kann in Analogie zum ‹landesherrlichen Kirchenregiment› vom ‹Kirchenregiment der Stadträte› sprechen.»[13] Angehöriger der «richtigen» Konfession zu sein, wurde entscheidend für die soziale Position, Toleranz in dieser Frage war nicht zu erwarten: «Der Religionsstolz ist das Vorurteil, dass man sich zu der alleinseligmachenden Religion bekenne, und dass demnach der Anhänger jeder anderen Religion ein ganz zugerüsteter Brater für die Hölle sei», charakterisierte diese Situation 1768 der bekannte Arzt Johann Georg Zimmermann ebenso drastisch wie zutreffend.[14] Unter diesen Voraussetzungen verwundert nicht, wenn es auch in den wenigen Städten, in denen 1648 eine paritätische Verfassung eingeführt wurde (Augsburg, Biberach, Dinkelsbühl, Kaufbeuren und Ravensburg), bald zur gesellschaftlichen Dominanz einer der Konfessionen kam, wie Etienne François jüngst am Beispiel Augsburgs noch einmal deutlich gemacht hat.[15]

In engem Zusammenhang mit dem Ausbau des frühneuzeitlichen Staates und der Konfessionalisierung des Reiches stand die bereits kurz erwähnte demographische Entwicklung der Städte. Wenn Generalisierungen gerade in der Stadtgeschichte immer auch die Ausnahmen von der Regel entgegenzuhalten sind, so bleibt doch festzuhalten, daß sich das Wachstum der Städte in den drei Jahrhunderten analog zu der allgemeinen Bevölkerungsentwicklung verhielt. Zu Beginn des 16. Jahrhunderts ist ein allmähliches Ansteigen der Bevölkerungszahlen zu verzeichnen, das erst durch den Dreißigjährigen Krieg unterbrochen wurde. Die Stagnation bzw. die Verluste um die Mitte des 17. Jahrhunderts fielen jedoch sehr unterschiedlich aus, manche Städte wiesen auch einen gegenläufigen Trend auf. Hamburgs Bevölkerung z. B. stieg in dieser Zeit an: zählte die Stadt 1600 noch 36 000 Einwohner, so verzeichnete sie 1662 bereits 75 000.[16]

Für die deutschen Städte wurde der gesamte Bevölkerungsverlust während des Dreißigjährigen Krieges von Günther Franz auf 33% geschätzt. Regional stark differenziert hatten die meisten Städte die Verluste bis zur Mitte des 18. Jahrhundert wieder ausgleichen können. In der zweiten Hälfte des 18. Jahrhunderts setzte dann eine europaweite Beschleunigung des Bevölkerungswachstums ein, die sich in den Einwohnerzahlen vieler deutscher Städte widerspiegelte.[17] Die Stadtbevölkerung wuchs in der Frühen Neuzeit also trotz aller Einbrüche an, und dieses Anwachsen der Bevölkerung beruhte in allererster Linie auf der Zuwanderung.[18] Städte wuchsen um so mehr, je mehr städtische Funktionen sie innehatten, je mehr «Bedeutungsüberschuß»[19] sie gegenüber anderen Orten vorweisen konnten, kurzum: je attraktiver sie waren. Je höher der Grad der Zentralität einer Stadt wiederum war, desto mehr Möglichkeiten bot sie den Fremden.

Neben den Einflüssen des sich etablierenden frühneuzeitlichen Staates und der Reformation, die sich auf die deutsche Stadt der Frühen Neuzeit auswirkten, war es vor allem diese zunehmende Bedeutung der Einwanderer und Fremden, die die Stadt in dieser Periode prägte. Die Städte erlebten im 16. und zu Beginn des 17. Jahrhunderts die erste große Einwanderungswelle, die sich vorwiegend aus Glaubensflüchtlingen zusammensetzte. Nach dem Westfälischen Frieden ging man dazu über, eine gesteuerte Einwanderungspolitik zu betreiben. Wie die Territorialstaaten bemühten sich auch die größeren Städte im Zuge merkantilistischer und bevölkerungspolitischer Überlegungen, Fremde, die dem «gemeinen Nutzen» förderlich schienen, zur Einwanderung zu bewegen.

In den letzten Jahrzehnten sind in der Forschung gerade auch für «die beiden dunkelsten Jahrhunderte der deutschen Stadtgeschichte»[20] – nämlich das 17. und 18. Jahrhundert – zahlreiche Stadtmonographien entstanden, von denen eine ganze Reihe am Rande oder indirekt auf die Fremdenpolitik eingehen. Hier soll nun anhand der publizierten Quellen und der Literatur ein Überblick zu diesem Thema skizziert werden, der durch archivalische Arbeiten zu Hamburg ergänzt wurde.

II. Fremde in der Stadt

Wer galt nun in der Stadt als Fremder? Der Begriff des Fremden hat in der historischen Forschung bis heute noch keine «zufriedenstellende, geschweige denn präzise Definition»[21] erfahren. Dabei war das Fremdsein in der Frühen Neuzeit ein Charakteristikum des städtischen Lebens. Denn nicht nur die Stadtmauer schied in markanter Weise die Städter von den anderen, auch innerhalb des klar umrissenen Stadtgebietes war der einzelne wiederum ein Fremder gegenüber engeren Gemeinschaften wie der Zunft oder der Nachbarschaft. Fremdsein und gegenseitiges Ausgrenzen war ein alltägliches Phänomen und wurde dementsprechend breit definiert: «Item sy söllen die für gast halten, die sy widerumb ouch darfür halten»,[22] hälte eine Schweizer Quelle aus dem Jahre 1510 fest. Bei einer derartig umfassenden Definition der «anderen» verwundert es nicht, wenn Hans Thieme in seinem wegweisenden Aufsatz «Die Rechtsstellung der Fremden in Deutschland vom 11. bis zum 18. Jahrhundert» es für unmöglich hielt, den Fremden «begrifflich zu definieren».[23]

Neben der Rechtsgeschichte war es vor allem die Sozial- und Mentalitätsgeschichte, die angeregt durch die soziologische und die psychologische Forschung in den letzten Jahrzehnten Randgruppen und Minderheiten in der Gesellschaft der Frühen Neuzeit zunehmend entdeckte und als Fremde charakterisierte. Ein Beispiel ist das Ende 1993 erschienene Buch «Außenseiter, Randgruppen, Minderheiten. Fremde im Deutschland der frühen Neuzeit»,[24] in dem der Autor Bernd Roeck «klassische Randgruppen» neben Leuten darstellt, «die nur bei einer Klassifizierung aus der Vogelschau des Historikers zu einer abstrakten Gruppe zusammengefaßt werden können».[25] Die Reihe der Gruppen, die er vorstellt – Juden, Täufer, Spiritualisten, Hexen und Heilige, Arme und Außenseiter, fahrendes Volk, Ausländer, ethnische Minderheiten, Glaubensflüchtlinge, Unehrliche und Uneheliche, Marginalisierte unter dem Gesichtspunkt sexualethnischer Normen sowie Räuber –, ist lang, könnte noch länger sein und entbehrt nicht einer gewissen Beliebigkeit. «Allen diesen Menschen ist gemeinsam, daß sie sich in der Minderheit befinden, daß sie vielleicht sogar allein stehen in einer sozialen Umwelt, zu der sie zugleich gehören und auch nicht,»[26] begründet Roeck seine Auswahl. Aber diese breite Definition schließt ja nun eigentlich keine Gruppe mehr aus. Auch Gelehrte, städtische Räte und die einzelnen Zünfte können so als fremde Minderheiten innerhalb der städtischen Gesellschaft definiert werden. Denn hier wird unter dem Begriff des Fremden nicht nur derjenige rubriziert, der wie Simmel es beschrieben hat, »heute kommt und morgen bleibt».[27] Teile der von Roeck vorgestellten Bevölkerungsgruppen sind von nirgend anderswo hergekommen, sondern sie bzw. ihre Vorfahren waren in der Stadt geboren und seitdem dort ansässig.

Für die Untersuchung der städtischen Fremdenpolitik wird die Gruppe der Fremden enger zu fassen sein, galten für die ständische Gesellschaft, die durch Segregation und Hierarchisierung gekennzeichnet war, doch andere Bedingungen als für die moderne Gesellschaft, anhand der das Modell von den marginalisierten Gruppen erarbeitet worden ist. Die frühmoderne Gesellschaft war noch nicht auf Gleichheit ausgerichtet. Aus diesem Grund möchte ich hier behaupten, daß die Angehörigen der Unterschichten von der Gesellschaft wohl rechtlich und räumlich ausgegrenzt, nicht aber als Fremde im modernen Sinn empfunden wurden. Den einzelnen Bevölkerungsgruppen waren separate, eng umrissene Plätze zugewiesen, wobei es ein klares «Oben» und ein klares «Unten» innerhalb der vormodernen Gesellschaft gab. Doch auch die auf der untersten Stufe zählten noch dazu. Diese «integrierten Fremden», wie man sie nennen könnte, wurden stigmatisiert und diskriminiert, mit ihrer Hilfe und auf ihre Kosten grenzten sich die Bürgerrechtsbesitzer von den «anderen» ab: So hielt es v. Justi 1771 keinesfalls für nötig, daß man «jeden Holzhacker, Tagelöhner, Käsehöcker, Bier- und Branntweinschenken zum (Stadt-)Bürger macht.»[28] Diese Menschen, die in der Regel über Generationen in

prekären Verhältnissen lebten, trugen somit indirekt zur Identitätsstiftung
der stadtbürgerlichen Gesellschaft bei. Sie hoben sich aber, sofern sie in
der Stadt geboren waren – und das macht hier den Unterschied aus –
durch ihr Heimatrecht deutlich von den auswärtigen Fremden ab. Für eine
Untersuchung der städtischen Fremdenpolitik eignet sich die Gleichsetzung von Fremden mit den städtischen Randgruppen daher wenig.

Auch Rudolf Stichweh kam bei der Untersuchung von Fremden in
spätmittelalterlichen und frühmodernen europäischen Gesellschaften zu
dem Schluß, Fremdheit und Marginalität müßten begrifflich voneinander
getrennt werden. Er schlug vor, mit Marginalität eine «normative Bindung
an eine Bezugsgruppe» zu bezeichnen, «von der derjenige, der sich so
gebunden hat, faktisch aber ausgeschlossen bleibt.»[29] Der Fremde soll sich
vor dem Hintergrund dieser Definition von dem Angehörigen einer
Randgruppe dadurch unterscheiden, daß er gerade «die Identifikationen
(vermeidet), die ihn für die Verweigerung von Inklusion empfindlich machen».[30] Mit dieser Differenzierung läßt sich jedoch bei der Untersuchung
städtischer Fremdenpolitik auch nicht arbeiten, da von denjenigen, die
Aufnahme in der Stadt begehrten, nur ein verschwindender Teil «mit
zunehmender Distanz auf eine Gesellschaft ... blicken (wollte), die noch
glaubt(e), man wolle eigentlich zu ihr gehören.»[31] Die meisten strebten
die Integration an. Ausnahmen bildeten neben Universitätsangehörigen
und privilegierten Händlern einzelne Gruppen andersgläubiger Einwanderer, so z. B. die Hugenotten, die zumindest bis zur Mitte des 18. Jahrhunderts Wert darauf legten, ihre Eigenart zu bewahren, und die Juden,
die sich mit ihrer isolierten Lage größtenteils abgefunden hatten und diese
nicht mehr zu durchbrechen suchten.

Die Bedeutung der Religion und die scharfe Polarisierung zwischen
den einzelnen Konfessionen ließen es den weitaus meisten Flüchtlingen
und Emigranten geraten scheinen, «in einem konfessionsidentischen
Staatswesen eine neue Heimat zu suchen und zu finden».[32] Der Wille zur
Assimilation war auf seiten der Neuankömmlinge in der Regel extrem
hoch. Die städtische Obrigkeit wiederum hatte auch ein starkes Interesse
daran, den Fremden entweder innerhalb der Stadt ihren Platz zuzuweisen,
sie also zu Ansässigen mit bestimmten Pflichten und eingeschränkten
Rechten zu machen, bzw. sie der Stadt zu verweisen. Die städtischen
Magistrate ordneten die Fremden also schnell als «Freunde oder Feinde»
(ein). Fremdheit, offenbar ein Übergangsstadium, stellte keine ernsthafte
Bedrohung der klaren und soliden Dualität der Welt dar.»[33]

Läßt man nun die sozial Randständigen der frühneuzeitlichen Städte
beiseite, so kann man alle Nichtchristen unfraglich als die Gruppe von
Menschen bezeichnen, die in der Stadt auch bei Daueraufenthalt als Fremde galten. Der universelle Anspruch des Christentums in Verbindung mit
dem ethnozentrischen Weltbild sowie der Kleinräumigkeit der Gemeinschaften führten dazu, daß Nichtchristen die «ewigen Fremden» blieben.

Diese Ausgrenzung galt auch dann, wenn z. B. privilegierte jüdische Gemeinden eine bedeutende Rolle im Wirtschaftsleben der Städte spielten. Auch die Differenzierung im positiven Sinn bedeutete noch keine Integration. Von dem Erwerb des Stadtbürgerrechtes waren gemeinhin «alle Unchristen, Juden, Anhänger besonderer christlicher Sekten und der in Teutschland nicht angenommenen christlichen Religionen» ausgenommen.[34] Selbst andere ethnische und sprachliche Gruppen wurden «trotz der gemeinsamen Religion, ... wegen der Andersartigkeit ihrer Sitten und Gebräuche, wegen der verschiedenen Volkssprachen, wegen der Verehrung verschiedener Heiliger» zunächst als Fremde betrachtet.[35] Diese Eigenschaften konnten die Angehörigen der zweiten Gruppe von Fremden jedoch mit der Zeit ablegen, sie stellten die temporären Fremden dar, die, bzw. deren Nachkommen, den Status des Fremden verlieren konnten.

Die Stadtobrigkeit versuchte zunächst einmal, alle Bewohner zu erfassen. Als «Fremde» wurde dabei prinzipiell alle Nichtchristen und diejenigen registriert, die von außerhalb der Stadt kamen. «Ankömmlinge, Reisende, Vagabunden sind weder Bürger noch Einwohner, sondern echte Fremde», definierte Jeremias Eberhard Linck 1729 alle diejenigen, die in das Visier städtischer Fremdenpolitik gerieten.[36] Dabei machte es zunächst keinen Unterschied aus, ob die Zuwanderer aus dem Dorf vor den Toren der Stadt kamen oder aus Regionen, die sich außerhalb der Grenzen des Heiligen Römischen Reiches Deutscher Nation befanden. Wie «fremd» diese Personen in den Augen der Stadtobrigkeit waren, hing in allererster Linie von ihrem Vermögen und ihrer Glaubenszugehörigkeit ab. Damit konnte sich die Fremdenpolitik des Rates zum Teil ganz grundlegend von der Einstellung unterscheiden, mit der die ansässige Stadtbevölkerung den einzelnen Fremden begegnete. Die Menschen aus der näheren Umgebung der Stadt, deren Sprache bzw. Dialekt, deren Trachten und Sitten bekannt und den eigenen ähnlich waren, erschienen den Städtern weniger fremd als die Einwanderer aus ferneren Regionen oder gar dem außerdeutschen Sprachraum. Offizielle Fremdenpolitik und das Verhältnis der Stadtbewohner zu den Fremden unterschieden sich also in bestimmten Fällen, was für Neuankömmlinge wichtige Konsequenzen haben konnte.

Die Fremdenpolitik der Städte zielte im engeren Sinn also darauf, die Zuziehenden zu erfassen und ihnen bestimmte Rechte und Pflichten aufzuerlegen bzw. sie auszuweisen. Wer auch immer von außerhalb der Stadtmauern kam und Aufenthalt in der Stadt begehrte, galt in den Augen der Obrigkeit als Fremder. Wer sich «einschlich», d. h. ohne Aufenthaltsgenehmigung in der Stadt lebte, bekam, sofern er aufgegriffen wurde, diese Definitionsgewalt der Magistrate zu spüren. Ihre Autokratie wurde erst eingeschränkt, als die Landesherren bestimmte Personen mit Indigenatsrechten ex officio versahen, um so ihre Aufnahme in das Bürgerbuch zu erzwingen oder per Dekret die Zulassung bestimmter Gruppen zum Häuserkauf und Bürgerrecht anordneten. Meist mußten sich die Stadträte

diesem Ansinnen beugen, leisteten aber mancherorts erheblichen Widerstand, indem sie den ungeliebten Neubürgern Rechte vorenthielten.

III. Kennzeichen der Fremdenpolitik

«Stadtluft macht frei» − dieses Motto weist auf den entscheidenden Unterschied im Rechtsstatus zwischen Land- und Stadtbevölkerung hin. Die
Sehnsucht nach einem besseren und leichteren, nach einem «freieren»
Leben trieb viele in die Städte, die dort soziale Aufstiegschancen und ein
besseres Auskommen zu finden hofften. Das galt ganz besonders für die
Unfreien, die ihren Herren entliefen und nach einem Jahr und einem Tag
in der Stadt diesem nicht mehr ausgeliefert werden konnten. Als in der
Frühen Neuzeit die Ströme wandernder Menschen immer größer wurden, die nicht vorübergehend, sondern auf Dauer in den Städten bleiben
wollten, und gleichzeitig die Stadtbevölkerung zu administrativ beherrsch-
baren Untertanen gemacht werden sollten, entwickelten die Städte ein
differenziertes Instrumentarium zur Eingliederung der Fremden.
    Alle Untertanen wurden anhand rechtlich-ökonomischer Kriterien in
die städtisch-ständische Ordnung eingefügt. Ohne Rücksicht darauf, wie
fremd ein Zuwanderer der eingesessenen Bevölkerung gewesen sein mag
und ohne Rücksicht auf dessen eigene Befindlichkeit, versuchte man nun,
die Fremden möglichst genau zu erfassen und zu kategorisieren. Dabei
wurden die Grenzen sehr eng gezogen. Als Fremde im rechtlichen Sinne
galten zunächst einmal alle Nichtbürger. Nur die Vollbürger hatten Anteil
an der politischen Macht, konnten das aktive und passive Wahlrecht zu
den städtischen Körperschaften und Ämtern ausüben und Mitglieder der
Zünfte und Gilden werden. Durch diese Kategorisierung machten die
Magistrate die Bürger der Städte zu privilegierten Minderheiten. Die Kinder der Bürger erbten nicht einfach das Bürgerrecht, auch wenn in der
Praxis die Bürgersöhne in allen Städten unabhängig ihres Vermögens be-
vorzugt in die Bürgerschaft aufgenommen wurden. «Man wird ein Bürger
durch die Erzeugung von bürgerlichen Eltern, und meist nur durch
väterliche Erzeugung», stellte Fischer klar, um auf folgende «Ausnahme»
hinzuweisen: «In einigen Städten … müssen auch die Bürgerssöhne das
Bürgerrecht gewinnen, haben aber ein geringeres oder gar kein Bürger-
geld zu bezahlen, und in anderen Städten müssen sie wenigstens den
Bürgereid ablegen.»[37] Da der rechtliche Status der Bürger in engem Zusammenhang mit ökonomischen Faktoren stand − so war das Bürgerrecht
erster Klasse in der Regel vom Grundbesitz innerhalb der Stadtmauern
abhängig − wurden auch die Fremden nach vorwiegend wirtschaftlichen
Komponenten differenziert. Diesem Schema folgend hat die Forschung
die Fremden in drei Gruppen unterteilt: privilegierte, geduldete Fremde
und unerwünschte («unterwürfige») Fremde.[38]

Erstere Gruppe, meist wohlhabende Fernhändler, bekannte Ärzte oder Gelehrte, Studenten und Diplomaten, versprachen offensichtlich Vorteile für die Stadt, so daß diesen Zuwanderern Zusagen gemacht wurden, die ihnen ein gesichertes Leben ohne Bürgerrecht ermöglichten. Nicht zuletzt genossen diese Fremden das Privileg, ihrer Beschäftigung ungehindert nachgehen zu können, ohne das Bürgerrecht beantragen zu müssen.

Ganz anders lag es da bei der zweiten Gruppe von Fremden, die aus anderen Städten oder vom (meist umliegenden) Land in die Stadt auf der Suche nach Arbeit und besseren Lebensbedingungen zogen. Als Handwerker, Dienstboten, Knechte und Mägde strömten sie in großer Zahl[39] in die Stadt der Frühen Neuzeit.[40] Dort wurde ihre Arbeitskraft von bestimmten Kreisen benötigt, andere fürchteten dagegen ihre wirtschaftliche Konkurrenz. Beantragten die Neuzugezogenen die Aufnahme in die Zunft oder in die Bürgerschaft, stießen sie zunächst meist auf Ablehnung, erhielten oft nur zeitlich begrenzte Aufenthaltsgenehmigungen zugestanden oder bekamen bestenfalls das Bürgerrecht zweiter Klasse, das sog. kleine Bürgerrecht bzw. die Schutzverwandtschaft, verliehen. Trotz aller Schikanen und Diskriminierungen bildeten sie jedoch die Gruppe der potentiellen Bürger. Durch wirtschaftlichen Erfolg, Grunderwerb, Heirat, Einkauf oder einfach durch den Zeitablauf konnten sie zu Bürgern aufsteigen.

Diese Chance hatte die dritte Gruppe, die «Fremden in unterwürfiger Stellung», keinesfalls. Fahrende Leute, fremde Bettler, Gaukler, Wundermacher und Schausteller gefährdeten in den Augen der Stadtobrigkeit die herrschende Ordnung und sollten am besten am Betreten der Stadt gehindert werden. Fanden sie dennoch Einlaß, sollten sie scharf beobachtet und ihr Aufenthalt auf kurze Zeit beschränkt werden. *Dies* waren die Fremden im eigentlichen Sinne, wie eine Würzburger Quelle 1788 deutlich macht. Dort heißt es: «Unter dem Wort ‹Fremde› verstehen Wir hier nicht ohne Unterschied alle Fremden, sondern nur diejenigen ... zur letzten und niederen Klasse des Volks gehörigen Menschen, welche sich ... bei Privatleuten oder sonst in anderen Höfen und Häusern aufhalten wollen, ohne daß sie wirklich Eingebürgerte der Stadt sind ... Von Reisenden ... und überhaupt von Fremden ..., die von ihren hinlänglichen Mitteln leben und deren Aufenthalt in aller Rücksicht ganz unbedenklich und unanstößig ist, auch die z. B. wegen erheblicher Geschäfte oder um den Wissenschaften und freien Künsten obzuliegen, in die Stadt kommen und eine Zeitlang ... verbleiben, ist hier die Rede nicht.»[41]

Die Intention der Stadtobrigkeit, und nicht nur die der Würzburger, war eindeutig. Dem «gemeinen Nutzen» zuträgliche Fremde sollten integriert, «schädliche» dagegen ergriffen und «fortgeschafft» werden. Diese kompromißlose Einstellung gegenüber dieser Gruppe von Fremden war den Stadtobrigkeiten und den frühmodernen Staaten gemeinsam.[42] Der erklärte Wille, unerwünschte Fremde auszuweisen, ist ausreichend dokumentiert. Doch wie sah es mit der Durchsetzung dieser rigiden Politik aus?

An zwei Stellen konnte der Stadtmagistrat ansetzen, seine Direktiven ausführen zu lassen: einmal erhielten die Wachen an den Stadttoren Befehl, verdächtige Fremde sogleich beim Eintritt in die Stadt festzusetzen. So permanent diese Weisung wiederholt wurde, so wenig Erfolg zeitigte sie. Das Bild der schwer bewachten und unüberwindbaren Stadtmauer ist von der Forschung schon vor langem in das Reich der Fabel verwiesen worden. Und auch die Zeitgenossen wußten von der wenig effektiven Kontrolle an den Stadttoren: «Damit man aber das lüderliche Gesindel und boshaftige Menschen, welche die Sicherheit verletzen können, so viel wie möglich von der Stadt abhalten möge; so ist auf alle hereinpaßirende Fremde Aufmerksamkeit zu haben nöthig. ... Dies wird zwar selten in einer Stadt unterlassen; aber hauptsächlich nur in Ansehung solcher Fremden, die in Ansehung ihres Aufzuges, oder Kleidung, ansehnliche Leuthe zu seyn scheinen; da denn die Sache keinen andern Nutzen hat, als die Neubegierde der Policeybedienten zu befriedigen.»[43] Die Fremdenerlasse machen deutlich, daß man sich in der Frühen Neuzeit damit abgefunden hatte, daß die Kontrolle der Zuwanderer im Inneren der Städte stattfinden mußte.

Die zweite Handhabe war also die innerstädtische Erfassung bzw. gegebenenfalls die Ausweisung. Befristete und «ewige» Stadtverweise waren das übliche Mittel, mit dem die Stadtobrigkeit ihre Fremdenpolitik durchzusetzen suchte. Für mehrere Städte ist bereits belegt worden, daß die Ausweisung das «Universalstrafmittel der Gerichtspraxis» darstellte. In Köln z. B. stellte der «Stadtverweis eindeutig die bedeutendste Sanktion dar».[44] «Die Logik des magistralen Stadtverweises ... folgte (dabei) nicht der Maxime abwägender Gerechtigkeit, sondern ordnungspolitischen Erwägungen.»[45] Martialische Strafen wie brandmarken, Ohren abschneiden etc. wurden von der Stadtobrigkeit in Zusammenhang mit den Ausweisungen zwar regelmäßig angedroht, doch nicht zuletzt angesichts der vielen Zurückkehrenden bleibt zu fragen, ob diese Strafandrohungen nicht doch in den meisten Fällen leere Worte blieben.[46] Eine wirksame Kontrolle dieser Stadtverweise war sicherlich nicht möglich. Wenn Augsburg 1572 fast 10000 Bettler der Stadt verwies, so war das sicherlich ein Extremfall.[47] Doch auch bei einer geringen Anzahl von Stadtverweisen scheint es an dem Wichtigsten, was eine effektive Durchsetzung ermöglicht hätte, gefehlt zu haben: nämlich an dem Willen der damit Beauftragten, Rückkehrer festzunehmen und zu melden. 1581 wußte der Würzburger Stadtrat zu berichten, daß der Stadt Verwiesene sich wieder in anderen Vierteln niedergelassen hatten: «und kont man Ihr nicht loß werden.»[48]

Johann Heinrich Gottlob v. Justi ging davon aus, daß die niederen Polizeibediensteten «wegen ihrer schlechten Gedenkungs-Art, die Gesetze ihrem Eigennutz aufopfern, und diejenigen Policey-Verbrecher nicht sehen werden, welche ihnen Geschenke machen.»[49] Ernst Schubert schätzte, daß die hier zwischen Kontrolleuren und den zu Überwachenden vorherrschende stillschweigende Übereinstimmung eher die Regel als die Ausnahme war.[50] Auch die detaillierte Studie Bernhard Sickens zur Würzburger Fremdenpolitik weist darauf hin, daß den Torwachen und den mit Polizeiaufgaben betrauten Stadtknechten «die Nöte dieser Leute [der Zuwanderer, A. S.] nicht fremd waren, da sie sich nach ihrer sozialen Herkunft und dem Ansehen von jenen zum Teil nicht wesentlich unterschieden.»[51] Unterschlupf fanden diese Neuankömmlinge jederzeit bei den stadtansässigen Unterschichten, die ihnen gegenüber nicht nur Verständnis aufbrachten, sondern sich so auch ein kleines Zubrot verdienen konnten. Doch nicht nur Angehörige der Unterschichten ermöglichten Fremden den Aufenthalt in der Stadt: Nichtzünftige verdankten ihr Bleiberecht oft ebenso wie Dienstboten, Gärtner und Tagelöhner der schützenden Hand von Vollbürgern und Hofbediensteten. Neben den Vollbürgern und Beisassen bzw. Schutzverwandten etablierten sich vor allem im Laufe des 18. Jahrhunderts immer mehr sog. «Toleranzler» (München) oder «Permissionisten» (Frankfurt a. M.). Diese Personengruppe trat bei Meldung kostenlos oder zu geringer Gebühr in ein rechtliches Verhältnis zu der Stadt, war «allerdings als ganze wesentlich schwächer normativ gefaßt ... als etwa Beisassen ... oder Juden».[52] Wenn auch diese Aufenthaltsgenehmigungen eng an die abhängige Tätigkeit beim Dienstherrn bzw. Arbeitgeber geknüpft waren, und «jede Veränderung der Lebens- und Arbeitsverhältnisse ... bei Strafe der unverzüglichen Ausweisung dem Polizeiamt» gemeldet werden mußte,[53] so war dies doch ein weiterer Weg, sich in der Stadt langfristig niederzulassen. Die offizielle Duldung unterbürgerlicher Schichten höhlte das Bürgerrecht von unten ebenso aus, wie es die Aufnahmebefehle der Landesherren von oben taten. Die offizielle Fremdenpolitik sanktionierte auf Druck von Teilen der alteingesessenen Stadtbevölkerung «gewissermaßen ... eine Ausweitung des Bürgerbegriffs».[54]

An dem Beispiel der Residenzstadt Würzburg läßt sich deutlich zeigen, daß gegen Ende des 18. Jahrhunderts der Bedarf an Arbeitskräften so groß war, daß der Magistrat immer mehr Aufenthaltsgenehmigungen unterhalb der Bürger- und Schutzverwandtenebene erteilte. Seit dem letzten Drittel des 16. Jahrhunderts versuchte der Rat zunehmend durch «Visitationen» alle aufgespürten Personen, die in der Stadt ohne Bürgerrecht als «Eingeschleifte» lebten, dazu zu zwingen, entweder das Bürgerrecht zu beantragen oder die Stadt zu verlassen. Auch hier blieb es bei der papierenen Verordnung, da Bürger trotz Strafandrohung weiter Fremde beherbergten und auch der Oberschultheiß keineswegs Interesse an der Ausweisung von Fremden zeigte.[55] Schon im 16. Jahrhundert konnte man nicht umhin, neben den Bürgern und den «Eingeschleiften» das «Dienstpersonal, Mägde und Knechte einschließlich der Gesellen und Lehrlinge» als «legale» Einwohnerschaft zu betrachten.[56] Dieser Tatsache wurde im Laufe der Zeit schließlich Rechnung getragen. Die Bemühungen, unterbürgerliche Schichten zu erfassen und diesem Personenkreis gleichzeitig einen legalen Aufenthalt in der Residenzstadt zu ermöglichen, wurden verstärkt. So stellten von 1788 bis 1798 2349 Personen den Antrag auf eine begrenzte oder unbegrenzte Aufenthaltsgenehmigung in der Stadt. Davon wurden 86,6 % genehmigt, wobei die Verweildauer in der Regel auf vier Wochen bis zu zwölf Monaten festgelegt wurde. Nur 0,8 % wurde eine unbegrenzte Aufenthaltserlaubnis zugestanden, bei 9,1 % der Antragsteller wurde die sofortige Ausweisung verfügt.[57] Die hohe Zahl und die jeweils auf die Einzelperson zugeschnittenen Inhalte dieser Verfügungen führten dazu, daß diese Aufenthaltsgenehmigungen einfach nicht mehr effektiv zu kontrollieren waren. Die Affinität zwischen städtischen Unterschichten bzw. städtischen Eliten und Zuwanderern und die Möglichkeit, Verlängerungsanträge zu stellen, trugen dazu bei, die angestrebte lückenlose Kontrolle unmöglich zu machen. Nur wer auffällig wurde, mußte damit rechnen, ergriffen zu werden. Der Fall der Lysbeth Zimmermann, die nach erfolgtem Stadtverweis 19 Jahre unbehelligt in Köln leben konnte,[58] stellte sicherlich keine Ausnahme dar.

Das soll nun aber nicht darüber hinwegtäuschen, daß eine Ausweisung den oder die Betreffende(n) jedoch zunächst äußerst hart traf. Auch wenn es nicht immer so schlimm ausgehen mußte wie im Fall der armen Besenbinderin, die 1592 aus Nürnberg verwiesen, und am nächsten Tag vor den Toren der Stadt erfroren aufgefunden worden war.[59] Die zahlreichen Rückkehrversuche werden eben nicht nur der Findigkeit der Fremden und der Nachlässigkeit der Stadtwachen zuzuschreiben sein, sondern schlicht und einfach der Not und dem Unvermögen der Ausgewiesenen, sich außerhalb der Stadt zu ernähren.

Die Hürden, die den Integrationswilligen in Form der geforderten Qualifikationen für das Bürgerrecht erster und zweiter Klasse in den Weg gestellt wurden, waren von Stadt zu Stadt unterschiedlich hoch. Generell konnten sie immer nur von einem Teil der Zuwanderer überwunden werden, nämlich von den privilegierten, einem Teil der geduldeten oder den auf landesherrlichen Befehl zum Bürgerrecht zugelassenen Fremden. Ein großer Teil der Zuwanderer konnte jedoch gar nicht den Antrag auf Zulassung zum Bürgerrecht stellen, da die Gebühren nicht aufgebracht werden konnten oder andere Qualifikationen fehlten.[60] Für diese Kreise stellte sich nur die Alternative zwischen einer an bestimmte Konditionen gebundenen, meist zeitlich begrenzten, Aufenthaltsgenehmigung und dem illegalen Aufenthalt. Wenn Thieme annahm, in der Periode vom 11. bis zum 18. Jahrhundert wäre der Erhalt des Bürgerrechtes immer weiter erleichtert worden, «um eine Gesellschaft von Gleichen zu schaffen,»[61] so muß diese Einschätzung zurückgewiesen werden. Bis zum 19. Jahrhundert wurden infolge wirtschaftlicher Sachzwänge zwar deutlich Schranken abgebaut, um unterbürgerlichen Schichten den legalen Aufenthalt in der Stadt zu ermöglichen. Jedoch erst als im 19. Jahrhundert aus Stadtbürgern Staatsbürger wurden, kam der rechtliche Egalisierungsprozeß in Gang. Denn «die Einbeziehung von Besitzlosen und Abhängigen, von Juden und insbesondere von Frauen (in den Bürgerverband wurde dagegen bis 1800) ... überwiegend abgelehnt.»[62]

IV. Das Beispiel Hamburg: Fremdenpolitik als Wirtschaftspolitik

Die rechtstheoretische Konstruktion, nach der alle Nichtbürgerlichen als Fremde galten, erwies sich im Laufe der Frühen Neuzeit immer deutlicher als unpraktikabel. Auch die Differenzierung des Bürgerrechts in verschiedene Klassen konnte den demographischen Fakten nur unzureichend Rechnung tragen. Die Städte waren auf den Zuzug von Fremden angewiesen, so daß die zunehmend restriktive Vergabe von Bürgerrechten gleichsam automatisch das Anwachsen unterbürgerlicher Schichten erzwang. Dabei zeichnete sich die Fremdenpolitik der Städte bei allen Eigen- und Besonderheiten durch übereinstimmende rechtlich-ökonomische Leitlinien aus. Parallel zu den demographischen und wirtschaftlichen Entwicklungen sowie zu den bevölkerungs- und ordnungspolitischen Vorstellungen der Zeit bewegte sich die Fremdenpolitik zwischen Fremdenanwerbung und Ausweisung von Fremden. Oberste Maxime bildeten dabei utilitaristische Gesichtspunkte.[63] Nur wo sich diese mit der Niederlassung von Fremden vereinbaren ließen, kam es zur Privilegierung bzw. «Gleichberechtigung» bestimmter Gruppen innerhalb der Stadt. Der große Strom der Zuwanderer kam jedoch ungerufen und erfüllte die ökonomischen Kriterien für den Erhalt des Bürgerrechts oder eine anderweitige Privilegierung nur selten. Der Umgang mit dieser Gruppe, die mittellos war bzw. deren bescheidenes Vermögen den Charakter eines Notgroschens trug, bestimmte das fremdenpolitische Klima in den Städten. Dabei läßt sich zu jeder Zeit eine mehr oder weniger große Diskrepanz zwischen der Zielsetzung städtischer Fremdenpolitik und der Durchführung derselben feststellen.

Graduelle Unterschiede in der städtischen Fremdenpolitik lassen sich zwischen Ober- und Niederdeutschland ausmachen. In Oberdeutschland war der Erwerb des Bürgerrechts in der Regel schwieriger als in Niederdeutschland.[64] Da der Eintritt von Fremden in die städtische Gesellschaft sich in den Quellen vor allem in Anträgen auf Einbürgerung bzw. Aufnahme in Zünfte und Handelsgesellschaften niederschlug, soll hier eine Stadt vorgestellt werden, die reichhaltiges Archivmaterial zu dieser Frage bietet.[65] Der prosperierende Handelsplatz an der Elbe kann als ein Paradebeispiel für eine relativ offene, «fremdenfreundliche» Politik in der Frühen Neuzeit angeführt werden. Der Aufstieg der Stadt seit dem letzten Drittel des 16. Jahrhunderts wird im wesentlichen der Öffnung gegenüber Fremden zugeschrieben, die Hamburgische Liberalität, die «sich im Umgang mit fremden Völkern entwickelt»[66] hatte, bildet einen beständigen Topos bei der Analyse des wirtschaftlichen Erfolges der Freien und Hansestadt an der Elbe.[67] Diese Liberalität entwickelte sich allerdings unter beträchtlichem Druck der Konkurrenzgründungen Holstein-Schaumburgs bzw. Dänemarks. Altona, Wandsbek und Glückstadt, in unmittelbarer Nähe Hamburgs gelegen, ließen es der Stadt geraten scheinen, «in der Aufnahme Fremder größere Zugeständnisse zu machen, Reformierte, Katholiken und Juden einzulassen.»[68]

Johann Martin Lappenberg, Hamburger Archivar und Vorsitzender des 1839 gegründeten Vereines für Hamburgische Geschichte, veröffentlichte 1841 im ersten Band der Zeitschrift des Vereines einen kurzen Abriß zur «Ansiedlung der Niederländer in Hamburg», in dem er die Bedeutung des 16. Jahrhunderts für die Hamburgische Geschichte hervorhob und betonte: «Besonders heilsam wirkte zu diesem die Aufnahme vieler Fremden [sic!], welche wegen der Religions-Verfolgungen in den Niederlanden und anderen Staaten hierherflüchteten. Unter diesen sind jedoch uns weder die Engländer noch die Juden, deutsche und portugisieche [sic!], so nützlich gewesen als die Niederländer».[69]

Oberstes Ziel der Hamburger Politik seit dieser Zeit war es, «die fremden Bewohner zum Eintritt in den bürgerlichen Nexus zu zwingen.»[70] Begüterten Fremden versuchte man daher beim Erwerb des Bürgerrechtes entgegenzukommen. Wenn der Erhalt des Bürgerrechtes aus wirtschaftlichen oder anderen Gründen nicht möglich war, bot man einen Fremdenkontrakt oder die Schutzverwandtschaft an, um die Fremden an Hamburg zumindest in einer schwächeren Form zu binden, und diesem Personenkreis die Begründung einer wirtschaftlichen Existenz in der Stadt zu ermöglichen.

Unter diesem Gesichtspunkt wurden die Fremden im Hamburg der Frühen Neuzeit auch aufgenommen und registriert. Man unterschied zwischen wohlhabenden Fremden, meist Kaufleuten mit guten Beziehungen zu ihren Heimatländern, die aus dem Fernhandel beträchtliche Einnahmen erzielten, kleinen Hökern und Gewerbetreibenden und gänzlich unerwünschten Fremden. Das sog. Fremdenschoß, welches alle Fremden jährlich zu zahlen hatten, wurde für die erste Gruppe von Fremden seit 1638 von einer «Deputation zur Annehmung der Fremden», die sich aus Rats- und Mitgliedern der bürgerlichen Kollegien zusammensetzte,[71] festgelegt. Diese Fremdenkontrakte galten immer für eine gewisse Anzahl von Jahren, nach deren Ablauf um Verlängerung des Vertrages nachgesucht werden mußte. 1567 war ein derartiger Vertrag mit den englischen Kaufleuten, den «Merchant adventurers»,[72], 1605 einer mit 130 Flüchtlingen aus den Spanischen Niederlanden abgeschlossen worden.

Die Veranlagung der zweiten Gruppe von Fremden, den kleinen Händlern und Gewerbetreibenden, geschah zwar ebenfalls auf Grundlage von

Verhandlungen, dem sog. Accord, blieb aber weiterhin der Entscheidungsbefugnis der Wedde unterstellt, also der «Polizei-Behörde», die «von jeher» auch für die Einziehung der Bürger-, Hochzeits- und Strafgelder zuständig war.[73] Zum Fälligkeitsdatum sollten die Fremden auf dem Rathaus erscheinen und ihr Schoß einzahlen. Die Wedderechnungen zeigen jedoch deutlich, daß bei dieser Gruppe von Fremden eher Beamte ausgeschickt wurden, um den Betrag anzumahnen und gegebenenfalls auch einzuziehen. Zu diesem Zweck wurden die Fremden von Weddeknechten «offenbar straßen- und gebietsweise aufgesucht und erfaßt.»[74]

Als «Fremde wurden alle Ansässigen gerechnet, die nicht Bürger werden wollten oder konnten (Bürger anderer Städte, Andersgläubige), die nur vorübergehend in Hamburg weilten (wie die holländischen Heringskäufer, die nur zur Saison kamen) oder einer der großen Kontraktsgemeinschaften angehörten», wie z. B. der der eben erwähnten Niederländer. Und unter diesen Fremden fanden sich natürlich auch «Bürgerssöhne wie andere in Hamburg Geborene».[75] Dabei konnten Frauen mit selbständiger Handlung ebenso das Fremdenrecht erwerben, wie sie unter gegebenen Umständen auch das Hamburger Bürgerrecht erhalten konnten.[76] Interessanterweise wurden diese Fremden ab 1734 in den Büchern als «Schutzverwandte» geführt, eine Umbenennung, die sicherlich nicht zufällig, sondern symptomatisch für die Hamburger Fremdenpolitik war. In Hamburg war nun diese Gruppe, die die Anwärter auf das Bürgerrecht erster Klasse stellte, im Vergleich zu anderen Städten besonders groß: Kopitzsch schätzt, daß 1759 in Hamburg «9000 Bürger, über 4000 Schutzverwandte und 3300 Personen (lebten), die weder Bürgerrecht und Schutzverwandtschaft besaßen»[77] – bei einer Gesamteinwohnerzahl von ca. 90 000. Dies läßt vermuten, daß in Zeiten, in denen viele Städte Fremde zum Erwerb des Bürgerrechtes zwangen bzw. sie andernfalls mit Ausweisung bedrohten, Hamburg einem Großteil der Zugezogenen die Möglichkeit bot, als «Bürger im Wartestand» zu verbleiben.[78]

In das Schutzverwandtenverhältnis aufgenommen wurde durch Treuegelöbnis und Handschlag «an Eydes statt» vor dem ältesten Weddeherrn.[79] Für den Schutz der Stadt gelobte der Schutzverwandte Treue, Gehorsam und jährliche Ablieferung seines Schutztalers.[79a] Wie gegenüber den Bürgern, so hatte auch der Rat bzw. die Wedde durchaus Spielraum, den Schutzverwandten resp. Fremden entgegenzukommen. So konnte die Höhe des jährlichen Schosses, das selten weniger als 3 Mark (die Hamburgische Mark zu 16 Schillingen) betrug, in einzelnen Fällen auch gemindert, ein Verzug der Zahlung mußte auch nicht sofort mit dem Verlust des Status als Schutzverwandter geahndet werden. Die sog. «Retardaten», «verspätete Zahlungen säumiger Schuldner», nehmen in den Büchern breiten Raum ein.[80] Hier zeigt sich deutlich der Vorteil der Einzelfallentscheidung für die Stadtobrigkeit. Je nach Bedarf konnte die Aufnahme in das Schutzverwandtenverhältnis erleichtert oder erschwert werden. Daß die Weddeknechte von der ersten Schoßzahlung ein Drittel erhalten sollten, war wohl als Maßnahme eingeführt worden, um deren Eifer im Aufspüren von Fremden zu befördern. Doch auch in Hamburg zeigte sich, daß selbst dieser finanzielle Anreiz wenig half, da die Stadtknechte in der Regel aus derselben sozialen Schicht wie die Fremden stammten.

Die Fremdenpolitik wurde jedoch auch in Hamburg den Zeiten angepaßt. Gegen Ende des Dreißigjährigen Krieges bemühten sich sowohl die Deputation zur Annehmung der Fremden als auch die Weddeherren um eine genauere, d. h. auch restriktivere Erfassung und Aufnahme der Fremden. Ein Erlaß aus dem Jahr 1643 unterstreicht diese Intention.[80a] Die Bevölkerung wurde zu erhöhter Aufmerksamkeit gemahnt und an ihre Meldepflichten erinnert. Der Zuzug unbemittelter Fremder sollte erschwert werden. Der Erwerb eines Fremdenkontraktes bzw. der Schutzverwandtschaft wurde seit 1641 nun an eine bis dahin nicht übliche Eintrittsgebühr gebunden, die in der Höhe der Bürgergelder lag, mithin den Begüterten den Erwerb des Bürgerrechtes nachdrücklich nahelegte und wirtschaftlich Schwachen den Antrag auf Schutzverwandtschaft unmöglich machte.

Die Juden waren in Hamburg sowohl vom Erwerb des Bürgerrechtes als auch vom Eintritt in den Fremdenkontrakt ausgeschlossen – auch dazu war das christliche Bekenntnis Voraussetzung. Die meist ärmeren deutschen Juden sollten noch 1674 der Stadt verwiesen werden und wurden erst 1710 in das «Neue Reglement der Judenschaft in Hamburg» aufgenommen. Die sephardischen Juden dagegen nahmen aufgrund ihrer Bedeutung als «importierte Wirtschaftselite» rechtlich gesehen eine Zwischenstellung zwischen den Einwohnern, die mit Hamburg in einem Fremdenkontrakt standen, und den Schutzverwandten ein. Im Laufe des 17. Jahrhunderts boten Altona, Wandsbek und das 1617 vom dänischen König privilegierte Glückstadt jedoch die besseren Aufenthaltskonditionen, so daß gegen Ende des 17. Jahrhunderts viele der Sepharden Hamburg den Rücken kehrten.[81] Maßgeblich dafür mag gewesen sein, daß man den Katholiken auf kaiserlichen Druck nicht die gleichen Rechte wie den Juden einräumen wollte und daher lieber die «Portugiesen» einschränkte – was wiederum die Grenzen der Hamburgischen Liberalität kennzeichnete.[82] Dieser Aderlaß machte sich wirtschaftlich schnell bemerkbar, und Hamburg bemühte sich, durch eine liberalere Handhabung der restriktiven Bestimmungen die portugiesischen Juden in der Stadt zu halten. So gelang es ihnen, ungeachtet des Verbotes, über «Strohmänner … Grundbesitz zu erwerben. … Die Zahl der Juden in der Hafen- und Handelsstadt Hamburg (nahm in der Folgezeit) kontinuierlich zu».[83] Diese im Heiligen Römischen Reich «beispiellose Möglichkeit»[84] des Immobilienerwerbs zeigte Wirkung. 1811 hatten die Juden einen Anteil von 6 % an der Gesamtbevölkerung erreicht und bildeten damals die größte jüdische Gemeinschaft in Deutschland.

Am Beispiel der Juden, in deren Behandlung ein wichtiger Gradmesser für die Fremdenpolitik zu sehen ist, läßt sich in Hamburg zeigen, daß die Einzelfallentscheidungen Ausnahmen von der Regel möglich machten. So war dem bekannten Arzt Rodrigo de Castro aufgrund seiner Verdienste bereits 1617 zugestanden worden, nicht nur ein Haus auf der Wallstraße zu erbauen, sondern er durfte 1602 sogar einen Grabplatz auf dem Kirchhof von Marien Magdalenen für sich und seine Familie erwerben.[85] Dieses Grab auf einem christlichen Friedhof konnte er, noch bevor der Hamburgische Rat 1612 «das erste Reglement für die Inwohner der Portugisieschen Nation»[86] erlassen hatte, natürlich nur deshalb kaufen, weil – wie noch 1617 der Senat festhielt – «er sich bisher allezeit still gehalten, auch geschwiegen wenn er der Religion wegen gefragt, und Alles stillschweigend verantwortet».[87] Obwohl Rodrigo de Castro, der etliche seiner Kinder in Hamburg taufen ließ, sich 1617 in der Nachbarschaft jüdischer Einwohner ansiedelte und sich zum Teil wohl auch öffentlich zum Judentum bekannte, war dies kein Anlaß für den Rat, seine Entscheidung zu revidieren.[88]

Das 1710 von einer kaiserlichen Kommission erarbeitete Reglement für die Juden Hamburgs blieb bis in das 19. Jahrhundert (1814) hinein in Kraft, obwohl es nicht der Erbgesessenen Bürgerschaft zur Genehmigung vorgelegt worden war. Relativ moderat in seinen Restriktionen – an Kleidervorschriften galt nur, daß die Juden «in ihren Kleidungen ... modest, und ohne Pracht und Uebermuth sich aufführen» sollten – räumte es begüterten Juden eine Reihe bürgerlicher Rechte ein bei gleichzeitiger Verpflichtung, «alle ordinaire und extraordinaire Stadt-Onera und Auflagen ..., gleich den Bürgern und anderen Einwohnern» mitzutragen.[89] Im Vergleich zu anderen deutschen Territorien garantierte dieses Reglement den Hamburger Juden wesentliche Vorteile. Es gab keine «Vergeleitung», d. h. die Hamburger Juden mußten keine Schutzgelder zahlen.[90] Das Reglement wies ihnen nicht besondere Bezirke zum Wohnen an, sagte aber auch nichts zu der Möglichkeit, Grundbesitz in Hamburg zu erwerben.[91] Der Bürgerschaft und den Zünften durften sie selbstverständlich nicht beitreten, waren aber immerhin besser gestellt als nichtzünftige Bönhasen (Pfuscher). Im Hinblick auf die Religionsausübung der Juden zeigte sich das lutherische Hamburg strenger als die geistlichen Fürstentümer oder Preußen.[92] Wirtschaftliche Flauten wie die in Hamburg gegen Ende des 17. Jahrhunderts und in den dreißiger Jahren des 18. Jahrhunderts brachten Vor- und Nachteile mit sich. Die Forderungen gegenüber den Juden wurden erhöht, andererseits nahm man nun auch mit ihnen eher als Mieter oder gar Käufer von Häusern vorlieb. Eindeutig profitierten Juden jedoch von wirtschaftlichen Blütezeiten. Durch die Hochkonjunktur in Hamburg zwischen dem Siebenjährigen Krieg bis in die ersten Jahre des 19. Jahrhunderts hinein sowie die Erosionserscheinungen der Zünfte, die im 18. Jahrhundert immer deutlicher wurden, bot die ökonomische

Nische, in die die Juden gezwungen wurden, um diese Zeit größere Möglichkeiten. «Der jüdische Einwohner», heißt es in einem Text aus dem Jahre
1800, «kann also freilich nicht Maurer und nicht Zimmermann werden,
eben so wenig als der christliche Einwohner dieses werden kann, wenn
er nicht zum Zunftgenossen geboren und erzogen ist. Aber er kann seyn,
und ist, Bankier, Kaufmann, Mäkler, Buchhalter, Fabrikant, Juwelen- und
Pretiosen-Händler, bis zum Hausirer und Taglöhner herab. Er kann seyn
und ist Schriftsteller, Arzt, Geburtshelfer, Notarius, Translator, Künstler,
Mechaniker, Chemiker, Handarbeiter; ... er kann Architekt, Kunst-Gärt-
ner, Apotheker, Confitürier, er kann Perukier ... und Friseur, er kann
Möbeln-Arbeiter jeder Art seyn.»[93]

Im 18. Jahrhundert erinnerte der Senat die Bürger und Einwohner immer wieder, alle Fremde genau zu beobachten und auf den vorgesehenen
Formularen zu melden. Diese Aufrufe enthielten weitgehend stereotype
Wendungen, die Meldevorschriften wurden jedoch immer weiter detailliert. Ein aus der Reihe fallender Fremdenerlaß, der aus dem Jahr 1713
stammt, sei hier zum Schluß noch erwähnt: Darin wurde bei Strafe dazu
aufgerufen, die Fremden «weder mit Worten oder Wercken ... im gering-
sten zu touchieren.»[93a] Dieses untypische Dokument war allerdings weniger der Hamburger Fremdenfreundlichkeit als den besonderen Umständen
geschuldet. Nach einer Phase der inneren Anarchie, die sowohl der Kaiser
als auch Dänemark zu nutzen suchten, hatten der Hamburger Senat und
die Bürgerschaft 1712 zu einem Kompromiß gefunden. Diesen «Hauptrezeß», der von kaiserlichen Kommissären unter militärischem Druck aus-
gehandelt worden war, wollte man nicht gefährden. Mit dem Aufruf sollte
noch einmal nachdrücklich das ganze Stadtgebiet befriedet und neuer-
lichen Aufständen vorgebeugt werden.

V. Zusammenfassung

Das Beispiel Hamburg zeigt deutlich, daß es einen engen Zusammenhang
zwischen Prosperität und Fremdenpolitik gab. Es ist anzunehmen, daß
dabei der «Wohlstand der deutschen Städte geradezu vom Grade ihrer
Öffnung gegenüber Fremden und den Minderheiten abhing.»[94] Die im
Vergleich zu anderen Städten großzügige Vergabe von Bürgerrechten
zweiter Klasse machte die Stadt attraktiv, bot die Schutzverwandtschaft
doch eine vergleichsweise gute Rechtsposition innerhalb der Stadt. Der
Aufstieg zum Vollbürger wurde ebenfalls einem großen Teil der Zuwanderer möglich: der Anteil der Fremden an der Bürgerschaft soll im
17. Jahrhundert 59 % (sic!) betragen haben,[95] Hans-Dieter Loose spricht
unter Einbeziehung der «unmittelbaren Angehörigen» der Bürgerrechtsbesitzer sogar davon, daß im 17. Jahrhundert «70–80 Prozent der Gesamtbevölkerung im bürgerlichen Nexus» standen».[96] Von 1712 bis 1815 waren

Notification. 2

Da ohngeachtet der im 26ſten §. der revidirten Armen-Ordnung gemachten Verfügung, daß alle in den Wohnungen
der Stadt beherbergte Fremde dem 2ten Herrn Gerichtsverwalter angezeigt werden ſollen, dieſe Anzeigen dennoch bisher allgemein vernachläßigt ſind: ſo wird jeder hieſiger Bürger und Einwohner, welcher Fremde bey ſich aufnimmt und beherberget, er
mag nun ein eigentlicher Gaſtwirth, Herbergirer, und ſogenannter Schlafwirth ſeyn oder nicht, hierdurch ernſtlich und
bey Vermeidung geſetzlicher und Obrigkeitlicher Ahndung anerinnert, mit dem Anfang des herannahenden 1792ſten Jahrs
an jedem Tage, an welchem bey ihm Fremde ankommen, und
abgehen, und zwar ſogleich an demſelben Tage, ein Zettel mit
Bemerkung

1) der Jahrzahl und des Tages des Ankommens oder
   Abgehens,
2) des Nahmens des Fremden,
3) deſſen Gewerbes, oder Characters und der Abſicht ſeines
   hieſigen Aufenthalts,
4) des Orts, woher er gekommen,
5) des Orts, wohin er gehen will, oder an dem Tage abgegangen iſt,
6) der Perſonen, welche er mit ſich führt, als Frau, Kinder, Bediente ꝛc.

und 7) mit ſeiner, des Wirths, oder Beherbergenden, Nahmens
Unterſchrift,

auf der Diele des zweyten Herrn Gerichtsverwalters unfehlbar
abzugeben, und ſind desfalls gedruckte Formulare bey dem Raths
Buchdrucker Meyn in der Filzerſtraße No. 48, das Buch zu
6 Schillinge, und einzelne 2 Bogen für 9 Pfenninge zu haben.
Concluſum in Senatu Hamburg. d. 28. Decbr. 1791.

Meldevorschrift aus dem Jahre 1791
(Quelle: Staatsarchiv Hamburg, 111–1, Senat, Cl VII, Lit. Lb, Nr. 15, Fasc. 2)

von den Oberalten, der «einflußreichste(n) politische(n) Instanz der Bürgerschaft», immerhin «gut 20% nach Hamburg zugewandert».[97] Inwieweit diese fremdenfreundliche Politik der wirtschafts- und bevölkerungspolitischen Weitsicht des Senats bzw. dem Druck der Konkurrenzstädte zuzuschreiben ist, muß hier offen bleiben.

Sicherlich hing der Wohlstand einer Stadt nicht allein von ihrer Fremdenpolitik ab. Eine im Binnenland gelegene Stadt, deren Magistrat durch einen starken Landesherrn in seinem Handlungsspielraum weit mehr eingeengt war als der Senat des exponiert gelegenen zentralen Umschlagplatzes Hamburg, hatte natürlich viel bescheidenere Entwicklungsmöglichkeiten. Verlegte ein Fürst seine Residenz in eine andere Stadt, so hatte dies für die betroffenen Städte einschneidende und eindeutig nachzuweisende Folgen, die die Stadtobrigkeiten nicht zu verantworten hatten. Aber so sicher wie Hamburg im Vergleich zu anderen Hansestädten den Niedergang dieses Handelsbundes zu großen Teilen durch seine Fremdenpolitik wettmachte, so beeinflußten auch kleinere Städte durch eine offenere oder restriktivere Fremdenpolitik ihre ökonomische Entwicklung.

Fremdenpolitik stellte sich in erster Linie als Konjunkturpolitik dar. In Krisenzeiten versuchten die Stadtobrigkeiten gewöhnlich dem etablierten bürgerlichen Stand die «Nahrung» zu sichern, indem man ökonomisch potente Kreise anzuwerben versuchte und die Abschließungstendenzen gegenüber mittellosen Zuwanderern verstärkte. Doch es gab graduelle Unterschiede in der Abschottungspolitik. Einwanderung hatten alle Städte zu verzeichnen. Den Zuziehenden konnte Rechtssicherheit in unterschiedlichster Form gewährt, oder aber verwehrt werden. Die Palette vom kleinen Bürgerrecht zweiter, dritter Klasse über die Schutzverwandtschaft bis hin zu dem an unterschiedlichste Konditionen gebundenen Aufenthaltsrecht bot vielfältige Möglichkeiten, dem illegalen Status und der drohenden Ausweisung zu entgehen. Wo mit diesen Eingliederungsmöglichkeiten gegeizt wurden, wanderten Bessergestellte nicht selten weiter, während die Habenichtse – gegen die sich diese Hürden ja gerade richteten – mangels Alternative eben ohne Genehmigung in der Stadt lebten. So trug in Köln die starre Haltung und Abschottungspolitik der Zünfte, die sich immer wieder durchsetzen konnten, maßgeblich zum Niedergang der Stadt bei.[98] In Augsburg, dessen Bevölkerung um die Mitte des 18. Jahrhunderts zurückging – von 33 500 Einwohnern im Jahr 1765 auf 28 534 im Jahre 1807 –, läßt sich zeitgleich eine zunehmende «protektionistische Abwehr der Fremden» durch die Bürgerschaft feststellen.[99]

Weit von jeder «Freizügigkeit» entfernt, war die «bürgerliche Herrschaft über die Fremden ... ein hochkonservatives Regiment.»[100] Die Fremden wurden im Laufe der hier behandelten Zeit nicht zuletzt durch die Einführung detaillierter Formulare immer systematischer erfaßt und in ein kompliziertes, dabei jedoch wenig effizientes Geflecht von Aufenthalts- und Arbeitsgenehmigungen eingebunden. Merkantilistische und bevölkerungspolitische Gesichtspunkte führten in Zusammenhang mit der Aufklärung dazu, daß wirtschaftlich potente Fremde, die «privilegierten Fremden», wenngleich zum Teil nur auf Druck der Landesherren, zu Handel und Gewerbe zugelassen wurden, auch wenn sie einem anderen Glauben angehörten. Daß dies durchaus zum Nutzen der Städte war, blieb auch den Zeitgenossen nicht verborgen: «Glücklich ist eine Stadt, darinnen man sich nur darum bekümmern darf, wie viel die ruhigen Einwohner und Fremde dem gemeinen Wesen nutzen, und nicht, was sie glauben», schrieb 1776 der Hamburger Johann Peter Willebrand.[101]

Die in den Augen der Stadtobrigkeit die «Ordnung» bedrohenden «unterwürfigen Fremden» versuchte man an der Niederlassung zu hindern. Ein Teil dieser Fremden fand jedoch Unterstützung und Unterschlupf in der Stadt und verdankte seine Existenz innerhalb der Städte der Diskrepanz zwischen den ordnungspolitischen Vorstellungen des Stadtregiments und den Bedürfnissen der von diesem reglementierten Untertanen. Am wenigsten aufsehenerregend gestaltete sich die Einwanderung der «geduldeten Fremden», die wohl das Gros der Zuwanderer stellten. Das System der Einzelentscheidungen, der differenzierten Aufenthaltsgenehmigungen, die Möglichkeit, Verlängerungsanträge zu stellen und nicht zuletzt die geringen Möglichkeiten der Stadtobrigkeit, bei Verstößen gegen die Fremdenerlasse Ausweisungen nicht nur anzuordnen, sondern auch durchzusetzen, ließen diesen Fremden eine Chance, die in erster Linie der geringen Effizienz der frühmodernen Verwaltung geschuldet war. Die rechtliche Differenzierung der Bevölkerung nach den oben genannten Kriterien kann bei der heterogenen Struktur der städtischen Gesellschaft nicht einfach mit Diskriminierung gleichgesetzt werden. Selbst die rechtlich definierte Oberschicht des Bürgertums bildete keine sozioökonomische Einheit mehr. Die Vergabe von Bürgerrechten minderen Rechts, als Abgrenzungsmaßnahme ergriffen, führte letztendlich doch zur Ausweitung des Bürgerbegriffs. Wie beim Bürgertum mußte auch der jeweilige Rechtsstatus der Nichtbürgerlichen nicht unbedingt identisch sein mit einer eindeutigen Schichtenzugehörigkeit und einem klar definierten Sozialprestige. Vieles spricht dafür, daß eine totale Ausgrenzung innerhalb der städtischen Gesellschaft erst durch die Egalisierungstendenzen der Neuzeit ermöglicht wurde, daß der Fremde, wie wir ihn heute verstehen, ein Produkt der Moderne ist.[102]

Stefi Jersch-Wenzel

Hugenotten in Preußen

Das Thema «Hugenotten in Preußen» gehört in der historischen Minderheitenforschung zu den erfreulichen Bereichen. Wir haben es mit einer vergleichsweise hochprivilegierten Zuwanderergruppe zu tun. Sie gehörte der Religion des Herrscherhauses an, so daß ihre Aufnahme eine Hilfe für Glaubensgenossen war, freilich verbunden mit der Erwartung wirtschaftlichen Fortschritts durch diese Zuwanderer. Zwar waren die ersten Jahrzehnte nach ihrer Niederlassung, jedenfalls im städtischen Umfeld, nicht frei von z. T. heftigen Auseinandersetzungen mit der lutherischen Geistlichkeit und den in Gilden und Zünften organisierten Kaufleuten und Handwerkern, doch bildeten die Hugenotten insgesamt eine Ausnahme in der Vielzahl der nach Preußen einwandernden «Fremden».

Deshalb seien einige vergleichende Bemerkungen über die verschiedenen Zuwanderergruppen an den Anfang gestellt. Das erleichtert die Einordnung der anschließenden Aussagen über die Hugenotten. Im Zentrum steht dabei nicht die allgemeine Kolonisationspolitik der preußischen Herrscher, weil diese Kolonisten überwiegend aus Gebieten kamen, die an Preußen angrenzten, also nicht in gleichem Maße als fremd empfunden wurden, und weil sie sich ebenso überwiegend auf brachliegendem Land niederließen und dadurch keine Konkurrenz für die bereits ansässige Bevölkerung darstellten.

Preußen gilt als ein Staat, dessen Bevölkerung im Laufe der letzten Jahrhunderte in besonderem Maße in der Lage war, Ausländer als Teile der Bevölkerung zu akzeptieren, ihre andersartigen Wertvorstellungen zu respektieren und sich zugleich deren spezifische Kenntnisse und Fertigkeiten nutzbar zu machen. Es wird gern darauf hingewiesen, wie vielfältig die Hugenotten unsere Kenntnisse an Nahrungs- und Genußmitteln bereichert haben, wie nachhaltig französische oder jiddische Sprachelemente in der Alltagssprache bis heute fortwirken oder wie sehr Kultur und Wissenschaft durch die deutschen Juden belebt wurden. Kaum einer fragt aber danach, wie das Zusammenleben und die ganz allmähliche Annäherung zwischen den Einheimischen und den zuziehenden Fremden vonstatten ging. Wer weiß schon, daß es Jahrzehnte dauerte, bis sich – nach der großen Hugenotteneinwanderung – deutsche und französische Kaufleute zu gemeinsamen Gilden zusammenschlossen, daß die Dörfer Deutsch-Rixdorf und Böhmisch-Rixdorf seit der ersten Hälfte des 18. Jahrhunderts bis zu ihrer von den Behörden veranlaßten Vereinigung 1874 rund 150 Jahre lang im Streit miteinander gelegen hatten, oder daß – nicht nur von seiten der herrschenden Mehrheit – jahrzehntelange Diskussionen über die bürgerliche Gleichberechtigung der Juden stattfanden, sondern auch innerhalb der jüdischen Bevölkerung heftige Auseinandersetzungen darüber entbrannten, welchen Preis für die Erhaltung des Judentums diese Gleichberechtigung kosten würde.

Die Informationsmöglichkeiten über derartige historische Vorgänge sind in den letzten Jahren umfangreicher und systematischer geworden, aber sie reichen noch nicht aus. Noch kaum untersucht sind z. B. die Identitäts- und Integrationsprobleme der vorwiegend ost- und südosteuropäischen Einwanderergruppen, die seit dem 19. Jahrhundert einen bleibenden Bestandteil der preußischen und vor allem der Berliner Bevölkerung darstellten. Angesichts der Probleme, die wir heute im Zusammenleben mit zugewanderten Ausländern haben, kann es durchaus von Interesse sein, historische Entwicklungen und Sachverhalte vergleichbarer Art zu untersuchen und zu dokumentieren. Ziel kann es dabei nicht sein, aus historischen Vorgängen vorschnell Parallelen zu den heutigen Problemen im Hinblick auf die Ausländer in unserer Gesellschaft zu ziehen. Vielmehr muß mit der gebotenen Vorsicht geprüft werden, wo und in welchem Umfang wir in dem vielschichtigen Problemfeld des Verhältnisses einer Mehrheit zu «ihren» Minderheiten aus den Lösungsversuchen der Vergangenheit Erkenntnisse gewinnen können.

Der hier behandelte Zeitraum reicht vom 17. bis zum Ausgang des 18. Jahrhunderts. Er umspannt den Prozeß der Niederlassung von Fremden, in diesem Fall der Hugenotten, des Bewahrens der Tradition und damit der Gruppenidentität, der Assimilation der zweiten oder dritten Generation und der Integration in die einheimische Gesellschaft.

Als Parameter für die Lebensbedingungen der Hugenotten, die nach Preußen einwanderten, sollen zwei Fragestellungen dienen:

1. Wie sind der Stand und die Tendenzen der wirtschaftlichen Entwicklung insgesamt, d. h. wie groß ist der Bedarf an Arbeitskräften und insbesondere der an Arbeitskräften, die der Wirtschaft neue Kenntnisse und Erfahrungen zuführen können? Wichtige Perioden für die Zuwandernden unter diesem Gesichtspunkt sind einmal die Jahrzehnte nach dem Dreißigjährigen Krieg im 17. Jahrhundert, vor allem unter der Regentschaft Friedrich Wilhelms, des Großen Kurfürsten, als das entvölkerte Land dringend qualifizierter Arbeitskräfte bedurfte, und zum anderen die Zeit der Herrschaft von Friedrich Wilhelm I. und Friedrich II. im 18. Jahrhundert, die sich unter anderem durch die Schaffung einer florierenden Wirtschaft in ihren zuvor agrarisch und kleingewerblich geprägten Territorien einen den absolutistischen Vorstellungen entsprechenden Rahmen schaffen wollten.

2. Welche Bedeutung hat in den verschiedenen Zeitabschnitten die Tatsache, daß eine zuwandernde Gruppe eine von der herrschenden abweichende Interpretation von Natur und Gesellschaft vertritt? Zu denken ist dabei vor allem an Anhänger einer anderen Religion. Dieser Gesichts-

punkt spielte bis zur Mitte des 18. Jahrhunderts, als Berlin zum Zentrum der preußisch-norddeutschen Aufklärung wurde, eine beträchtliche Rolle. So konnten sich bis dahin Protestanten aller Ausrichtungen ohne Schwierigkeiten niederlassen, während Juden als Vorbedingung eine beträchtliche Wohlhabenheit vorweisen mußten und Katholiken generell ungern und wenn, dann nur als Diplomaten, als Soldaten oder Facharbeiter aufgenommen wurden.

Die Lebensbedingungen der zuwandernden Gruppen waren wesentlich bestimmt von den Ursachen, die zu ihrer Niederlassung geführt hatten. Danach lassen sich zwei große Unterteilungen vornehmen:

1. In früher Zeit angeworbene Facharbeiter hatten zweifellos die günstigste Ausgangslage, weil man daran interessiert war, daß sie auf längere Sicht hier blieben. Bedeutsam waren in dieser Kategorie vor allem die Niederländer im 17. Jahrhundert sowie die belgischen und französischen Facharbeiter, die im 18. Jahrhundert für die Arbeit in den ersten Manufakturen in den Bereichen der Textilherstellung, der Gewehrfabrikation, der Herstellung von Luxuswaren angeworben wurden und die, obwohl sie der katholischen Kirche angehörten, zahlreiche Privilegien genossen.

2. Unter den ihrer Religion wegen aus ihrer Heimat Flüchtenden oder Vertriebenen gab es im Hinblick auf die Aufnahmebedingungen zwei grundlegende Unterscheidungen. Diejenigen, die der Religion des Herrscherhauses oder einer verwandten protestantischen Religionsrichtung angehörten und von denen man sich zusätzlich im wirtschaftlichen Bereich eine Belebung erhoffte, hatten einen nahezu ebenso privilegierten Status wie die angeworbenen Facharbeiter. Zu ihnen gehörten vor allem die Hugenotten, aber auch die Orangeois, die Wallonen und die zum Teil ursprünglich aus Frankreich stammenden «Pfälzer» und «Schweizer». Sie alle kamen am Ende des 17. und zu Beginn des 18. Jahrhunderts nach Brandenburg-Preußen.

Die um 1732 zugewanderten protestantischen Religionsflüchtlinge aus Böhmen erhielten nicht die gleichen Privilegien wie die zuvor Genannten, konnten jedoch die für alle Kolonisten geltenden, großzügigen Starthilfen in Anspruch nehmen.

Einschneidend schlechter waren dagegen die Aufnahme- und Existenzbedingungen für Angehörige der jüdischen Religion. Die Grundlinien für die Sondergesetzgebung, unter der sie bis weit ins 19. Jahrhundert hinein leben mußten, wurden gelegt, als 1670/71 einige der aus Teilen Österreichs vertriebenen Juden um eine Niederlassung in Berlin-Brandenburg nachsuchten.

Es ist schwer zu entscheiden, ob sich die Hugenotten bereits in Frankreich seit längerer Zeit bewußt als Minderheit im hier gemeinten Sinne verstanden. Mehrere Merkmale scheinen darauf hinzudeuten. Ihre schichtenmäßige Struktur hatte sich im Laufe des 16. und 17. Jahrhunderts stark gewandelt. Während zunächst der größere Teil des Hochadels, dazu ein erheblicher Teil des Kleinadels, Vertreter der freien Berufe wie Ärzte oder Apotheker, manche Richter, viele Kaufleute, Gewerbetreibende und Landleute hugenottisch waren[1], fielen der hohe Adel und der Bauernstand seit dem sich um die Mitte des 17. Jahrhunderts durch die berüchtigten Dragonaden verstärkenden Druck auf die Andersgläubigen weitgehend vom Calvinismus ab, so daß zum Zeitpunkt der Aufhebung des Edikts von Nantes fast nur noch zum Bürgertum oder zum Kleinadel gehörende Gruppen beim bekämpften reformierten Glauben verblieben waren. Ihre wirtschaftliche Bedeutung bestand vor allem in erfahrenen Arbeitskräften, technischem Wissen und einigem flüssigen Kapital, also aus beweglichem Gut, das auch einen schwierigen Transport überstehen konnte.

Es ist zu fragen, wie groß die Reduzierung dieser für die französische Wirtschaft wichtigen Bevölkerungsgruppe gewesen ist. Die außerordentlich umstrittenen Zahlen schwanken zwischen 50 000 und 1 500 000 Hugenotten, die Frankreich verlassen haben. Nach neueren Schätzungen dürfte es sich um etwa 200 000 Personen gehandelt haben (etwa = 10 % aller französischen Protestanten oder = 1 % der französischen Gesamtbevölkerung), von denen etwa 30 000 nach ganz Deutschland einwanderten und davon wiederum nachweisbar mindestens 9000 bis 10 000 nach Berlin und in die Mark Brandenburg.[2] Welche Wirkungsmöglichkeiten und welche wirtschaftlichen Aufstiegschancen sich diese Einwanderer erhofften, soll im folgenden nachzuweisen versucht werden.

Für die Hugenotten ging es vorerst darum, welches Land sie aus einer Vielzahl von anziehungskräftigen Angeboten wählen sollten. Innerhalb dieses mittel- und westeuropäischen Wettstreites um die Aufnahme möglichst vieler französischer Glaubensflüchtlinge hatten Deutschland und speziell Brandenburg-Preußen das am wenigsten zugkräftige Angebot an bereits vorhandenen wirtschaftlichen Entwicklungsmöglichkeiten zu machen. Schon für das wirtschaftlich wesentlich weiter entwickelte und zudem weitgehend protestantische England schien es aufgrund einer Unterbevölkerung lohnend, umfangreiche Unterstützungsmaßnahmen für Réfugiés zu propagieren. Reichte die Unterstützung in England nur bis zu Steuerfreiheit beziehungsweise zum -nachlaß und gelegentlichen Hilfsaktionen der Krone, so scheinen die holländischen Städte durch die Vergabe von großzügigen finanziellen Unterstützungen und weitreichenden Privilegien darin gewetteifert zu haben, eine möglichst große Zahl von Hugenotten zur Niederlassung zu gewinnen.

Wenn die gegenüber Frankreich, Holland und England wirtschaftlich noch durchaus rückständigen deutschen Staaten in diesem kostspieligen Prozeß der Arbeitskräftebeschaffung eine Chance haben wollten, mußten sie sie in noch weiter reichenden Zusagen für Unterstützungen und Privilegien und in der relativ schnellen Bekanntmachung dieser Zusagen suchen. In der wohl schwierigsten Situation befand sich dabei Friedrich Wilhelm, Kurfürst von Brandenburg. Dem Gebiet, in dem seine Residenz lag, fehlte es «an jeglichem, an Menschen und Geld, Fähigkeiten und Unternehmungsgeist».[3] Eine Anziehungskraft aufgrund der bereits vorhandenen Bedingungen und Möglichkeiten gab es also für Fremde, die einen für ihre Existenz lohnenden Niederlassungsort suchten, noch nicht. Sie konnte nur hergestellt werden durch eine zielstrebige, von religiösen Differenzen absehende und in der Zusage von Niederlassungserleichterungen freigebige staatliche «Peuplierungspolitik». Um die durch den 30jährigen Krieg, durch Seuchen und Mißernten stark reduzierte Bevölkerung wieder zu vermehren und um der aus den gleichen Ursachen zum Teil hinter den Stand des 16. Jahrhunderts zurückgefallenen Wirtschaft allmählich den Anschluß an den Entwicklungsstand Mittel- und Westeuropas zu ermöglichen, hatte der Kurfürst daher bereits seit 1660 mit einer planmäßigen Einwanderungspolitik begonnen, die bis zum Ende des 18. Jahrhunderts von seinen Nachfolgern fortgesetzt wurde und für die Bevölkerung und Wirtschaft Preußens von großem Einfluß wurde. Zwar sind im Laufe des späten 17. und des 18. Jahrhunderts noch weitere Angebote an zuwandernde Einzelpersonen ergangen, doch dürfte der größte Umfang an Vergünstigungen für eine ganze Einwanderergruppe im Aufnahmeedikt für die französischen Flüchtlinge von 1685 erreicht gewesen sein. Dieses Edikt, das manchen anderen deutschen Fürsten als Muster diente, in seiner vollen Großzügigkeit allerdings kaum Nachahmer fand, erschien bereits drei Wochen nach der Aufhebung des Edikts von Nantes. Es war also längerfristig vorbereitet.

Obgleich die Formulierung eines Niederlassungsediktes für eine Gruppe noch wenig über ihre tatsächlichen späteren Lebensbedingungen aussagt, soll hier das Potsdamer Edikt vom 29. Oktober 1685,[4] die gesetzliche Grundlage für die Aufnahme der französischen Flüchtlinge, analysiert werden. Diese offizielle Deklaration gibt zumindest den Plan des Fürsten und seiner Berater wieder, nach dem die Hugenotten der Gesellschaft zugeordnet werden sollten.

In 14 Punkten werden die Gründe für die Aufnahme, die angebotenen Niederlassungsorte und -bedingungen, die Voraussetzungen für eine Berufstätigkeit, die Bedingungen für die Abhaltung von Gottesdiensten und die Fragen der Rechtsprechung abgehandelt.

Das Edikt beginnt mit einer Einleitung, in der die Motive und das Ziel der Aufnahme benannt werden. Zu Beginn des Niederlassungsangebotes wird das Mitleid formuliert mit «Unsere[n] der Evangelisch-Reformierten Religion zugethane[n] Glaubens-Genossen», die mit «harten Verfolgungen und rigoureusen proceduren» in ihrem Heimatland an der Ausübung ihrer Religion gehindert wurden. Zum Ziel der Aufnahme wird das Bedürfnis erklärt, die den Hugenotten zugefügte «große Noth und Trübsal ... auf einige Weise zu subleviren und erträglicher zu machen». Mit welchen Transporthilfen sich der brandenburgisch-preußische Staat in den schon erwähnten Konkurrenzkampf um die Aufnahme einer größtmöglichen

Zahl von französischen Flüchtlingen begab, geht aus den beiden ersten Punkten des Edikts hervor. Brandenburgische Gesandte, Kommissare, Agenten oder Residenten sollen an den Sammelplätzen Amsterdam, Frankfurt/Main und Köln sich der Flüchtenden annehmen, sie mit Geld, Pässen und «anderen Nothwendigkeiten» ausstatten und sie mit Schiffen entweder von Amsterdam nach Hamburg und von da an in die Mark Brandenburg oder von Frankfurt und Köln nach Cleve geleiten. Den französischen Flüchtlingen, denen als Zufluchtsstätte «alle unsere Lande und Provincien» offenstehen, werden besonders die Städte Stendal, Werben, Rathenow, Brandenburg und Frankfurt, Magdeburg, Halle und Calbe sowie Königsberg in Ostpreußen anempfohlen. Als Wohngebäude sollen ihnen verfallene Häuser überlassen werden, deren Besitzer finanziell nicht zur Instandsetzung in der Lage waren. Außer der Bezahlung sämtlicher auf den Grundstücken lastenden Schulden, der Entschädigung für die vorherigen Besitzer und der Lieferung von Baumaterial wird den Hugenotten die Freiheit von Einquartierung und allen Abgaben für sechs beziehungsweise in entlegeneren Orten für zehn Jahre zugesagt, von der nur die Konsumtionsakzise ausgenommen wird. Für die Anfangszeit werden sogar die Magistrate angewiesen, einige Häuser für die Flüchtlinge zu mieten und diese bei Bedarf dort für vier Jahre unentgeltlich wohnen zu lassen. Wer sich auf dem Lande niederlassen möchte, soll ein Stück Land zur Urbarmachung sowie alle Hilfsmittel kostenlos bekommen, die er zur Bebauung benötigt.

Die Hoffnungen, die man im Hinblick auf die wirtschaftliche Entwicklung des Landes in die Hugenotten setzte, werden nur andeutungsweise erkennbar. Zunächst heißt es im Zusammenhang mit der freien Wahl des Niederlassungsortes, daß zwar das gesamte Land «sonderlich zu Etablirung allerhand manufacturen, Handel und Wandels zu Wasser und zu Lande sehr bequem» sei, daß aber die schon genannten Städte am geeignetsten scheinen. Präziser wird dieser Wunsch nach Errichtung von Manufakturen im Punkt 8 des Edikts formuliert, das ihnen für diesen Fall alle dafür notwendigen Freiheiten, Privilegien und Erlassungsmöglichkeiten sowie finanzielle und materielle Zuwendungen garantiert. Als von Manufakturen herzustellende Produkte werden Tuche, Stoffe, Hüte «oder was sonsten ihre Profession mit sich bringt» genannt.[5] Bei der Nennung dieser Wirtschaftsbereiche klingt bereits an, welche Bevölkerungsschicht man durch die Einwanderung zu verbreitern hoffte: das städtische Bürgertum. Diese Tendenz wurde im Laufe des 18. Jahrhunderts so vorherrschend, daß man geradezu vom «Import eines Ersatzbürgertums» sprechen kann. Zu diesem frühen Zeitpunkt allerdings konnte eine nach Berufen vorsortierte Auswahl aus den Niederlassungswilligen nicht getroffen werden. Daher werden allen, ob sie sich als Manufakturisten betätigen wollten oder nicht, die Erteilung des Bürgerrechts und die Aufnahme in die Innungen sowie alle «beneficia, Rechte und Gerechtigkeiten» der Einheimischen unentgeltlich zugesagt.[6]

Im Hinblick auf die Jurisdiktion werden die Hugenotten unter ein Sonderrecht gestellt. Sie sollen für Streitigkeiten untereinander aus ihrer Mitte einen Schiedsrichter – den späteren juristisch ausgebildeten Kolonierichter – benennen; in Streitfällen zwischen Deutschen und Franzosen soll ein aus dem Magistrat des Niederlassungsortes und dem französischem Schiedsrichter zusammengesetztes Gericht entscheiden. Seltsamerweise wird die Frage des gesonderten Unterrichts wie überhaupt das Problem des Schulbesuchs für die französischen Kinder im Aufnahmeedikt nicht angesprochen. Sie bekommen allerdings das Recht, in jeder Stadt einen Prediger zu haben und erhalten die Zusicherung für einen Ort, an dem sie in der ihnen gewohnten Form ihren Gottesdienst abhalten können.

Der dann folgende Abschnitt befaßt sich mit den Existenzmöglichkeiten, die sich dem französischen Adel in den Herrschaftsgebieten des Kurfürsten bieten. Sowohl die Neuankömmlinge als auch diejenigen Adligen, die schon vor Erlaß des Edikts Frankreich aus Religionsgründen verlassen haben, kommen in den Genuß aller Würden und Vorrechte des einheimischen Adels, wie bei der Bekleidung von Ämtern am Hof und im Militär, so auch beim Erwerb und Besitz von ländlichen Gütern. Im Hinblick auf die Hugenotten stellte sich also der brandenburgischen Regierung die Aufgabe, eine ständisch strukturierte Gruppe anderer Nationalität dem Staat einzufügen. Für sie fehlt jede Sonderbestimmung über den Kriegsdienst, so daß sie dazu nach möglichen Anfangserleichterungen wie die übrigen Untertanen herangezogen werden, falls nicht eine ausdrückliche Befreiung vorlag.

Gewiß haben besonders für die Aufnahme der französischen Religionsflüchtlinge religiöse Erwägungen eine bedeutsame Rolle gespielt. Wenngleich das Bekenntnis der seit 1613 zur Reformierten Kirche übergetretenen brandenburgischen Herrscher nicht voll mit dem der Réfugiés übereinstimmte, so fühlten sie sich doch mit ihnen im «streng calvinistischen Lehrtypus»[7] verbunden, und insofern kann man von einer Hilfeleistung für Glaubensgenossen sprechen. Wichtiger aber als die Verbundenheit durch den Glauben scheint die bei dem Kurfürsten zweifellos auf seine Jugendeindrücke in Holland zurückzuführende prinzipielle Neigung «zu jener besonderen calvinistischen Religiosität ..., die im Gegensatz zum Luthertum imstande war, höchste politische und wirtschaftliche Energien zu erwecken, und die die ‹Brücke› wurde, über die die moderne westeuropäische Staats- und Wirtschaftsräson in Brandenburg-Preußen ihren Einzug hielt».[8] Die dabei zugrundeliegende Bereitschaft zur Trennung von Konfession und Politik, von Kirche und Staat ermöglichte es ihm, in seinem Herrschaftsgebiet auch die Anwesenheit von verfolgten Sekten, wie der Arianer, der Socinianer oder der Mennoniten und ebenso von Juden zu dulden. Das in der Aufnahme und in einer für das Land sinnvollen Integration von Glaubensflüchtlingen erfahrene Holland dürfte auch in diesem Punkt einen entscheidenden Einfluß auf die Einstellung des Kurfürsten gegenüber Andersgläubigen gehabt haben.

Ausschlaggebend aber für eine solche Einwanderungspolitik großen Stils – und das gilt für Brandenburg ebenso wie für England oder Irland – war die enge Wechselbeziehung, die die Vertreter der volkswirtschaftlichen Lehre des 17. Jahrhunderts zwischen Bevölkerung und Produktion, zwischen Volksreichtum und Macht sahen. «Je mehr Unterthanen, desto mehr Steuerzahler, desto mehr Soldaten,»[9] war die Grundmaxime der Bevölkerungspolitik. Eine möglichst umfangreiche Bevölkerung als Ursache und Vorbedingung für wirtschaftliches Wachstum gehörte auch zu den ersten Forderungen des Merkantilismus.

Inwieweit diese bevölkerungs- und zugleich wirtschaftspolitischen Theorien direkt auf die kurfürstliche Einwanderungspolitik eingewirkt haben, ist schwer nachzuweisen. Möglicherweise spielten zumindest am Anfang und speziell im Fall der Hugenotten vom aktuellen Anlaß her religiöse Motive eine vorrangige Rolle, doch spätestens seitdem die Auswirkungen der ersten Einwanderungswelle auf die wirtschaftliche Entwicklung des Landes sichtbar wurden, trat das Interesse an den Zuwanderern als neuen Wirtschaftskräften mehr und mehr in den Vordergrund. So blieb die Ansiedlung fremder Kolonisten bis zum Ende des 18. Jahrhunderts ein Hauptziel der inneren Politik, das in allen Teilen des Landes Anwendung fand.

Wie vollzog sich also die Ansiedlung der Hugenotten konkret? Wenngleich auch die Nachrichten darüber am Ende des 17. Jahrhunderts nach modernen statistischen Gesichtspunkten durchaus unzulänglich sind, so erscheinen sie im Verhältnis zu anderen Zuwanderergruppen präzise und umfangreich. Dafür lassen sich mehrere Gründe nachweisen. Zum einen stellten die französischen Flüchtlinge ein Prestigeobjekt dar, das mit der wachsenden Anzahl von Menschen, die man ins Land geholt hatte, auch im Wert stieg und dessen günstigen Einfluß auf die Entwicklung des Landes man mit möglichst genauer Dokumentation – die freilich oft etwas zu positiv geriet – sowohl den Einheimischen als auch dem Ausland darlegen wollte. Zum anderen sahen sich die Orte, die Städte und Ämter, in denen sich Hugenotten niederlassen wollten beziehungsweise sollten, bei der Unterbringung und wirtschaftlichen Eingliederung der Zuwandernden vor fast unlösbare Probleme gestellt. Um daher einen Überblick zu haben, welche Unterstützungen man für wie viele Personen benötigte, wurden zum Teil auf staatliche Anordnung Aufstellungen angefertigt, die für eine sozialhistorische Betrachtung wertvolle Hinweise geben.

Am ausführlichsten und für eine ganze Reihe von Fragestellungen brauchbar sind die zwischen 1697 und 1703 zusammengestellten «Colonielisten», die Namen, Geburtsort, Beruf, Größe und Zusammensetzung der Familie, etwaige Dienstboten und mitgebrachte Gehilfen der französischen Ansiedler erfassen.

Eine Auswertung der Berufsangaben erweist, daß etwa 20% auf die
Landwirtschaft entfallen; davon ist die ganz überwiegende Mehrheit den
selbständigen Neusiedlern zuzurechnen, gefolgt von den Gärtnern, Tabak-
und Maulbeerbaumpflanzern. Weitere 20% betätigten sich im Bereich
Handel, Dienstleistungen, Transport und Verkehr, einschließlich der nicht
geringen Zahl an Beamten und der Geistlichen. Die übrigen 60% verstärkten den gewerblichen Sektor in Brandenburg-Preußen.[10]

Mit einer so strukturierten, neu hinzukommenden Bevölkerungsgruppe
erfuhr insbesondere das ansässige gewerbetreibende Bürgertum einen die
Einheimischen beängstigenden Zuwachs, zumal die Einwanderer sowohl
mit zahlreichen Privilegien ausgestattet wurden, als auch ein gewisses Vermögen mitbrachten, das ihnen die Anfangsschwierigkeiten bei der Gründung der neuen Existenz erleichterte. Es wird angenommen, daß jede
Familie durchschnittlich gegen 200 Taler mitgebracht hat und daß einzelne
Zuwanderer auch in der Lage waren, größere Summen des alten Louisdor,
der französischen Goldstücke, gegen Staatsobligationen verzinsen zu lassen,
deren Ertrag dann für Ansiedlungszwecke verwandt wurde.

Von diesen bevölkerungs- und berufsmäßigen Voraussetzungen der Hugenotten ausgehend, von ihren Kenntnissen und Fertigkeiten her, stellt
sich nun die Frage nach den Bedingungen und Möglichkeiten, die sie für
eine möglichst nutzbringende Tätigkeit im Gastland vorfanden.

Daß die Reaktion der Bevölkerung auf diese sich über Jahre erstrek-
kende Masseneinwanderung von fähigen und zugleich privilegierten neuen
Mitbürgern sehr distanziert ausfiel, ist leicht vorstellbar und wird auch in
der Literatur kaum verschwiegen. Es mangelte zunächst an der ersten
Bedingung zur Aufnahme – der Unterbringungsmöglichkeit, denn «ungeachtet oft vier Familien sich in eine Wohnung zusammenpfropften, die
heutigen Tages kaum einer die nothwendige Bequemlichkeit bieten würde»,[11] reichten die vorhandenen Quartiere nicht aus, und ein Neubau
dauerte für die erste Abhilfe zu lange. Zwar standen in manchen Städten,
wie in Berlin, noch aufgrund der Nachwirkungen des Dreißigjährigen
Krieges ganze Häuser leer, doch hatte sich ihr Zustand im Laufe der
Jahrzehnte derart verschlechtert, daß ihre Instandsetzung zu teuer geworden wäre. Ein Problem stellte auch die durch die notwendige Mitversor-
gung der Ankömmlinge entstandene Lebensmittelknappheit dar, die ein
Steigen der Preise zur Folge hatte. Und schließlich kamen als weitere
Belastungen direkte finanzielle Abgaben, die sogenannten Zwangskollek-
ten, hinzu, die ausgeschrieben wurden, nachdem die freiwilligen Kollekten
zu geringe Summen eingebracht hatten.

Neben diese alle Schichten und Gruppen betreffende Belastung, die
eine Abwehrreaktion hervorrief, trat der Widerstand einzelner Interessen-
gruppen. Am deutlichsten wurde er bei denjenigen Berufsgruppen, die
unmittelbar eine Konkurrenz zu fürchten hatten, den zünftigen Handwerkern und dem in Gilden organisierten handeltreibenden Bürgertum. War

der außerzünftige Gewerbebetrieb vor der Ankunft der Réfugiés die Ausnahme, so wurde er seit 1685 für diese beträchtliche Gruppe zur Regel. Obwohl ihnen im Aufnahmeedikt das Recht zum unentgeltlichen Eintritt in die Zünfte zugestanden worden war, «ist in keiner brandenburgischpreußischen Kolonie ein Fall bekannt, daß irgendeine Zunft einen Franzosen freiwillig umsonst aufgenommen hätte».[12] Um diesen Schwierigkeiten zu entgehen, die noch durch sprachliche und – was die gewerblichen Bräuche angeht – traditionsgebundene Verschiedenheiten verstärkt wurden, haben fast alle Hugenotten von ihrem Recht Gebrauch gemacht, die ersten zehn Jahre als Freimeister zu arbeiten, und sich dann zu besonderen Innungen zusammengeschlossen. Ähnlich ablehnend verhielten sich die Kaufleute, die sich anfangs weigerten, den französischen Herstellern ihre Waren abzunehmen, bis sie sich durch eine Verordnung vom 22. Februar 1689, in der den Franzosen günstigere Akzisesätze zugestanden und fremde Waren mit 10 % versteuert wurden, dazu gezwungen sahen.

Während die vorwiegend aus dem Gefühl der Bedrohung resultierende, ablehnende Haltung der handwerklichen Kreise erst im Laufe der folgenden zwei Jahrzehnte nach heftigen Kompetenzstreitigkeiten abnahm, scheinen die französischen Kaufleute und Händler vor allem in Berlin nicht auf die gleichen Widerstände gestoßen zu sein. Zwar traten auch sie hier zunächst nicht in die ortsüblichen Organisationen ein, gründeten aber auch keine eigenen, sondern schlossen sich durch Privileg vom 7. Januar 1715 mit den einheimischen Kaufleuten in der «löblichen Materialisten-Gülde» zusammen, deren Mitglieder sich als «sämmtliche Teutsche und Französische Kauf- und Handelsleute» bezeichneten.[13] Offenbar wirkte sich die von deutschen und französischen Kaufleuten gleichermaßen eingenommene Frontstellung gegen den Handel der Juden als ein verbindendes Moment aus, das die Gegensätze untereinander in den Hintergrund drängte.

Über die genannten berufsgebundenen Anfangsschwierigkeiten hinaus zeigten sich auch manche kommunalen und staatlichen Vertreter weniger geneigt, die offiziell bekundete Aufnahmebereitschaft in die Tat umzusetzen. So lag die Köpenicker französische Kolonie bis in die ersten Jahrzehnte des 18. Jahrhunderts mit dem dortigen Magistrat in ständigem heftigem Streit, so daß sie schließlich 1727 dem Berliner Französischen Gericht unterstellt werden mußte. Und die Amtshauptleute in den ländlichen Kolonien der Uckermark, die zugleich auch die Gerichtsbarkeit über die Kolonisten ausübten, zeigten so wenig Kooperationsbereitschaft – zum Teil verweigerten sie den Franzosen das ihnen zugewiesene Land oder verkauften es an deutsche Siedler –, daß es dänischen Agenten, die im Jahre 1719 in einer großen Aktion Kolonisten anzuwerben versuchten, relativ leicht gelang, einen großen Teil der Neusiedler zur Ansiedlung in Dänemark zu bewegen, wo in dieser Zeit die Kolonie Fredericia entstand.

Die dritte Gruppe endlich, die der Ansiedlung der französischen Flücht-

linge ablehnend gegenüberstand, vertrat die in der Bevölkerung herrschende lutherische Kirche. «Es gibt wenige Kolonien, die nicht von der
Gehässigkeit der lutherischen Bewohner hart zu leiden hatten», behauptet
Muret,[14] und tatsächlich scheinen Ereignisse, wie sie von Schwedt geschil-
dert werden, keine Seltenheit gewesen zu sein. Die Lutheraner protestier-
ten in dieser Stadt so heftig gegen die Abhaltung des französischen
Gottesdienstes in der lutherischen Stadtkirche – sie verschlossen den Hu-
genotten zum Beispiel die Kirchenbänke –, daß diese zunächst in einen
Privatraum ausweichen mußten, bis ihnen zusammen mit den Deutsch-
Reformierten die Benutzung der Schloßkapelle gestattet wurde.

Für sie wie für andere Gruppen erwies sich daher die – im Falle der
Hugenotten fast bedingungslose – Unterstützung ihrer Niederlassung und
vor allem ihrer späteren Wirtschaftätigkeit durch den Staat als die zunächst einzige Sicherheit für eine Existenzgründung, auch wenn dadurch
der Widerstand der Bevölkerung sich noch steigerte. Diese Unterstützung
umfaßte für die französischen Flüchtlinge nicht nur die im Aufnahmeedikt
zugesagten Befreiungen von den meisten Abgaben, die Schenkung von
Bauplätzen und -materialien, von leerstehenden Kirchen- oder Schulge-
bäuden, die Entlohnung der Geistlichen, Lehrer und Kolonierichter, sondern ganz besonders die umfangreichen finanziellen Zuwendungen als nur
zum Teil zurückzuzahlende Startkapitalien oder als Mittel für die Anwerbung und Bezahlung noch fehlender Fachkräfte. Hinzu kamen wirtschafts-
politische Maßnahmen, wie Einfuhrverbote oder die Hochimpostierung
von nunmehr im Inland herstellbaren Konkurrenzprodukten und Aus-
fuhrverbote für Rohstoffe, für deren Verarbeitung jetzt genügend spezia-
lisierte Handwerker vorhanden waren.

Versucht man sich ein Bild davon zu machen, wie die Hugenottennach-
kommen ihrem relativen ‹Vorsprung› vor der übrigen Bevölkerung im
Hinblick auf wirtschaftliche Erfolge und theoretische Überlegungen zur
Wirtschaftsentwicklung ein Jahrhundert später auch in ihrer Lebensweise
Ausdruck gaben, so erhält man den Eindruck, daß sie sich vor allem als
mittleres und gehobenes Bürgertum verstanden, wie es in Berlin/Bran-
denburg noch wenig vertreten war. In zeitgenössischen Schilderungen der
Berliner Gesellschaft in der zweiten Hälfte des 18. Jahrhunderts insgesamt
begegnet man, außerhalb des Hofes, immer wieder dem krassen Gegensatz
von verschwenderischem Luxus einzelner und der unbeschreiblichen Armut der Masse der Bevölkerung. Die an den Lebensgewohnheiten des
Adels orientierte Prachtentfaltung der wenigen Reichen – «überall
Reichthum, prächtige Kleider und Edelsteine» –[15] war ein Ausdruck des
Verlangens, die Standesgrenzen zu verwischen. Von ihnen war die Entwicklung eines bürgerlichen Bewußtseins, bürgerlicher Lebensführung
und Kultur nicht zu erwarten. Durch ihre alle Lebensbereiche bestimmende,gilden- und zunftgebundende Vorstellungswelt waren andererseits
auch die mittleren und kleinen Kaufleute, Händler und Handwerker nicht

in der Lage, den Anforderungen an ein städtisches Bürgertum zu Beginn der Frühindustrialisierung gerecht zu werden.

Am ehesten entsprachen ihm in wirtschaftlicher Tätigkeit und Lebensstil die Nachkommen der Réfugiés. Die Attribute «nüchtern, orthodox, sittenrein, fleißig, emsig, tüchtig», die ihnen für die Zeit der Hugenottenniederlassung beigegeben wurden, finden sich als Charakteristika auch noch 80 bis 100 Jahre später («fromm, sittenstreng, tüchtig»), allerdings mit dem Zusatz, «nicht mehr ‹zeitgemäß›, ja sogar schwerfällig»,[16] weil sie sich der modischen Begeisterung für alles Französische zu entziehen versuchten. Abseits von der Kooperation im wirtschaftlichen Bereich hielten sie sich bis in die 1760er Jahre in bisweilen als arrogant empfundener Abgeschlossenheit und wohnten z. B. in Berlin auch weiterhin vorwiegend in der Dorotheen- und der Friedrichstadt, wo sie fast sämtliche Häuser gebaut hatten. Ohnehin war ihr Anteil an den Hausbesitzern der Stadt überdurchschnittlich hoch: Er betrug bereits in der ersten Hälfte des 18. Jahrhunderts etwa 12 %, während sie nur noch 6 % bis 8 % der Bevölkerung ausmachten.

Wie bei vielen Minderheiten glich auch ihr Wohltätigkeits-, Armenversorgungs- und Krankenpflegesystem einer Vorform moderner Sozialversicherung, die jedem in Not geratenen Gemeindemitglied zugute kam. Zwar waren einige ihrer Wohltätigkeitsinstitutionen mit beträchtlicher königlicher Unterstützung zustande gekommen, doch beweist die ehrenamtliche Tätigkeit in den insgesamt 25 Verwaltungskommissionen ihr eigenes Bedürfnis und ihre Bereitschaft, sich auf diesem Gebiet der Allgemeinheit zur Verfügung zu stellen. Ein zentraler, in den Konsistoriumsprotokollen immer wieder erscheinender Diskussionspunkt ist der mangelhafte Schulunterricht der französischen Kinder, der nicht in erster Linie, wie bei der übrigen Bevölkerung, bis ins 19. Jahrhundert hinein daran krankte, daß die Kinder als Arbeitskräfte gebraucht wurden, sondern daß die Lehrer nicht genügend qualifiziert waren. Abhilfe versprach man sich von einem Lehrerseminar, das 1779 eröffnet wurde und in dem Unterricht in folgenden Fächern erteilt werden sollte: Lesen und Schreiben in deutscher und französischer Sprache, Rechnen, Gesang, Religion, Grundkenntnisse der Geschichte und Geographie und Zeichnen.

Diese Sorge um die Schulbildung der Kinder entsprach einer generellen Hochschätzung der Wissenschaften und Künste. Entsprechende Berufe wurden mindestens als gleichwertig mit erfolgreicher Wirtschaftstätigkeit, wenn nicht als Aufstieg eingeschätzt. Dabei kann man nicht, wie Fontane den Réfugié-Nachkommen vorwirft, «von einer im vorigen Jahrhundert von seiten der Kolonieleute noch als eine Art Dogma betrachteten Überlegenheit» im Hinblick «auf allgemeine geistige Veranlagung» sprechen.[17] Man muß vielmehr von der Tatsache ausgehen, daß es für sie aufgrund der relativen ökonomischen Besserstellung, der in ihrer Gruppe schon vor der Flucht aus Frankreich vorhandenen Tradition der Beschäftigung mit Wissenschaften und Künsten und angesichts des hohen Ansehens ihrer

Prediger und Gelehrten – man denke an deren zeitweilige Vorherrschaft in der Akademie der Wissenschaften – schon im 18. Jahrhundert eine Selbstverständlichkeit bedeutete, Gruppenmitglieder für diese Laufbahn freizustellen. Wieweit die daraus entstehende faktische Überlegenheit zu einer Überheblichkeit wurde, läßt sich schwer abschätzen. Fest steht aber, daß sie nicht oder nur in wenigen, berufsbezogenen Fragen dazu eingesetzt wurde, auch in politischer Hinsicht auf eine größere Selbständigkeit des Bügertums hinzuwirken und damit beispielgebend für die gesamte Bevölkerung zu sein.

Die Gründe lagen zum einen in der umfassenden, von den «Franzosen» jedoch akzeptierten Abhängigkeit von der Zentralgewalt, zum anderen in einem «Clan»-Denken der objektiv bereits zerfallenden Gruppe, das stärker auf die Beibehaltung der Exklusivität als auf die Identifizierung mit den Problemen der übrigen, rechtlich und ökonomisch weniger privilegierten bürgerlichen Schicht hinzielte. Das wird besonders deutlich an den mühseligen Versuchen zur Bewahrung der französischen Sprache als eines wichtigen Gruppenmerkmals, und zwar der Sprache Corneilles, nicht der tatsächlich um die Mitte des 18. Jahrhunderts in Frankreich gesprochenen. Bis zur Jahrhundertmitte scheint die französische Sprache vorherrschend gewesen zu sein: Die älteren Leute, die Enkel der Eingewanderten, «sprachen zwar schon sämtlich deutsch, aber schlecht und mit sehr merklichem Akzent. Wenn sie sich deutlich ausdrücken wollten, mußten sie französisch sprechen». Das schloß nicht aus, daß auch im Schriftverkehr einzelne deutsche Wörter – 1730 wurde in einer Verhandlung über ein Bauwerk «un plan avec un anschlag» gefordert – Verwendung fanden. Punktuell läßt sich der Assimilationsgrad daran ablesen, daß noch 1761, bei der Etablierung der Berliner Börse, mit Rücksicht auf die nicht genügend deutsch sprechenden französischen Kaufleute der Franzose Bouisson vom Magistrat als Makler vereidigt wurde, zusätzlich zu den zwei bereits vorhandenen.

Während des Siebenjährigen Krieges, der wie alle Krisenzeiten eine erhöhte Kommunikation mit sich brachte und erforderlich machte und auch ein gewisses Gemeinschaftsbewußtsein gegenüber dem äußeren Feind hervorrief, ist offenbar eine einschneidende Änderung vor sich gegangen. Seit dem Kriegsende häuften sich in den Konsistoriumsprotokollen die Klagen darüber, daß die Kenntnisse in der französischen Sprache immer mehr nachließen. Hand in Hand damit ging ein rückläufiger Kirchenbesuch: 1761 besuchten noch 11000 Personen die Gottesdienste, 1767 waren es unter 10000 und 1782 etwa 7100. Diese Tendenz hatte vermutlich ihren Grund weniger in einem mangelnden Interesse an der Glaubensgemeinde als der Gemeinschaft, der sie sich zugehörig fühlten, als vielmehr in einer von der Aufklärung beeinflußten Zeitströmung des religiösen Desinteresses, von der auch die nunmehr 4. Generation der Einwanderer erfaßt wurde. Die Versuche, dieser Entwicklung entgegenzuwirken, erwiesen sich als vergeblich, so daß seit etwa 1780 bemerkenswerte

Kompromisse eingegangen wurden – 1200 Exemplare des Neuen Testaments erschienen 1781 mit französischem Text und deutscher Übersetzung, beim Schulunterricht ging man überwiegend zur deutschen Sprache über, um 1800 fanden auch schon deutschsprachige Gottesdienste statt –, dennoch vertrat die Korporation nach außen hin weiter den Anspruch, eine andersgläubige fremdsprachige und daher mit besonderen Gesetzen versehene Personengruppe zu vertreten.

So kann man davon ausgehen, daß hier zwar eine Gruppe mit spezifisch bürgerlichen Merkmalen von der Wirtschaftstätigkeit bis zur allgemeinen Lebensführung vorhanden war, daß sie aber auf ihren Vorrechten als importiertes Ersatzbürgertum bestand und damit für die gesamtgesellschaftliche Entwicklung nicht die bewußtseinsbildende Funktion übernahm, zu der sie möglicherweise in der Lage gewesen wäre. Die Hemmnisse, die ihr dabei von seiten des absolutistischen Staates und der ihn tragenden ständischen Gesellschaft bereitet worden wären, sind jedoch nicht zu übersehen.

Reinhard Liehr

Deutsche Einwanderer in Lateinamerika*

Die Expansion der Europäer in den fernen Westen beider Amerika, in den weiten Osten Eurasiens und in südliche Regionen Afrikas und Südasiens prägte die neuere Geschichte unserer immer kleiner werdenden Welt bis in die Gegenwart. Die europäische Eroberung und Einwanderung überlagerte angetroffene einheimische Bevölkerungen und marginalisierte und ersetzte sie im Laufe der Jahrhunderte. Die Überlagerung schuf neue Gesellschaften nach europäischem Vorbild. Das geschah in Amerika, in Australien, in Südafrika, aber auch in kleineren Regionen unserer Welt. Diese Migrationen und Völkerbewegungen erstreckten sich im Mittelalter und in der Neuzeit jeweils über viele Generationen hinweg und waren zahlenmäßig im Verhältnis gering. Erst in den letzten beiden Jahrhunderten nach den Napoleonischen Kriegen nahm die europäische Expansion und Auswanderung nach Übersee einen bisher unbekannten Umfang und Massencharakter an.

Bevor die Europäer den riesigen amerikanischen Doppelkontinent eroberten und besiedelten, wurde er seit mindestens 50 000 Jahren, massiver jedoch erst seit rund 25 000 Jahren vor Christus, von Migrationswellen aus Asien besiedelt. Gruppen von Menschen mongoloider Rasse sickerten allmählich über die von Gletschern überlagerte Beringstraße nach Amerika ein. Vom kalten Nordostasien kommend, breiteten sie sich über ganz Nordamerika aus und stießen immer weiter nach Südamerika vor. Wurde Amerika bisher von asiatischen und erst in der Neuzeit von europäischen und afrikanischen Migranten besiedelt, strömten seit der Mitte des 19. Jahrhunderts zunehmend stärker asiatische Kontraktarbeiter und Einwanderer in die Länder Nord-, Mittel- und Südamerikas. Im 21. Jahrhundert werden deshalb die Vereinigten Staaten voraussichtlich ein überwiegend von Nicht-Weißen bewohntes Staatsgebiet sein, das weniger europäisch geprägt sein wird, als es heute noch ist.

Trotz der gemeinsamen nordostasiatischen Herkunft gliederten sich die Ureinwohner Amerikas vor ihrer «Entdeckung» durch die Europäer in sehr unterschiedliche Kulturräume. In den Urwäldern des Amazonas-Tieflands und in den arktischen und subarktischen Zonen lebten sie als nomadische Jäger, Fischer und Sammler. An sie grenzten die Araukaner in Südchile, die Apachen in Nordmexiko und in den USA, zahlreiche nordamerikanische Stämme sowie Stämme in Amazonien, die als Jäger, Fischer,

* Bernd Hausberger, Silke Nagel und Reinhardt Wagner bin ich für kritische Hinweise zur Verbesserung dieses Textes dankbar.

Sammler, aber auch als Bodenbauer mit beginnendem Ackerbau wirtschafteten. Die Chibchas im heutigen Kolumbien und die Kariben waren dagegen seßhafte ackerbauende Kulturen mit weiter ausgeprägter gesellschaftlicher und politischer Organisation. Von ihnen unterschieden sich zwei Hochkulturzonen, das Imperium der Azteken in Mesoamerika und das der Inkas in den Zentralanden, die beide gegen Ende des 15. Jahrhunderts den Höhepunkt ihrer Macht erreichten (Bethell 1984–91, I: 3–143; Ploetz 1980: 1145–1164; zu bahnbrechend neuen Forschungsergebnissen vgl. Der Spiegel, Hamburg, 24. 1. 1994, S. 156–159).

I. Die Einwanderung von Deutschen nach Lateinamerika

Es ist zu allererst zu fragen, wieso der Doppelkontinent überhaupt zu einem Einwanderungskontinent werden konnte. Durch die ersten Kontakte, vor allem durch die von den Europäern eingeschleppten Krankheiten, aber auch durch ihre militärische Unterwerfung, den Zusammenbruch ihrer Welt- und Sozialordnung, die einsetzende wirtschaftliche Ausbeutung, in Brasilien und anfangs auf den spanischen Antillen auch durch die Versklavung, fanden die indianischen Bevölkerungen in kaum vorstellbar hohen Zahlen den Tod. Wie groß die amerikanische Bevölkerung insgesamt am Vorabend der Invasion der Europäer und wie groß ihr Rückgang waren, wird seit Jahrzehnten in der historischen und anthropologischen Forschung diskutiert. Zur Zeit der «Entdeckung» Amerikas lebten nach verschiedenen Schätzungen in den einzelnen Großregionen Lateinamerikas, d. h. ohne die dünn besiedelten Gebiete der USA und Kanadas, etwa 51,2 Millionen Menschen. Diese Zahl gliedert sich in 25 Millionen für Zentralmexiko, 8 Millionen für die Antillen und den circumkaribischen Raum, 3 Millionen für Kolumbien, 9 Millionen für Peru, 1,1 Millionen für das südliche Südamerika einschließlich Araukanien und schließlich 5,1 Millionen Menschen für Groß-Amazonien mit angrenzenden Gebieten (Bethell 1984–91, I: 145–146). Mesoamerika und die Zentralanden waren mit ihren Hochkulturen die am dichtesten besiedelten Gebiete Amerikas. Bis zum Ende des 16. Jahrhunderts nahm die Bevölkerung rapide ab: auf dem mexikanischen Hochland von 25 Millionen (1519) auf 2,65 (1568) und 1,9 Millionen (1580), d. h. auf weniger als 10% der früheren Größe. Im ehemaligen Inkareich verlief der Bevölkerungskollaps an den Küsten und in den wärmeren Küstentälern ähnlich katastrophal, nur in den geschützteren Gebieten, wie am Westufer des Titicacasees in den Binnenanden, mit 20–25% auf 75–80% der früheren Bevölkerungsgröße geringer. Der Bevölkerungsrückgang führte in der Karibik und an den Küsten Brasiliens bis zum Ende des 16. Jahrhunderts weitgehend zum Aussterben der indianischen Bevölkerungen. In den Hochkulturen Mesoamerikas und der Zentralanden reduzierte und zerstörte er dagegen die traditionellen indianischen Wert- und Sozialordnungen. Anthropologen wie der Franzose Nathan Wachtel haben diesen Prozeß als soziale De-strukturierung bezeichnet, d. h. als Prozeß der zunehmenden Reduzierung und Auflösung der Gesellschaft (Bethell 1984–91, I: 212–215, 274–275).

Dieser Prozeß ist nun die Kehrseite der Invasion, Einwanderung und Überlagerung der Europäer, die Voraussetzung dafür, daß Amerika über-wiegend zu einem europaähnlichen Doppelkontinent wurde. Die Kon-quistadoren und ersten Siedler wollten ihre militärischen Anfangserfolge dauerhaft sichern und die gewonnenen Ressourcen an Land und Men-schen längerfristig ökonomisch nutzen. Während die europäische Präsenz in Afrika und Ostasien in der Regel auf Handelsplätze an den Küsten beschränkt blieb, entwickelte sich Gesamtamerika nach ersten Experimen-tierphasen zu Einwanderungs- und Siedlungskolonien der Europäer: Nach Mittel- und Südamerika wanderten in der Frühen Neuzeit Spanier, Por-tugiesen und andere Südeuropäer, nach Nordamerika Briten und andere Nordeuropäer ein; zusätzlich wurden nach beginnendem Massensterben der Indianer versklavte Schwarze als Arbeitskräfte nach den Karibikinseln, nach den tropischen Küsten Mittel- und Südamerikas, vor allem Brasiliens, und nach dem südlichen Nordamerika verkauft.

Die staatlich gelenkte und zum Teil auch illegale Migration von Spa-niern nach Hispanoamerika erreichte im Zeitraum von 1504–1650 nach begründeten Schätzungen die Zahl von etwa 450 000 Personen, überwie-gend Männer. Im nahezu gleichen Zeitraum von 1500–1640 wanderten nach Brasilien insgesamt 580 000 Portugiesen ein, ebenfalls überwiegend Männer. Diese letzte Zahl, die wissenschaftlich auf unsicheren Füßen steht, beweist jedoch, daß von der kleineren portugiesischen Bevölkerung hö-here Anteile auswanderten als von der größeren spanischen. Fehlende demographische Forschungen erlauben keine wissenschaftlich begründe-ten Schätzungen für den darauffolgenden Zeitraum bis zum Ende der Kolonialzeit. Aufgrund der Goldfunde und des *gold rush* in Minas Gerais in Brasilien und der Expansion der atlantisch zentrierten Weltwirtschaft in der zweiten Hälfte des 18. Jahrhunderts dürfte sich aber die Zahl der Auswanderer mehr als verdoppelt haben. Es ist daher zu vermuten, daß vor 1821/22 insgesamt 3–3,5 Millionen Spanier und Portugiesen nach den amerikanischen Kolonien auswanderten. Der wichtigste Pull-Faktor war dabei die Hoffnung, den eigenen Lebensstandard in Amerika zu verbes-sern, wie zahlreiche Privatbriefe beweisen; der stärkste Push-Faktor die Verarmung vor allem in den nördlichen Regionen der Iberischen Halb-insel. Darin unterschied sich die iberische Amerikawanderung der Frühen Neuzeit wenig von der des 19. und 20. Jahrhunderts (Mörner u. Sims 1985: 7–19).

Im 19. und 20. Jahrhundert schwoll die Auswanderung von Europäern zur wohl größten Auswanderungsbewegung der Weltgeschichte an: Im 18. und 19. Jahrhundert bis zum Beginn des Ersten Weltkriegs wanderten nach einer älteren Untersuchung von 1970 etwa 60 Millionen Menschen aus Alteuropa aus, fast drei Viertel von ihnen (73,3%) nach Nord und Südamerika, d. h. 60% aller europäischen Auswanderer nach dem nördlichen, überwiegend angelsächsischen Amerika und 13,3% nach dem zumeist mediterran geprägten Lateinamerika. Mehr als ein Viertel der europäischen Auswanderer ging nach Osteuropa, ein kleinerer Teil nach Australien und Neuseeland sowie nach Nord- und Südafrika (Armengaud 1971: 163–175). Nach einer neueren Darstellung sind allein in den vier Generationen von 1824–1924 52 Millionen Europäer nach Übersee ausgewandert. Von ihnen strebten ebenfalls fast drei Viertel (72%) in die USA, gut ein Fünftel (21%) nach Lateinamerika und nur 5% nach Australien (Mörner u. Sims 1985: 36, 47).

Nach derselben Berechnung umfaßte im gleichen Zeitraum das gute Fünftel der europäischen Lateinamerika-Auswanderer 11 Millionen Menschen. Die Hälfte von ihnen (50% oder 5,5 Millionen, das waren 10% aller Migranten auf der Welt) wanderte nur in ein einziges Land ein, nämlich nach Argentinien, 5% in das kleine Uruguay und 36% nach Brasilien, wo sie sich vor allem im gemäßigten Süden ansiedelten. Die restlichen 9% der europäischen Lateinamerika-Auswanderer gingen in die übrigen 16 Länder des Doppelkontinents südlich des Río Grande. Die europäischen Auswanderer nach Lateinamerika stammten im engeren Zeitraum von 1854–1924 vor allem aus den mediterranen Ländern Italien (38%), Spanien (28%) und Portugal (11%) und nur zu geringen Anteilen (je 3%) aus den nördlichen Ländern Frankreich, Deutschland und Rußland (Mörner u. Sims 1985: 36, 39, 47).

In ähnlicher Weise wie die gesamte europäische Überseewanderung strebte auch der große deutsche Auswanderungsstrom über den Atlantik zu etwa 90% in die USA. Im Zeitraum von 1820–1930 wanderten insgesamt 5,9 Millionen Deutsche in die USA (Bade 1992: 148–149; Köllmann 1976: 31; Marschalck 1973: 30–51). Von den verbleibenden 10% gingen die meisten nach Lateinamerika. Die deutschen Auswanderer nach Lateinamerika erlangten jedoch in den Aufnahmeländern häufig eine große Bedeutung, die im zweiten Abschnitt dieses Beitrags beschrieben werden soll. Seit den 1820er Jahren gingen sie zuerst vor allem in die gemäßigten, küstennahen Provinzen Südbrasiliens und seit der Mitte des 19. Jahrhunderts zunehmend stärker auch nach Argentinien und mit einigem Abstand nach Chile. Die wenigen Deutschen, die in die anderen lateinamerikanischen Länder auswanderten, waren überwiegend Kaufleute sowie technische und professionelle Spezialisten (Marschalck 1973:49–51).

Deutsche waren bereits seit der ersten Hälfte des 17. Jahrhunderts vereinzelt, vor allem als Missionare oder Bergleute, nach Lateinamerika gelangt. In beschränkter Zahl ließen sich deutsche Offiziere und Soldaten von den Agenten Simón Bolívars für dessen Armeen in den Unabhängigkeitskriegen Südamerikas anwerben. Von ihnen verblieben einige Überlebende in den Ländern Südamerikas. In verstärktem Maße wandten sich deutsche Auswanderer aber erst nach der Unabhängigkeit Brasiliens und Hispanoamerikas nach Lateinamerika. Zur Zeit der portugiesischen und spanischen Kolonialherrschaft war nämlich Deutschen als Ausländern – von Ausnahmen abgesehen – der Aufenthalt in Brasilien und Hispanoamerika verboten. Im Gegensatz zur früheren Politik der merkantilistisch-kolonialen Abschottung und des Einwanderungsverbots für Ausländer bemühten sich nun die unabhängigen Regierungen vor allem Brasiliens, Uruguays, Argentiniens und Chiles, ihre dünn besiedelten, klimatisch gemäßigten Küstenprovinzen durch Maßnahmen zur Einwanderung und Ansiedlung von europäischen Bauernfamilien wirtschaftlich zu entwikkeln. Die deutsche Einwanderung vollzog sich dabei in Wellen: Besonders hoch war der Anteil der deutschen Lateinamerika-Auswanderer an der Gesamtzahl aller Übersee-Auswanderer einmal aufgrund der Emigration nach Brasilien in den Jahren 1817–30 und zum anderen aufgrund der Auswanderung nach Brasilien, Argentinien, Uruguay und Chile jeweils im Jahrzehnt vor und nach dem Ersten Weltkrieg 1904–13 und 1918-31.

Die erste Auswanderungswelle nach Lateinamerika von 1817–30 schloß sich an die europäische Hungerkrise von 1816–17 und an die Weltwirtschaftskrise von 1825–26 an. Eine zweite Auswanderungswelle folgte den Weltwirtschaftskrisen von 1847 und 1857 in den Jahren 1849–60. Die dritte Auswanderungswelle nach Lateinamerika zwischen 1866–1910 erreichte Höhepunkte jeweils nach den Weltwirtschaftskrisen von 1866, 1873 und 1890. Die vierte Auswanderungswelle nach Lateinamerika folgte vor allem der Nachkriegsinflation und der großen Weltwirtschaftskrise in den Jahren 1920–31. Die fünfte Welle im Zeitraum von 1933–50 in den Jahren vor, während und nach dem Zweiten Weltkrieg wurde von den Opfern und Gegnern einerseits und den Tätern des «Dritten Reiches» andererseits getragen (Kellenbenz u. Schneider 1976: 386–403; Bade 1984,I: 259–299; Bernecker u. Fischer 1992: 197–200; Mörner u. Sims 1985: 49, 51).

II. Deutsche Einwanderung zwischen Ethnizität und Akkulturation

Die im folgenden beschriebenen drei Beispiele deutscher Einwanderung sind geeignet, Grundsatzprobleme zu veranschaulichen. Das erste Beispiel behandelt im Zeitraum von 1847–1914 den Einwanderungs- und Akkulturationsprozeß deutscher Arbeitsmigranten, die in Familien als Ersatz für Sklaven von brasilianischen Pflanzern auf Kaffeeplantagen in der Provinz São Paulo angesiedelt wurden (Wagner Ms. 1983; Ms. 1994). Das zweite Beispiel untersucht deutschsprachige Einwandererfamilien in Agrarkolonien in der argentinischen Provinz Santa Fe 1856–1914 (Thurner Ms. 1986). Das dritte Beispiel analysiert die großstädtische Gruppe oder «Kolonie» deutscher professioneller Einzelmigranten in Mexiko-Stadt von etwa 1870, d. h. seit dem autoritären Regime des Generals Porfirio Díaz, bis zur Kriegserklärung Mexikos an das Deutsche Reich 1942 (Nagel Ms. 1991; Ms. 1993). Die drei Fälle sind nur teilweise miteinander vergleichbar. Eine religiös oder politisch bedingte Migration von Deutschen nach Lateinamerika war im 19. und 20. Jahrhundert nicht unwichtig, spielte aber insgesamt eine untergerodnete Rolle.

1. Deutsche Einwanderer als Ersatz für Sklaven auf den Kaffeeplantagen der Provinz São Paulo 1847–1914

Das folgende Migrationsbeispiel war zwar im 19. Jahrhundert in Brasilien vielleicht nicht das vorherrschende, aber mit Sicherheit das interessanteste. Brasilien unterschied sich von Hispanoamerika durch eine weitgehend friedliche Loslösung vom Mutterland. Der Hauptgrund lag darin, daß der portugiesische Hof auf der Flucht vor den napoleonischen Truppen 1808 nach Rio de Janeiro übersiedelte, das künftig als Hauptstadt des portugiesischen Imperiums diente. Nach der Unabhängigkeit Brasiliens 1822 suchte die aus Europa stammende politische Führung die wenig erschlossenen, gemäßigten Zonen vor allem im Süden des riesigen Landes durch die Ansiedlung von europäischen Bauernfamilien in Regierungskolonien zu entwickeln. Dadurch sollte der Süden Brasiliens gleichzeitig militärisch gegen eine eventuelle Bedrohung durch Argentinien geschützt werden. Die Südprovinzen waren die Hauptaufnahmeregionen des Einwanderungslandes Brasilien. Von dieser Ansiedlung bäuerlicher und kleingewerblicher Familien in geschlossenen Kolonien auf Staatsland in Südbrasilien unterschied sich die Ansiedlung deutschsprachiger Arbeiter auf Kaffeeplantagen in der Provinz São Paulo ab 1847.

Die Pflanzerelite der exportorientierten, von Sklaven bearbeiteten Kaffeeplantagen, vor allem in der Provinz São Paulo, bemühte sich bereits vor der drohenden Abschaffung des transatlantischen Sklavenhandels darum, den Mangel an Sklaven durch europäische Arbeitsmigranten zu ersetzen. Das Interesse der Kaffeepflanzer lag dabei nicht in der Errichtung unabhängiger bäuerlicher Betriebe, sondern im Ausbau und in der Gewinnsteigerung der eigenen Plantagen. Die Einwanderer wurden als Ernteteilhaber oder Teilpächter (parceiros) auf den Plantagen ansässig gemacht. Nachdem die Ansiedlung portugiesischer Kolonisten seit Anfang der 1840er Jahre fehlgeschlagen war, begann 1846–47 ein ähnliches Projekt mit deutschen und schweizerischen Arbeitern. Pionier bei der Einführung des Teilpachtsystems (parceria) war der Plantagenunternehmer und Politiker Vergueiro, der Deutsche und Schweizer auf seiner eigenen Kaffeeplantage Ibicaba in der Nähe des Städtchens Limeira im Nordwesten der Provinz São Paulo ansiedelte. Beim Teilpachtsystem wurden Gewinn und Verlust zwischen dem Plantagenunternehmer und den Teilpächtern aufgeteilt. Da die Reisekosten vom Siedlungsunternehmer ausgelegt wurden und an ihn zurückgezahlt werden mußten, ähnelte diese Form der Arbeitsmigration der Indentur- oder Kontraktwanderung (indentured migration) in der frühen Besiedlung der nordamerikanischen und karibischen Kolonien (Wagner Ms. 1994: 32–36).

Vergueiro hatte eine Handels- und Kolonisationsgesellschaft gegründet,
die europäische Einwanderer nicht nur an die eigenen, sondern an etwa
40 weitere Kaffeeplantagen der Provinz São Paulo vermittelte. Etwa zwei
Drittel der Kolonisten stammten aus den Gebieten des späteren Deutschen
Reichs und aus der deutschsprachigen Schweiz. Das übrige Drittel wurde
in Portugal, der französischsprachigen Schweiz, in Belgien, aber auch in
Brasilien selbst rekrutiert. Dem Kolonisationsprojekt Vergueiros flossen
dank seines politischen und unternehmerischen Geschicks zu Anfang auch
finanzielle Mittel der brasilianischen kaiserlichen Zentralregierung zu
(Wagner Ms. 1994: 1–6, 73–82).

Eine auf einer Kaffeeplantage angesiedelte Kontraktfamilie erhielt eine
bestimmte Anzahl von Kaffeebäumen zur Pflege anvertraut und teilte sich
mit dem Plantageneigner, an den die Ernte abzuliefern war, je zur Hälfte
deren Erlös. Die Siedlerfamilie erhielt Platz für eine Hütte und eine ausreichende Subsistenzparzelle zur Lebensmittelproduktion für den eigenen
Unterhalt. Die an Sklaven gewohnten Pflanzer führten auf ihren Plantagen
ein straffes, patriarchalisches Reglement. Die Ansiedlungsverträge wälzten
die Kosten der Einwanderung und die Beträge der erhaltenen Vorschüsse,
dazu noch mit Zinsen, auf die Kolonisten ab (Wagner Ms. 1994: 212–221).
Aufgrund dieser hohen Anfangsverschuldung und der geringen Verdienstmöglichkeiten mußten die Eingewanderten oft zwei- bis dreimal so lange
auf der Plantage ausharren, als ursprünglich mit 4–5 Jahren veranschlagt
und erwartet.

Die Parceria-Kolonisten hatten in den west- und nordwestdeutschen,
thüringischen, sächsischen und schlesischen Auswanderungsregionen zu
den ärmsten Bevölkerungsgruppen gehört, so daß sie nicht einmal das
Geld zur Finanzierung ihrer eigenen Überfahrt besaßen. Erbteilung und
immer kleinere Subsistenzparzellen, überbesetzte Handwerkerberufe, Mißernten und Hungersnöte zwangen sie besonders in Krisenjahren zur Auswanderung (Wagner Ms. 1994: 101–111).

Nach anfänglich erfolgreichem Verlauf führte die wachsende Verschuldung der meisten Teilpächter auf den Kaffeeplantagen der Provinz São
Paulo zu Unzufriedenheit, offenem Protest und zu Arbeitskämpfen. Viele
Einwanderer sahen keine Möglichkeit, die in Aussicht gestellte schnelle
Ersparnis und soziale Aufstiegsmöglichkeit auf den Kaffeeplantagen zu
erreichen. Ein Erlaß des preußischen Handelsministers von der Heydt von
1859 verbot die Anwerbung preußischer Auswanderer zur Ansiedlung nach
Brasilien. Dieses generelle Verbot wurde durch die Reichsgesetzgebung
übernommen und erst 1896, aber nur für die Agrarkolonien in den drei
südbrasilianischen Bundesstaaten südlich der Grenzen von São Paulo, auf-

gehoben. Obwohl das Verbot die Auswanderung von Deutschen erheblich behinderte, blieben die Deutschsprachigen bis 1875 in Brasilien, insbesondere in der Provinz São Paulo, die größte nichtlusitanische Immigrantengruppe.

Die von den Kaffeeplantagen der Provinz São Paulo weggewanderten deutschsprachigen Kolonisten gründeten in kleineren Städten im Umkreis, wie Campinas, Limeira und Rio Claro, eigene Stadtteile und Pfarrgemeinden. Dieser Prozeß setzte sich bis zur Jahrhundertwende fort, stagnierte aber dann aufgrund des ausbleibenden Zuzugs von deutschsprachigen Familien. Die meisten selbständig gewordenen deutschsprachigen Siedler übten, ähnlich wie sie das in ihrer Heimat auch getan hatten, Landwirtschaft auf kleinem bis mittlerem Grundbesitz aus oder arbeiteten in kleinen Handwerksbetrieben zur Warenversorgung der lokalen und regionalen Märkte.

Da sich die meisten deutschsprachigen Einwanderer in Brasilien als Protestanten von der katholischen Mehrheitsgesellschaft unterschieden, konzentrierte sich ihre ethnische Identität auf die evangelische Kirchengemeinde und die deutsche Schule. Beide Institutionen wurden in der Regel vom evangelischen Pfarrer in Personalunion verwaltet. Die Ausbildung der ethnischen Identität der deutschen Gemeinden war nach dem Exodus aus den Plantagen erst in der zweiten bis dritten Generation gegen Ende des 19. Jahrhunderts abgeschlossen. Gleichzeitig begann aber eine fortschreitende Akkulturation. Dieser Prozeß äußerte sich darin, daß die zweite und dritte Generation zunehmend besser die portugiesische Landessprache sprach und sich nicht nur in den staatlichen Registern, sondern auch in den Kirchenakten und Vereinsprotokollen mit portugiesischen Vornamen registrieren ließ. Aus Hermann Müller wurde so Germano Müller und aus Simon Hoffmann Simão Hoffmann. Der Akkulturationsprozeß zeigte sich in der dritten bis vierten Generation darin, daß die portugiesische Sprache auch in der Familie das Deutsche verdrängte und daß evangelisch-katholische Mischehen und eine Tätigkeit im lokalen einheimischen Vereinswesen immer häufiger wurden. Der Beitritt der evangelischen Gemeinden zur preußischen Oberlandeskirche und der dadurch verstärkt spürbare reichsdeutsche Einfluß konnte diesen Akkulturationsprozeß nur bremsen. Die wichtigste Institution, die die deutsche Sprache und die ethnische Identität der Deutschen aufrechterhielt, war zweifellos der evangelisch-lutherische Pastor als Gemeindepfarrer und Lehrer in einem Stadtviertel einer Provinzstadt möglichst mit unterstützendem Kirchen- und Schulverein. In den Landgemeinden, in denen kein evangelisch-lutherischer Pastor als Gemeindepfarrer und Lehrer wirkte, lösten sich die eigenen sprachlichen und kulturellen Traditionen der Deutschen noch rascher in der brasilianischen Gesellschaft auf als in den Kleinstädten. Zu Beginn der Republik nach 1889 waren die meisten Parceria-Familien offensichtlich brasilianische Staatsbürger geworden. Nur eine kleine Minderheit von ihnen ließ sich noch im deutschen oder schweizerischen Konsulat registrieren (Wagner Ms. 1994: 162–178).

2. Deutschsprachige Agrarkolonien
in der argentinischen Provinz Santa Fe 1856–1914

Nach dem Sturz des autoritären Präsidenten Juan Manuel de Rosas 1852 und der erneuten Öffnung des Landes wurde, anstelle von Brasilien, das weitgehend menschenleere Argentinien nach den USA, Kanada und Australien zum wichtigsten Aufnahmeland für Europäer auf der ganzen Welt. Daher sind die Vorfahren der meisten heutigen Argentinier erst seit der Mitte des 19. Jahrhunderts eingewandert.

Ähnlich wie in Südbrasilien und in Südchile lagen in Argentinien um 1850 weite Gebiete, die sehr extensiv von der nomadisierenden Urbevölkerung genutzt wurden, außerhalb der Einflußsphäre der nationalen Regierung. Die wirtschaftliche Grundlage Argentiniens war eine extensive Viehwirtschaft in der Form großer, expandierender Güter (estancias) mit versorgendem Handel und einigen Gewerbebetrieben in den Kleinstädten entlang der großen Ströme. Nennenswerte Bodenschätze und moderne Industriebetriebe gab es nicht. Ähnlich wie in Südbrasilien und Südchile (Blancpain 1974) suchten die liberalen Eliten in Argentinien bestimmte periphere Gebiete durch die Ansiedlung von europäischen Agrarkolonisten landwirtschaftlich zu intensivieren und kulturell zu zivilisieren. Gleichzeitig sollten die als barbarisch und als nicht integrierbar angesehenen nomadischen Indianer der Pampa und des Chaco unterworfen oder zurückgedrängt werden. Die massive Ansiedlung europäischer Agrarkolonisten hatte das Ziel, die extensive Viehzucht durch intensiveren Weizenanbau zu ersetzen und insgesamt die Schaffung der modernen argentinischen Nation voranzutreiben (Thurner Ms. 1986: 1–2).

Zuerst und am massivsten wurden ab 1856 Agrarkolonien in der nordwestlich von Buenos Aires gelegenen Provinz Santa Fe gegründet. Santa Fe mit der Hauptstadt gleichen Namens erstreckte sich verkehrsgünstig am Westufer des Río Paraná, besaß die Fläche der drei deutschen Bundesländer Bayern, Baden-Würtemberg und Hessen und zählte 1869 nur 90 000 Einwohner. Die Einwanderer, die in drei Regionen der Provinz angesiedelt wurden, stammten anfangs vor allem aus der Schweiz und aus Deutschland, aber auch aus Frankreich und Belgien. Im Unterschied zu Südbrasilien, São Paulo und Südchile waren die argentinischen Agrarkolonien von Anfang an ethnisch gemischte Ansiedlungen. Ein «Little Germany» wie in Gegenden der USA, Südbrasiliens und Südchiles konnte sich daher in der Pampa nicht ausbilden. Wie überall in Argentinien und Brasilien stellten auch in der Provinz Santa Fe in den nachfolgenden Jahrzehnten die Italiener das Gros der Einwanderer.

In den 1850er und 1860er Jahren kamen die meisten deutschen Auswandererfamilien nach Argentinien ähnlich wie nach São Paulo aus Südwestdeutschland. Die deutschen und schweizerischen Argentinien-Auswanderer stammten zumeist aus kleinbäuerlichen, handwerklichen oder kleinhändlerischen Berufen. Die wichtigsten Push-Faktoren für die Auswanderung waren in Deutschland und in der Schweiz die Realteilung beim Erbrecht und die Folgen der beginnenden liberalen Reformen (Thurner Ms. 1986: 25–28).

Jede der Agrarkolonien wurde von einem Kolonisationsunternehmer angelegt. Dieser erhielt dafür vertraglich vom Provinzgouverneur kostenlos das dafür nötige Staatsland und weiteres Reserveland übertragen. Er verpflichtete sich, das Siedlungsland vermessen zu lassen und eine bestimmte Anzahl von Ackerbaufamilien anzusiedeln. Der Kolonisationsunternehmer arbeitete mit verschiedenen Handels- oder Transportfirmen als Werbeagenten auf Kommissionsbasis zusammen. Jede Kolonie wurde nach dem klassischen kolonialspanischen Stadtmodell mit Schachbrettmuster, zentralem Platz und rechteckigen Häuserblöcken (cuadras) zu je acht Stadtgrundstücken (sitios) angelegt. Um die Stadt herum lag ein Ring von einigen kleinen Gärten (quintas) und darum herum ein Ring größerer Gemüsefelder (chacras), woran sich der Ring der Ackerbaulose jedes Kolonisten anschloß. Während sich auf den Stadtgrundstücken der Kleinstadt Gewerbetreibende und Händler niederließen, pachteten die Siedler ein oder zwei Ackerbauparzellen, auf denen sie – für die Agrarkolonisationen in Argentinien typisch – streusiedlungsartig ihre Wohnhäuser errichteten. Die Größe der einzelnen Ackerbaulose betrug zu Beginn 169 und danach 100 ha. Die anfangs gepachteten Stadtgrundstücke, Gärten und Ackerbaulose konnten später vom Kolonisationsunternehmer preiswert als Volleigentum erworben werden. Die Orte gliederten sich in der Regel in ein deutschsprachiges, evangelisches Stadtviertel und ein zumeist deutsch-, französisch- und italienischsprachiges, katholisches Viertel mit dazugehöriger Kirche und Schule sowie sehr bald weiteren Vereinen, in deren Nähe die Kolonisten siedelten. Den in Gruppen ins Land kommenden Kolonistenfamilien wurden Passage, Land, lebendes und totes Inventar, Saatgut und Lebensmittel für ein bis zwei Jahre vorgeschossen oder zum Teil sogar kostenlos zur Verfügung gestellt. Als Gegenleistung verpflichteten sich die Siedlerfamilien in Kolonisationsverträgen mit dem Unternehmer, das Land nach dessen Anweisungen zu bestellen, ihm in den ersten fünf Jahren ein Drittel der Ernte zur Abzahlung der Schulden abzuliefern und in diesem Zeitraum die Scholle nicht zu verlassen. Nach schwieriger Anfangszeit prosperierten die meisten Kolonien in den Jahren danach (Thurner Ms. 1986: 49–75).

Der Erfolg der Agrarkolonisationen in der argentinischen Provinz Santa Fe beruhte, ebenso wie in Südbrasilien und Südchile, aber im krassen Unterschied zu São Paulo, vor allem auf der kostenlosen Bereitstellung von Staatsland. Die ethnische Abgrenzung der deutschsprachigen Gruppe bis in die dritte und vierte Generation lag ähnlich wie in Südbrasilien, São Paulo und Südchile in der evangelischen Kirchengemeinde, der deutschsprachigen Privatschule und den dazugehörigen Vereinen begründet. Die katholischen Kirchengemeinden waren im Unterschied zu den evangelischen durchweg multiethnisch und international strukturiert. Insgesamt war die ethnische Abgrenzung der in Protestanten und Katholiken gespaltenen deutschsprachigen Gruppe in der Provinz Santa Fe viel höher als die konfessionelle, wie sich am Heiratsverhalten, d. h. an der hohen Zahl der deutschsprachigen evangelisch-katholischen Mischehen, nachweisen läßt. Der Gebrauch der deutschen Sprache verschwand dagegen erst später: In der dritten Generation, die zwischen 1890–96 geboren wurde, konnte noch die Hälfte der Erwachsenen die deutsche Sprache lesen und sprechen. Nach der Jahrhundertwende verstand nur jeder Zehnte kein Deutsch mehr. Dabei verlor sich die deutsche Sprache in den gewerblich orientierten Kleinstädten wie Esperanza rascher als in den umliegenden Landgemeinden. Eigene deutschsprachige Zeitungen und ein ethnisch orientiertes politisches Verhalten lassen sich nach der Jahrhundertwende in der Provinz Santa Fe ebenfalls nicht mehr nachweisen (Thurner Ms. 1986: 97–128, 133–135).

Die nationale Politik Argentiniens förderte mehr als fünfzig Jahre lang die Einwanderung europäischer Kolonisten, vor allem durch die Bereitstellung von Staatsland, zum Teil aber auch durch direkte finanzielle Unterstützungen aus dem Haushalt der Zentralregierung. Die argentinische Verfassung von 1853 verpflichtete die Zentralregierung darauf, die Einwanderung europäischer Kolonisten und Spezialisten zu fördern. Sie garantierte den Einwanderern darüber hinaus die freie Religionsausübung, die Bürgerrechte mit Ausnahme des Wahlrechts, die Freistellung vom Militärdienst und die Befreiung von gewissen Steuern. Die Masseneinwanderung beunruhigte bereits vor dem Ersten Weltkrieg die besitzbürgerliche Oberschicht, so daß ein Kongreßgesetz von 1912 die Einwanderung von Kranken, Krüppeln, Kriminellen und Anarchisten verbot. Das Gesetz zeigte aber keine Wirkung (Thurner Ms. 1986: 32–34, 97–132). Das aktive Wahlrecht erhielten die Einwanderer in Argentinien wie in Brasilien in der zweiten Generation, das passive ebenfalls in der zweiten oder später.

3. Deutsche Einwanderung nach Mexiko-Stadt 1870–1942

Von der organisierten, staatlich geförderten Familienwanderung in die Agrarkolonien Südbrasiliens, Santa Fes und Südchiles, aber auch von der Arbeitsmigration nach São Paulo, unterschied sich die Einzelmigration von Kaufleuten und Spezialisten in die Hauptstädte, Handels- und Wirtschaftszentren Lateinamerikas. Bis zum Ende des 19. Jahrhunderts handelte es sich vor allem um eine Elitenwanderung, zumeist für eine beschränkte Anzahl von Jahren. Zu diesen temporären männlichen Einzelmigranten gehörten vor allem junge Kaufleute und Unternehmer, aber auch andere Dienstleistungs-Spezialisten wie Techniker und Ingenieure, insbesondere Bergbauingenieure, Finanziers, Lehrer, Pfarrer und Militärinstrukteure. Die Kaufleute und Spezialisten waren die Träger des Import- und Exporthandels, aber auch des Geld- und Transportgeschäfts von und nach Lateinamerika. Sie organisierten die wachsende Integration der vor allem Rohstoffe produzierenden Volkswirtschaften der Region in die Märkte der nordatlantischen Industrieländer.

Bei diesem Beispiel kamen die deutschen Kaufleute in der Regel als junge, ledige Handlungsgehilfen nach Mexiko-Stadt. Sie wurden dabei von ihren Eltern oder Verwandten, von einem entsendenden Handelshaus oder einer Handelskorporation unterstützt. Sie entstammten zumeist den protestantischen Mittelschichten der deutschen Handelszentren, insbesondere Hamburgs und Bremens. Als Repräsentanten eines deutschen, häufig auch eines englischen Handelshauses suchten sie in der Regel auf Kommissionsbasis ein eigenes Unternehmen zu errichten beziehungsweise sich an einem bestehenden als Teilhaber zu beteiligen (Bernecker u. Fischer 1992: 207–210).

Während nach 1821 die jungen Kaufleute und Spezialisten vorwiegend für begrenzte Zeit nach Mexiko kamen, um möglichst bald so vermögend wie möglich in die Heimat zurückzukehren, erhöhte sich gegen Ende des 19. Jahrhunderts die Zahl der Bleibenden. Gleichzeitig gab es immer mehr deutsche transnationale Konzerne, die mit ihren Angestellten ständig in Mexiko präsent waren. Nicht wenige Angestellte machten sich wiederum nach einigen Jahren vor allem als Kaufleute, aber auch in anderen Wirtschaftssektoren selbständig, heirateten – nicht selten die Erbin eines Unternehmens – und blieben im Lande. Auf diese Weise gaben deutsche, andere europäische und US-amerikanische Einzelmigranten der nationalen Unternehmerschaft bedeutende Impulse. Sie verfügten nämlich dank ihrer guten Verbindungen nach Europa und den USA über preiswertere Möglichkeiten zur Beschaffung von zusätzlichem Kapital und zur Einfuhr von neuer Technologie.

Der Kern der deutschen Kolonie in Mexiko-Stadt war um die Mitte des 19. Jahrhunderts und im Porfiriat eine heterogene Gruppe der oberen Mittel- und der Oberschicht, dominiert von wohlhabenden deutschen Kaufleuten und Unternehmern mit engen Beziehungen zur nationalen Elite der Hauptstadt, einschließlich des Präsidenten der Republik. Deutsches Gymnasium (Colegio Alemán), «Deutsches Haus» und andere Vereine, kaum jedoch die erst später gegründete evangelische Kirchengemeinde, bildeten die Zentren des sozialen Lebens. In den Jahren vor dem Ersten Weltkrieg wurde die deutsche Kolonie immer nationalistischer und chauvinistischer. Nach dem Krieg blieben zwar die Beziehungen einiger wohlhabender Deutscher zur mexikanischen Elite bestehen. Aufgrund des nun stärkeren Zuzugs aus dem Deutschen Reich wurden aber das Gymnasium

und die Vereine immer mehr von Neueinwanderern beeinflußt, die vor
allem angestellte Kaufleute, Ingenieure und Techniker der großen Konzerne waren. Während des Dritten Reichs flüchtete eine größere Anzahl
von Gegnern und Opfern, viele von ihnen Juden, nach Mexiko-Stadt. Sie
integrierten sich bewußt nicht in die nationalistische deutsche Kolonie
und bildeten sehr bald eine rege Bereicherung des kulturellen und wissenschaftlichen Lebens der mexikanischen Hauptstadt. Die nationalsozialistischen Täter flüchteten nach 1945 weniger in das revolutionäre Mexiko,
als vielmehr in die autoritären Regime Südamerikas, vor allem Argentiniens und Brasiliens.

Die «deutsche Kolonie» von Mexiko-Stadt wurde als soziale Gruppe
von wohlhabenden nationalistischen Unternehmern geprägt. Deutsche
Schule, deutsche Vereine, später die evangelische Kirchengemeinde und die
Mitteilungsblätter der Kolonie förderten auch hier die eigene Ethnizität
und die deutsche Sprache, um insgesamt einer stärkeren Akkulturation
entgegenzuwirken. Dabei muß jedoch hervorgehoben werden, daß die
deutsche Kolonie mit ihren Institutionen nicht alle Deutschen erfaßte.
Stärker akkulturierte Deutsch-Mexikaner hatten sicherlich ein distanzier-
teres Verhältnis zu den Einrichtungen der Kolonie. Mit Ausnahme der
spanischen Sprache war die Bereitschaft der Deutschen zur Akkulturation
an die nationale Kultur der Hauptstadt nicht sehr groß, zumal auch keine
Notwendigkeit dazu bestand. Die doppelte deutsch-mexikanische Identität bei den Schülern der deutschen Schule wie auch bei den Deutschen
der Hauptstadt insgesamt bot offensichtlich größere Vorteile. Eine staatliche Förderung der Einwanderung, auch der Elitenmigration, nach Mexiko
gab es nicht. Ähnlich wie in Argentinien, Brasilien und Chile konnten die
Deutschen in Mexiko das Wahlrecht ab 1933 in der zweiten Generation
ausüben, zuerst das aktive, später auch das passive.

Im Hinblick auf die regionale Herkunft der Deutschen gibt es Hinweise
darauf, daß eine Reihe von ihnen bereits zuvor in anderen außereuropäi-
schen Ländern gelebt hatte. Vor allem Kaufleute unterhielten enge Ge-
schäftsbeziehungen nach den USA (Nagel Ms. 1991: 185–188).

Landwirtschaftliche Siedlungsprojekte zur Ansiedlung deutscher Kolonisten gab es zwar auch in einem großen Land wie Mexiko. Sie waren
aber seltene Ausnahmen, die in der Regel bereits nach kurzer Zeit schei-
terten.

III. Fremdenfeindlichkeit gegenüber Einwanderern in Lateinamerika

In Lateinamerika sind wie in Nordamerika alle Nichtindianer, d. h. die
überwältigende Mehrheit der Bevölkerung, früher oder später in ihre neue
Heimat eingewandert. Die Diskriminierung von Neueinwanderern war
und ist daher mehr oder weniger gering, zumindest geringer als in Europa.

Es läßt sich dabei beobachten, daß die Fremdenfeindlichkeit in den Gesellschaften größer war und ist, in denen in der Vergangenheit weniger Fremde zugewandert sind; und umgekehrt, daß die Fremdenfeindlichkeit in den Regionen geringer war, in denen die Zuwanderung größer war. Das läßt sich bei den drei Fallbeispielen beobachten.

Durch die Bürgerkriegsverhältnisse in der Mexikanischen Revolution wurden in Mexiko nur wenige Vermögen von Deutschen beeinträchtigt. Ein Schock bedeutete jedoch für die eingewanderten, ansässigen Deutschen die Feindlichkeit der Aufnahmegesellschaften nach den Kriegserklärungen der lateinamerikanischen Regierungen an das Deutsche Reich im Ersten Weltkrieg. Zu diesem Zeitpunkt reagierten die Aufnahmegesellschaften auf den seit längerer Zeit übersteigerten Nationalismus der Deutschen mit Verboten. In Brasilien wurde zum Beispiel der Gebrauch der deutschen Sprache in den privaten deutschen Schulen und den Kirchengemeinden aus Angst vor einem möglichen deutschen Nationalismus verboten; deutsche Schulen wurden rigideren brasilianischen Vorschriften unterworfen; Ausländer durften künftig generell nicht mehr in den Fächern Portugiesisch, brasilianische Geschichte und Erdkunde unterrichten (Wagner Ms. 1994: 170–173). Die Vermögen der nach Brasilien und Argentinien eingewanderten Agrarkolonisten, die ja in der zweiten Generation zu gleichberechtigten Brasilianern und Argentiniern geworden waren, wurden im Ersten Weltkrieg nicht konfisziert.

Während des Zweiten Weltkriegs wurden die deutschen Vermögen in Mexiko auf US-amerikanischen Druck vorübergehend beschlagnahmt und eine Reihe von im Land befindlichen Reichsdeutschen – ähnlich wie in Brasilien – interniert. Die Zentren des sozialen Lebens der deutschen Kolonie wie protestantische Pfarrei und deutsche Schule wurden geschlossen. Nach dem Krieg wurden die inhaftierten Personen freigelassen und die beschlagnahmten Firmen, Vermögen und sozialen Einrichtungen, die sehr behutsam von Mexikanern verwaltet worden waren, nach und nach zurückgegeben (Nagel Ms. 1991: 89–91). In einem im Vergleich zu Mexiko wesentlich ärmeren Land wie Guatemala wurden die im Zweiten Weltkrieg enteigneten deutschen Firmen und Vermögen vor allem in der Kaffeewirtschaft nicht zurückerstattet, sondern 1949 endgültig nationalisiert und in die Agrarreform einbezogen (Regina Wagner 1991: 374–383).

Als Zusammenfassung kann folgendes festgehalten werden:

1. Wie alle anderen Kontinente war ganz Amerika seit jeher ein Zuzugsgebiet für Migranten, zuerst für asiatische Kulturen und seit dem sogenannten Zeitalter der Entdeckungen für europäische Konquistadoren und Siedler und afrikanische Sklaven.

2. Vor der Ankunft der Europäer wurde Amerika von sehr unterschiedlichen indigenen Kulturen bevölkert: von nomadischen Jägern, Fischern und Sammlern im nördlichen Nord- und südlichen Südamerika sowie im

Amazonas-Tiefland, ferner von beginnenden Bodenbauern und schließlich von den Hochkulturen Mesoamerikas und der Zentralanden.

3. Vor allem die von den Europäern eingeschleppten Krankheiten führten im 16. Jahrhundert zu einem katastrophalen Rückgang der Bevölkerung ganz Amerikas um etwa 90%. Dieser Bevölkerungsrückgang bot die Voraussetzung dafür, daß Amerika zu einem Kontinent für europäische Einwanderer werden konnte. Gleichzeitig wurden die indianischen Bevölkerungen, sofern sie sich nicht den neuen europäischen Überlagerungsgesellschaften anpaßten, im Laufe der kolonialen und postkolonialen Entwicklung immer stärker zu Fremden im eigenen Land. Amerika war deshalb im Vergleich zu Asien, Afrika und Australien am stärksten von den Folgen der europäischen Expansion betroffen.

4. Von den deutschen Überseemigranten strömten 1820–1930 etwa 90% in die USA und weniger als 10% nach Lateinamerika, zuerst vor allem nach Brasilien, insbesondere nach Südbrasilien, und nur begrenzt nach São Paulo; seit der Mitte des 19. Jahrhunderts in erster Linie nach Argentinien.

5. Die Agrarstruktur der lateinamerikanischen Länder wurde seit dem Ende des 16. Jahrhunderts zunehmend von Plantagen und Gutshöfen geprägt: in den gebirgigen Hochlandgebieten von Gutshöfen und in den subtropischen und tropischen Tieflandzonen von Plantagen. Die indianische, bäuerliche, subsistenzorientierte Wirtschaft befand sich auf dem Rückzug. Die Agrarkolonisation mit angesiedelten europäischen, auch deutschen Bauern blieb insgesamt die Ausnahme, sie konzentrierte sich ja ohnehin auf gemäßigte, zugängliche Zonen Brasiliens, Argentiniens und Chiles.

6. Durch die Ansiedlung europäischer Kolonistenfamilien suchten die unabhängigen Regierungen menschenleere Landstriche zu entwickeln und zu zivilisieren, aber auch militärisch gegen Übergriffe durch Indianer oder Nachbarländer abzusichern.

7. Agrarkolonien waren in Südbrasilien, Argentinien und Südchile in der ersten Generation vor allem dann erfolgreich, wenn die Bauernfamilien auf Staatsland, d. h. sehr bald auf eigener Scholle, zum Teil auch noch mit zusätzlichen staatlichen Hilfen, angesiedelt wurden.

8. Die Ansiedlung von Arbeitsmigranten als Ersatz für Sklaven auf Plantagen, wie denen der Paulistaner Kaffeepflanzer ab 1847, war nicht dauerhaft erfolgreich. Aufgrund der hohen Anfangsverschuldung und der geringen Verdienstmöglichkeiten mußten die parceiros mit 8–15 Jahren zwei- bis dreimal so lange auf den Kaffeeplantagen ausharren, bevor sie den Aufbau einer eigenen Existenz vorbereiten konnten.

9. Die weggewanderten deutschsprachigen Kolonisten wohnten in der Provinz São Paulo in Stadtteilen von nahe gelegenen Kleinstädten mit eigenen Pfarrgemeinden und arbeiteten in kleinen Handwerksbetrieben. Andere Kolonisten lebten in Landgemeinden und betrieben wie

in ihrer Heimat Landwirtschaft auf kleinem bis mittlerem Grundbesitz. D. h., ihr sozialer Aufstieg war – wenn auch mit Verzögerung – dem der deutschsprachigen Siedler in den Agrarkolonien auf Staatsland und deshalb mit besseren Ausgangsbedingungen ähnlich. Die erfolgreichen deutschsprachigen Agrarkolonien gab es vor allem in den drei Südprovinzen Brasiliens, in der argentinischen Provinz Santa Fe und im Süden Chiles.

10. Von der Familienmigration europäischer, auch deutscher Agrarkolonisten unterschied sich die Einzelwanderung von Kaufleuten und Spezialisten in die Hauptstädte sowie Hafen-, Handels- und Produktionszentren der lateinamerikanischen Länder, wie das Beispiel der deutschen Einwanderer nach Mexiko-Stadt zeigt. Eine staatliche Unterstützung dieser Einzelmigration gab es nicht, sie wurde vielmehr von den Unternehmen selbst gefördert. Die meisten Einzelmigranten kamen für begrenzte Zeit nach Mexiko-Stadt. Viele verweilten längere Zeit, vor allem seit dem Ende des 19. Jahrhunderts, heirateten im Lande und blieben auf Dauer.

11. Die deutsche Kolonie eines Handels- und Produktionszentrums wie Mexiko-Stadt wurde bis in dieses Jahrhundert von wohlhabenden, nationalistischen Kaufleuten und Unternehmern dominiert, die enge Kontakte zur nationalen Elite unterhielten. Wie bei den Agrarkolonien förderten auch hier die deutsche Schule, deutsche Vereine, später die evangelische Kirchengemeinde und zusätzlich die deutschsprachigen Mitteilungsblätter die eigene Ethnizität und die deutsche Sprache und wirkten einer stärkeren Akkulturation an die Mehrheitsgesellschft entgegen. Schließlich brachte die «hybride» deutsch-mexikanische Identität und Doppelkultur Vorteile im Geschäftsleben und für das soziale Ansehen.

12. In den postkolonialen lateinamerikanischen Einwanderungsländern war zwar bis heute die Indianerfeindlichkeit der nationalen, kreolischen Mehrheitsgesellschaften groß, aber die Fremdenfeindlichkeit gegenüber Neueinwanderern verhältnismäßig gering. Die eingewanderten Europäer, auch die Deutschen, paßten sich ihrer Schichtzugehörigkeit entsprechend der verbreiteten Indianerfeindlichkeit an. Dabei läßt sich beobachten, daß in Ländern mit stärkerer Einwanderung die Fremdenfeindlichkeit gegenüber europäischen Neuankömmlingen geringer war. Umgekehrt war in Ländern mit geringer europäischer Einwanderung die Fremdenfeindlichkeit gegenüber Europäern größer. Mit den Auswirkungen der beiden Weltkriege, der Hitler-Diktatur und parallel dazu der Zunahme des Nationalismus der Aufnahmegesellschaft wurde der Druck auf die Deutsch-Lateinamerikaner zur Akkulturation größer.

13. Die europäischen Einwanderer erhielten das volle Bürgerrecht einschließlich des aktiven Wahlrechts in der Regel mit der zweiten, im Lande geborenen Generation, das passive Wahlrecht ebenfalls in der zweiten oder

erst in späteren Generationen. Im aktuellen neoliberalen Lateinamerika
der «emerging markets» läßt sich beobachten, daß in den größeren, offe-
neren Gesellschaften Söhne und Enkel von Einwanderern durchaus
Ministerämter und sogar das Präsidentenamt erklimmen konnten. Ein solcher Aufstieg, den indianische Politiker, wie der Zapoteke Benito Juárez,
im postkolonialen Mexiko des 19. Jahrhunderts noch erreichten, ist Indianern heute – zwar nicht formalrechtlich, aber real – verwehrt.

Willi Paul Adams

Vom Fremden zum Bürger
Einwanderer und amerikanischer Nationalismus

Eine Bestandsaufnahme des Umgangs mit «Fremden» in der Vergangenheit muß auch die Erfahrung der Vereinigten Staaten als dem klassischen Einwanderungsland insbesondere der Europäer und als dauerhaft multirassischer und multiethnischer Gesellschaft berücksichtigen. Denn die Geschichte der Einwanderung *ist,* wie Oscar Handlin, einer der Gründerväter der modernen amerikanischen Migrationsgeschichtsschreibung, es ausgedrückt hat, die Geschichte der Vereinigten Staaten. Es ist im wesentlichen die Geschichte der bislang schätzungsweise 57 Millionen Einwanderer und ihrer Nachkommen (von denen etwa 7 Millionen – gut 12% – aus deutschsprachigen Ländern kamen).

So richtig diese Einsicht auch ist, ich habe daraus nicht die Konsequenz gezogen, meine Interpretation der amerikanischen Nationalgeschichte zu skizzieren und dann zu sagen, dies seien die verschiedenen amerikanischen Varianten des Umgangs mit Fremden: mit den zu voll gleichberechtigten Bürgern und damit zum Bestandteil des sogenannten *mainstream*-Amerika gewordenen Europäern; oder mit den versklavten und bis 1865 entrechteten Afrikanern, oder mit den durch Landnahme und Grenzverschiebung in das Staatsgebiet inkorporierten Indianern und Mexikanern, oder mit den sich seit den 1960er Jahren verstärkt ihren Weg bahnenden Asiaten. Statt dessen beschränke ich mich darauf, nur *einer* Frage nachzugehen, die in diesem vielschichtigen Integrationsprozeß seit der Staatsgründung eine zentrale Rolle gespielt hat, der Frage, wie die Interessenvertreter des amerikanischen Nationalstaats und des amerikanischen Nationalbewußtseins sich verhalten haben angesichts des kontinuierlichen Einwandererstroms und angesichts der offenkundigen Vielfalt ethnisch-kultureller Gruppen, die «das Volk» ausmachten, das 1776 sein unveräußerliches Recht auf Selbstregierung verkündet hatte.

Meine Antwort lautet in Kurzform: Nationale Einheit, Uniformität und Loyalität genossen im Handeln der Bundesregierung und der meisten Einzelstaatsregierungen und in der öffentlichen Diskussion unter der politischen Elite Vorrang vor der Kultivierung ethnischer Vielfalt und Gruppen-Loyalität. Das war der Preis, den die Zugewanderten zahlen mußten für das Privileg, bereits nach fünf Jahren die amerikanische Staatsbürgerschaft einschließlich des Stimmrechts (für Frauen ab 1920) zu erhalten. Die anglo-amerikanisch geprägten politischen Institutionen und die sie nährende *civic culture* schufen den Freiraum für die Toleranz religiöser und

ethnisch-kultureller Vielfalt.[1] Nordamerika ist deshalb heute in nur zwei
Nationalstaaten organisiert, weil (a) die englischen Siedlungskolonien die
französischen, spanischen, niederländischen und schwedischen Siedlungen
bevölkerungsmäßig, wirtschaftlich und militärisch dominierten und weil
(b) dreizehn der anglo-amerikanischen Kolonien einen Bundesstaat gründeten, der diese Vorherrschaft über den Kontinent ausdehnte unter Bewahrung der politischen und sogar weitgehenden sozio-kulturellen Einheit. Deren Basis ist bis heute die unangefochtene Stellung der englischen
Sprache.

Daher entstand in den Vereinigten Staaten im 19. Jahrhundert auch kein
«Nationalitätenproblem» von der Art, wie es einige europäische Staaten
im 19. und 20. Jahrhundert in ihrer nationalen Entwicklung behindert hat.
Um nur ein Beispiel zu nennen: Im Vielvölkerstaat Österreich-Ungarn
prallten die Ansprüche mehrerer Nationalitätengruppen theoretisch unver-
söhnlich aufeinander, und die Beilegung dieser Konflikte forderte von
Regierungen, Gesetzgebern, Staats- und Verfassungsrechtlern immer wieder neue Kompromisse. In diesem Zusammenhang formulierte der unga-
rische Kulturpolitiker und Schriftsteller Baron von Eötvös i. J. 1850 einen
Glaubenssatz des liberalen Individualismus, der in Amerika weitergehend
als in Europa verwirklicht worden ist. «Wo die Gleichberechtigung der
Individuen durch die Verfassung sichergestellt ist,» erklärte Eötvös, «hat die
Frage der Gleichberechtigung einer Nationalität ihre praktische Bedeutung verloren.»[2]

I. Gründerväter und Einwanderer

Die Väter der Verfassung der Vereinigten Staaten strebten eine *nation* an,
deren politischer und kultureller Zusammenhalt dem des Mutterlandes
auch in der Ablehnung noch prägenden Modell möglichst nahe kam.[3]
Nur der gemeinsame Kampf um die Unabhängigkeit versprach dauerhaften Erfolg, und die öffentliche Beschwörung gemeinsamer «amerikanischer» Interessen hatte sich seit 1765 als wirksames Mittel zur Mobilisierung des Widerstandes gegen den Herrschaftsanspruch von Krone und
Parlament erwiesen. Die Unabhängigkeitserklärung sprach von *one people,*
das ein natürliches Recht auf Widerstand gegen Willkürherrschaft und auf
Selbstregierung hat. Die Aufteilung des einen Volkes in ethnische Gruppen
und deren kulturelle Vielfalt war kein Thema der Gründungsurkunde der
Nation, ebensowenig wie die Sklavenhaltung.

Die Bundesverfassung von 1787/88 war zweifellos die erste Verwirklichung des Gedankens der – in den Worten Friedrich Meineckes – «Selbstbestimmung und Souveränität der Nation, d. h. der Staatsnation, die ihre
politische Verfassung selbst gestalten, ihre politischen Geschicke selbst leiten will.».[4] Vergeblich sucht man in der Bundesverfassung nach einer auch

nur symbolischen Anerkennung des multiethnischen Charakters der amerikanischen Bevölkerung. Die Gründerväter hatten kein Interesse daran, das kaum konstituierte Staatsvolk wieder in einzelne Gründervölker aufzuteilen. Sie ersparten damit zudem ihren Nachfahren die Rechtfertigungsprobleme, die die kanadische Regierung heute mit der offiziellen Anerkennung von zwei *founding peoples/peuples fondateurs* und der impliziten Deklassierung aller späteren Einwanderergruppen hat.[5] Aus der gleichen Grundhaltung heraus verzichteten die Gründerväter auch auf die direkte Förderung der Einwanderung durch die Bundesregierung.

Die erste Volkszählung der USA fragte 1790 noch nicht einmal nach Geburtsort oder Herkunftsland, sondern begnügte sich mit den vier Kategorien «free white males» (1,5 Millionen), «free white females» (1,48 Millionen), «all other free persons» (50 000) und «slaves» (589 000). Erst eine nachträglich vorgenommene sehr grobe Analyse dieser Daten nach mutmaßlichen Herkunftsländern der Euroamerikaner ergab an nicht-englischsprechenden Bevölkerungsanteilen nur knapp 9 % Deutsche, 3 % Niederländer, 1,7 % Franzosen und 0,7 % Schweden.[6] Da die Indianerstämme als eigenständige Völker galten, wurden sie nicht mitgezählt.

Diese Zahlenverhältnisse verdeutlichen, daß die Vereinigten Staaten in ihrer Gründungssituation keine bloße «Staatsnation» nach dem Muster der mehrsprachigen Schweiz waren, sondern eine möglichst homogene «Kulturnation» nach dem englischen Vorbild sein wollten. Die Anwendung von Friedrich Meineckes Definitionsmerkmalen dieser Begriffe[7] zeigt trotz aller Vielfalt amerikanischer Landschaften und indianischer und afro-amerikanischer und geringfügiger kontinentaleuropäischer Bevölkerungsanteile das Bild einer überwiegend englischsprechenden, protestantischen, auf wirtschaftliche Sicherheit und persönliche Freiheit durch Landbesitz erpichten anglo-amerikanischen Mittelklasse, deren gemeinsame Kultur die von Kolonialengländern war. Kriegsziel dieser Kolonialengländer war ihre politische Selbstbestimmung gewesen. Eine anti-englische Kulturrevolution lag nicht im Interesse Washingtons und seiner Standes- und Zeitgenossen.

Keinen Boden in der Realität gab es daher auch für die in Deutschland seit den 1840er Jahren von deutschen Reiseschriftstellern verbreitete Legende, im Gefolge antibritischer Ressentiments sei in den 1780er Jahren Deutsch beinahe zur Landessprache der USA erklärt worden. Diese utopische Forderung hat niemand jemals erhoben, noch nicht einmal in Pennsylvania, dem Staat mit der größten Konzentration Deutschstämmiger. Denn selbst in Pennsylvania machten Deutsche und die Nachfahren der seit 1683 aus deutschsprachigen Ländern Eingewanderten bei großzügiger Definition und Schätzung um 1790 höchstens ein Drittel der Bevölkerung aus, in den ganzen Vereinigten Staaten, wie bereits erwähnt, schätzungsweise knapp 9 %.[8]

II. Sklaven

Nur ein Merkmal der Unterteilung der Bevölkerung nach Rassen mußten die Staatsgründer zur Kenntnis nehmen und in der Verfassung implizit festschreiben: den Fortbestand der Sklavenhaltung. Ab 1619 hatten niederländische und englische Menschenhändler Afrikaner an die englischen Kolonisten verkauft. Innerhalb zweier Generationen, um 1670, hatte sich der Rechtsstatus der weißen und schwarzen unfreien, verdingten Arbeitskräfte entlang der Rassengrenze zweigeteilt: Die Kolonialparlamente dekretierten, daß Afrikaner permanent Sklaven blieben; der Status der Mutter wurde auf ihre Kinder übertragen, und die Europäer versklavten ihre eigenen mit Afrikanerinnen gezeugten Kinder. Die europäischen verdingten Knechte und Mägde, die *indentured servants,* galten hingegen nach Ablauf der Vertragszeit – selten mehr als 7 Jahre – als gleichberechtigte Bürger.

Seit 1776 gab es zwar eine kleine Zahl wahlberechtigter freier Afro-Amerikaner, und die Einzelstaatslegislativen in den Nordstaaten beschlossen in den 1780er Jahren graduelle Freilassungsgesetze, aber auf dem Verfassungskonvent von Philadelphia weigerten sich die Südstaatenvertreter, die Afro-Amerikaner als gleichberechtigte, den Gesellschafts- und Herrschaftsvertrag abschließende Bürger anzuerkennen.[9] Die Unabhängigkeitserklärung mit ihrem Gleichheitspostulat hatte keine einklagbaren Rechte begründet. Um der nationalen Einheit willen schlossen die Vertreter der Nord- und Mittelstaaten im Verfassungskonvent den folgenschweren Kompromiß: Die Verfassung erlaubte stillschweigend weiterhin die Sklavenhaltung; nur die Zufuhr versklavter Afrikaner durfte ab 1808 vom Bundesgesetzgeber verboten werden.

Der so vertagte Konflikt gefährdete schließlich den Bestand der Nation und wurde erst 1861–65 durch Krieg gelöst. Die soziale Bewältigung und Umsetzung der mit den Verfassungsänderungen von 1865–68 erklärten Gleichstellung der Afro-Amerikaner macht bis heute *The American Dilemma* aus, um den Titel von Gunnar Myrdals aufrüttelnder Bestandsaufnahme von 1940 zu zitieren, die Bestandsaufnahme, die den Anfang des Weges hin zur Civil Rights Bewegung der 1960er Jahre markiert, die schließlich den Durchbruch zur Bildung auch einer afro-amerikanischen Mittelklasse gebildet hat.

III. Indianer

Nördlich des Rio Grande lebten um 1500 schätzungsweise 2 Millionen Nachkommen der ersten asiatischen Einwanderung in kleinen Stammesverbänden und Dutzenden von Sprach-Gruppen über den ganzen Kontinent zwischen Pazifik und Atlantik verstreut. Hochkulturen und Bevölkerungskonzentrationen wie die der Inkas und Azteken gab es nördlich des Rio Grande nicht. Die kleinen und zerstrittenen Stämme hatten mit ihrem Stand der Waffentechniken keine Chance, die 1607 an der Atlantikküste einsetzende Landnahme der Europäer abzuwehren. Durch Epidemien und Kleinkriege wurden sie an den Rand der Ausrottung verdrängt, jenseits der Siedlungs-*frontier* der Europäer.[10]

An der Nationalstaatsgründung der Europäer hatten die Indianer trotz ihrer Beteiligung am Unabhängigkeitskrieg als Hilfstruppen auf beiden Seiten keinen Anteil. Denn sie galten (mit den geringen Ausnahmen der christianisierten «praying Indians») nicht als Fremde innerhalb der euroamerikanischen Gesellschaft, sondern als Überbleibsel eines anderen Kulturkreises mit Wertvorstellungen etwa über die Nutzung des Landes, die unvereinbar waren mit dem Anspruch der Europäer auf den «leeren» Kontinent. Diesen Außenseiter-Status der Ureinwohner faßte das Oberste Bundesgericht in eine angemessen widersprüchliche Formel. Nachdem 1827 die *nation* der Cherokees in Reaktion auf die Verletzung ihres Territoriums durch Landvermessungstrupps des Staates Georgia kurzerhand ihre Unabhängigkeit als Staat erklärt hatte, definierte das Oberste Bundesgericht 1831 und 1832 die Stämme als *domestic dependent nations,* die dem besonderen Schutz der Bundesregierung unterstünden und deren Wohngebiete Teil des Staatsgebiets der USA seien, ohne aber der Gesetzgebung des Einzelstaats unterworfen zu sein, innerhalb dessen Grenzen sie sich befanden.

Nach dem Homestead-Gesetz von 1862 und dem Sieg des Nordens im Sezessionskrieg ließ die Bundesregierung auch den Trans-Mississippi-Westen einschließlich eines Großteils der den Indianern zugesicherten Reservate von Neusiedlern schlicht überrennen. Die letzten Feldzüge der US-Kavallerie gegen die jammervollen Überbleibsel von Stämmen zogen sich bis 1890 hin. Die letzten Indianer erhielten 1924 die Staatsbürgerschaft der Vereinigten Staaten.[11]

So unauflöslich auch der dreihundertjährige Verdrängungskampf Europäer und Indianer in Nordamerika miteinander verbunden hat, und so unauslöschlich Bilder vom gefürchteten wilden und beneideten edlen Indianer Bestandteil der kulturellen Identität der Euroamerikaner geworden sind, so wenig vorstellbar ist es, daß die Figur auf der Kuppel des Kapitols in Washington ein Indianer sein könnte. Sie ist eine griechische Göttin der Freiheit – zu ihrem Schutz allerdings in ein Büffelfell gehüllt.

IV. Expansion und Integration als *Manifest Destiny*

Die territoriale Expansion der Vereinigten Staaten in der ersten Hälfte des 19. Jahrhunderts bis zum Pazifik führte notwendigerweise zur Schaffung zusätzlicher ethnischer Minderheiten, und zwar in unmittelbarer Nachbarschaft des Staates, in dem die Minderheit die Mehrheit darstellte. Diese Tatsache hat amerikanische Expansionisten aber nicht innehalten lassen. Denn deren langfristige Integration oder die Isolierung oder Überstimmung der vormals mexikanischen Bevölkerung durch nachströmende Migranten – Yankees oder Neueinwanderer aus Europa – war ein Glaubensartikel im nationalen Katechismus der «offenbaren Bestimmung», des *manifest destiny*. Die geschlossenen Siedlungsgebiete der Ex-Mexikaner und Indios konnten die Yankees nicht rückgängig machen, aber sie fürchteten sie auch nicht, entweder aus Hochmut, oder weil sie richtig erkannten, daß die Spanisch Sprechenden in ihren Regionen nicht in gleicher Weise langfristig ihre kulturelle und politische Vormachtstellung würden behaupten können, wie die Französisch Sprechenden in Kanada es mit Erfolg taten.

Konsequent lehnte der Kongreß der Vereinigten Staaten die Versuche europäischer – auch deutscher – Siedlergruppen ab, sich größere geschlossene Siedlungsgebiete im Westen zu schaffen. Das hätte geschehen können, wenn die Bundesregierung oder Einzelstaatsregierungen einzelnen Siedlergruppen das Vorkaufsrecht für größere zusammenhängende Ländereien zugesichert hätten. Weil sie dies nicht taten, ging z. B. der Traum einiger Gruppen deutscher Frühliberaler nicht in Erfüllung, von einem modellhaften «Neu-Deutschland» in Übersee aus das Vaterland zu reformieren.[12]

Forderungen nach kultureller Autonomie für ethnisch definierte Territorien erlangten daher in der amerikanischen Politik keine Bedeutung. Die beiden Ausnahmen waren die Selbstregierung der Indianerreservate und einige wenige Zugeständnisse an religiöse Lebensgemeinschaften wie die der Hutterer, Mennoniten und Amish in Fragen der Wehrdienstverweigerung und Schulpflicht. Diese Ausnahmen wurden und werden jedoch mit der im ersten Verfassungsänderungsartikel garantierten Religionsfreiheit gerechtfertigt; sie können auch nicht rückwirkend als Bekenntnis zu ethnischer Vielfalt als Wert und Idealvorstellung der amerikanischen Gesellschaft gewertet werden.

V. Fremdenfeindlichkeit und *Americanism*

Die Masseneinwanderung aus Irland und deutschen Ländern löste seit den 1840er Jahren zunehmend die Befürchtung aus, der traditionelle Charakter der euroamerikanischen Gesellschaft werde gefährdet durch die unkontrolliert ins Land strömenden verarmten, ungebildeten, zu einem erheblichen Anteil katholischen, vermeintlich demokratieunfähigen Massen. Von den 23 Millionen Einwohnern der USA waren 1850 knapp 10 % im Ausland geboren. Diese Durchschnittszahl nivelliert natürlich die als bedrohlich empfundene Realität der Zusammenballung der Fremden in den

Einwandervierteln einiger Großstädte. Die 4,89 Millionen Einwanderer, die von 1830 bis 1860 aus Europa kamen, prallten vielerorts auf einen voll ausgeprägten «Americanism».

Der Konflikt wurde verschärft durch die Erteilung des Wahlrechts in mehreren Staaten des Mittelwestens noch vor Ablauf der fünfjährigen Wartefrist für den Erwerb der Staatsbürgerschaft. In Minnesota z. B. erhielt ein eingewanderter erwachsener Mann das uneingeschränkte Stimmrecht innerhalb von vier Monaten nach Errichtung eines festen Wohnsitzes und der schriftlichen Erklärung, die amerikanische Staatsbürgerschaft erwerben zu wollen.[13]

Die einwandererfeindliche Partei der *Know-Nothings* nutzte die Stimmung aus und forderte mit den üblichen fremdenfeindlichen Argumenten, die Wartefrist für Einbürgerung und Ausübung des Wahlrechts auf 21 statt der gültigen 5 Jahre zu verlängern; sie forderte den permanenten Ausschluß Eingewanderter von der Übernahme öffentlicher Ämter. Nicht einwandern lassen wollte sie Mittellose, die der Armenfürsorge zur Last fallen, Gesetzesbrecher und getreue Untertanen einer «ausländischen Macht», womit vor allem Katholiken gemeint waren, die − so die virulent antikatholische Publizistik des 19. Jahrhunderts − taten, was der Papst öffentlich und auf geheimem Weg durch den Beichtstuhl von ihnen verlangte.

Die beunruhigenden Erfolge der einwanderungsfeindlichen *nativists* in Massachusetts motivierten den aus Deutschland geflohenen Achtundvierziger Carl Schurz 1859 zu seiner vielzitierten patriotischen Predigt über «True Americanism». Die Legislative von Massachusetts hatte eine Verfassungsänderung für die Einzelstaatsverfassung vorgeschlagen, derzufolge Eingewanderte noch zwei Jahre nach ihrer Einbürgerung nicht hätten wählen dürfen. Dieses Mißtrauen attackierte Schurz, der selbst noch keine zwei Jahre lang die amerikanische Staatsbürgerschaft besaß, als unvereinbar mit den nationalen Grundwerten, dem *true Americanism,* der durch Toleranz und Gleichheit der Rechte aller gekennzeichnet sei und zur Absorption alles Fremden führenden werde. Die verschiedenen Elemente beeinflußten einander, und ihre Besonderheiten würden miteinander vermischt durch die alles assimilierende Macht der Freiheit. Dies sei der wahre Ursprung der amerikanischen Nationalität.[14]

Wie zahlreiche andere deutschamerikanische Publizisten seiner Generation versuchte Schurz, eine realistische Anerkennung der Assimilationskraft insbesondere der politischen Kultur Anglo-Amerikas zu verbinden mit der Verteidigung des Eigenwertes seiner ethnischen Gruppe. Die Achtundvierziger lieferten auf diese Weise einen wesentlichen Beitrag zur Entwicklung und Propagierung des pluralistischen Modells der sanften Integration Eingewanderter.[15]

Ohne ihr Ziel erreicht zu haben, verlor die Native American Party ab 1856 ihren politischen Einfluß angesichts der die Nation spaltenden Nord-

Süd-Kontroverse über die Expansion der Sklavenhaltung in die neuen Staaten westlich des Mississippi. Der Nord-Südkonflikt überlagerte die Anti-Einwanderungsagitation und zog alle nationalistischen Emotionen auf sich.

VI. Der Sezessionskrieg und die Folgen

Der Sieg des Nordens im Sezessionskrieg (1861–65) und die Abschaffung der Sklaverei erweiterten die Abstammungsgemeinschaft der Anglo-Amerikaner endgültig zur multiethnischen Erinnerungs- und Wertegemeinschaft. In sie konnten sich nun verstärkt auch Eingewanderte hineindefinieren, indem sie sich die Ideale von 1776 zu eigen machten und den Treueid auf die Verfassung der erneut Vereinigten Staaten schworen. Die ungeheure Kriegsanstrengung und die Wiedereingliederung des besiegten Südens steigerten das amerikanische Nationalbewußtsein zu einer neuen, viele europäische Nationalismen vielleicht übertreffenden Intensität und führten zu den vor dem Ersten Weltkrieg einschneidendsten Veränderungen des Verhältnisses der Nation zu den ethnischen Gruppen.

Die in die Eigenverantwortung ohne Vermögen entlassenen Afro-Amerikaner wurden seit dem 13. Verfassungsänderungsartikel von 1865 nicht mehr prinzipiell ausgeschlossen vom Status der mitwirkungsberechtigten Bürger. Von nun ab stellte sich als neues Problem das der sozialen Segregation und der rechtlichen Diskriminierung in Form der Apartheid-Vorschriften der Einzelstaaten und Kommunen und des Bundes (etwa in der Armee). Der über einhundertjährige Kampf um rechtliche Gleichstellung und Chancengleichheit begann.

Im Richtungsstreit unter Wortführern der Afro-Amerikaner ist seither immer wieder die Alternative erwogen worden, die aufgezwungene Isolierung zur gewollten zu machen und einen *black nationalism* zu postulieren, oder aber sich zusammen mit den Euro-Amerikanern und anderen rassisch und ethnisch definierten Gruppen in die transethnische nationale Gemeinschaft hinein zu definieren und Gleichbehandlung zu fordern. Die separatistischen Bewegungen, von der Zurück-nach-Afrika-Bewegung der 1830er Jahre bis zu den sternenbannerverbrennenden Schwarzen Panthern der 1960er Jahre sind gescheitert. Die erfolgreicheren Aktionsgruppen von der National Association for the Advancement of Colored People (NAACP) bis zur Bürgerrechtskampagne unter Martin Luther King hielten das Sternenbanner so hoch sie konnten. Die das ganze Land bewegende Rhetorik Kings beschwor immer wieder den mehr als wohlverdienten Platz der Afro-Amerikaner innerhalb der Gemeinschaft der «reichsten Nation der Welt». Wie die Wortführer anderer ethnischer Gruppen seit zweihundert Jahren, so betonte auch King den Beitrag seiner Gruppe zur Erfolgsgeschichte der Nation, um dann um so nachhaltiger einen Platz am gedeckten Tisch zusammen mit allen anderen Gruppen einzufordern.[16]

VII. Der Erste Weltkrieg und das Schließen der Tore

Seit der Wiedereingliederung des besiegten Südens 1877 war das amerikanische Nationalbewußtsein gefestigt wie nie zuvor. Es verband sich in den folgenden Jahrzehnten mit angelsächsisch-rassistischen Überlegenheitsvorstellungen und rechtfertigte zusammen mit Seemachtstrategien, Profitstreben und protestantischem Missionsdrang die Teilnahme der USA an der Rivalität der Großmächte um Kolonialbesitz. Der die Außenpolitik bestimmende Teil der politische Klasse der USA war 1914 auf eine Weltmachtrolle durchaus vorbereitet.

Die lautstarken Aktivitäten pro-kaiserlicher Deutschamerikaner und die polyglotten Einwandererviertel der amerikanischen Großstädte erinnerten Wilson, Roosevelt und andere Wortführer amerikanischer *preparedness* an das unvollkommene Funktionieren des «Schmelztiegels». Diese Metapher war erst 1908 durch ein populäres Theaterstück mit dem Titel *The Melting Pot* in Umlauf gesetzt und von den Gegnern der seit den 1890er Jahren wieder aktiven Anti-Einwanderungsbewegung dankbar aufgegriffen worden. Denn das Bild des funktionierenden Schmelztiegels bekräftigte die ungebrochene Assimilationskraft der amerikanischen *mainstream*-Gesellschaft und nahm den Warnungen vor Überfremdung ihre Dramatik.

Die Haßkampagnen der europäischen Nationalismen putschten auch den US-amerikanischen Nationalismus auf, und 1916 setzte eine massive «Amerikanisierungs-»kampagne ein. Die den Kriegseintritt der USA 1917 begleitende Loyalitätshysterie führte u. a. zu einem beschleunigten Ende des organisierten Deutschamerikanertums. Auch die kulturellen Organisationen der Deutschamerikaner hatten unter dem Versagen der politischen Wortführer zu leiden.[17]

Die Epoche der für Europäer praktisch ungehinderten freien Einwanderung beendete der Kongreß der Vereinigten Staaten in den prosperierenden Zwanziger Jahren, nicht erst in der folgenden Dekade der Weltwirtschaftskrise. Die Einwanderungsquotengesetze von 1921, 1924 und 1928 bannten endgültig die Gefahr weiterer unkontrollierter Zuwanderung. Die Verteilungsformel für die 1921 erstmalig gesetzte Obergrenze der jährlichen Einwandererzahl verriet ein differenziertes Bewußtsein des Bundesgesetzgebers von der ethnischen Vielfalt der amerikanischen Bevölkerung und die Absicht, sie nicht weiter zu diversifizieren. Die Schlagzeile in der *New York Times* nach Verabschiedung des Quotengesetzes von 1924 verkündete unmißverständlich: «America of the Melting Pot Comes To End.» Absicht sei es, «to Preserve Racial Type as It Exists Here Today».[18] Die von 1929 bis 1952 in Kraft bleibende Verteilungsformel für die jährlich

153 714 Einwanderervisa für Europäer (Asiaten waren seit 1924 und blieben bis 1952 weitgehend ausgeschlossen) bezog sich dementsprechend auf die ethnische Zusammensetzung der Bevölkerung im Zensusjahr 1920: die Jahresquote, die jede Nation außerhalb der Westlichen Hemisphäre in Anspruch nehmen konnte, entsprach dem Anteil der in dem betreffenden Land Geborenen an der amerikanischen Bevölkerung des Jahres 1920. Auf Einwanderer aus dem Deutschen Reich z. B. entfielen jährlich 25 957Visa, auf Italiener 5802, auf Griechen 307. Als Symbol für die amerikanische Tradition, ein *asylum for mankind* sein zu wollen, blieb die Mindestquote von 100 Einwanderervisa pro Jahr für alle Länder von Afghanistan bis Yap bestehen.[19] Für Kanadier und Lateinamerikaner gab es keinerlei Beschränkung bis 1965, als die heute noch geltende Grundstruktur der weniger strikt nach Geburtsland organisierten Wartelisten und Präferenzen eingeführt wurde.[20]

VIII. Ethnisch-kultureller Pluralismus bei kontrollierter Zuwanderung

Erst nach dem Schließen der Tore begann in den Vereinigten Staaten in den 1920er Jahren unter einigen intellektuellen Vordenkern die Diskussion um *cultural pluralism* als toleranteres, weicheres Konzept der Integration der Einwanderer und ihrer Kinder. Zu diesem Zeitpunkt stand jedoch die Dominanz der anglo-amerikanisch geprägten politischen Kultur und der *high culture* mit der unangefochtenen Stellung der englischen Sprache nicht mehr zur Disposition. Ein genuin multikulturelles und mehrsprachiges Staatswesen wie die Schweiz – ein beliebtes Beispiel der Kulturpluralisten der 1920er Jahre – war auf dem Boden der Vereinigten Staaten ebenso unvorstellbar geworden wie das Nebeneinander ethnisch definierter Regionen mit Ansprüchen auf kulturelle Autonomie wie im heutigen Rußland oder mit dem Anspruch auf weitgehende kulturelle und politische Eigenständigkeit in einer lose organisierten Konföderation, wie ihn die Provinz Quebec heute in Kanada erhebt.[21]

Im vergangenen Jahrzehnt hat die legale und illegale Einwanderung in die Vereinigten Staaten einen neuen Höchststand erreicht. Von 1980 bis 1990 sind etwa 9 Millionen Menschen legal und illegal eingewandert. Die legale Einwanderung der 1980er Jahre verteilte sich auf 47 % Lateinamerikaner, 37 % Asiaten, und nur noch 13 % Europäer und Kanadier.[22] Dennoch: Die Anzahl der Einwohner, die 1990 laut Volkszählung Englisch nicht «very well» sprachen, machte ganze 6,1 % aus.[23] Wie der Schmelztiegel nun auf die anhaltende Herausforderung durch die illegale Einwanderung vor allem aus Lateinamerika reagieren wird, ist eine offene Frage. Ein Alarmzeichen ist die im Oktober 1993 erhobene Forderung des Gouverneurs von Kalifornien, Pete Wilson, illegal Eingewanderten nicht länger den kostenlosen Schulbesuch ihrer Kinder, ärztliche Behandlung und den

Empfang sonstiger Sozialfürsorge zu ermöglichen. Sogar die automatische Zuerkennung der amerikanischen Staatsbürgerschaft an die in den USA geborenen Kinder illegal Eingereister zog der Gouverneur in Zweifel. Seine Popularitätskurve stieg daraufhin in Kalifornien von 30% auf 37%.[24]

Dagegen spricht für ein ungebrochenes nationales Selbstvertrauen – und das heißt Mut zur Offenheit –, daß bis heute kein Einwanderungsgesetz eine Mehrheit im Kongreß gefunden hat, das durch Bestrafung der die illegalen Arbeitskräfte – vor allem der Mexikaner – Beschäftigenden den Zustrom wirksam drosseln würde. Der Grund für den bisherigen Verzicht auf ein solches Gesetz ist nicht Fremdenfreundlichkeit oder Begeisterung für eine multikulturelle amerikanische Gesellschaft, sondern wirtschaftlicher Nutzen, die Art von Kalkül, die auch 1994 zum Abschluß der nordamerikanischen Freihandelszone geführt hat.

In seinem Einleitungsvortrag hat Bedrich Loewenstein darauf hingewiesen, daß Nationalismen für unterschiedliche Zwecke mobilisiert worden sind.[25] Der Rückblick auf die amerikanische Nationalgeschichte zeigt, daß im klassischen Einwanderungsland der Europäer der anglo-amerikanisch geprägte Nationalismus mit einem stabilen, ja missionarisch selbstsicheren politischen System und mit *einer* Landessprache und Hochkultur der gebildeten Klasse die weitgehende Offenheit ermöglicht hat für Einwanderung und für schnelle Einbürgerung und Teilnahme am demokratischen politischen Prozeß. Gegen diese Integrationsstrategie und den mit ihr bislang verbundenen wirtschaftlichen Erfolg konnten sich bis heute weder die Forderung nach einem völligen Einwanderungsstopp durchsetzen, noch die Rufe der Separatisten verschiedener *couleurs*. Die kompensatorischen Maßnahmen insbesondere der Bundesregierung zur Begünstigung ethnischer Minoritätengruppen auf dem Gebiet der Ausbildungschancen und der beruflichen Förderung durch gerichtliche Überwachung der *equal opportunity* von Minderheitengruppen (und Frauen) werden zwar als Gruppenprivilege kritisiert, aber nicht eingestellt. Trotz dieser und anderer sozialer Probleme der USA sind die Wartelisten für Einwanderungsvisa lang, und der Weg vom Fremden zum amerikanischen Bürger wird den Eingelassenen wie ihren Vorgängern seit zweihundert Jahren offenstehen.

Christhard Hoffmann

«Ostjuden» in Westeuropa: Großbritannien und Deutschland im Vergleich (1881–1914)

I.

Das Jahr 1881 markiert in der modernen jüdischen Geschichte einen entscheidenden Wendepunkt. Die nach Ermordung des russischen Zaren Alexander II. einsetzenden antijüdischen Pogrome, die vor allem in der Ukraine über ein Jahr lang immer wieder aufflackerten, bildeten den Auslöser für eine epochale Wanderungsbewegung, in deren Verlauf sich der Schwerpunkt jüdischen Lebens von Osteuropa in die USA und nach Palästina verlagerte.[1] Die Ursachen der Migration lagen nicht nur in den blutigen Pogromen, die phasenweise immer wieder auftraten, so vor allem 1903 in Kischinew und 1905/06 im Zusammenhang mit der Russischen Revolution, sondern auch in der massiven Einschränkung der jüdischen Lebensmöglichkeiten durch die zaristische Regierung. Das Verbot der Landsiedlung von 1882, die Vertreibung aus St. Petersburg und Moskau 1891, die Einschränkung des Schul- und Universitätsbesuches – alle diese Maßnahmen trugen dazu bei, daß die wirtschaftliche Situation der im sogenannten Ansiedlungsrayon zusammengedrängten Juden immer verzweifelter wurde, die Armut wuchs und gerade junge Leute keine Zukunftschancen mehr sahen. Auch der drückende Militärdienst, der abgesehen vom Drill die Befolgung der religiösen Lebensordnung unmöglich machte, verstärkte die Emigrationsbereitschaft. Zu diesen *push*-Faktoren der Wanderung kamen als *pull*-Faktoren hinzu religiöse und politische Freiheit, berufliche und soziale Aufstiegschancen in den Aufnahmeländern und zunehmend auch verwandtschaftliche Verbindungen dorthin durch bereits früher Ausgewanderte.

Die betroffenen europäischen und amerikanischen Regierungen und die jüdischen Hilfsorganisationen waren auf die Massenwanderung zunächst nicht angemessen vorbereitet. Im Mittelpunkt des Problems standen 1881/82 ca. 20000 Menschen, die sich in der kleinen, an Rußland grenzenden Stadt Galiziens, Brody, angesammelt hatten.[2] Die Frage, was mit diesen Menschen geschehen solle, war Gegenstand heftiger Auseinandersetzungen zwischen den verschiedenen jüdischen Hilfskomitees, die sich in Europa und den USA gebildet hatten. Die europäischen Komitees bevorzugten eine Weiterreise der Flüchtlinge in die USA und waren bereit, die Überfahrt zu bezahlen. Die amerikanisch-jüdischen Wohlfahrtsorganisationen wollten jedoch, daß möglichst nur gesunde junge Leute geschickt würden, von denen zu erwarten war, daß sie sich in der neuen Umwelt behaupten und nicht der Wohlfahrtshilfe zur Last fallen würden, und sie drohten damit, andere Flüchtlinge zurückzuschicken, was denn auch vereinzelt geschah. Als zweitbeste Lösung wurde im Kreise der europäischen Hilfskomitees daher die Repatriierung angesehen. Die meisten der Flüchtlinge aus Brody, die illegal die Grenze überschritten hatten, wurden nach Verhandlungen mit der Regierung wieder in Rußland aufgenommen. Durch materielle Hilfen im Lande sollte die Auswanderung eingedämmt werden. Von 1882 bis zum September 1892 wurden z. B. vom deutschen *Hilfskomitee für die Unterstützung der notleidenden russischen Juden* 140 000 Mark für Reisekosten der Flüchtlinge in die USA und 102 000 Mark für die Repatriierung der Flüchtlinge in Rußland bezahlt.[3] Dennoch ließ sich die große Wanderung kaum lenken. Von 1881 bis 1914 verließen ca. zwei Millionen Juden Rußland, aus Österreich-Ungarn und Rumänien wanderten ca. 400 000 aus. Unter den Zielländern standen die USA an erster Stelle. Ungefähr zwei Millionen Juden aus Osteuropa wanderten vor dem Ersten Weltkrieg nach Amerika – und verzehnfachten damit beinahe die Zahl der 1880 dort ansässigen Juden, die größtenteils aus Deutschland gekommen waren. In New York z. B. lebten 1880 80 000 Juden, 1910 waren es 1,1 Millionen. Weitere Ziele waren Südamerika: – besonders Argentinien – 127 000, Kanada: 115 000 und Palästina: 50 000. Auch die europäischen Länder konnten sich nicht völlig abschotten. 1910 lebten ca. 70 000 osteuropäische Juden im Deutschen Reich, ca. 30–40 000 wanderten zwischen 1881 und 1914 nach Frankreich und ca. 120 000 nach Großbritannien ein.

Die verstärkte Zuwanderung osteuropäischer Juden nach 1881 brachte die Länder Europas, die sich durchweg nicht als Einwanderungsländer verstanden, in eine vergleichbare Situation und bietet daher heute eine gute Basis für komparative historische Untersuchungen über den Umgang mit Fremden in den Nationalstaaten des 19. und 20. Jahrhunderts. Die russischen, polnischen, rumänischen oder galizischen Juden, die sich Ende des letzten Jahrhunderts im Londoner East End, im Pariser Pletzl oder im Berliner Scheunenviertel niederließen, wurden schon aufgrund ihrer äußeren Lebensform durchweg als Fremde wahrgenommen, und es gab in allen diesen Ländern mehr oder weniger ausgeprägte xenophobe Reaktionen, die durch einen bereits vorhandenen Antisemitismus noch verstärkt werden konnten. Gleichwohl kann man aber auch klare nationale Unterschiede im Umgang mit den jüdischen Zuwanderern aus Osteuropa erkennen, wie im folgenden am Beispiel der beiden in dieser Hinsicht am besten erforschten Länder, Großbritannien und Deutschland, gezeigt werden soll. Ich werde mich dabei auf den Zeitraum zwischen 1881 und 1914 konzentrieren, weil die Friedensphase eine bessere Grundlage für einen Vergleich bietet als die Zeit im und nach dem Ersten Weltkrieg, in der sich die Situation für beide Länder unterschiedlich entwickelte.

Der Terminus «Ostjude» ist im Deutschen als Sammelbezeichnung für Juden aus Osteuropa erst um 1910 nachweisbar und hat sich dann während der deutschen Okkupation Polens – meist in der Verbindung mit «Ostjudenfrage» oder «Ostjudengefahr» – allgemein durchgesetzt.[4] Der Begriff bezeichnet ein Doppeltes: zum einen – ganz wertneutral – den ausländischen Juden aus einem östlichen Land, zum anderen meint er den Typus des osteuropäischen Juden als Vertreter des Ghettos, als Gegenbild zum modernen, aufgeklärten, emanzipierten und akkulturierten Westjuden. In dieser Bedeutung ist die Bezeichnung «Ostjude» häufig mit starken – meist negativen – Wertungen besetzt. Der Ostjude gilt als schmutzig, kulturell rückständig, in abergläubischer Religionsausübung verhaftet, seine Sprache, das Jiddische, wird als Jargon aufgefaßt. Beide Begriffsinhalte von «Ostjude», die geographisch-politische und die kulturelle, sind nicht deckungsgleich. Es gab auch in Osteuropa, z. B. in Böhmen, der Bukowina oder Teilen Lettlands, Juden des westeuropäischen Typs. Wegen der unklaren Bedeutung und der mitschwingenden Wertungen wird der Terminus «Ostjude» im folgenden nicht verwandt, sondern von osteuropäischen bzw. russischen, galizischen, litauischen Juden gesprochen, wenn die geographische Herkunft bzw. die Staatsangehörigkeit gemeint sind, und von «Ostjudenbild» oder «Ostjudenstereotyp», wenn auf die Bildebene und die kollektiven Urteile abgezielt wird.

Bei meinem Vergleich zwischen Großbritannien und Deutschland konzentriere ich mich auf drei Punkte, die jedoch nicht schematisch nacheinander abgehandelt werden:

1. die jeweilige Einwanderungspolitik und das Verhalten von Regierung und Behörden gegenüber den Zuwanderern,

2. die soziale Integration bzw. Ausgrenzung der osteuropäischen Juden und die Rolle der etablierten jüdischen Gemeinschaft dabei,

3. die Bilder der osteuropäischen Juden in der britischen und deutschen Öffentlichkeit.

II.

Unter den Ländern Europas besaß das Vereinigte Königreich Ende des 19. Jahrhunderts wohl die liberalste Einwanderungspolitik überhaupt. Seit 1826 war die Zuwanderung unbeschränkt möglich und keiner Kontrolle – ja nicht einmal einer zuverlässigen Zählung – unterworfen, und die Institution des Asyls für politisch und religiös Verfolgte gehörte zum festen Bestandteil des nationalen britischen Selbstverständnisses.[5] Die russischen Pogrome lösten in England denn auch, nicht nur in jüdischen Kreisen, große Hilfsbereitschaft mit den verfolgten Juden aus, und im Februar 1882 gab es im Mansion House eine öffentliche Protestversammlung gegen die antisemitischen Verfolgungen in Rußland, die vom

Lord Mayor persönlich geleitet wurde. Einige Jahre später, inzwischen hatten Zuwanderung bzw. Durchwanderung der jüdischen Flüchtlinge größere Ausmaße angenommen, meldeten sich erste Stimmen, die eine Beschränkung der unbegrenzten Einwanderung forderten. Probleme gab es vor allem in London, denn von den ca. 120 000 jüdischen Zuwanderern aus Osteuropa, die zwischen 1880 und 1914 nach Großbritannien kamen, ließen sich über die Hälfte in der Hauptstadt nieder, davon 80 % in den Distrikten von Whitechapel, Bethnal Green und St. George im Londoner East End, das traditionell ein Viertel für Einwanderer war und dies auch heute noch ist. Um die Jahrhundertwende stellten die jüdischen Zuwanderer in diesen Bezirken bereits über die Hälfte der Einwohner, und Whitechapel wurde daher von manchen Zeitgenossen als «Jew-town» oder «Jerusalem» bezeichnet. Auch Begriffe wie «alien invasion» oder «foreign flood» wurden zu Schlagwörtern der in den neunziger Jahren an Heftigkeit zunehmenden Debatte über die Begrenzung der Zuwanderung.[6] Die öffentliche Diskussion zog sich in unterschiedlicher Intensität über zwanzig Jahre hin, 1889 und 1902 wurden parlamentarische bzw. königliche Untersuchungskommissionen gebildet, die die sozialen Auswirkungen der Einwanderung ermittelten und Empfehlungen für oder gegen eine Restriktion der Immigration ausarbeiteten. Nachdem ein Gesetzesvorschlag, der einschneidende restriktive Maßnahmen vorsah, 1904 gescheitert war, wurde im folgenden Jahr eine gemäßigte Vorlage von der konservativen Parlamentsmehrheit angenommen. Der Aliens Act von 1905[7] führte eine Kontrolle von Zuwanderern auf sogenannten Einwandererschiffen (20 Passagieren oder mehr) ein, die keine Kabinenplätze, also die preiswerte Decküberfahrt, gewählt hatten. Mittellose und Kranke konnten zurückgewiesen werden, wenn sie nicht glaubhaft machten, daß sie politisch oder religiös verfolgt wurden. Die Einwanderungsbehörden, gegen deren Entscheidung eine Berufung möglich war, erhielten so eine größere Vollmacht und wurden auch befugt, kriminelle oder bedürftige Ausländer auszuweisen.[8] Die Einführung dieser restriktionistischen Maßnahmen bedeutete eine Drosselung, jedoch keine Beendigung der jüdischen Zuwanderung aus Osteuropa. Das lag auch daran, daß die Bestimmungen des Aliens Act nach dem überwältigenden Wahlsieg der Liberalen 1906 relativ großzügig ausgelegt wurden. Ungefähr 45 000 Juden aus Osteuropa gelangten zwischen 1906 und 1914 noch nach Großbritannien.[9]

Die sich über zwei Jahrzehnte hinziehende öffentliche Debatte über die Einwanderungspolitik, die Ermittlungen der Untersuchungskommissionen und die zeitgenössische lokale Presse – vor allem des Londoner East End – bieten ein reichhaltiges Material über die Einstellung und das Verhalten der britischen Bevölkerung gegenüber den Zuwanderern sowie über die politischen Kontexte und Argumentationszusammenhänge, in denen die Einwanderungsfrage thematisiert wurde.

Die ersten Befürworter einer restriktiven Einwanderungspolitik führten vor allem soziale Argumente ins Feld. Mitte der achtziger Jahre hatte die konjunkturell und strukturell bedingte Arbeitslosigkeit in London einen neuen Höhepunkt erreicht. Streiks, Hungermärsche und Unruhen brachten die soziale Frage noch weiter in das öffentliche Bewußtsein, und Schätzungen gingen davon aus, daß 25 bis 35% der Londoner Bevölkerung in Armut lebten.[10] Es waren die Jahre, in denen Sozialpolitik als Aufgabe nationaler Politik entdeckt wurde und in denen die noch junge Sozialforschung sich den Elendsvierteln des Londoner East End zuwandte und die Ursachen der wachsenden Armut zu ergründen suchte. Charles Booths monumentale Studie *Life and Labour of the People in London,* die unter Mitarbeit von Beatrice Potter, der späteren Frau Webb, entstand, ist nur ein Beispiel für diese auf konkrete reformerische Sozialpolitik zielende Forschung.[11] Im Mittelpunkt des Interesses stand das sog. «Sweating System», das «Schwitzsystem» – ein unklarer Sammelbegriff und ein politisches Schlagwort, das auf alle möglichen sozialen Mißstände zielte und im Kern die in arbeitsteiliger Heimarbeit durch Unterkontrahenten, sog. «Middlemen» oder «Sweater», organisierte Produktion im handwerklichen Bereich bezeichnete.[12] Die Sweater, die in der Regel Handwerksmeister waren, standen als «Armeleuteschinder» oder «ausbeuterische Zwischenhändler» im Zentrum der öffentlichen Polemik. Sweating hatte es im Londoner East End seit der Mitte des 19. Jahrhunderts gegeben, es war keine Erfindung der Einwanderer, sondern hatte mit den Besonderheiten Londons zu tun, wo eine industrielle Großproduktion wegen der hohen Grundstückspreise unrentabel war und daher Kleinbetriebe von durchschnittlich 12 Beschäftigten vorherrschten.[13] Diese gerieten zunehmend unter den Konkurrenzdruck der preiswerteren Fabrikware, was zur massiven Verschlechterung der Arbeitsbedingungen, zur Steigerung der Arbeitsdauer und zu niedrigeren Löhnen führte. Das personelle Reservoir für das Sweating System stellten vor allem Frauen und Einwanderer, die zum großen Teil auf offener Straße angeworben wurden. Für die mittellosen Immigranten aus Osteuropa bot sich hier oft die einzige Gelegenheit zu arbeiten, und sie konzentrierten sich auf die Berufe, die sie in ihrer früheren Heimat ausgeübt hatten, also auf die Bekleidungsindustrie und das Stiefel- und Schuhmachergewerbe. Obwohl die Zuwanderer das Sweating System nicht erfunden hatten, wurden sie weithin für dessen Fortbestehen verantwortlich gemacht. John Burnett, Sachverständiger für Arbeit im Handelsministerium, faßte die Situation 1887 in einem vielbeachteten Bericht folgendermaßen zusammen:

«[Die Dinge] haben sich in den letzten Jahren für die einheimischen Arbeiter durch die enorme Zahl der verarmten Einwanderer aus anderen europäischen Ländern erheblich verschlimmert. Diese Fremden waren vor allem deutsche und russische Juden, und es besteht kein Zweifel, daß das im Ergebnis dazu geführt hat, den Arbeitsmarkt im Londoner East End mit billigen Arbeitskräften so zu überfluten, daß Tausende von einheimischen Arbeitern an den Rand bitterster Not gebracht wurden. [...] Der Notstand wird jetzt [.] so groß, daß er nach Behebung schreit. Die Lebensbedingungen der unglücklichen Ausländer, die verjagt wurden oder aus eigenem Entschluß hierher gekommen sind, waren in ihrer Heimat so, daß sie hier mit viel geringeren Mitteln auskommen können als unsere englischen Arbeiter. Sie kommen hier in bitterster Armut an und sind schon dadurch gezwungen, um jeden Preis die Arbeit anzunehmen, die sie am schnellsten finden. Daraus ist bei uns ein an sich schon schlechtes System mit so schlimmen Folgeerscheinungen entstanden, daß nicht nur die Arbeiter selbst dadurch in Leiden und Not gestürzt werden, sondern auch andere sehr beunruhigt sind und ernste Gefahren für die Allgemeinheit vorhersehen.»[14]

Burnetts Bericht bot den Restriktionisten eine willkommene Argumentationshilfe für ihre Forderung nach Beschränkung der Einwanderung. Ihr unangefochtener Wortführer, Arnold White, bemerkte etwa dazu: «Soll England sich den billigen Luxus, einigen fremden Flüchtlingen Asyl zu gewähren, noch leisten, wenn als Folge dessen Tausende unserer eigenen Bekannten und Verwandten einem überholten Kastengeist und dem blutdürstigen Wirken eines falschen Wettbewerbes geopfert werden.»[15]

Der Vorwurf, daß die mittellosen Einwanderer einheimische Handwerker von ihren Arbeitsplätzen verdrängten und zur allgemeinen Verschlechterung der Arbeitsbedingungen beitrugen, blieb auch in den folgenden Jahren das Hauptargument der Restriktionisten und trug ihnen die Unterstützung einiger Gewerkschaften ein. Die Beunruhigung in der britischen Arbeiterbewegung über die ökonomische Konkurrenz der osteuropäischen Juden brachte der den sozialistischen Fabiern angehörende John A. Hobson folgendermaßen zum Ausdruck:

«Gerade weil er bereit und fähig ist, so hart für eine geringe Entlohnung zu arbeiten, und weil er in seinen Fähigkeiten, seinem Fleiß und seiner Anpassungsfähigkeit den einheimischen Bewohner Londons übertrifft, ist der ausländische Jude ein solch schrecklicher Rivale. Er steht dem Ideal des ‹wirtschaftlichen Menschen› nahe, der die tüchtigste Person im ökonomischen Wettbewerb ist.»[16]

Bestätigt wurden die Verdrängungs- und Konkurrenzängste scheinbar dadurch, daß die Jahre hoher Zuwanderung jeweils auch solche verstärkter Arbeitslosigkeit waren. Genauere Untersuchungen zeigten allerdings, daß ein kausaler Zusammenhang zwischen den Mißständen des Sweating Systems und der Zuwanderung nicht bestand. Beatrice Potter, die mehrere Monate unter den jüdischen Schneidern in den *sweat shops* des East Ends zubrachte, beobachtete, daß die Einwanderer nur begrenzt mit den Einheimischen konkurrierten, da sie sich auf die Herstellung bestimmter Erzeugnisse, wie etwa Billigkleider oder Stiefel, konzentrierten, die vorher z. T. importiert worden waren. Ihr Fazit: «[W]enn man alle in England lebenden ausländischen Juden an ihre Geburtsorte zurückgeschickt hätte, wäre die Zahl ausgebeuteter Arbeiter dadurch weder zum Besseren noch zum Schlechteren verändert worden.»[17]

Eng verbunden mit den schlechten Arbeitsbedingungen war die Wohnungsnot, die entsprechend ausführlich von den Restriktionisten thematisiert wurde. Die Überbevölkerung im Londoner East End war seit Mitte des 19. Jahrhunderts ein ungelöstes Problem, sie wurde durch die Zuwanderung der osteuropäischen Juden noch weiter verschärft. Betrug die durchschnittliche Bevölkerungsdichte in London 54 Personen pro Acre, so lag sie in Christchurch, Spitalfields bei 286 und in der Bell Lane Gegend, in der die meisten Zuwanderer lebten, bei ungefähr 600 Personen pro Acre.[18] Wie viele Einwanderergruppen, waren auch die osteuropäischen Juden bestrebt, möglichst dicht beieinander zu wohnen, so daß sich innerhalb weniger Jahre ein Ghetto bildete. Die gestiegene Nachfrage trieb die Grundstückspreise und Mieten in die Höhe, und da die Zuwanderer einen geringeren Lebensstandard gewohnt waren, eine Überbelegung der Wohnungen, die gleichzeitig auch Arbeitsräume waren, in Kauf nahmen und die höheren Mieten und Sonderabgaben – vereint – zahlen konnten, wurden die Einheimischen nach und nach aus bestimmten Gegenden des East Ends ganz verdrängt, was naturgemäß auf große Bitterkeit stieß und eine Wurzel der verbreiteten Fremdenfeindlichkeit im East End war.[19]

Besonders einige jüdische Hauseigentümer und Vermieter zogen den Haß und die Erbitterung der unteren Bevölkerungsschichten auf sich. Verdrängungserfahrungen und Verdrängungsängste bildeten den Nährboden für eine zunehmend negative Wahrnehmung der Einwanderer. Zu den verbreiteten Stereotypen gehörten der Vorwurf der Unsauberkeit, des cliquenhaften Zusammenhaltens untereinander («clannishness») bzw. der mangelnden nachbarschaftlichen Solidarität mit Nichtjuden, der Unschicklichkeit und Unmoral (v. a. die Tatsache, daß die jüdischen Einwanderer im Sommer draußen schliefen und daß sich z. T. ganze Familien ein einziges Bett teilten, erregte Anstoß), der Kleinkriminalität und schließlich – dies alles zusammenfassend – die Feststellung, daß die Lebensformen der russischen Juden sehr merkwürdig und fremd seien und eigentlich nicht nach England paßten.[20] Eine solche Einschätzung konnte sich an Kleinigkeiten festmachen. So beklagte sich z. B. eine Frau mittleren Alters gegenüber dem Parlamentsausschuß darüber, daß die Juden ihr nicht «a nice fresh cup of tea or coffee», sondern nur Brandy anböten.[21] Ein solcher Vorwurf war für sich genommen belanglos, aber zusammen mit den anderen Beschwerden über die Entheiligung des christlichen Sonntags, über das Gerümpel auf den Straßen, den Lärm bei der Arbeit und das abendliche Promenieren von Frauen und Mädchen in der Öffentlichkeit, fügte er sich zu einem negativen Gesamtbild des ostjüdischen Einwanderers, dem man eine nicht zu akzeptierende «unenglische» Lebensweise attestierte.

Vereinzelt führte die fremdenfeindliche Stimmung im East End zu gewalttätigen Übergriffen, vor allem zum Einwerfen von Fensterscheiben durch jugendliche *gangs*.[22] Einige politische Verfechter des Restriktionismus fachten diese populären Ressentiments noch durch allgemeinere Beschuldigungen wie die, daß die zugewanderten Juden unpatriotisch, kriminell, revolutionär und ein Schaden für Großbritannien seien, zusätzlich an. Die seit den neunziger Jahren verbreitete Furcht vor einem möglichen Niedergang des britischen Empire wurde von ihnen mit der Einwanderungsfrage gekoppelt, historische Analogien zum Untergang Roms ins Feld geführt.[23]

Die Befürworter von Einwanderungsbeschränkungen verfügten zunächst über keinen festen organisatorischen Rückhalt. Es waren Einzelpersonen – Parlamentarier, Schriftsteller, Sozialpolitiker und Philanthropen –, die den Restriktionismus auf die politische Agenda setzten. Versuche zur Organisation des fremdenfeindlichen Protests in Verbänden (1886: Society for the Suppression of the Immigration of Destitute Aliens, 1891: Association for Preventing the Immigration of Destitute Aliens) blieben zunächst ohne durchschlagenden Erfolg.[24] Erst die 1901 von Major William Evans-Gorden, dem konservativen Parlamentsabgeordneten von Stepney (im East End), gegründete British Brothers' League (BBL), die bereits nach anderthalb Jahren über 12 000 Mitglieder aus allen Bevölkerungsschichten, vornehmlich aus der Arbeiterschaft, verfügte, stellte eine einflußreiche *pressure group* dar.[25] Auf zahlreichen Massenveranstaltungen und Demonstrationen im Londoner East End wurde gegen die jüdischen Zuwanderer aus Osteuropa agitiert, wobei häufig nationalistische, rassistische und antisemitische Parolen den Ton angaben. Es waren die Jahre des Burenkrieges, die dem Chauvinismus ohnehin Auftrieb gegeben hatten. Arnold White warf den Einwanderern auf einer dieser Veranstaltungen u. a. vor, daß sie gar nicht als politische Flüchtlinge, sondern allein deshalb gekommen seien, «weil sie unser Geld wollen», und die Menge applaudierte lebhaft, und einige schrien: «Rottet sie aus!» Ein Arbeiter aus Stepney ergänzte: «Ist es nicht so, daß die Einwanderer inzwischen uns verfolgen? Sind sie nicht aus Verfolgten zu Verfolgern geworden? Nutzen sie nicht unsere Institutionen, unsere Gesetze, unsere Freiheit schamlos aus, um sie gegen uns anzuwenden, als Werkzeuge, um uns leiden zu machen?»[26]

Der verbale Radikalismus der BBL war für britische Verhältnisse extrem und blieb auch innerhalb des restriktionistischen Lagers nicht unwidersprochen. Konservative Parlamentsabgeordnete zogen sich bald von einer Kooperation mit der League zurück, sogar einer der Mitbegründer verließ unter anderem deshalb die BBL, weil er ihren antisemitischen Kurs nicht mitmachen wollte.[27] Wie groß der Einfluß der radikalen Anti-Aliens wirklich war, läßt sich nur schwer abschätzen. Sicherlich haben die Wortführer der BBL, Evans-Gordon und Arnold White, auf die Meinungsbildung der königlichen Kommission zur Einwanderungsfrage eingewirkt und damit letztlich zur Einführung des Aliens Act beigetragen, aber die Basis für eine restriktionistische Politik blieb schwankend, und die Erfolge waren wenig dauerhaft. Der Dachverband der Gewerkschaften, der Trades Union Congress, verabschiedete auf seinen Jahrestagungen 1892, 1894 und 1895 Resolutionen, die sich gegen die uneingeschränkte Einwanderung mittelloser osteuropäischer Juden richteten, danach wurde das Thema jedoch ignoriert.[28] Das Vordringen sozialistischer Ideen, vor allem das Ideal der Solidarität aller Arbeiter, und bessere Kontakte zu den jüdischen Gewerkschaften der Einwanderer bildeten in der Arbeiterbewegung ein Gegengewicht gegen des Restriktionismus. Fremdenfeindliche Agitation im Wahlkampf, die vor allem von konservativen Kandidaten eingesetzt wurde, hatte außerhalb des East Ends kaum Erfolg, und selbst dort sind ihre Wirkungen auf die Wahlentscheidung oft nicht eindeutig auszumachen.[29]

Im großen und ganzen verlief die Trennlinie zwischen Befürwortern und Gegnern der Einwanderungsbeschränkung entlang den Parteigrenzen. Die Mehrheit der Konservativen war für Restriktion, die Mehrheit der Liberalen dagegen, aber es gab prominente Ausnahmen, und auch jüdische Abgeordnete fanden sich in beiden Lagern. Die Debatte über die Einwanderungsfrage wurde mit anderen kontroversen Themen, so vor allem mit der Auseinandersetzung zwischen Protektionisten und Freihändlern, verknüpft. Winston Churchill, der damals die Konservativen wegen ihrer protektionistischen Ziele verlassen hatte, war nicht zufällig auch ein erbitterter Gegner der geplanten Einwanderungsbeschränkungen.[30]

Die Argumente der liberalen Restriktionsgegner waren teils prinzipieller, teils pragmatischer Natur.[31] Man sah durch den Aliens Act die britische Tradition des Asyls für politisch und religiös Verfolgte gefährdet, witterte in der Restriktion den Anfang einer wirtschaftlich schädlichen protektionistischen Abschottung, wandte sich gegen die Errichtung einer mit unkontrollierten Machtbefugnissen ausgestatteten Einwanderungsverwaltung, und vor allem: man bezweifelte, daß das Mittel der Zurückweisung armer und kranker Zuwanderer die sozialen Probleme im Londoner East End wirkungsvoll ändern könnte. Als die Liberalen, kurz nachdem der Aliens Act gegen ihre Stimmen vom Parlament verabschiedet worden war, einen überwältigenden Wahlsieg errangen, machten sie das Gesetz jedoch nicht rückgängig, sondern wandten es relativ großzügig an.[32] Wie viele potentielle Zuwanderer es dennoch abgeschreckt hat, ist natürlich nicht zu ermitteln. Die Einwanderungsfrage verlor in der britischen Öffentlichkeit nach 1906 an Bedeutung, was nicht nur daran lag, daß sich die Zuwanderung osteuropäischer Juden bei ca. 5000 pro Jahr einpendelte und nicht weiter zunahm, sondern vor allem auch damit zu tun hatte, daß sich die allgemeine wirtschaftliche Lage verbesserte und die drängenden sozialen Probleme, besonders die Wohnungsnot im Londoner East End, abflauten.[33]

Die im Laufe des 19. Jahrhunderts weitgehend akkulturierten und innerhalb des Besitzbürgertums fest integrierten britischen Juden gerieten durch die Zuwanderung ihrer armen Glaubensgenossen aus Osteuropa in eine schwierige Vermittlungssituation. Die jüdischen Wohlfahrtseinrichtungen, besonders der *Jewish Board of Guardians,* nahmen die Neuankömmlinge unter ihre Obhut und sorgten dafür, daß sie nicht der allgemeinen Fürsorge zur Last fielen. Wenn ein Zuwanderer nach einiger Zeit seinen Lebensunterhalt jedoch noch nicht allein bestreiten konnte, rieten sie auch zur Rückkehr nach Osteuropa und bezahlten die Remigration. Zwischen 1881 und 1906 schickte der Board 31 000 Einwanderer in ihre Heimat zurück. Dadurch versuchte man, zur Entschärfung der sozialen Probleme beizutragen und eine staatliche Einwanderungsbeschränkung überflüssig zu machen. Bemühungen, die kulturelle Kluft zwischen den Immigranten und den Einheimischen durch Anglisierung der Zuwanderer zu verkleinern, zielten in die gleiche Richtung.[34] Auch wenn es einige prominente jüdische Restriktionisten gab, waren die offiziellen Sprecher der englischen Judenheit mehrheitlich gegen Zuwanderungsbeschränkungen, bzw. sie wurden es, je länger die Debatte andauerte und je stärker sich auch antisemitische Untertöne in die restriktionistische Propaganda mischten.[35]

Das Bild der osteuropäischen Juden in der britischen Öffentlichkeit vor dem Ersten Weltkrieg wurde weitgehend durch die Einwanderungsfrage geprägt. Dabei wurde die relativ positive Sicht der Zuwanderer als Opfer zaristischer Gewaltherrschaft und als religiöse Flüchtlinge, die zu Beginn der achtziger Jahre vorgeherrscht hatten, nach und nach durch negative Wertungen ersetzt, die vor allem den vermeintlich schädlichen Einfluß der mittellosen Einwanderer auf das Sozialleben akzentuierten. Das Negativbild der osteuropäischen Juden entstand in den Zentren der Zuwanderung, besonders im Londoner East End, und war eine Folge von realen Verdrängungserfahrungen (vor allem im Wohnbereich) und irrationalen Überfremdungsängsten. Dabei spielte mit, daß man die Fremden für solche sozialen Probleme verantwortlich machen konnte, die bereits lange existierten und deren Lösung durch Zuwanderungsbeschränkungen letztlich auch überhaupt nicht zu erreichen war.

Die Negativsicht der Zuwanderer als Lohnbrecher und Preisdrücker, als ausbeuterische Sweater oder Landlords, als massenhaft auftretende, unfaire Konkurrenten auf dem Wohnungsmarkt, als sich gegenüber der Umwelt abkapselnde und untereinander cliquenhaft zusammenhaltende Fremde etc. war jedoch nicht nur Ausdruck xenophobischer Ressentiments und vorurteilshaften Sündenbockdenkens, sondern verwies auch auf reale Probleme, die typischerweise bei Migrationen mit hohem Wohlstandsgefälle und entsprechenden Unterschichtungsprozessen durch arme Zuwanderer in den reicheren Aufnahmeländern auftreten.[36] Das «Fremde» der Zuwanderer war in der britischen Öffentlichkeit in erster Linie sozial definiert, erst in zweiter Linie kamen kulturelle Elemente, die die «unenglischen» Verhaltensweisen der Neuankömmlinge akzentuierten, und erst in dritter

Linie rassistische Wertungsmuster, die ihre allgemeine Minderwertigkeit behaupteten, hinzu. Wenn auch die negativen Charakterisierungen der osteuropäischen Juden in den politischen Debatten überwogen und selbst manche Restriktionsgegner die soziale «Schädlichkeit» der Zuwanderer einräumten, gab es andererseits jedoch auch Stimmen, die die Angegriffenen in Schutz nahmen und ihre positiven Eigenschaften – z. B. den (geradezu protestantischen) Arbeitseifer, den festen familiären Zusammenhalt, die fehlende Trunksucht und Kriminalität – akzentuierten.[37] Israel Zangwills 1892 erschienener Roman, _Children of the Ghetto,_ der das Leben der jüdischen Einwanderer in London differenziert und nuancenreich darstellte und dabei den generationsspezifisch ablaufenden Akkulturationsprozeß, konkret: den Weg vom East End zum West End, vom russischen Juden zum englischen Juden hervorhob, fand nicht nur ein jüdisches Publikum und trug nicht wenig zur Neutralisierung der negativen Stereotypen bei.[38]

Daß sich in die politische Auseinandersetzung um die jüdischen Einwanderer aus Osteuropa auch antisemitische Stimmen mischten, die den Einfluß der «jüdischen Rasse» im Vereinigten Königreich beschränken oder zurückdrängen wollten, ist nicht zu bestreiten. Interessant ist jedoch, daß selbst die offenkundigen Antisemiten und wortgewaltigen Demagogen des Restriktionismus, wie z. B. Arnold White, es für nötig befanden, sich offiziell von religiöser Unduldsamkeit und einer Judenfeindschaft kontinentaler Provenienz zu distanzieren.[39] Auch die British Brothers League, die zweifellos zu großen Teilen antisemitisch orientiert war, zog auf öffentlichen Protest hin ein judenfeindliches Pamphlet zurück, ersetzte in ihrer restriktionistischen Propaganda das Wort «Jew» durch «destitute alien» oder «foreign pauper» und betonte, daß man mit Antisemitismus nichts zu tun haben wolle.[40] Natürlich waren das weitgehend Lippenbekenntnisse, und in der Geschichte des modernen Antisemitismus verrät häufig die Wendung «ich habe nichts gegen Juden, viele meiner besten Freunde sind Juden» gerade den eingefleischten Judenfeind. Dennoch darf man die Wirkungen des anti-antisemitischen öffentlichen Meinungsdrucks nicht unterschätzen. Es machte einen Unterschied, ob man in der öffentlichen Debatte von «Juden» bzw. «Ostjuden» oder von «mittellosen Zuwanderern» bzw. «notleidenden Fremden» sprach, selbst wenn jeder wußte, daß damit die Juden gemeint waren. Die Tabuisierung des Antisemitismus in der politischen Kultur hat vermutlich wesentlich dazu beigetragen, daß in Großbritannien aus der «Einwanderungsfrage» keine «Judenfrage» wurde.

III.

Auch in Deutschland gab es nach Bekanntwerden der russischen Pogrome öffentliche Proteste gegen die «mittelalterliche Barbarei» und Solidaritätsbekundungen mit den verfolgten Juden. Diese wurden fast ausschließlich von liberalen und jüdischen Kreisen getragen. Daneben standen jedoch von Anfang an konservative und antisemitische Stimmen, die den russischen Juden letztlich selbst die Schuld dafür gaben, daß sie verfolgt wurden, und die vor einer verstärkten Zuwanderung nach Deutschland warnten. Wenige Wochen nach Ausbruch der blutigen Pogrome hieß es z. B. im *Reichsboten*: «Deutschland dürfte übrigens in nächster Zeit wohl das sonderbare Vergnügen haben, Scharen von Semiten einwandern zu sehen, wenn es nicht Vorkehrungen trifft. Es scheinen große Auswanderungen projektiert zu werden und Deutschland ist ja für's Judentum ein Eldorado, wo man arm einzieht und reich aufhören kann».[41]

Die Furcht vor einer Flut jüdischer Einwanderer war jedoch unbegründet. Bereits eine Woche zuvor hatte Bismarck in seiner Eigenschaft als preußischer Ministerpräsident die jüdische Zuwanderung als «einen Bevölkerungszuwachs von unerwünschten Elementen» bezeichnet, gegen den bald etwas unternommen werden müsse.[42] Kurz darauf wies der preußische Innenminister Robert v. Puttkamer die Oberpräsidenten der vier preußischen Ostprovinzen in einem Erlaß an, russischen Untertanen die deutsche Staatsangehörigkeit nur noch in Ausnahmefällen zu gewähren. «Lästigen Personen» sei der Übertritt von vornherein zu untersagen; Rücksichtslos solle solchen russischen Untertanen der Aufenthalt verboten werden, die «ihren Erwerb auf die Ausbeutung der Notlage oder Unerfahrenheit diesseitiger Staatsangehöriger gründen», was speziell gegen jüdische Kleinhändler gerichtet war.[43]

Die Politik des Deutschen Kaiserreiches – bzw. der für Aufenthalt und Einbürgerung zuständigen Einzelstaaten – war also von Anfang an darauf gerichtet, die Einwanderung osteuropäischer Juden möglichst ganz zu unterbinden. Man erließ jedoch kein offizielles Einwanderungsverbot oder eine Grenzsperre, was kaum praktikabel war und außerdem international Aufsehen erregt und entsprechende Schritte anderer Staaten gegenüber deutschen Staatsbürgern nach sich gezogen hätte, sondern verlagerte das Problem auf die administrative Ebene, wo man – ohne großes Aufsehen zu erregen – durch Verweigerung oder Nicht-Verlängerung von Aufenthaltsgenehmigungen, durch Ablehnung der Einbürgerung oder sogar durch Ausweisung eine dauernde Niederlassung von osteuropäischen Juden verhindern konnte.[44]

Sofern sie nicht von vornherein als «lästig» abgewiesen wurden, erhielten Ausländer beim offiziellen Grenzübertritt nach Deutschland eine Aufenthaltsgenehmigung, die einige Wochen oder Monate, aber auch ein ganzes Jahr betragen konnte. Diese Aufenthaltsgenehmigung mußte jeweils bei der Polizeibehörde verlängert werden. Es konnte vorkommen, daß Ausländern, die bereits mehrere Jahre in Deutschland lebten und arbeiteten, die Verlängerung ohne Angabe von Gründen verweigert und damit der weitere Aufenthalt verboten wurde. Außerdem unterlagen Ausländer bestimmten Beschränkungen und Kontrollen, sie konnten z. B. auch mit gültiger Aufenthaltsgenehmigung ausgewiesen werden, wenn sie kriminell geworden waren oder, wenn sie eine Gefahr für das öffentliche Interesse oder die öffentliche Sicherheit darstellten. Diese allgemein gehaltenen Klauseln waren praktisch immer anwendbar und gaben den staatlichen Verwaltungsbehörden eine große Machtfülle, gegen die es keine rechtlichen Einspruchmöglichkeiten gab.

Gegenüber den jüdischen Zuwanderern aus Osteuropa wurde auch das Mittel der Massenausweisung angewandt, das sich nicht gegen einzelne Individuen, sondern gegen die Gruppe als solche richtete. In der Zeit vom Juni bis August 1884 wurden in Berlin z. B. 82 russische Untertanen, fast ausschließlich Juden, mit meist kurzen Fristen ausgewiesen.[45] Fünfzig davon hatten einen festen Beruf, sie waren meist als Handwerker (Schneider, Zigarrenmacher, Kürschner) und Handeltreibende tätig, und standen im Alter von 18–35 Jahren – konnten also – eigentlich – alle Eigenschaften aufweisen, die man in anderen Ländern von einem «nützlichen Einwanderer» verlangte. Außerdem gab es im Juli 1884 weitere Ausweisungsbefehle für ca. 500 russische Juden, die Berlin innerhalb eines halben oder eines Jahres verlassen mußten. Darunter waren auch Journalisten, Ärzte, Schüler, Lehrlinge und Studenten. In einem Diplomatenbericht hieß es, durch die Ausweisung solle «der Einschleppung nihilistischer Ideen und deren Verbreitung unter die sozialdemokratischen Elemente der Hauptstadt entgegengewirkt und ferner der einheimische Arbeiter- und Gewerbestand von einer fremden Konkurrenz befreit werden».[46]

Im Jahr 1885 kam es dann zur größten und aufsehenerregendsten Ausweisungsaktion überhaupt: Am 26. März wurden alle Polen russischer Staatsangehörigkeit aus Preußen ausgewiesen. Betroffen waren ca. 30 000 Personen, darunter ca. 10 000 Juden.[47] Ungeachtet der zahlreichen Proteste im In- und Ausland – auch der Reichstag verabschiedete eine Resolution, die die Aktion mißbilligte – hat die preußische Regierung später noch weitere Massenausweisungen vorgenommen, die für Zuwanderer abschreckend wirken sollten: 1904 wurden einige Hundert russische Studenten ausgewiesen, weil sie als revolutionär und anarchistisch galten; 1905/06 ca. 2000 russische Familien, im April 1914 200 galizische Juden aus der Zigarrenindustrie. Der behördlichen Willkür solcher Maßnahmen waren keine Grenzen gesetzt.

Ähnlich war es mit der Einbürgerung. Während in den westlichen Ländern Einwanderer, sofern sie nicht kriminell geworden waren, die Staatsbürgerschaft normalerweise nach einigen Jahren problemlos erwerben konnten und die im Lande geborenen Kinder sie automatisch erhielten, gab es solche Regeln in Deutschland nicht.[48] Deutscher bzw. preußischer Staatsbürger konnte nur werden, wer 1. einen deutschen Mann heiratete (umgekehrt verlor die deutsche Frau automatisch ihre Bürgerrechte, wenn sie einen Ausländer ehelichte); 2. wer ein öffentliches Amt oder eine Funktion in einer Kirche, Schule oder Gemeinde ausübte; 3. wer einen Antrag stellte. Dazu wurden die Freistellung durch das Herkunftsland, ein Wohnungs- und Einkommensnachweis und ein Leumundszeugnis benötigt. Durch besondere Weisungen des Innenministers wurden in Preußen die Einbürgerungsanträge von osteuropäischen Juden fast immer abgelehnt, z. T. wurde sogar in den Akten die Ablehnungsbegründung «weil er Jude ist» notiert.[49] Ausnahmen gab es nur bei jungen militärdiensttauglichen Männern oder bei bedeutenden Geschäftsleuten oder Ärzten.

In den anderen deutschen Staaten war die Praxis ähnlich. Zu welchen grotesken Auswüchsen diese restriktive Einbürgerungspolitik führen konnte, zeigte das Beispiel des Jakob Borg in Danzig.[50] 1887 war er als Tabakschneider aus Rußland eingewandert. Nachdem seine Aufenthaltsgenehmigung abgelaufen war, erhielt er wiederholt Ausweisungsbescheide, die jeweils rückgängig gemacht werden konnten, weil Borg in der Tabakindustrie gebraucht wurde und nach dem Aufbau einer eigenen Firma die Protektion der örtlichen Handelskammer besaß. Seine drei Söhne wurden wegen des Militärdienstes Anfang des Jahrhunderts eingebürgert, nicht aber die Töchter, und auch seine eigenen Anträge auf Einbürgerung wurden immer wieder abgelehnt. 1914 nach dem Ausbruch des Ersten Weltkrieges erhielt Borg einen Ausweisungsbefehl als Staatsangehöriger einer feindlichen Macht, obwohl drei seiner Söhne in der preußischen Armee gegen eben diese feindliche Macht kämpften. Erst durch den persönlichen Einsatz des zuständigen Oberpräsidenten konnte dieser Bescheid rückgängig gemacht werden, weil sonst Borgs Zigarettenfabrik geschlossen worden wäre und 300 deutsche Arbeiter ihren Broterwerb verloren hätten.

Die schikanöse und herablassende Behandlung osteuropäischer Flüchtlinge durch deutsche Behörden betraf auch die Durchwanderer.[51] Die deutsche Regierung hatte bald erkannt, daß die Westwanderung für die deutschen Schiffahrtsgesellschaften ein lukratives Geschäft war. Entsprechend ließ sie die Transitwanderung zu, insofern die Betroffenen Schiffskarten deutscher Dampferlinien, die von Bremen oder Hamburg nach Amerika fuhren, besaßen. Zwischen 1871 und 1914 reisten 5,3 Millionen Bürger aus Rußland, Österreich/Ungarn und Rumänien durch Deutschland zu den deutschen Seehäfen. Etwas über die Hälfte von ihnen dürften Juden gewesen sein. Damit die Durchwanderer nicht unterwegs den Zug verließen, wurden sie in geschlossenen Waggons untergebracht, die Züge hielten nur an speziellen Bahnhöfen, wie z. B. in Ruhleben bei Berlin, wo die Betroffenen ärztlich untersucht und wegen der angeblichen Seuchengefahr desinfiziert und entlaust wurden. Wie es dabei zuging, schildert eine damals vierzehnjährige Augenzeugin folgendermaßen: «In einem weiten, öden Feld, gegenüber dem Hofe eines einzelstehenden Hauses, hielt unser Zug endlich an, und der Schaffner befahl uns, eiligst auszusteigen. Diese Ermahnung war unnötig, denn wir waren mehr als froh, nach der langen Gefangenschaft wieder ins Freie zu kommen. Alle stürzten zur Tür.

Wir atmeten auf in der frischen Luft, aber der Schaffner ließ uns nicht viel Zeit, unsere Freiheit zu genießen. Er trieb uns erst in den einzigen großen Raum, den das Haus besaß, und dann in den weiten Hof hinaus. Dort empfing uns eine große Schaar weißgekleideter Männer und Frauen. Die Frauen wandten sich den Mädchen und Frauen unter uns zu, die Männer den Männern. Und nun gab es eine neue Szene des krausesten Durcheinanders. Eltern verloren ihre Kinder, und die Kleinen schrien; das Gepäck wurde ungeachtet seines Inhalts in einer Ecke des Hofes zusammengeworfen. Die weißgekleideten Deutschen riefen Befehle, die stets von einem «rasch, rasch!» begleitet waren. Die verwirrten Auswanderer gehorchten wie willenlose Kinder und wagten höchstens, dann und wann zu fragen, was man denn eigentlich mit ihnen vorhätte. [...] Ein Mann kam, um uns zu untersuchen, als ob er uns abschätzen wollte. Ganz fremdartig aussehende Menschen stießen uns wie hilfloses, willenloses Herdenvieh hin und her. Kinder, die man nicht sehen konnte, schrien, als wenn Furchtbares mit ihnen geschähe. Wir selbst wurden in einen engen Raum getrieben, wo ein großer Kessel auf einem kleinen Herd stand. Wir wurden ausgezogen, unsere Körper mit einer glitschigen Substanz eingerieben, die irgend etwas Schlimmes sein konnte; eine warme Dusche ging ohne vorherige Ankündigung auf uns nieder. Dann ging es in ein zweites kleines Zimmer, wo wir in Wolldecken eingehüllt sitzen und warten mußten, bis große, grobe Säcke hereingebracht und ihres Inhalts entleert wurden. Wir sahen nichts als eine große Dampfwolke und hörten nichts als die Befehle der Frauen, uns wieder zu bekleiden. «Rasch, rasch! oder sonst kommen wir zu spät!» Mehr konnten wir nicht verstehen. Wir müssen uns unsere Kleider aus dem großen Haufen heraussuchen, halb blind vor Dampf. Wir ersticken fast, husten, flehen die Frauen an, uns doch Zeit zu lassen. Aber sie bestehen auf ihren «Rasch, rasch, sonst verpassen Sie den Zug!» – Ach, man wollte uns also doch nicht umbringen! Man bereitete uns nur auf die Weiterfahrt vor, indem man uns von allen erdenklichen Krankheitskeimen reinigte. Gott sei Dank!»[52]

Die Maßnahmen der deutschen Regierung gegenüber den jüdischen Zu- und Durchwanderern sollten abschreckend wirken und haben dieses Ziel sicherlich auch erreicht. 1910 lebten nur 70 000 ausländische Juden im Kaiserreich, wobei bereits Leute mit kurzfristiger Aufenthaltsgenehmigung und Studenten mitgezählt sind. Die meisten osteuropäischen Juden, die sich länger niederlassen konnten, kamen aus Österreich-Ungarn und waren besser situierte Kaufleute. Sie wurden von den Behörden zugelassen, wenn sie für die deutsche Wirtschaft nützlich schienen. Die Einreise ihrer Familien wurde aber häufig verweigert. Die Berufsstruktur der osteuropäischen Juden in Deutschland unterschied sich damit entscheidend von derjenigen in Großbritannien, Frankreich oder den USA, wohin fast ausschließlich Arbeiter und Handwerker kamen. Sie entsprach dagegen in wesentlichen Punkten der Berufsstruktur der deutschen Juden.[53]

Durch die starke Reglementierung der Zuwanderung und des Aufenthaltes der ausländischen Juden gab es in Deutschland keine ostjüdischen Einwandererkolonien, wie sie in London, Paris oder New York typisch waren. Die Aufenthaltsorte der osteuropäischen Juden waren mit Schwerpunkten in Berlin, München, Leipzig und Dresden insgesamt weit gestreut. Erst während des Weltkriegs wurde das Scheunenviertel am Alexanderplatz zum Sammelort für die jüdischen Neuankömmlinge, zum sog. «Ghetto» von Berlin.[54] Ein eigenständiges kulturelles Leben der osteuropäischen Juden mit jiddischen Zeitungen und Theater hat sich – anders als später in der Weimarer Republik – im Kaiserreich so gut wie gar nicht entwikkelt. Die osteuropäischen Juden akkulturierten sich relativ rasch, wollten wegen ihres unsicheren rechtlichen Status und der strengen behördlichen Überwachung auch nicht unbedingt öffentlich in Erscheinung treten. Sie gründeten daher auch so gut wie keine eigenen Vereine oder Gewerkschaften zur Vertretung ihrer Interessen.[55]

Fragen wir nach den Ursachen für die äußerst restriktive und – was die Massenausweisungen betrifft – in Friedenszeiten ganz singuläre, ökonomisch zudem keineswegs sinnvolle Behandlung der jüdischen Zuwanderer und Flüchtlinge in Deutschland, so läßt sich folgendes anführen:

1. Deutschland war wegen der Nähe zu Rußland und Österreich-Ungarn von dem Problem der Einwanderung stärker betroffen als andere Länder. Die vollen Auswandererzüge, die auf dem Weg nach Hamburg oder Bremen das Land durchquerten, machten das Ausmaß der Migration deutlich und konkret fühlbar. Entsprechend groß waren irrationale Ängste vor Massenfluten von Zuwanderern, waren Vorstellungen, man werde vom Fremden überrollt und übermächtigt, weit verbreitet.

2. Das nationale Selbstverständnis des 1871 geschaffenen Kaiserreiches beruhte auf ethnischer Homogenität. Nationalen Minderheiten, wie den Dänen oder Polen, gegenüber wurde eine rücksichtslose Germanisierungspolitik betrieben.[56] Verbunden damit war ein chauvinistisches Überlegenheitsgefühl gerade gegenüber dem Osten. Entsprechend waren auch Polen im Kaiserreich unerwünscht. Immerhin brauchte man sie dennoch als Saisonarbeiter auf den ostelbischen Gütern. Es wurde aber peinlich darauf geachtet, daß die polnischen Saisonarbeiter jeweils im Herbst wieder in ihre Heimat zurückkehrten. Auch die Ablehnung der osteuropäischen Juden war Teil der allgemeinen Antipathie gegenüber «dem Osten», der als Negativ- und Gegenbild zum deutschen kulturellen Selbstverständnis figurierte. Hinzu kam besonders seit 1905 der Vorwurf der subversiven Tätigkeit und der revolutionären Umtriebe. Sozialistenfurcht, Antislawismus und Judenfeindschaft wirkten zusammen und verstärkten sich im Falle der osteuropäischen Juden gegenseitig.[57]

3. Die politische Bewegung des modernen Antisemitismus spielte bei der restriktiven Einwanderungspolitik des Deutschen Reiches eine wesentliche Rolle. Dies ist 1881 besonders klar zu erkennen. Bereits andert-

halb Jahre vorher war in der Öffentlichkeit die Forderung nach einer Eindämmung der Zuwanderung osteuropäischer Juden aufgestellt worden. Diese Einwanderung wurde dabei weit übertrieben und als für Deutschland schädlich dargestellt.[58] Der Historiker Heinrich v. Treitschke schilderte die Situation z. B. mit folgenden Worten:[59]

«Über unsere Ostgrenze [.] dringt Jahr für Jahr aus der unerschöpflichen polnischen Wiege eine Schaar strebsamer hosenverkaufender Jünglinge herein, deren Kinder und Kindeskinder dereinst Deutschlands Börsen und Zeitungen beherrschen sollen; die Einwanderung wächst zusehends, und immer ernster wird die Frage, wie wir dies fremde Volksthum mit dem unseren verschmelzen können.»

Noch schärfer urteilte Moritz Busch, der häufig als publizistisches Sprachrohr Bismarcks fungierte, in seinem 1880 anonym veröffentlichten Buch «Israel und die Gojim»:[60]

«Massenhaft kommen sie zu uns herüber, diese Angehörigen eines Staates im Staate, diese hungrigen Blutegel [...]. Zuerst meist Bettler, Hausirer oder Schacherer, setzen sie sich, von dem bei uns ansässigen Judenvolke mit Rath und That unterstützt, nach einigem Vagabundiren zunächst gewöhnlich in kleinen Orten des Ostens fest, treiben, nachdem sie pekuniär einigermaßen zu Kräften gekommen sind, einen Handel mit allerlei Landesprodukten, Lumpen, Häuten u. dgl. und nebenher Wuchergeschäfte, das Erbtheil ihrer Rasse von Urzeiten her, ziehen darauf weiter, nach Posen, Breslau oder einer anderen größeren Stadt der östlichen Provinzen, wo aus dem kleinen Geschäftsmann auf geraden und krummen Wegen, durch rührige und gewöhnlich zugleich dreiste, oft schamlose Spekulation, durch Reklame, durch schwindelhafte Verkäufe und Auktionen, durch ein paar lukrative Bankerotte, durch Halsabschneiderei, Güterausschlachten und faule Gründungen ein großer Geschäftsmann wird [...]. [Wenn man sagt, der Jude aus der Polakei verwandele sich mit der Zeit nicht bloß in einen deutschen Juden, sondern in einen Deutschen mosaischen Glaubens, so frage ich:] ist denn Deutschland eine Raffinerie für barbarische Leute vom Stamme Sem, ist es geschaffen und berufen, eine Einwanderung zu erziehen und zu civilisiren, die mindestens so lange, bis ihre Erziehung vollendet ist, als ein Schaden an seinem Leibe, als schmarotzendes und durch seine Nähe, seine mittelbare und unmittelbare Einwirkung auf Andere vergiftendes Element bezeichnet werden muß? Wir sind so egoistisch, das zu verneinen, und schämen uns dessen nicht im mindesten.»

Hier kann man alle Elemente des negativen Ostjudenstereotyps ablesen, das sich bereits Ende des 18. Jahrhunderts herausgebildet und in der sich fast über ein Jahrhundert hinziehenden Debatte über die Emanzipation der Juden weit verbreitet hatte. Figuren wie Veitel Itzig, der mauschelnde, betrügerische Jude aus dem Osten, in Gustav Freytags 1855 erschienenem Roman «Soll und Haben» hatten weithin das Bild, die Wahrnehmung und die Wertungen geprägt, auch wenn man niemals einem «Ostjuden» begegnet war, geschweige denn negative Erfahrungen mit ihm gemacht hatte.[61] So fiel die Flüchtlingswelle von 1881 in eine Zeit, in der sich in Deutschland der Antisemitismus als politische Bewegung zu formieren begann. In der im Herbst 1880 aufgestellten Antisemitenpetition, die − unterschrieben von 250 000 Bürgern − dem Reichskanzler übergeben wurde, stand die Forderung nach einem Verbot der jüdischen Einwanderung ganz obenan. Auch später stellten antisemitische Parteien in den Parlamenten immer wieder Anträge nach absoluter Grenzsperre nur für Juden und nach Ausweisung aller ausländischen Juden. Regelmäßig wurden diese Anträge − mit Rücksicht auf bilaterale Handelsverträge und die wirtschaftlichen Interessen der Schiffahrtsgesellschaften − abgelehnt. Aber ohne Einfluß waren sie nicht, wie die äußerst restriktive Einwanderungspolitik und die Behördenwillkür gegenüber den osteuropäischen Juden zeigt.[62]

Die deutschen Juden fühlten sich einerseits ihren verfolgten Glaubensgenossen aus dem Osten gegenüber zur Hilfeleistung verpflichtet, andererseits spürten sie deutlich den Unterschied in religiöser, kultureller und sozialer Hinsicht. Die Ostjuden entsprachen nicht dem Ideal des gebildeten, säkularen, bürgerlich-wohlanständigen, modernen Juden, das für die Mehrheit der deutschen Juden verbindlich geworden war. Psychologisch noch schlimmer: sie repräsentierten vielfach für deutsche Juden eine frühere, inzwischen überwunden geglaubte Entwicklungsstufe − denn viele deutsche Juden waren seit dem 18. Jahrhundert auch einmal aus dem Osten eingewandert −, an die man sich nicht gern erinnerte oder erinnern ließ.[63]

Es dauerte lange, bis die deutschen Juden begriffen, daß die antisemitischen Angriffe gegen die osteuropäischen Juden auch ihre eigene Stellung erschütterten, daß es − wie Rosenzweig es formulierte − «keine Ostjudenfrage, sondern nur eine Judenfrage» gab.[64] Dennoch blieb ein gewisser Gegensatz immer bestehen. Nur bei den Zionisten, die in Deutschland aber immer eine Minderheit waren, kam es zu einer positiven Prägung des Ostjudenbildes: Für sie waren die Ostjuden die wirklichen Juden, die noch authentisches jüdisches Leben in sich verkörperten und von denen die assimilierten *deutschen Staatsbürger jüdischen Glaubens* nur lernen konnten.[65] Der Gegensatz zwischen Ostjuden und Westjuden, zwischen Kaftanjuden und Krawattenjuden, zwischen Ghettojuden und modernen akkulturierten Juden wurde auch in der antisemitischen Propaganda instrumentalisiert und ausgeschlachtet. Die Ostjuden galten als das Urbild des Juden − in negativer Hinsicht. An ihnen glaubte man das Fremde, Schmutzige, Gefährliche und Schädliche «der jüdischen Rasse» direkt zeigen zu können, während sich die assimilierten verbürgerlichten Westjuden bereits «getarnt» hätten und kaum noch als solche zu erkennen seien. Vor allem nach dem Ersten Weltkrieg läßt sich dieser propagandistische Schachzug bei völkischen Gruppen, besonders bei den Nationalsozialisten, beobachten: Das Zerrbild des Ostjuden, der in den Darstellungen fast alle menschlichen Züge verliert, diente dazu, auch die etablierten deutschen Juden als fremd auszugrenzen.[66]

IV.

Vergleicht man die Rezeption der osteuropäischen Juden in Großbritannien und Deutschland vor 1914, lassen sich zusammenfassend folgende Beobachtungen formulieren:

1. Die unterschiedliche Behandlung der jüdischen Zuwanderer aus Osteuropa durch die britischen und deutschen Behörden entsprach den Differenzen der jeweiligen Einwanderungs- und Ausländerpolitik und des allgemeinen Staatsverständnisses. Während in England der Staat die Zuwanderung gar nicht – und selbst nach Einführung des Aliens Acts nur zum Teil – überwachte und die Integration der Ausländer dem freien Spiel der gesellschaftlichen Kräfte überließ, waren die ausländischen Zuwanderer in den deutschen Ländern einer umfassenden staatlichen Kontrolle und polizeilichen Beaufsichtigung unterworfen. Während die Einwanderer im Vereinigten Königreich damit rechnen konnten, daß sie nach einigen Jahren Aufenthalt problemlos eingebürgert wurden, blieb der Rechtsstatus der Ausländer und ihrer Kinder in Deutschland, auch wenn sie schon Jahrzehnte im Land waren, ganz ungesichert. Sie wurden von den Behörden nicht als Rechtssubjekte, sondern als Verfügungsmasse angesehen und konnten jederzeit wieder ausgewiesen werden, wenn sie nicht mehr als nützlich angesehen wurden. Die Situation der ausländischen *Juden* war noch prekärer, da antisemitische Einstellungen in den Regierungen und Behörden verbreitet waren und den Ermessensspielraum zum Negativen hin verengten.

2. Die jeweilige Einwanderungspolitik wirkte sich auch auf die soziale Akzeptanz und gesellschaftliche Integration der Neuankömmlinge aus. Kurzfristig und oberflächlich betrachtet, hat dabei die unkontrollierte Einwanderung in Großbritannien zu größeren gesellschaftlichen Konflikten und Spannungen zwischen Einheimischen und Zuwanderern geführt als die restriktive Zuwanderungs- und Ausländerpolitik in Deutschland. Während es im Londoner East End zu fremdenfeindlichen Kundgebungen und vereinzelt sogar zu Krawallen und Übergriffen kam, blieben direkte xenophobe Aktionen im Kaiserreich fast völlig aus. Die deutsche Bevölkerung wurde von den Problemen der Zuwanderung durch die rigorosen Maßnahmen der Behörden weitgehend entlastet, entsprechend gewöhnte sie sich daran, Zuwanderungs- und Ausländerfragen in erster Linie als Polizeifragen und Ausweisungen als mögliche Lösung dieser Fragen anzusehen, und ein Lernprozeß auf diesem Gebiet blieb aus, wie sich nach 1918 deutlich zeigte.[67]

Die Integration der Zuwanderer erfolgte sowohl in Großbritannien wie in Deutschland am ehesten auf ökonomischem Gebiet, die kulturelle Eingliederung war mit Schwierigkeiten verbunden. Zwar akkulturierten sich die meisten osteuropäischen Juden im Kaiserreich relativ rasch, eine vollständige soziale Integration war dadurch aber nicht zu erreichen, solange der Ausländerstatus blieb. Kein deutscher Jude sah z. B. gern, wenn seine Tochter einen ausländischen Glaubensgenossen heiratete, mochte dieser auch noch so «assimiliert» sein, weil sie damit ihre deutsche Staatsbürgerschaft verlor und selbst von der Ausweisung bedroht war. In Großbritannien vollzog sich die Akkulturation langsamer und mit relativ größeren Freiheiten für kulturelle Pluralität. Die vollständige Integration in die britische Gesellschaft, sofern sie überhaupt angestrebt wurde, war zwar durch soziale und kulturelle Vorurteile behindert, doch politisch-rechtlich uneingeschränkt gewährleistet.

3. Das Bild der jüdischen Zuwanderer aus Osteuropa war sowohl in der britischen als auch in der deutschen Öffentlichkeit überwiegend negativ geprägt. Es wäre jedoch ein Fehler, die Unterschiede im jeweiligen Stereotyp des Ostjuden zu übersehen und unter dem Etikett «fremdenfeindlich» einzuebnen. In der britischen Diskussion war das Bild des Fremden überwiegend durch seine soziale Rolle definiert, man sprach deshalb von «armen Einwanderern» oder «notleidenden Flüchtlingen», und das liberale öffentliche Meinungsklima setzte einer antisemitischen Akzentuierung dieses Typs deutliche Grenzen. In Deutschland dagegen war das Bild der Zuwanderer überwiegend durch ihr Judesein bestimmt, es wurde in den bekannten Klischees antisemitischer und bisweilen antislawischer Traditionen dargestellt und konnte zu einem zentralen Feindbild propagandistisch aufgebläht werden. Der Umgang mit den jüdischen Flüchtlingen wurde in England im Kontext der Einwanderungsfrage, in Deutschland als Teil der «Judenfrage» thematisiert. Das Bild des «Ostjuden» war in Großbritannien eher funktional und damit veränderbar, in Deutschland eher substantiell, die unveränderlichen kulturellen und vermeintlich rassischen Differenzen betonend. Solche Kategorisierungen und Kontextualisierungen waren nicht ohne Folgen, wie die spätere Geschichte zeigen sollte. Insofern sind Sprache und politische Kultur nicht nur wichtige Indikatoren, sondern selbst von entscheidendem Einfluß für einen offenen oder diskriminierenden Umgang mit Fremden.

Klaus J. Bade

Einheimische und Fremde
im vereinigten Deutschland

Zur Axiomatik zünftigen Denkens im Alten Handwerk der Frühen Neuzeit zählte ein Gedanke, der die ökonomische Ratio des Wanderzwangs
verklärte: Wanderschaft vermittle den Gesellen unabdingbare Erfahrungen,
'Fähigkeiten und Fertigkeiten auf dem Weg zur Meisterschaft. Zeitgleich
gab es den Gedanken an den Erwerb von höfisch-galanter ‹Etikette› oder
beruflich-geschäftlicher ‹Weltläufigkeit› in jenen aristokratischen und
großbürgerlichen Schichten, deren ‹Reisende› den wandernden Handwerksgesellen nur in der Kutsche zu begegnen pflegten.[1]

Im Sprachgebrauch jener Epoche benannt, könnten die Deutschen in
puncto Migration als historisch sehr ‹bewandert› gelten; denn in der *longue
durée* haben Deutsche im Ausland und Ausländer in Deutschland in oft
gewaltigen Dimensionen nachgerade alle Formen grenzüberschreitender
Wanderungen erlebt: transatlantische und kontinentale Massenwanderun-
gen, europäische Einwanderungen, aber auch millionenstarke Transitwan-
derungen von Osteuropa über deutsche Überseehäfen in die ‹Neue Welt›;
Arbeitswanderungen von Deutschen ins Ausland und von Ausländern
nach Deutschland; Flucht- und Zwangswanderungen von Deutschen ins
Ausland und von Ausländern nach Deutschland, von Deutschen als Opfern und von Deutschen als Tätern, innerhalb und außerhalb der deutschen Grenzen. Außerdem kannte die Geschichte der Deutschen nicht nur
die Wanderung von Menschen über Grenzen, sondern auch die Bewegung
von Grenzen über Menschen hinweg ebenso wie die Ausgrenzung von
‹fremden› Minderheiten innerhalb der Grenzen selbst: Juden, Sinti und
Roma (‹Zigeuner›) sind die bekanntesten Beispiele.[2]

Durch große historische Erfahrung bestimmt, mithin pragmatisch und
gelassen, könnte also in Deutschland das Verhältnis zwischen Mehrheit und
zugewanderten Minderheiten, Einheimischen und Fremden sein, zumal
viele Einheimische selbst die Nachfahren von zugewanderten Fremden
sind und Millionen von Deutschen einst ebenso Fremde im Ausland waren
wie heute Ausländer in Deutschland. Aber die Begegnung zwischen
Mehrheit und zugewanderten Minderheiten wird durch historische Erinnerung auch erschwert. Hintergrund ist der – nicht lineare oder gar fol-
gerichtige, aber doch erkennbare – Weg von der völkisch-romantisch ver-
klärten Abgrenzung vom ‹Fremden› über die ethnisch-nationalistische
Agitation gegen das ‹Fremdartige› zum rassistischen Vernichtungskampf
gegen das ‹Artfremde›. Vom grauenhaften Ende dieses Weges kommt der

Schatten des millionenfachen Verbrechens an ethnischen, kulturellen, religiösen und anderen Minderheiten im nationalsozialistischen Deutschland und im von Deutschen besetzten Europa. Hinweise auf die Probleme anderer relativieren die eigenen nicht. Diese historische Belastung prägt in Deutschland vielfach noch immer die Spannung zwischen Xenophobie und Xenophilie als Kehrseiten der gleichen Störung im Verhalten gegenüber fremden Minderheiten.

Hinzu kommt, als eine der Grundannahmen von Sozialpsychologie, humanistischer Psychologie, aber auch Ethnopsychoanalyse, daß der Sicherheit spendende positive Bezug zum Eigenen eine Voraussetzung für die Kraft zur Toleranz gegenüber dem Fremden ist.[3] Auch dieser, seit dem düstersten Kapitel der deutschen Geschichte gebrochene historische Bezug zum Eigenen ist in Deutschland noch eine Belastung in der Begegnung mit dem Fremden. Das gilt besonders dann, wenn es darum geht, die häßliche Kehrseite der schönen Gedanken an die Begegnung von Mehrheit und zugewanderten Minderheiten in sozialem Frieden und kultureller Toleranz zu quantifizieren – in Gestalt jener Kriterien, Kontingente und Quoten nämlich, die für die Vorfahrtsregeln der Einwanderungspolitik unabdingbar sind. Wo in der öffentlichen Diskussion das trotz aller humanen Gestaltung für die Betroffenen immer harte Geschäft der Entscheidung über Einwanderungsanträge mit ‹Selektion› an der KZ-Rampe in eins gesetzt wird, da liegen diese historisch-mentalen Entzündungsherde bloß.

Die Ambivalenz von Erfahrung und Belastung in der Begegnung von Einheimischen und Fremden bestimmte auch den in vieler Hinsicht gegensätzlichen Umgang mit Zuwanderung und Eingliederung, Ausgliederung und Abwanderung in den beiden deutschen Staaten nach dem Zweiten Weltkrieg und schließlich die Begegnung der einander fremd gewordenen Deutschen im vereinigten Deutschland der frühen 1990er Jahre.

Bevölkerung, Wirtschaft und Gesellschaft Westdeutschlands wurden wie in keinem anderen Industriestaat der zweiten Hälfte dieses Jahrhunderts durch grenzüberschreitende Massenbewegungen geprägt. In Westdeutschland, wo am Vorabend der deutschen Vereinigung 59,3 Mio. Deutsche und 5,3 Mio. Ausländer lebten, waren seit dem Ende des Zweiten Weltkriegs rund 15 Millionen ‹Neubürger› zugewandert, vornehmlich über die östlichen Grenzen: Flüchtlinge und Vertriebene am Kriegsende und in den Nachkriegsjahren, Flüchtlinge aus der SBZ und DDR, Aussiedler aus Ost- und Südosteuropa.[4] Es gab in der zweiten Hälfte des 20. Jahrhunderts unter den entwickelten Industriestaaten der westlichen Welt keine vergleichbaren Dimensionen. Seit 1987 schließlich nahm die Bundesrepublik jährlich mehr Zuwanderer auf als die beiden klassischen Einwanderungsländer Kanada und Australien zusammen.

Unterschiede und Gegensätze in der Erfahrung mit Wanderungen in den beiden deutschen Staaten gab es schon bei der Eingliederung der

Flüchtlinge und Vertriebenen auf beiden Seiten. Im Westen wurden sie appellativ ‹Heimatvertriebene›, im Osten schönfärberisch ‹Umsiedler› genannt. Was im Westen jahrzehntelang von einflußreichen Vertriebenenorganisationen öffentlich als ‹Recht auf Heimat› eingefordert wurde, blieb in der DDR als ‹Umsiedlerproblematik› tabuisiert mit Rücksicht auf die östlichen Nachbarn. Das gleiche galt dort, von der Rolle der einmarschierenden Sowjetarmee gegenüber der Zivilbevölkerung ganz abgesehen, für die öffentliche Beschäftigung mit den traumatischen Erfahrungen von Flucht und Vertreibung.[5]

Im Westen überdauerte die Zuwanderung von ‹Aussiedlern› aus Ost- und Südosteuropa das Ende der Vertreibungen: Fast 1,6 Millionen passierten von 1951 bis Ende 1988 die Grenzdurchgangslager in der Bundesrepublik. Ihre Aufnahme erregte immer weniger Aufsehen, abgesehen von der öffentlichen Empörung über Ausreisebehinderungen oder finanzielle Gegenleistungen für die Gewährung der Ausreise, die z.B. im Falle Rumäniens den Charakter eines regelrechten, im Gesamtergebnis milliardenschweren Menschenhandels annahmen.[6] Die Erfahrung der Aussiedlerintegration spielte im Osten Deutschlands ebensowenig eine Rolle wie die im Westen seit den frühen 1980er Jahren stark anwachsende Zuwanderung von asylsuchenden Flüchtlingen, über die noch zu reden sein wird.

Jenseits der Integration der Flüchtlinge und Vertriebenen (‹Umsiedler›), dominierten in der DDR bis zum Bau der Mauer 1961, und in abnehmendem Umfang auch danach, nicht Zuwanderung und Eingliederung, sondern Abwanderung und Ausgliederung durch Flucht und, in der Agonie des Systems zuletzt zunehmend, legale ‹Übersiedlung› in den Westen. Was dort wegen des Bekenntnischarakters der ‹Flucht aus dem kommunistischen Machtbereich› als Abstimmung mit den Füßen zwischen den im Kalten Krieg konkurrierenden Systemen politisch gern akzeptiert und als Arbeitskräftezufluß begrüßt wurde, war in der DDR als ‹Republikflucht› ein Straftatbestand und wurde in der öffentlichen Diskussion nach Möglichkeit ebenso totgeschwiegen wie seit Anfang der 1950er Jahre die ‹Umsiedlerproblematik›. Viele mit Zuwanderung und Eingliederung, mit Ausgliederung und Abwanderung zusammenhängende Fragen fielen in der DDR mithin öffentlicher Verdrängung anheim. Damit zusammenhängende allgemeine Probleme und individuelle Erfahrungen konnten nicht politisch artikuliert oder gar in öffentlicher Auseinandersetzung ausgelebt werden.[7]

Der Mauerbau im Osten aber beschleunigte im Westen nur den Weg zum Einwanderungsland wider Willen: In der Bundesrepublik hatte der deutsch-italienische Vertrag von 1955 den ersten Auftakt zur amtlich organisierten Anwerbung ausländischer Arbeitskräfte ins Land des ‹Wirtschaftswunders› gegeben. Die unter staatlicher Mitwirkung begonnene Anwerbung ausländischer Arbeitskräfte wurde nach dem Ende des Zustroms aus der DDR 1961 um so mehr forciert. Im Gegensatz zu den ‹ausländischen Wanderarbeitern› des Kaiserreichs und insbesondere zu den ‹Fremdarbeitern› im nationalsozialistischen Deutschland wurden die ausländischen Arbeitskräfte in der öffentlichen Diskussion der Bundesrepublik ‹Gastarbeiter› genannt. Gast aber ist nur, wer nicht auf Dauer bleibt.

Die ‹Gastarbeiterperiode› in der Bundesrepublik endete mit dem ‹Anwerbestop› in der Wirtschaftskrise von 1973. Die Maßnahme wirkte als Bumerang: Der ‹Anwerbestop› senkte nur kurzfristig die Ausländerzahlen, drosselte aber auf Dauer die transnationale Fluktuation der ausländischen Arbeitswanderer und verstärkte um so mehr die ohnehin wachsende Tendenz zum Daueraufenthalt; denn seither standen ausländische Arbeitskräfte, die nicht auf Dauer von ihren Familien im Herkunftsland getrennt leben wollten, vor der Alternative: endgültige Rückkehr in die Heimat ohne Chance auf Wiederkehr oder Familiennachzug in die Bundesrepublik. Die meisten blieben und zogen ihre Familien nach. Aus der ‹Gastarbeiterfrage› der 1960er und frühen 1970er Jahre war in der Bundesrepublik schon Ende der 1970er Jahre weithin ein echtes Einwanderungsproblem geworden. Das wiederum wurde im Westen regierungsamtlich ‹dementiert›, im politischen Entscheidungsprozeß verdrängt und im Verwaltungshandeln tabuisiert. Großkonzepte für Einwanderungsfragen blieben, ganz folgerichtig, aus; denn was man tabuisiert, kann man nicht gestalten.

Was für die Deutschen eine Gestaltungsfrage war, wurde für die schon lange ansässige erste Generation der ‹Pionierwanderer› und besonders für die in Deutschland geborene oder doch aufgewachsene zweite Generation zu einer durch mentale Verletzungen der verschiedensten Art gezeichneten Lebensfrage. Aus der ‹Gastarbeiterbevölkerung› war eine echte Einwandererminorität geworden, die spätestens seit Anfang der 1980er Jahre in einer paradoxen gesellschaftlichen Situation lebte: in einer Einwanderungssituation ohne Einwanderungsland; denn der kleinste gemeinsame Nenner aller ‹ausländerpolitischen› Statements der Bundesregierung lautete in demonstrativer politischer Erkenntnisverweigerung noch Anfang der 1990er Jahre: ‹Die Bundesrepublik ist kein Einwanderungsland›.[8]

Auch in der DDR gab es, in geringem Umfange, Ausländerbeschäftigung auf der Grundlage zwischenstaatlicher Vereinbarungen. Sie wurde – insbesondere gegenüber der als moderne Form der «Fremdarbeiterpolitik des Imperialismus» attackierten Ausländerbeschäftigung in der Bundesrepublik – offiziell totgeschwiegen, ‹dementiert› oder als Ausbildungswanderung verharmlost. Von den sowjetischen Armeeangehörigen und ihren Familien abgesehen, stellten von den 1989 noch ca. 190 000 Ausländern in der DDR die Arbeitnehmer in DDR-Betrieben die bei weitem stärkste Gruppe, unter ihnen 1989 noch ca. 59 000 Vietnamesen und ca. 15 000 Mosambikaner.[9] Den über Regierungsabkommen mit befristeten Arbeitsverträgen ins Land geholten ‹ausländischen Werktätigen› gegenüber gab es in der DDR, anders als in der Bundesrepublik, weniger soziale Integration, als staatlich verordnete Segregation und sogar räumliche

Ghettoisierung. Sie wurden in separaten Gemeinschaftsunterkünften ein-
quartiert und damit auch sozial auf Distanz gehalten. Nähere Kontakte
waren genehmigungs- und berichtspflichtig. In dem durch die verordnete
Ausgrenzung der Fremden und durch die öffentliche Tabuisierung ihrer
Existenz geschaffenen sozialen Vakuum siedelten in dem eingemauerten
zweiten deutschen Staat Gerüchte und Argwohn, wucherten Mißtrauen,
Angst und Haß. Es kam zu einer Art ostdeutschen «eigenen Form der
Apartheid» (W. Thierse) bzw. «Xenophobie hinter verschlossenen Türen»
(C. Schmalz-Jacobsen).[10]

In den Prozeß der Vereinigung brachten die einander fremd gewordenen, aus politisch-ideologisch und lebensgeschichtlich vielfach gegensätzlichen Erfahrungswelten stammenden Deutschen mithin, neben vielen anderen ungelösten Fragen, auch in beiden deutschen Staaten unbewältigte
Probleme im Umgang mit Fremden ein; ganz zu schweigen von der auf
unterschiedliche Weise unbewältigten Last der deutschen Geschichte gerade in diesem Bereich.[11]

Insgesamt kann man seit dem Zweiten Weltkrieg in Deutschland drei
verschiedene große Eingliederungsprozesse unterscheiden: Am Anfang
stand die ‹Integration›[12] von Flüchtlingen und Vertriebenen im Westen
(‹Heimatvertriebene›) und Osten (‹Umsiedler›). Im Westen folgte, als zweiter großer Eingliederungsprozeß, die Entwicklung von der Ausländeran-
werbung über die ‹Gastarbeiterfrage› zum echten Einwanderungsproblem.
Anfang der 1990er Jahre stand das vereinigte Deutschland vor einer sehr
komplexen dritten Eingliederungserfahrung.[13] Einheimische Ausländer
und fremde Deutsche begegneten sich in dieser neuen Einwanderungssituation, die vielgestaltiger und unübersichtlicher ist als die beiden voraus-
gegangenen großen Eingliederungsprozesse. Sie umschließt fünf Problem-
kreise:

1. Die größte Gruppe bildet nach wie vor die heute schon drei Generationen umfassende, aus der ehemaligen ‹Gastarbeiterbevölkerung› im
Westen hervorgegangene Einwandererminorität der einheimischen Ausländer bzw. ausländischen Inländer. Die erste Generation ist schon im
Pensionsalter, die zweite zum großen Teil im Einwanderungsland geboren
oder doch aufgewachsen. Aber selbst die Lebensperspektiven der durchweg
im Lande geborenen dritten Generation sind noch immer bestimmt durch
das Paradoxon der sozialschizoiden, persönlich belastenden und gesellschaftlich brisanten Einwanderungssituation ohne Einwanderungsland.

2. Die zweitgrößte Gruppe stellen die seit den späten 1980er Jahren
jährlich zu Hunderttausenden zugewanderten Aussiedler aus Ost- und
Südosteuropa. Die fremden Deutschen kommen aus zentral verwalteten,
ehemals sozialistischen Verordnungssystemen des Ostens in die marktwirt-
schaftliche Ellenbogengesellschaft des Westens. Sie leben − zwar nicht im
rechtlichen, aber im sozialen und kulturellen Sinne − ebenfalls in einer
echten Einwanderungssituation mit oft schweren psychologischen und

mentalen Belastungen, die von der Politik lange viel zu gering veranschlagt wurden. Erschwerend hinzu kommen als identitätsstiftende Symbole in den deutschen Siedlungskolonien überkommene, in den Deportationsgebieten um so bewußter gepflegte, in der Bundesrepublik hingegen in ihrer Strenge fremd wirkende religiös-konservative Wertvorstellungen, Familien- und Gesellschaftsbilder und oft auch Sprachbarrieren.

3. Seit den 1980er und insbesondere in den frühen 1990er Jahren stark angewachsen ist im Westen Deutschlands die Zahl der asylsuchenden Flüchtlinge, bis Mitte der 1980er Jahre noch zumeist aus der ‹Dritten Welt›, heute ganz vorwiegend aus Ost- und Südosteuropa: Hinzu kommen Hunderttausende von Flüchtlingen aus dem Kriegs- und Bürgerkriegsgebiet, das einmal ‹Jugoslawien› hieß. Relativ jung noch ist die Zuwanderung von Juden aus der ehemaligen Sowjetunion bzw. der GUS, von denen es im Frühjahr 1993 nach Schätzungen ca. 15 – 20 000 gab, davon ca. 5 000 allein in Berlin. Daneben steht eine schätzungsweise Hunderttausende umfassende, in jeder Hinsicht schutzlose Bevölkerung von illegal anwesenden Ausländern. Die berühmte Botschaft der vier Worte in Art. 16 GG (‹Politisch Verfolgte genießen Asylrecht›) war die historische Antwort der Deutschen im Westen auf die Erfahrung der Aufnahme – aber auch Nichtaufnahme – von Flüchtlingen aus dem nationalsozialistischen Deutschland im Ausland 1933 bis 1945. Seit dem 1. Juli 1993 ist das neue, restriktivere Asylrecht (Art. 16 a GG) in Kraft. Es hat die Zahl der Asylanträge drastisch gesenkt, dürfte aber die illegalen Inlandsaufenthalte deutlich erhöht haben.

Neben diesen drei großen Einwanderungs- bzw. Eingliederungsproblemen stehen zwei innerdeutsche Eingliederungsprobleme, die die neue Einwanderungssituation noch weiter komplizieren:

4. Menschen über Grenzen: In Westdeutschland gibt es noch immer die Identitätsprobleme jener Deutschen, die in großer Zahl Ende der 1980er Jahre zunächst noch als DDR-Flüchtlinge, dann als legale ‹Übersiedler› aus der in der Agonie liegenden DDR in den vermeintlich goldenen Westen kamen. Viele von ihnen erlitten im Paradies von ‹Golf, Video und Marlboro› einen deutsch-deutschen Kulturschock. Es war die Erfahrung, wie groß die Distanz nicht nur in der materiellen Kultur und in den Lebensformen, sondern auch in den Mentalitäten zwischen West und Ost geworden war.

5. Grenzen über Menschen: In Ostdeutschland schließlich gab es nach der deutschen Vereinigung besondere mentale Eingliederungsprobleme, die weitaus gewaltiger waren als die Probleme der wirtschaftlichen Umstrukturierung. Viele Deutsche lebten dort mehr oder minder lange als Fremde im eigenen Land in einer Art imaginären, importierten Eingliederungssituation: Nicht Menschen waren in die Fremde gegangen, sondern die in Haßliebe vertraute gesellschaftliche Umwelt war in ihrer Überformung von Wirtschaft, Gesellschaft und politischer Kultur durch den Westen selbst zur Fremde geworden. Der rasante soziale und ökonomische, politische

und ideologische Wandel der frühen 1990er Jahre führte viele Menschen in einer historischen Ausnahmesituation in die Konfrontation mit der Alternative von bedingungsloser Anpassung oder fortschreitender Entfremdung. Der Einigungsschock sprach selbst aus der dramatischen Schere von hochschießenden Suizidraten und abstürzenden Geburtenraten.

Die mit der Anpassungskrise im Osten Deutschlands verbundenen Strapazen minderten dort die Bereitschaft zur Eingliederung anderer, von außen kommender Fremder – z. B. von Asylsuchenden, die im Sinne des Einigungsvertrages auch auf die neuen Bundesländer verteilt wurden. Das mehrte noch die fremdenfeindlichen Abwehrhaltungen, die ihren ersten aufsehenerregenden Gipfelpunkt in den gewalttätigen Angriffen auf ein Ausländerwohnheim im sächsischen Hoyerswerda im Herbst 1991 erreichten. In Wirklichkeit hatte es schon vorher viele kleine ‹Hoyerswerdas› im Osten und auch gewalttätige ausländerfeindliche Ausschreitungen im Westen gegeben. Neu an ‹Hoyerswerda› war nicht die Tat, sondern der Applaus, die Volksfeststimmung und das Medienecho, das den Tätern – über den Abtransport der von Todesangst gezeichneten Ausländer hinaus – auch öffentlichen ‹Erfolg› signalisierte und bei radikalisierten fremdenfeindlichen Gruppen eine Ost- und Westdeutschland überspülende Welle ausländerfeindlicher Gewalt auslöste.

Anfang der 1990er Jahre stand die Begegnung von Einheimischen und Fremden im vereinigten Deutschland vielfach im Zeichen von Fremdenangst, gewaltbereiter Fremdenfeindlichkeit und fremdenfeindlicher Gewaltakzeptanz. Hintergrund waren die komplizierte Einwanderungssituation, die durch den Vereinigungsprozeß noch erschwert wurde, und ein seit vielen Jahren zu beobachtendes Versagen von Politik vor den gesellschaftlichen Gestaltungsbereichen von Migration, Integration und Minderheiten.

Die von den Medien um die Welt getragene neue deutsche Xenophobie aber ist weder ‹faschistisch› noch ausgesprochen ‹deutsch›. Es gibt sie auch in anderen europäischen Einwanderungsländern, und sie hat auch dort eine lange Geschichte.[14] Wer denkt im Alltagsdialog schon daran, daß die Skin-Bewegung aus den englischen Armenvierteln der 1960er Jahre kam, geboren aus den Ängsten der weißen Unterschicht, die sich von indischen bzw. pakistanischen und karibischen Zuwanderern bedroht fühlte. Wer erinnert sich daran, daß selbst das bestialische Mordwort der jugendlichen deutschen ‹Glatzen› vom ‹Aufklatschen›, also vom Zerschlagen und Zertrampeln von ‹Asylanten› oder anderen Fremden, seinen Ursprung in England hat – im nach wie vor umgehenden ‹Paki-Bashing›, also im willkürlichen Zusammenschlagen asiatischer Einwanderer durch rassistische weiße Jugendliche aus dem perspektivlosen urbanen Subproletariat.[15]

Aber die Welt sah den ‹häßlichen Deutschen› auferstehen; denn die neue Fremdenfeindlichkeit in Deutschland stand im Schatten einer Geschichte, die Brutalität gegenüber Minderheiten noch grauenhafter erscheinen läßt, als sie es ohnehin schon ist. Die Exzesse auf den Straßen im vereinigten Deutschland, der lange Schatten der Geschichte und das prononcierte Interesse der Medien an xenophober Aggressivität haben indes auch zu Zerrbildern und Fehleinschätzungen geführt: Die bei weitem überwiegende, schlichte Normalität des friedlichen Zusammenlebens zwischen Mehrheit und zugewanderten Minderheiten im vereinigten Deutschland geriet dabei ebenso aus dem Blick wie – von den berühmten Lichterketten und Anti-Gewalt-Demonstrationen im Winter 1992/93 ganz abgesehen – die große Zahl von Gegenströmungen, hilfreichen Initiativen und unübersehbar vielen organisierten und spontanen Hilfen im Alltag: von der Aufnahme und Betreuung von Flüchtlingen über die Bewachung ihrer Unterkünfte bis hin zum illegalen Versteck von abgelehnten Asylbewerbern, um sie vor drohender Abschiebung zu schützen.

Die neue Einwanderungssituation hat neue ethnosoziale Spannungen und ‹Hackordnungen› zwischen verschiedenen Gruppen von Einheimischen und Fremden geschaffen bzw. durch den Vereinigungsprozeß zusammengeführt:

Im Osten gab es Antipathien gegenüber Asiaten und Afrikanern, insbesondere gegenüber den beiden als stärkste Ausländergruppen im Lande vertretenen Vietnamesen (‹Fidschis›) und Mosambikanern (‹Briketts›). Solche Abwehrhaltungen wurden nach dem Ende der totalitären Zwangsdisziplinierung unter dem SED-Regime freigesetzt und unter dem Druck des auf den ‹Einigungsschock› folgenden eigenen Entfremdungsprozesses kurzfristig noch verstärkt.

In den ‹alten› Bundesländern, wo sich die Mehrheit der Einheimischen trotz der Agitation von fremdenfeindlichen Minderheiten gegen ‹Kümmeltürken› und ‹Kanaken› längst an die seit langem in Lande lebenden einheimischen Ausländer gewöhnt hatte, gab es Anfang der 1990er Jahre Skepsis von ‹Wessis› gegenüber zugewanderten ‹Ossis›. Dem entsprach in den ‹neuen› Bundesländern die Ambivalenz von Neugier, Angst und Empörung von Bundesbürgern-Ost gegenüber den zuweilen mit einer Mischung der Verhaltensmuster von rücksichtslosen Konquistadoren, Missionaren der besseren Lebensform und mitleidvollen Entwicklungshelfern in einer postkolonialen Kolonialsituation auftretenden Bundesbürgern-West.

Im Westen gab es anfangs die Skepsis von Übersiedlern aus der DDR bzw. aus den neuen Bundesländern gegenüber deutschsprachigen Aussiedlern (‹keine Deutschen›), von beiden deutschen Zuwanderergruppen gegenüber fremdsprachigen Aussiedlern (‹Polen›, ‹Russen›), von Übersiedlern, deutsch- und fremdsprachigen Aussiedlern gemeinsam gegenüber ‹Ausländern› (‹Deutsche rein – Ausländer raus›) und vor allem gegenüber Türken (‹keine Europäer›), und schließlich, als ‹Einheimische› und ‹Fremde› in West und Ost vereinende Abwehrfront, den Argwohn gegenüber asylsuchenden Flüchtlingen (‹Asylbetrüger›, ‹Scheinasylanten›).

Es gab aber auch, quer dazu, die verschiedensten, mitunter grotesken Schulterschlüsse, z.B. zwischen Deutschen und einheimischen Ausländern gegenüber den neu zugewanderten fremden Deutschen aus Osteuropa. Und es gab in Einzelfällen sogar die von demonstrativer Überanpassung geprägte Beteiligung von einheimischen Ausländern der zweiten Generation bei gewalttätigen Ausschreitungen gegenüber Asylsuchenden und anderen Flüchtlingen. Umgekehrt gibt es die mit den fremdenfeindlichen Ausschreitungen abrupt gewachsene Skepsis einheimischer Ausländer gegenüber dem widerspenstigen Nicht-Einwanderungsland. Hierher gehört auch die wachsende, teils friedlich-zivile (Immigrantenvereine), teils aggressiv-militante, stark ethnokulturell geprägte Selbstorganisation ‹ausländischer Mitbürger›. Dahinter stehen als ungerecht empfundene Unklarheiten in der Lebensperspektive, Mangel an politischer Partizipation und die Erfahrung verschiedenster Formen persönlicher und institutioneller Diskriminierung bei einheimischen Ausländern, von denen sich viele in der paradoxen Einwanderungssituation ohne Einwanderungsland eben nicht als ‹ausländische Mitbürger›, sondern als einheimische Nicht-Bürger verstehen. Das sind nur einige der Spannungszonen und kaskadenartigen ‹Fremdenhierarchien› in der neuen Einwanderungssituation. Darunter sind, wie die Geschichte der Einwanderungen zeigt, die ethnische Stratifikation und die ethnische Legitimation sozialer Benachteiligung besonders gefährlich für polyethnische und multikulturelle Koexistenz in sozialem Frieden.[16]

Solche Gefahren wurden durch verschiedene Ost-West-Einflüsse noch verstärkt: In den Mentalitäten von zugewanderten fremden Deutschen aus dem Osten sind zum Teil besondere völkisch-national geprägte und latent xenophobe Abwehrhaltungen mit in den Westen gekommen. Sie fanden neuen Boden in den auch hier umgehenden ahistorischen Vorstellungen von einer vermeintlich durch ‹fremde› Einflüsse unbefleckten kulturellen ‹Homogenität› der Deutschen, die, defensiv gedacht, vor kultureller ‹Überfremdung› zu schützen oder aber, aggressiv umgesetzt, durch Austreibung ‹der Fremden› zurückzugewinnen sei.[17]

Ein anderer Ost-West-Einfluß ist die allgemeine Angst vor einer ‹Völkerwanderung› aus Osteuropa. Einer ihrer vermeintlichen Vorboten, die Zuwanderung von Roma aus Rumänien, entzündete 1990 noch ein zusätzliches, atavistisches, aber nach wie vor hochaktives Aggressionspotential: die ‹Zigeuner›-Phobie. Hinzu kommt, daß in vielen Bereichen des zerfallenen ‹Ostblocks› nach dem Ende jahrzehntelanger totalitärer Disziplinierung radikale Unterströmungen zutage treten wie Rassismus, Antisemitismus und aggressiver, sich selbst als Befreiungsbewegung verstehender ethnischer Nationalismus. Die Konfrontation mit solchen gesellschaftlichen Eruptionen im europäischen Osten hat zur Relativierung oder gar offenen Legitimierung von auch in Deutschland selbst vorhandenen fremdenfeindlichen Abwehrhaltungen und Aggressionspotentialen beigetragen.

Seit dem Herbst 1991 schließlich ging es in der vereinigten Republik nicht mehr allein um Fremdenangst und die Sorge vor wachsender Fremdenfeindlichkeit, sondern um ganz konkrete Ängste vor Tätern und um Opfer: Die vorwiegend jugendlichen Täter eröffneten, zuerst im Osten, dann auch im Westen der Republik, mit der Kampfparole ‹Ausländer raus› die Straßenjagd auf Fremde. Ihre Opfer waren zunächst meist Flüchtlinge und Asylsuchende, die unter den Deutschen Schutz zu finden hofften vor Verfolgung, aber auch vor Krieg, Armut und Elend in den Krisenzonen der Welt. Die Aggressionen richteten sich aber auch gegen eine Zuwanderergruppe, die in der düstersten Epoche der deutschen Geschichte zu den Opfern des staatlich organisierten Verbrechens zählte: gegen ‹Zigeuner› und insbesondere gegen Roma, die seit dem Ende der 1980er Jahre in wachsender Zahl als Asylsuchende, aber auch illegal aus Rumänien nach Deutschland zugewandert waren.[18]

Zu verzeichnen war außerdem eine wachsende Zahl von antisemitischen Ausschreitungen. Es waren weniger physische Angriffe auf seit jeher in Deutschland lebende, dorthin nach dem Holocaust zurückgekehrte oder seit einigen Jahren aus dem Staatsgebiet der ehemaligen Sowjetunion eingewanderte Juden, sondern Angriffe auf Gedenkstätten des Holocaust und auf jüdische Friedhöfe.[19] Opfer von Aggression und Gewalt wurden schließlich nicht nur zugewanderte Minderheiten, sondern auch die Schwächsten der Schwachen unter den Einheimischen: Obdachlose und sogar Behinderte.[20]

Das aber zeigte, daß es bei den Exzessen um noch mehr ging als um Ausländer- und Fremdenfeindlichkeit allein: Gewalt gegen Fremde und fremdenfeindliche Gewaltakzeptanz im vereinigten Deutschland der frühen 1990er Jahre wurden auch getragen von blinden Projektionen. Sie entstammten einem diffusen Bündel von Perspektivenmangel, Orientierungslosigkeit und sozialer Angst, von Frustration und Aggression, von Haß und einer ohnmächtigen Wut, die ihre eigenen Ursachen nicht kennt und sie deshalb bei anderen sucht. Solche Projektionen können deshalb auch nicht dort analysiert und begründet werden, wo die dadurch motivierten oder doch forcierten und oft spontanen Taten ihre Opfer treffen, sondern nur dort, wo sie ihre Quellen haben.

Entsetzen erregten nicht nur Gewaltbereitschaft und Gewalttätigkeit jener martialischen kahlköpfigen Jugendbanden, die Anfang der 1990er Jahre im Ausland das neue Bild vom ‹häßlichen Deutschen› prägten, sondern auch die wachsende Gewaltakzeptanz: Die Runde machte das böse Wort von der neuen ‹klammheimlichen Freude› jener, die die Opfer bedauerten, die Täter verachteten, aber dann in eigener Sache eben doch jenen Protestbrief gegen das ‹Asylantenheim› im eigenen Wohnviertel unterschrieben, der von den Tätern wiederum als Freibrief zum xenophoben Halali verstanden werden konnte; ganz zu schweigen von jenen Biedermännern, die als Zeugen von Gewalttaten die von Kriminologen als ‹non-helping bystander›-Effekt umschriebene Kino-Haltung zeigten, d. h. ihre Fäuste in den Taschen wärmten, starr wegsahen, um nicht der unterlassenen Hilfeleistung bezichtigt werden zu können, oder, wie in Hoyerswerda, sogar Beifall klatschten, so daß sich die Täter als «Fackelträger der Stammtische» und aktive Sprecher der schweigenden Mehrheit verstehen konnten.[21]

Zu wachsender Fremdenfeindlichkeit in der alltäglichen Begegnung kamen bald nächtliche Brandanschläge: zuerst und zumeist auf die Unterkünfte von Asylsuchenden, zuweilen aber auch auf diejenigen von Aussiedlern. Hinzu traten seit 1992 zunehmend Brandanschläge auf die Wohnungen türkischer Familien, die die größte Gruppe der aus der ehemaligen ‹Gastarbeiterbevölkerung› stammenden einheimischen Ausländer im vereinigten Deutschland bilden. Weltweit bekannte Stichworte des neuen Terrors in Deutschland hießen nach ‹Hoyerswerda› (17.–22. 9. 1991) z. B. ‹Hünxe› (3. 10. 1991), wo zwei Flüchtlingskinder bei einem Brandanschlag schwer verletzt wurden, oder ‹Rostock-Lichtenhagen› (23.–27. 8. 1992), wo Asylsuchende unter öffentlichem Beifall tagelang in ihren schließlich brennenden Unterkünften belagert und angegriffen wurden. Und sie hießen ‹Mölln› (23. 11. 1992) und ‹Solingen› (29. 5. 1993), wo seit langem in Deutschland lebende bzw. hier geborene und aufgewachsene Mitglieder türkischer Familien in ihren Häusern verbrannten oder schwer verletzt die Brandanschläge überlebten.[22]

Im Ablauf des fremdenfeindlichen Geschehens gab es mehrere große, von dramatischen, im Fernsehen landesweit verfolgbaren Ereignissen ausgehende Wellen der Gewalt. Unter den Tatorten überwogen Dörfer, Klein- und Mittelstädte. Die vorwiegend jugendlichen Täter kamen meist aus Nachbarschaft oder Nachbarorten. Angriffsziele waren in erster Linie Ausländer- und vor allem Asylbewerberunterkünfte.[23] Die Jugend- und Bildungssoziologen R. Eckert und H. Willems sprechen von «Eskalations- und Mobilisierungswellen», die in ihrem Auslaufen nicht etwa einfach wieder auf das Ausgangsniveau abebben, sondern «für längere Zeit zu einer Stabilisierung von fremdenfeindlichen Straf- und Gewalttaten auf einem höheren Niveau» führen, so daß bei anhaltender Wellenfolge eine anwachsende Bewegung entstehen kann.[24]

Eine erste Gewaltwelle ging aus von den Ereignissen in Hoyerswerda, die – bei johlendem Publikum, mit Würstchen und Bier auf der einen, Panik und Todesängsten auf der anderen Seite – einer terroristischen Inszenierung bzw. einem Pogromstart glichen und mit ‹Erfolg› für die Täter endeten (Zurückhaltung der Polizei, Abtransport der Ausländer). Die hochschießende Spirale der Gewalt wurde vorangetrieben durch Medienberichte über sich scheinbar gegenseitig legitimierende Nachahmungsaktionen in der ganzen Republik. Nicht eben abschreckend für Anschlußtäter wirkten auch zunächst einige bemerkenswert milde, mehr um Verständnis für die Täter als um die Ächtung ihrer Taten bemühte Gerichtsurteile.

Eine zweite große, ganz ähnlich aufsteigende Welle war im Anschluß an die ebenfalls als Tat ‹erfolgreich› und für die Täter wenig folgenreich wirkenden Rostocker Krawalle zu beobachten. Die vom Schock der Möllner Morde forcierten, auf die Isolation der Täter von der vermeintlich hinter ihnen stehenden schweigenden Mehrheit zielenden bundesweiten Aufklärungskampagnen, Lichterketten und Anti-Gewalt-Demonstrationen im Winter 1992/93 führten zu einer gewissen Reduzierung der Gewalttaten.

Auch dies brachte keine dauerhafte De-Eskalation: Nach den Mordanschlägen von Solingen im Juni 1993 bäumte sich eine dritte Gewaltwelle auf. In ihrem Verlauf setzte die Ahndung der Möllner Tat als Mord ein aufsehenerregendes Signal, das der Gewaltwelle aber nicht abrupt Einhalt zu gebieten vermochte.

Während die Gegenströmungen im Winter 1992/93 in der Tat eine deutliche Isolierung gewalttätiger bzw. gewaltbereiter fremdenfeindlicher Gruppen anzeigten und bewirkten, setzten – noch während die dritte Gewaltwelle im Anschluß an die Solinger Morde lief – schärfere Maßnahmen und Verbote gegen rechtsextremistische Organisationen und die harten Strafen für die Täter von Mölln einen demonstrativen Schlußstrich unter «reduzierte Sanktionserwartungen aufgrund staatlicher Unterreaktionen». Latent oder offen gewaltbereite Fremdenfeindlichkeit ist zwar, wie Umfragen zeigen, eine – noch immer starke – Minderheitenposition geblieben; aber vieles spricht für die «Genese einer fremdenfeindlichen sozialen Bewegung», der nur noch «festere Organisationsstrukturen und Führerfiguren» fehlen.[25] Das freilich ist ein strategischer Mangel, der durch die wachsende Verdichtung der Gruppenkontakte in vielfach konspirativ operierenden, zunehmend auch länderübergreifenden rechtsextremistischen Netzwerken auf immer bedrohlicher wirkende Weise abgebaut zu werden scheint.

Weil sich, wie die tagelangen Krawalle im Anschluß an die Solinger Morde und verwandte zeitgleiche Aktionen in anderen Städten zeigten, auch unter den potentiellen Opfern der fremdenfeindlichen Bewegung, und hier besonders unter jugendlichen Paß-Ausländern türkischer Herkunft, Abwehr-, aber auch Angriffsbereitschaft formiert, wächst die Gefahr ethnosozialer Konflikte.[26] Hinzu kommen aus den Herkunftsländern übergreifende Konfliktpotentiale, wie sie in den Aktionen der Arbeiterpartei Kurdistans (PKK) zum Ausdruck kamen. Sie wurden mit dem Verbot der Partei und zahlreicher anderer kurdischer Organisationen in Deutschland beantwortet. Absehbar war, daß dies zu Anschlußproblemen deswegen führen könnte, weil justitiable Trennlinien zwischen politischem und ethnokulturellem Engagement bei Minderheitenorganisationen in der Einwanderungssituation mitunter schwer zu ziehen sind. Unübersehbar wurde dies in den blutigen kurdischen Demonstrationen vom März 1994 wegen des Verbots der Feiern zum kurdischen Neujahrsfest in Deutschland und der Unterdrückung der kurdischen Minderheit in der Türkei.[27]

Die hochkomplexe Problematik wird oft unter nur partiell zutreffenden und deshalb simplifizierenden Stichworten wie ‹Ausländerfeindlichkeit›, ‹Fremdenfeindlichkeit›, ‹Rechtsextremismus› oder ‹Jugendgewalt› diskutiert. In der wissenschaftlichen und publizistischen Diskussion gibt es sozialanthropologische, evolutionsbiologische oder gar sozialbiologistische Einschätzungen von Fremdenangst als ‹natürlicher› Konstante des Sozialverhaltens, die in den in der öffentlichen Diskussion umlaufenden Grobversionen oft als xenophobe Legitimationsideologien fungieren. Daneben stehen allgemeine, historisierende, ideologie- bzw. mentalitätskritische Überlegungen über Besonderheiten im Umgang der Deutschen mit Fremden. Darüber hinaus sind für die Ursachen der neuen Spannung zwischen Einheimischen und Fremden im vereinigten Deutschland die verschiedensten, mehr oder minder weitreichenden und sich vielfältig überschneidenden Erklärungsansätze und Interpretationsversuche im Gespräch. Neben Hinweisen auf die Rolle des organisierten und zunehmend konspirativ vernetzten Rechtsextremismus und auf die aktuellen Zusatzbelastungen durch den Vereinigungsprozeß stehen sozialpsychologische und psychoanalytische Interpretationen der Zusammenhänge von Überfremdungsängsten und Selbstentfremdung, Orientierungskrisen, Angst und Haß im Westen wie im Osten Deutschlands bis hin zu zivilisationskritischen Hinweisen auf durch fortschreitende Individualisierung, Entsolidarisierung und mentale Bindungslosigkeit geprägte Sozialprozesse.[28]

Bei vielen der weit ausholenden Erklärungsansätze, Interpretationsmodelle und Deutungsmuster für Fremdenangst und/oder Fremdenfeindlichkeit im vereinigten Deutschland kamen die Kernprobleme selbst − nämlich Einwanderung, Eingliederung, Minderheitenfragen und deren politische Gestaltung − eher am Rande vor. Das ist um so bemerkenswerter, als eine wichtige Ursache für fremdenfeindliche Abwehrhaltungen gerade in der lange anhaltenden politischen Desorientierung der Bevölkerung gegenüber den gesellschaftlichen Problemfeldern von Migration, Integration und Minderheiten zu suchen ist. Sie hatte ihren Grund in der erwähnten politischen Erkenntnisverweigerung gegenüber der unübersehbaren gesellschaftlichen Tatsache, daß die Bundesrepublik seit mehr als einem Jahrzehnt ein Einwanderungsland neuen Typs geworden ist − nicht im rechtlichen, aber im gesellschaftlichen und kulturellen Sinne.

Am Ende wurde offenbar, daß die hilflose Flucht in das Dementi, die Bundesrepublik sei ‹kein Einwanderungsland›, nur die Kehrseite politischer Rat- und Konzeptionslosigkeit war. Ökonomische und soziale Ängste, Irritationen und Frustrationen über die Abwesenheit von Politik in einer geradezu gespenstischen, weil alltäglich erlebbaren und doch politisch für nicht-existent erklärten Einwanderungssituation schlugen um in Aggression gegen ‹die Fremden› und solche, die dafür gehalten oder dazu erklärt wurden. ‹Unten› wuchs die Angst vor den Fremden, oben die Angst vor den Bürgern als Wähler. Das Zusammentreffen der Angst ‹von unten› mit der Ratlosigkeit ‹von oben› trug schließlich entscheidend zum Weg von ‹Parteien-› zu ‹Politikverdrossenheit› und damit zu der von Sachkennern über Jahre hinweg immer wieder in warnenden Menetekeln umschriebenen politischen Legitimationskrise bei, die kurzfristig sogar in eine Krise des parlamentarisch-demokratischen Systems umzuschlagen drohte und Bundeskanzler Kohl im Herbst 1992 vom «Staatsnotstand» in Migrationsfragen reden ließ.[29]

Fremdenangst, gewaltbereite Fremdenfeindlichkeit und fremdenfeindliche Gewaltakzeptanz waren weniger unvermeidbare Begleiterscheinungen von Zuwanderung und Eingliederung, als vermeidbare Folgen ihrer mangelnden Gestaltung: «Die wachsende Fremdenfeindlichkeit in Deutschland ist weder allein pathologischer Ausdruck einer allgemeinen Zivilisationskrise am Vorabend der Jahrtausendwende noch ‹natürliche› Reaktion auf Zuwanderungsdruck», hieß es im ‹Manifest der 60› vom Dezember 1993. «Sie ist auch eine aggressive Antwort auf fehlende Konzepte in der Migrationspolitik.»[30]

«Die Entwicklung fremdenfeindlicher und rechtsradikaler Gewalt kann nicht hinreichend als Resultat gesellschaftlicher und ökonomischer Krisensituationen, erzieherischer Defizite oder gewaltaffiner jugendlicher Subkulturen verstanden werden», hieß es auch in der 1993 vorgelegten Studie der Trierer Forschungsgruppe. «Sie ist auch Ausdruck eines grundlegenden gesellschaftlichen Konfliktes um die Einwanderung, der angesichts der Massierung von Aussiedlern und Asylbewerbern an vielen Orten Deutschlands aufbrach. [...] Wenn dies richtig ist, dann werden Empfehlungen zur langfristigen Prävention von Gewalt und Rechtsextremismus sich auch auf diesbezügliche Konfliktthemen und Konfliktursachen beziehen müssen. Angesichts der in die Bundesrepublik eingewanderten Bevölkerungsgruppen ist insbesondere eine Sequenz von Segregation, Stigmatisierung und Konflikt zu vermeiden. Von daher sind zunächst entsprechende politische Entscheidungen und Weichenstellungen bezüglich einer *vernünftigen Einwanderungspolitik,* einer Arbeitsmarkt- und *Integrationspolitik* zu fordern, die Konkurrenzverhältnisse entschärft und zugleich die Möglichkeit der Ausweitung von Solidaritätserfahrungen über ethnische Grenzen hinweg zum Ziel hat.»[31]

Migrationspolitik aber kann nur als Gesellschaftspolitik im weitesten Sinne betrachtet und betrieben werden; denn Migrationsfragen sind heute nicht mehr Randprobleme, sondern zentrale gesellschaftspolitische Aufgaben und werden es aller Voraussicht nach in der Zukunft noch mehr sein. Migrationspolitik kann nur erfolgreich sein, wenn sie sich auf einen möglichst breiten Fundamentalkonsens stützen kann. Sie kann in einer freiheitlichen Demokratie nicht gegen die einheimische Mehrheit durchgesetzt werden, wenn gefährliche Folgen, vor allem zu Lasten zugewanderter Minderheiten, aber auch des politischen Systems insgesamt, vermieden werden sollen. Für ihre Akzeptanz und die der zugewanderten Minder-

heiten muß mithin – wie bei der Aussiedlerintegration erfolgreich er-
probt – bei der einheimischen Mehrheit regelrecht geworben werden.
Horrorszenarien, Festungsmentalität und die Stimulierung von Verteidi-
gungsbereitschaft in Migrationsfragen fördern das Gegenteil – Segregation,
kulturelle Intoleranz und fremdenfeindliche Abwehrhaltungen.[32]

Multikulturelle und polyethnische Koexistenz in kultureller Toleranz
und sozialem Frieden hängen entscheidend davon ab, ob und inwieweit
Politik in Deutschland bereit ist, sich den Herausforderungen in den Problemfeldern von Migration, Integration und Minderheiten mit integralen
und weitsichtigen Konzeptionen zu stellen. Eine Laissez-faire-Gesell-
schaftspolitik in Migrationsfragen könnte zu einem gefährlichen Blindflug
ohne Karten und Instrumente werden. Zeit ist nicht mehr zu verlieren,
denn wir sind schon in der Luft.[33]

ANHANG

Anmerkungen und weiterführende Literatur

B. Loewenstein: Wir und die anderen

Anmerkungen

[1] «Die prinzipielle Höherrangigkeit des Volkes gegenüber dem Individuum kann gerade zur Rechtfertigung der Beschränkung individueller Freiheitsrechte und demokratischer Verfahren im Namen der Realisierung der Interessen des Volkes dienen, die geschichtsphilosophisch begründet und durch herrschende Eliten interpretiert werden. Daraus ergibt sich die Chance ... traditioneller Elitenherrschaft und plebiszitär-charismatischer Monokratie ...» M. R. Lepsius, in: Jeismann, M./Ritter, H.: Grenzfälle. Über neuen und alten Nationalismus. Leipzig 1993, 200.

[2] Andererseits ist das Haus natürlich ein Sanktuarium, das Fremden Schutz gewährt. Der Ritus der Gastfreundschaft verwandelt den gefährlichen Fremden in einen von der Gottheit geschützten Gast: Pitt-Rivers, J.: Das Gastrecht. In: Loyke, A. (Hg.): Der Gast, der bleibt. Frankfurt a. M. etc. 1992, 27 ff.

[3] [Die Propheten] «... geben ihrem Gotte ... den Titel des ‹Freundes der Fremdlinge›.» «Die Fremdenliebe ist somit ein schöpferisches Moment in der Entstehung des Begriffs vom Menschen als dem Nächsten.» «Der positive Anschluß an die Glaubensgemeinschaft galt nicht als notwendig für die staatsbürgerliche Gemeinschaft.» Cohen, H.: Die Nächstenliebe im Talmud. In: Loycke, a. a. O., 86 und 97. Meyer Fortes unterscheidet in der jüdischen Tradition zwischen *ger,* dem teilweise eingebürgerten Fremden, und *nochri,* dem durchziehenden Händler, der keinen politischen oder religiösen Verpflichtungen des Gastlandes unterliegt: Ebd., 70 f.

[4] Nicht unbedingt schon des *Feindes,* wie Zygmunt Bauman unterstellt: der *ambivalente* Fremde stellt in Baumans Konstruktion gerade eine Störung des «konflikthaften Einverständnisses» von Freund und Feind dar (25 f.), und der moderne Staat wird geradezu durch das Bemühen definiert, jede Ambivalenz, alles, was nicht präzise definierbar ist, zu eliminieren (46). Baumann, Z.: Moderne und Ambivalenz. In: Bielefeld, U. (Hg.): Das Eigene und das Fremde. Neuer Rassismus in der Alten Welt? Hamburg 1991.

[5] «Solange es ein Teufelsreich gibt, kann die Menschheit ... heilige Kriege gegen dämonisierte Feinde ... führen, anstatt an ihrer eigenen angestauten Destruktivität zu ersticken.» Richter, H.-E.: Umgang mit Angst. Hamburg 1992, 183.

[6] «Aber Kinderglück und Männerstolz sind nun einmal unvereinbar.» Th. Mommsen: Auch ein Wort zu unserem Judenthum (1879). In: Clausen, D. (Hg.) Vom Judenhaß zum Antisemitismus. Darmstadt 1987, 123.

[7] Bergmann, W.: Psychological and Sociological Theories of Antisemitism. In: Patterns of Prejudice 26 (1992), 37 ff.

[8] Die europäischen Humanisten schwankten angesichts der Entdeckungsreisen zwischen dem Hochgefühl einer Überbietung der Antike, der Freude am Neuen und Exotischen auf der einen, und traditioneller Narrenschelte gegenüber eitler Neugier und Habsucht, dem Raubrittertum der Entdecker, auf der anderen Seite. Wichtiger war vielen eine ethisch bestimmte Geistigkeit, die Selbsterkenntnis und der Bezug auf das Seelenheil. Wuttke, D.: Humanismus und Entdeckungsgeschichte 1493–1534, in: Bitterli, U./Schmitt, E. (Hg.) Die Kenntnis beider ‹Indien› im frühneuzeitlichen Europa. München 1991, 12 ff., 21 f.

[9] Juan Ginés de Sepúlveda zählt (1550) zusätzlich zu den klassischen Bedingungen eines «gerechten» Krieges (iusta causa, summa auctoritas, recta intentio) auch den Umstand, daß es keine Möglichkeit gibt, diejenigen zu unterwerfen, «deren naturgegebene Bedingung darin besteht, anderen gehorchen zu müssen» – wie der Vollkommene naturgemäß über das Unvollkommene, der Tapfere über das Schwache, die Seele über den Körper, die Vernunft über den Trieb, die Form über die Materie zu herrschen hat. Deshalb hält es der Hofkaplan Sepúlveda, der selbst nie in Übersee gewesen war, für einen Vorteil, wenn die «barbarischen und unmenschlichen Völker, die von einem zivilisierten Leben nichts wissen wollen», der Herrschaft menschlicherer, tugendhafterer Fürsten unterworfen würden (Sepúlveda, nach: Strosetzki, 225 ff.).

[10] «Dergleichen Bettler nemmen gar vberhandt/dann Stätt vnd Länder werden mit jnen erfüllt vnd beschwert: Ein jeglicher Rotz: vnd Bettelbub/ein jeglicher armer Tagwercker muß ein Weib haben/sie heuraten auff den alten Kaiser hinweg/bekommen auch ein gantzen hauffen Kinder ... Derowegen ist kein wunder/daß man aller orten so vil Betler/Faullentzer/Vaganten, Störtzer/Gassentretter findet ... Wie derowegen Christus nur Arbeiter in seinen Weingarten dingte/belohnte/vnd jhnen sein Reich verordnete: Also beruffet/dinget vnd belohnet der Teufel nur die Faullentzer ...» (Aegidius Albertinus: Lucifers Königreich ... oder Narrenhatz, 1617, nach: Münch, P. [Hg.] Ordnung, Fleiß und Sparsamkeit. München 1984, 128 f.)

[11] So bei Robert v. Mohl, der zwar illusionslos urteilt: «... die Gesetze erscheinen ihnen als feindliche Gewalten, welchen mit List oder Gewalt entgegenzutreten ist, wo es ungestraft geschehen kann; ihre besseren Mitbürger sind ihnen ein Gegenstand des Neides, der Furcht und des Hasses; jeder nützlichen Arbeit fremd, sind sie bekannt mit allen Mitteln zur Anstiftung von Unheil.» Gerade deshalb, urteilt er aber, müsse dem Übel durch Erziehung in einem frühen Stadium zuvorgekommen werden – bevor noch «die sittliche Kraft ganz erloschen, die Gewohnheit des Müßiggangs, der Ausschweifungen, der schlechten Gesellschaft unausrottbar geworden ist». «Die Erziehung eines Kindes und dessen Unterbringung in einer tüchtigen Lehre ist ... wohlfeiler als die Erhaltung eines Faulenzers bis zu seiner Einsperrung in einem Arbeitshause ...» (Die Rettungshäuser für verwahrloste Kinder [1845], nach: Jantke, C./Hilger, D.: Die Eigentumslosen. Der deutsche Pauperismus. Freiburg–München 1965, 219 ff.)

[12] «The street was as place where conventional distinctions of what was legal and illegal, moral and immoral, proper and improper ..., did not prevail. This was its great attraction to a race of ‹wanderers› who could not bear the physical and psychic confinements of ‹civilized› life, who could not live indoors, within the closed walls of home and workshop, bound by the constraints of time, place, and convention.» Himmelfarb, G.: The Idea of Poverty. England in the Early Industrial Age. London–Boston 1985, 367.

Literatur

Benz, U.: Verführung und Verführbarkeit. In: Benz, Wolfgang und Ute (Hg.), Sozialisation und Traumatisierung. Kinder in der Zeit des Nationalsozialismus. Frankfurt/M. 1992.

Bohleber, W.: Nationalismus, Fremdenhaß und Antisemitismus. In: Psyche 46 (1992).

Brunner, E.: Gott und sein Rebell. Hamburg 1958.

Corbin, A.: Pesthauch und Blütenduft. Eine Geschichte des Geruchs. Frankfurt/M. 1988.

Douglas, M.: Reinheit und Gefährdung. Frankfurt/M. 1988.

Eibl-Eibesfeldt, I.: Krieg und Frieden aus der Sicht der Verhaltensforschung. München 1986.

Enzensberger, H. M.: Aussichten auf den Bürgerkrieg. Frankfurt/M. 1993.

Erdheim, M.: Das Eigene und das Fremde. Über ethnische Identität. In: Psyche 46 (1992).

Fink, G.-L.: Das Bild des Nachbarvolkes im Spiegel der französischen Hochaufklärung. In: Giesen (Hg.), Nationale und kulturelle Identität. Frankfurt/M. 1991.

Gellner, E.: Aus den Ruinen des Großen Wettstreits. In: Jeismann-Ritter (Hg.), Grenzfälle. Leipzig 1993.

Girard, R.: Ausstoßung und Verfolgung. Eine historische Theorie des Sündenbocks. Frankfurt/M. 1992.

Graus, F.: Randgruppen der städtischen Gesellschaft. In: Zeitschrift für historische Forschung 1981.

Heckmann, F.: Ethnos, Demos und Nation. In: Bielefeld, U. (Hg.), Das Eigene und das Fremde. Hamburg 1991.

Heuvel, v. d. G.: Der Freiheitsbegriff der Französischen Revolution. Göttingen 1988.

Jäger, H.: Verbrechen unter totalitärer Herrschaft. Frankfurt/M. 1982.

Jeismann, M.: Das Vaterland der Feinde 1792–1918. Stuttgart 1992.

Jütte, R.: Abbild und Wirklichkeit des Bettler- und Gaunertums zu Beginn der Neuzeit, Hamburg 1988.

Kaschuba, W.: Volk und Nation. Ethnozentrismus in Geschichte und Gegenwart. In: Winkler-Kaelble (Hg.), Nationalismus-Nationalitäten-Supranationalität. Stuttgart 1993.

Kattmann, U.: Die Ideologisierung des Fremden. In: Was ist der Mensch? Europäisches Forum Alpbach 1993, Wien 1994.

König, H.-J.: Verständnislosigkeit und Verstehen, Sicherheit und Zweifel. In: Bitterli-Schmitt (Hg.), Die Kenntnis beider ‹Indien› im frühneuzeitlichen Europa. München 1993.

Koselleck, R.: Zur historisch-politischen Semantik asymmetrischer Gegenbegriffe. In: ders., Vergangene Zukunft. Frankfurt/M. 1984.

Locke, J.: Plan zur Beseitigung der Arbeitslosigkeit. In: ders., Bürgerliche Gesellschaft und Staatsgewalt. Leipzig 1980.

Mayer, Th. (Hg.), Fundamentalismus in der modernen Welt. Frankfurt/M. 1989.

Nieß, F.: Am Anfang war Kolumbus. München 1991.

Nippel, W.: Griechen, Barbaren und ‹Wilde›. Frankfurt/M. 1990.

Oexle, O. G.: Armut, Armutsbegriff und Armenfürsorge im Mittelalter. In: Sachße-Tennstedt: Soziale Sicherheit und Sozialdisziplinierung. Frankfurt/M. 1986.

Otto, W.: Conquista, Kultur und Ketzerwahn. Göttingen 1992.

Pitt-Rivers, J.: Das Gastrecht. In: Loycke, A.: Der Gast, der bleibt. Frankfurt/M. 1992.

Poliakov, L.: Geschichte des Antisemitismus IV. Die Marranen. Worms 1981.

Pross, H.: Politische Symbolik. Berlin 1974.

Prudký, M: Národ ve Starém Zákoně / Die Nation im Alten Testament/. In: Křest'anská revue LX-6/7 (1993).

Radtke, F.-O.: Lob der Gleich-Gültigkeit. In: Bielefeld, Das Eigene und das Fremde.

Ritter, H.: Der Gast, der bleibt. In: Jeismann-Ritter, Grenzfälle.

Schieferhövel, Wulf: Das Verhalten gegenüber Fremden aus ethologischer Sicht. In: Was ist der Mensch. Europäisches Forum Alpbach 1993, Wien 1994.

Schilling, H.: Nationale Identität und Konfession in der europäischen Neuzeit. In: Giesen (Hg.), Nationale und kulturelle Identität.

Schmitt, C.: Der Begriff des Politischen. Berlin 1963.

Schmitt, E. (Hg.): Dokumente zur Geschichte der europäischen Expansion II. München 1984.

Stolleis, M.: Die Fremden im frühmodernen Staat. In: Die Zeit 2. 7. 1993.

Strosetzki, Ch.: Der Griff nach der Neuen Welt. Frankfurt/M. 1991.

Weber, M.: Gesammelte politische Schriften. Tübingen 1958.

Ders., Wirtschaft und Gesellschaft. Tübingen 1972.

B. Funck: Griechen im Perserreich

Anmerkungen

[1] Dieses Phänomen hob bereits Ernst Kirsten hervor: vgl. Ders., Landschaft und Geschichte in der Antiken Welt. Ausgewählte Kleine Schriften (Geographica Historica 3), Bonn 1984, 216.

[2] Ein geradezu mustergültiges Beispiel für eine solche Überlieferungslage ist die Mare-Ponticum-Region und das skythische Barbaricum, an der das geographisch-ethnographische Interesse der Schriftsteller das historisch-kulturelle im engeren Sinne bei weitem überstieg; auch das antike Nordafrika wird erst über diese Linie erschließbar.

[3] Für unsere Beobachtungen ist das grundlegende Werk von F. W. König herangezogen worden: Ders., Die Persika des Ktesias von Knidos. Archiv für Orientforschung, hg. v. E. Weidner, Beiheft 18, Graz 1972. Die zitierten Stellen sind nach dieser Ausgabe angegeben.

[4] Vgl. ebenda, 26, § 63 der Photios-Exzerpte.

[5] Vgl. dazu die Untersuchungen von M. A. Dandamayev über die Inschrift des Dareios am Felsen von Bisutun: Ders., Persien unter den ersten Achämeniden (6. Jh. v. Chr.), Wiesbaden 1976, insbes. 76 ff.; neuerdings ebenfalls die materialreiche Arbeit von J. M. Balcer, Herodotus & Bisitun, Historia Einzelschriften 49, Stuttgart 1987, 19 ff. Beide Autoren setzen sich mit den einzelnen Fassungen der Herrschaftsproklamation des Großkönigs auseinander und gehen der Frage nach ihrer Verbreitung und dem Urtext nach, wobei Balcer überzeugend darlegt, daß die sprachlich unterschiedlichen Versionen auch inhaltlich variierten und der jeweiligen konkreten Situation angepaßt gewesen sind (33).

[6] Zum Perserverhältnis des Xenophon seien hier zwei neue Studien zitiert, die dem Problem am ganzen Werk des Autors nachzugehen suchen: St. W. Hirsch, The Friendship of the Barbarians. Xenophon and the Persian Empire, Hanover and London 1985; D. L. Gera, Xenophons Cyropaedia. Style, Genre and Literacy Technique, Oxford 1993; Xenophon gibt aber auch in anderen Schriften Auskunft über sein Perserverhältnis: etwa im 4. Buch des «Oikonomikos», wo die Gestalt des älteren und des jüngeren Kyros in eins fließen und nachgewiesen werden soll, daß auch die Sorge um die Hauswirtschaft eine königliche sei (vgl. K. Meyer, Xenophons «Oikonomikos». Übersetzung und Kommentar, Marburg 1975), während im «Agesilaos» das Feindbild Perser/Barbar beschworen wird (vgl. St. W. Hirsch, a. a. O., 43 ff.).

[7] Zu diesem wichtigen Movens griechischen Handelns hat sich kürzlich mit Nachdruck der Petersburger Gelehrte A. I. Saicev bekannt. Vgl. die deutsche Übersetzung seines bereits 1985 erschienenen Buches «Das griechische Wunder. Die Entstehung der griechischen Zivilisation», Xenia Heft 30, Konstanz 1993, 77 ff. 12.

[8] Hält man an der Auffassung fest, Xenophon habe beabsichtigt, mit seinem Perserbild einen Beitrag zum wichtigsten staatstheoretischen Problem der Zeit, dem Idealstaat und dem idealen Herrscher, zu leisten, so ist allein dies Argumentation genug, um seine hohe Meinung vom östlichen Nachbarn und Rivalen zu untermauern, in dessen Staatsschöpfung er das Remedium für die griechische Misere erkennt. St. W. Hirsch, a. a. O., 85 ff. führt im Detail die Beeinflussung Xenophons durch persische Konzeptionen aus, die er seinem Erziehungsprinzip folgend auch für die Griechen als tauglich befindet.

[9] J. Burckhardt, Griechische Kulturgeschichte, Bd. 3, Berlin o. J., 393–394, sprach dem Orient generell die Fähigkeit einer über die eigenen Grenzen hinausgehenden Betrachtungsweise ab, das «Ausland sei nur Beute und Objekt von Rache und Gier» gewesen. Selbst wenn er damit eine innere Grundeinstellung getroffen hätte, verstellt diese Sicht natürlich die Möglichkeit, das positiv verfügbare Material für die Fragestellung nutzbar zu machen. Andererseits ist die Wahrnehmung der Außenwelt in den assyrischen oder babylonischen

Texten ein untrügliches Indiz für deren Kenntnis und die dorthin bestehenden Verbindungen.

[10] Vgl. generell jetzt zu diesem Fragenkreis H. J. Nissen und J. Renger (Hg.), Mesopotamien und seine Nachbarn. Politische und kulturelle Wechselbeziehungen im Alten Vorderasien vom 4. bis 1. Jahrtausend v. Chr., Zweite verbesserte Auflage, Berlin 1987 (Berliner Beiträge zum Vorderen Orient Bd. 1), wo auf breitem Spektrum die lebendige Beziehungsgeschichte dieses historischen Raumes vorgeführt wird. E. Forrer, Die Provinzeinteilung des assyrischen Reiches, Leipzig 1920 bietet hier immer noch eine komprimierte Übersicht über die geographische Vielfalt des in neuassyrischer Zeit beherrschten Raumes.

[11] Vgl. hierzu die Ausführungen von D. O. Edzard im Reallexikon der Assyriologie, Bd. 4, Berlin–New York 1972–1975, 339 ff., s. v. Herrscher.

[12] Interessante Beobachtungen machte dazu am neuassyrischen Material C. Zaccagnini, The Enemy in the Neo-Assyrian Royal Inscriptions: The Ethnographic Description, in: H. J. Nissen und J. Renger (Hg.), a. a. O., 409 ff.

[13] Das bekannte Gedicht des Alkaios von Mytilene (frg 112 Lobel), in dem er die Heldentat seines Bruders Antimenidas im fernen Babylonien besingt, schildert einen solchen Tatbestand bereits für das ausgehende 7. Jh. v. Chr.: Antimenidas hatte sich nach seiner Verbannung offenbar als Söldner den Babyloniern verdingt und von dort eine wohl sehr wertvolle Kriegstrophäe, einen elfenbeinvergoldeten Schwertgriff, heimgebracht. Alkaios sagt von ihm, er habe einen «streibaren und königlichen Mann» niedergestreckt und die Babylonier aus großer Not gerettet. Auch die bei Abu-Simbel gefundenen griechischen Inschriften aus der Zeit des zweiten Psammetich signalisieren eine sehr frühe Präsenz von Griechen im Osten, die im persönlichen Dienst eines ägyptischen Herrschers standen und von ihm auf eine nicht ungefährliche Expedition in unbekannte Gebiete mitgenommen wurden. Vgl. zu diesen Sachverhalten W. Röllig, Reallexikon der Assyriologie, Bd. 3, Berlin–New York 1957–1971, 645, s. v. Griechen; J. Seibert, Die politischen Flüchtlinge und Verbannten in der griechischen Geschichte, Darmstadt 1979, 22 ff. mit Anm.; T. F. R. G. Braun, The Greeks in the Near East, in: The Cambridge Ancient History, III, 3, Cambridge 1982, 1 ff.; S. Sauneron/J. Yojotte, La campagne nubienne de Psammétique II et sa signification historique, in: Bulletin Institute franc. Caire, 1957, 157–207: F. K. Kienitz, Die politische Geschichte Ägyptens vom 7. bis zum 4. Jahrhundert v. d. Zeitenwende, Berlin 1953, 35 ff.

[14] Zum Barbaros-Begriff vgl. den Band Grecs et Barbares, Entretiens sur l'Antiquité Classique VIII, Genève 1962; H. Doerrie, Die Wertung der Barbaren im Urteil der Griechen, in: Festschrift H. E. Stier, Münster 1972, 146–173; H. Bengtson, Hellenen und Barbaren, in: Kleine Schriften, München 1974, 158–173; B. Funck, Studie zu der Bezeichnung βάρβα-ϱος, in: E. Ch. Welskopf (Hg.), Untersuchungen ausgewählter altgriechischer Typenbegriffe, Bd. 4, Berlin 1981, 26–51; in der Kunst der Zeit: W. Raeck, Zum Barbarenbild in der Kunst Athens im 6. und 5. Jh. v. Chr., Bonn 1981.

[15] Die Problematik «fremdes Land/eigenes Land» untersuchte jüngst Gerd Steiner: Ders., Der Gegensatz «Eigenes Land»: «Ausland», «Fremdland, Feindland» in den Vorstellungen des Alten Orients, in: H. J. Nissen und J. Renger, a. a. O., 63 ff., wobei er feststellt, daß es diesen Gegensatz mit einer Feindbildnote immer gegeben hat, aber mit zunehmender Ausdehnung mit einer starken Tendenz, Fremdland einfach als anderes Land aufzufassen. Eine Studie von M. A. Dandamayev, der sich seit längerem mit den Ausländern im Neubabylonischen Reich beschäftigt, hat gezeigt, daß Ägypter dort in größerer Zahl ansässig waren und am Wirtschaftsleben, an der Verwaltung und am königlichen Dienst gleichberechtigt teilnahmen, aber auch in eigenen Körperschaften organisiert sein konnten: s.: Ders., Egyptians in Babylonia in the 6th-5th Centuries B. C., in La circulation des biens, des personnes et des idées dans le Proche-Orient ancien, XXXVIII R.A.I., Paris 1992, 321 ff.

[16] Vgl. E. Ebeling, in: Reallexikon der Assyriologie, Bd. 3, Berlin–New York, 1957–1971, 113 ff., s. v. Freund und Feind.

[17] Einen knappen zusammenfassenden Überblick hat zuletzt Dolores Hegyi, Die Griechen und der Orient im 9. bis 6. Jh. v. Chr., in: H. J. Nissen und J. Renger, a. a. O., 531–538 gegeben und auf die Vorkommen von Spuren griechischer Provenienz in Tarsos, Tell Sukas, Al Mina, am Orontes entlang ins Binnenland, in Palästina und in Ninive und Tell Halaf hingewiesen; vgl. dazu auch T. J. Dunbabin, The Greeks and their Eastern Neighbours, London 1957.

[18] Für die Zeit des Kyros und Kambyses weist J. Hofstetter, Die Griechen in Persien. Prosopographie der Griechen im Persischen Reich vor Alexander, Archäologische Mitteilungen aus Iran, Erg. Bd. 5, Berlin 1978, 192 insgesamt 13 Nummern nach, während für die Regierungszeit des Dareios 43 Nummern genannt werden. Gerold Walser, Hellas und Iran, Darmstadt 1984, 21 hebt den Wert dieser Statistik zu Recht hervor, da sie eben die ansteigenden Tendenzen veranschaulicht, selbst wenn man berücksichtigt, daß die fast 40jährige Regierungszeit des Dareios den gemeinsamen Jahren seiner beiden Vorgänger nicht ganz vergleichbar ist, da hier 36 Jahre eines Königs gegen 36 Jahre von zwei Herrschern stehen, ganz zu schweigen von den in der Tat neuen Wegen, die unter Dareios nach Osten offenstanden. Aber es handelt sich ohnehin um eine relative Statistik, die z. B. die mehrfachen Wegführungen nach Asien durch die Perser nicht ins Kalkül zieht, die aus verschiedenen Pauschalerwähnungen in den griechischen wie den orientalischen Quellen ablesbar sind, sowie noch einige konkrete Namen aus der epigraphischen Überlieferung, die aber hier, da letztlich auch Einzelfälle, gar nicht so sehr ins Gewicht fallen.

[19] Das beste Beispiel dafür ist in früher Zeit Lakrines, der nach Her. 1,152 von Sparta zu Kyros gesandt wird, um nach dem Fall von Sardes (546 v. Chr.) zugunsten der Ionier zu intervenieren. Dieser Typus ist dann zu einem ständigen Element des Austausches zwischen Hellas und den Persern geworden: J. Hofstetter, a. a. O., 210 ff. nennt 61 Fälle für den gesamten Zeitraum, wobei viele wichtige griechische Staaten vertreten waren, angeführt von Athen (27 X), gefolgt von Sparta (20 X).

[20] Für solche Griechen steht beispielsweise der Name des Eurybatos, der bei Herodot 1, 76, 1, 141 und 1, 149 erwähnt ist und von dem auch Diodor 9, 32 berichtet. Diodors Erzählung beschreibt offenbar eine Situation, wie sie um 547, während der persisch-lydischen Auseinandersetzungen, denkbar wäre. Eurybatos war ein Grieche, der als Ephesier schon länger in barbarischen Diensten stand und daher den Persern als approbiert erschien: Er sollte für Kroisos Waffenhilfe aus Sparta holen, zog es aber vor, offenbar aufgrund eines politischen Feingespürs, zum Perser zu wechseln und Kyros die Geheimpläne des Kroisos zu entdecken. Ein anderer, aber im Grunde ähnlich gelagerter Fall ist der des Phanes, von dem Herodot in 3,4 ff. und 3, 11 berichtet. Auch er gehörte zu jenen Griechen, die schon längere Erfahrung mit dem Dienst in fremdem Auftrag hatten und daher ganz natürlich vom ägyptischen Pharao Amasis zum Perserkönig Kambyses übergingen, weil sich die Bedingungen zum Erstgenannten für sie zu ihrem Nachteil gestaltet hatten. Dieser Söldnerführer ist durchaus der Prototyp für die zahlreichen Söldner, die im weiteren für die Achämeniden in den Krieg zogen. Die Sibylle Herophile folgte einem Ruf des Kyros nach Sardeis, als es darum ging, über den besiegten Gegner Kroisos zu entscheiden. Die Nachricht wird Nikolaos von Damaskus verdankt, der hier Herodot 1, 86–87 nacherzählt (F. Jacoby, FGrH 90 F 67 und 68 sowie ders., ebenda Zweiter Teil C, 252 ff.), aber mit Abweichungen, die anderen Quellen entstammen. Die Tatsache, daß sich der Perser an eine griechische Seherin wendet, um durch ihre Teilnahme der Weisheit der Unterworfenen zu huldigen und damit zu zeigen, daß die neuen Herren allen denen offen begegnen, die sich loyal, also dienend verhalten, demonstriert das griechische Element in königlicher Umgebung bereits als Alltagsnorm.

[21] Zu dieser Gruppe müssen die Tyrannen der ionischen Poleis gezählt werden, wie sie etwa bei der Beratung an der Donaubrücke aufgezählt werden, als Dareios sie zu deren Bewachung zurückließ und sich selbst zu den Skythen begab (Her., 4, 97). Aber auch ein so bedeutender Kopf wie Histiaios von Milet vermochte seine Eigenständigkeit nicht zu

bewahren und hielt sich in einer ziemlich merkwürdigen Position in der Achämeniden-residenz Susa auf (Her., 5,23–25). In seinem Schicksal spiegeln sich solche Persönlichkei-ten wider, über die das persisch-griechische Einvernehmen lief – ein Schicksal zwischen den beiden großen Polen Ost und West. Auch der Peisistratossohn Hegesistratos gehört hierher, der sich als Tyrann von Sigeion den neuen politischen Bedingungen nach dem Fall Lydiens anpassen mußte (Her., 5,94; Thuk., 6,59,4). Auch Syloson von Samos, der Bruder des Tyrannen Polykratos, gehört hierher (Her. 3,139–149; Strabon 14,638; Zenob. 3,90).

[22] Her., 3,90.

[23] Hierzu vgl. die materialreiche und subtile Untersuchung von Heidemarie Koch, Ver-waltung und Wirtschaft im persischen Kernland zur Zeit der Achämeniden, Beihefte zum Tübinger Atlas des Vorderen Orients, Reihe B, Nr. 89, Wiesbaden 1990.

[24] Die Inschrift DSF ist von F. Vallat ediert worden: F. Vallat, Deux nouvelles «Chartes de fondation» d'un palais de Darius Ier à Suse, in: Syria 48, 1971, 53–59: Ders., Deux inscriptions élamites de Darius Ier, in: Studia Iranica T. 1, 1972, 3–13; Ders., Epigraphie Achémenide, in: Cahiers de la Délégation archéologique française en Iran, T. 2, 1972, 203–217; vgl. ferner: M.-J. Steve, Inscriptions des Achémenides à Sude, in: Studia Iranica T. 3, 1974, 135 ff. Zur Textinterpretation s.: M. A. Dandamaev/V. G. Lukonin, The Culture and Social Institutions of Ancient Iran, Cambridge 1989. Bemerkenswert scheint, daß Strabon 15,3,2,728 den reichen Schmuck des königlichen Palastes in Susa besonders hervorhebt, worin ihn die Originalurkunde voll und ausführlich bestätigt.

[25] Dafür finden sich Beispiele in Her. 1,156 und 1,161, wo es um solche Fälle aus den grenznahen Gebieten Lydiens und aus Priene gab, auch aus dem kyrenäischen Barka ge-langten Verschleppte in das ferne Baktrien: Her. 4,204. Curtius Rufus berichtet 7,5,29 über die Branchidai und die Abrechnung mit ihnen durch Alexander. Danach hatten sie griechi-sches Brauchtum und Sprache erhalten können, aber auch das einheimische Soghdisch und einiges von der dortigen Lebensweise angenommen; Nachrichten darüber finden sich eben-falls bei Strabon 518, der von ihrem freiwilligen Positionswechsel zu den Persern erzählt, womit sie unter die Kategorie der in Anm. 20 genannten Beispiele fallen. Vgl. ebenfalls Diodor, Periochai 17,20 sowie Plutarch, Über den späten Vollzug der göttlichen Rache, 557.

[26] Vgl. hierzu die in Anm. 23 zitierte Arbeit von H. Koch.

[27] Die in Anm. 24 zitierte Inschrift DSF ist ein sehr anschauliches Beispiel dafür, da hier die Herkunftsländer der für den Palastbau verwendeten Materialien in betonter Genauigkeit mit ihren Lieferungen genannt sind; die akkadische Fassung bringt geradezu eine Aneinan-derreihung dieser stattlichen Anzahl und wiederholt dabei zahlenmäßig wie inhaltlich, einem Topos gleich, den wohlbekannten Katalog der den Persern botmäßigen Völker. Dieses mas-sierte Hervorheben des bunten Reichsbestandes in einer auf die nichtpersische Bevölkerung berechneten Fassung scheint den Gedanken noch zu unterstreichen, daß den Achämeniden an einer Dokumentation ihrer Allgegenwart nach außen höchst gelegen war. In der Grab-inschrift des Dareios NRa kommt dies ebenfalls in der Form einer durch den Passus über den persischen Krieger kommentierten Aussage zum Ausdruck, der «fern vom eigenen Land die Schlacht schlug» (F. H. Weißbach, Die Keilschriften der Achämeniden, Leipzig 1911, 87 ff.). Wenn der König auf diese Weise seine Herrschaft zur gesamtpersischen Sache machte, dann leitete ihn wohl auch der Gedanke, der im Schlußsatz zum Ausdruck kommt: niemand stelle sich gegen den Ratschluß Ahura Mazdas, denn alles ist Vollendung seines Willens. Er nahm also seine Perser in die Pflicht, dem gewaltigen ethnisch bunten Herrschaftsbereich mit adäquatem Verantwortungsgefühl zu begegnen. Einen Nachklang dieser achämenidi-schen Praxis bietet Herodot in 3,90 ff. mit seiner Satrapienliste, wo das gleiche Prinzip angewendet ist – ein Indiz für Herodots gute Realienkenntnis, der aber dafür pragmatische Erklärungen suchte. Dazu auch E. Herzfeld, The Persian Empire. Studies in Geography and Ethnography of the Ancient Near East, Wiesbaden 1968.

[28] Vgl. dazu M. A. Dandamaev/V. G. Lukonin, a. a. O., wo ausgeführt ist, daß 33 Völker in langer Prozession vorbeidefilieren, die in einer Linie angeordnet 440 m ausmachen würde. S. auch: W. Speiser, Vorderasiatische Kunst, Berlin 1952, 130 ff., der darauf hinweist, daß die für solche Reliefs typische Darstellungsform (Schlachten, Jagdszenen, Sakralbilder) hier durch eine Kolossalstatue des Dareios und die lange Reihe von Gabenbringern ersetzt wurde und mit dieser zivilen Demonstration gewissermaßen eine Pax Persica ausgerufen worden ist.

[29] M. Dandamaev hat in «Iran unter den ersten Achämeniden», Wiesbaden 1976 eine umfassende Interpretation der Bisutun-Inschrift vorgelegt und viele Gesichtspunkte dort im einzelnen untersucht. Die ganze Diktion dieser «Regierungserklärung» des Herrschers jedoch bietet immer wieder Raum zu Überlegungen: Dareios stellt den Aufstandsführern geschickt allgemein das «Volk» gegenüber, das in seiner Ahnungslosigkeit von diesen verführt worden ist. So stehen auf der einen Seite König Dareios und die Untertanen der jeweiligen Landschaft, auf der anderen Seite natürlich die Rebellen, die an der legitimen Macht rüttelten. Den Groll hegte er gegen diese, während das «Volk», ganz gleich ob nun Babylonier, Ägypter, Baktrier oder Saker, eo piso Bundesgenosse war.

[30] Ein beeindruckendes Beispiel scheint mir die Geschichte von der Errichtung einer entsprechenden Stele an der Tearos-Quelle in Thrakien zu sein, wo Dareios auf dem Weg zu den Skythen ein Lager aufschlug und seinen Halt durch die Inschrift auf der Stele verewigte (Her. 4, 91). Mit der Historizität dieser Nachricht haben sich F. H. Weißbach, E. Unger und I. Vendikov beschäftigt; vgl. jetzt dazu den umfassenden historischen und textkritischen Kommentar zum Skythenlogos mit erschöpfenden Literaturverzeichnis: A. I. Dovatur, D. P. Kallistov, A. I. Sisova u. a., Narody nasej strany v «Istorii» Gerodota. Teksty, perevod, kommentarij, Moskau 1982 (Die Völker unseres Landes in der «Geschichte» Herodots. Texte, Übersetzung, Kommentar).

[31] SIG I, Nr. 22. Dazu W. Brandenstein und M. Mayrhofer, Handbuch des Altpersischen, Wiesbaden 1964, 91 ff. Das offenbar auch ursprünglich Griechisch abgefaßte Sendschreiben bietet einen sehr charakteristischen Einblick in die inneren Verwaltungsverhältnisse unter Dareios, der es sich u. a. auf diese Weise angelegen sein ließ, die verschiedenen Völker, hier die kleinasiatischen Griechen, in das Reich einzugliedern. Selbst unter der Prämisse, hierin eventuell keine echte Urkunde erblicken zu können, bleibt der Informationswert unangetastet, da dieses Verfahren der sprachlich exzellent präparierten Hofkanzlei vielfache Bezeugung fand und findet und eine wozu auch immer angefertigte Fälschung von einem sehr kenntnisreichen, gut unterrichteten gebildeten Autor verfaßt worden sein müßte, was im kaiserzeitlichen Rom im Hinblick auf persische Verhältnisse, die viele Jahrhunderte zurücklagen, doch sehr zu bezweifeln ist.

[32] Vgl. dazu W. Eilers, Der Keilschrifttext des Kyros-Zylinders, in: Festgabe der deutschen Iranisten zur 2500-Jahrfeier Irans, Stuttgart 1971, 156–166; P.-R. Berger, Der Kyros-Zylinder mit dem Zusatzfragment BIN II Nr. 32 und die akkadischen Personennamen im Danielbuch, in: Zeitschrift für Assyriologie 64, 1975, 192–234; J. Harmatta, The literary patterns of the Babylonian edict of Cyrus, in: Acta Antiqua 19, 1971, 271–231; C. B. F. Walker, A recently identified fragment of the Cyrus Cylinder, in: Iran 10, 1972, 158–159; R. J. van der Spek, Did Cyrus the Great introduce a new policy towards subdued nations? Cyrus in Assyrian perspective, in: Persica 10, 1982, 273–283; A. Kuhrt, The Cyrus Cylinder and Achaemenid imperial policy, in: Journal for the Study of the Old Testament 25, 1983, 83–97. Die in der neueren Literatur vertretene Auffassung, daß es sich hierbei um eine im Stil der Inschriften aus der Zeit des Assyrerkönigs Assurbanipal verfaßte Bauinschrift handele, benimmt dem «Edikt» keineswegs seine Aussagen über das Verhältnis zum soeben eroberten Babyloniervolk, dessen «Sitz des Lebens» schon der Marduk-Kult gewesen ist. Der Rückgriff auf assyrische Zeiten ist ebenfalls einleuchtend angesichts der Tatsache, daß dies die letzte Fremdherrschaft über Babylon gewesen ist, an die Kyros schon allein deswegen anschließen mußte, weil er sich wohl gegen die Regierung des besiegten Nabonid sichtbar abheben wollte und zugleich

in der Nachfolge der schon historischen Assyrer zu stehen gedachte. Daß sein Gegner Nabonid assyrischer Herkunft war, kann bei dieser Entscheidung möglicherweise eine Rolle gespielt haben, verfuhr er doch mit ihm recht glimpflich (vgl. auch W. von Soden, Kyros und Nabonid. Propaganda und Gegenpropaganda, in: Archäologische Mitteilungen aus Iran, Erg. Bd. 10, 1983, 61–68).

[33] M. A. Dandamaev und V. G. Lukonin haben in ihrer gemeinsam verfaßten Wirtschafts- und Kulturgeschichte des achämenidischen Persien «The Culture and Social Institutions of Ancient Iran», Cambridge 1989 im zweiten Kapitel diese Sachverhalte ausführlich dargestellt. Besonderes Interesse erregt im Zusammenhang des Themas die Tatsache, daß sich aus den Texten eine direkte Beziehung der Kaufmannsfamilie zur persischen Königsfamilie feststellen läßt, da die Murašu Ländereien und Kanäle aus königlichem Eigentum pachteten und ihre Loyalität dem regierenden Herrscher gegenüber so ausdrückten, wie es beispielsweise bei der Thronbesteigung Dareios II. geschah, als sie in Babylon mehrere Monate lang ein Haus «bis zum Eintritt des Königs» mieteten, um ihm offenbar ihre Aufwartung zu machen (vgl. 212).

[34] Dazu E. Ebeling, Die Rüstung eines babylonischen Panzerreiters nach einem Vertrag aus der Zeit Dareios II., in: Zeitschrift für Assyriologie 50, 1952, 203–213, Ders., Aus dem Leben der jüdischen Exulanten in Babylonien, in: Wissenschaftliche Beilage zum Jahresbericht des Humboldt-Gymnasiums, Berlin 1914.

[35] Zum Problem G. F. Seibt, Griechische Söldner im Achaimenidenreich, Bonn 1977.

P. Spahn: Fremde und Metöken in der Athenischen Demokratie

Literatur

Austin, M.: – Vidal-Naquet, P.: Gesellschaft und Wirtschaft im alten Griechenland, dt. München 1984.

Baslez, M.-F.: L'étranger dans la Grèce antique, Paris 1984.

Busolt, G. – Swoboda, H.: Griechische Staatskunde, 2 Bde. München 1920 u. 1926.

Clerc, M.: Les métèques athéniens, Paris 1893.

Duncan-Jones, R. P.: Metic numbers in Periclean Athens, in: Chiron 10, 1980, 101–9.

Ehrenberg, V.: Aristophanes und das Volk von Athen, dt. Zürich u. Stuttgart 1968.

Gauthier, Ph.: Les xenoi dans les textes athéniens de la second moitié du Ve siècle av. J.-C., in: REG 84, 1971, 44–79.

Gauthier, Ph.: Symbola. Les étrangers et la justice dans les cités grecques, Nancy 1972.

Grecs et Barbares. (= Entretiens sur l' antiquité classique 8) Vandœuvres - Genf 1962.

Gschnitzer, F.: Artikel «Proxenos» in: RE Supl. XIII, 1973, 629–730.

Gschnitzer, F.: Griechische Gesellschaftsgeschichte. Von der mykenischen bis zum Ausgang der klassischen Zeit, Wiesbaden 1981.

Hansen, M. H.: The Athenian democracy in the age of Demosthenes, Oxford 1991.

Harrison, A. R. W.: The Law of Athens, 2Bde. Oxford 1968 u. 1971.

Hasebroek, J.: Staat und Handel im alten Griechenland, Tübingen 1928 (Ndr. Hildesheim 1966).

Hasebroek, J.: Griechische Wirtschafts- und Gesellschaftsgeschichte bis zur Perserzeit, Tübingen 1931 (Ndr. Hildesheim 1966).

Hommel, H.: Artikel «Metoikoi» in: RE XV, 1932, 1413–1458.

Hopper, R. J.: Handel und Industrie im klassischen Griechenland, dt. München 1982.

Humphreys, S. C.: Anthropology and the Greeks, London 1978.

Jüthner, J.: Hellenen und Barbaren. Aus der Geschichte des Nationalbewußtseins, Leipzig 1923.

Kahrstedt, U.: Staatsgebiet und Staatsangehörige in Athen, Stuttgart 1934.

Lévy, E.: Métèques et droit de résidence, in: L' étranger dans le monde grec, Nancy 1988, 47–67.

Nippel, W.: Griechen, Barbaren und «Wilde». Alte Geschichte und Sozialanthropologie, Frankfurt 1990.

Schlesinger, E.: Die griechische Asylie, Diss. Gießen 1933.

Schuller, W., Hoepfner W. u. Schwandner, E. L. (Hgg): Demokratie und Architektur. Der hippodamische Städtebau und die Entstehung der Demokratie. Konstanzer Symposion vom 17. bis 19.Juli 1987, München 1989.

Whitehead, D.: The Ideology of the Athenian Metic (= Cambridge Philological Society, Suppl.Vol. 4), Cambridge 1977.

von Wilamowitz-Moellendorf, U.: Demotika der attischen Metöken, in: Hermes 22, 1887, 107–128; 211–259.

H. *Schlange-Schöningen:* Fremde im kaiserzeitlichen Rom

Anmerkungen

[1] Liv., IV, 3, 13: *dum nullum fastiditur genus, in quo eniteret virtus, crevit imperium Romanum.*

[2] I, 1, 7–9. Zunächst referiert Livius eine andere Überlieferung zum Aufeinandertreffen von Aeneas und Latinus, derzufolge das Bündnis zwischen den beiden Herrschern erst nach einer militärischen Niederlage des Latinus geschlossen worden sein soll. Dann folgt der ausführlichere und von Livius bevorzugte Bericht über die Verständigung. Vgl. zu dieser Stelle R. M. Ogilvie, A Commentary on Livy, Books 1–5, Oxford 1965, 38.

[3] H. Haffter, Rom und römische Ideologie bei Livius, Gymnasium 71, 1964, 236–250, hier 240 f.

[4] Aug., 40, 3: *incorruptum servare populum ab omni colluvione peregrini ac servilis sanguinis.*Vgl. J. M. Carter, 1982, 153 f.

[5] Cassius Dio 56, 33, 3: ... καὶ τὸ τέταρτον (βιβλίον) ἐντολὰς καὶ ἐπισκήψεις τῷ Τιβερίῳ καὶ τῷ κοινῷ, ἄλλας τε καὶ ὅπως μήτ' ἀπελευθερῶσι πολλούς, ἵνα μὴ παντοδαποῦ ὄχλου τὴν πόλιν πληρώσωσι, μήτ' αὖ ἐς τὴν πολιτείαν συχνοὺς ἐσγράφωσιν, ἵνα πολὺ τὸ διάφορον αὐτοῖς πρὸς τοὺς ὑπηκόους ᾖ.

[6] Ad Helviam, 6: *Aspice, agendum, hanc frequentiam, cui vix urbis immensae tecta sufficiunt: maxima pars istius turbae patria caret. Ex municipiis et coloniis suis, ex toto denique orbe terrarum confluxerunt.*

[7] I, 20 b (ed. Gulick, 1961 [Loeb] bzw. I, 36 in der Edition von Kaibel, 1887 [Teubner]). Rom als «Kompendium der Welt» – ἐπιτομὴ τῆς οἰκουμένης – diesen Ausdruck gebrauchte in der ersten Hälfte des II.Jhds. schon der Sophist Polemon, den Galen anläßlich eigener biographischer Aussagen zitiert: ... μετὰ τὸ τριακοστὸν ἔτος ἐν Ῥώμῃ διέτριψα, πόλει τοσοῦτον ἀνθρώπων πλῆθος ἐχούσῃ, ὡς ἐπαινεῖσθαι Πολέμωνα τὸν ῥήτορα τῆς οἰκουμένης ἐπιτομὴν αὐτὴν εἰπόντα (ed. Kühn, 1829, XVIII, 1, 347). – Übrigens dient die Völker- und Städteaufzählung bei Athenaios nur dazu, einen Eindruck von der Berühmtheit eines ägyptischen Tänzers zu geben, der von allen Bewohnern Roms, welcher Herkunft auch immer, bewundert worden sei.

[8] VII, 404 f.: ...*nulloque frequentem / cive Romam, sed mundi faece repletam.*

[9] Es handelt sich zunächst um ein Zitat aus de lege agraria (II, 26, 70) – der im Jahre 63 gehaltenen Rede gegen die Kolonisationspläne des von Cicero bekämpften Volkstribunen Rullus. Das zweite Zitat stammt aus Ciceros Brief an seinen Bruder Atticus (I, 13); diesmal unterstützte Cicero, um der Verbindung zu Pompeius willen, ein Kolonisationsgesetz des Tribunen Flavius.

[10] III, 58–65: *Quae nunc divitibus gens acceptissima nostris / et quos praecipue fugiam, properabo fateri, / nex pudor opstabit. non possum ferre, Quirites, / Graecam urbem; quamvis quota portio faecis Achaei? / iam pridem Syrus in Tiberim defluxit Orontes, et linguam et mores et cum tibicine chordas / obliquas nec non gentilia eympana secum / vexit et ad circum iussas prostare puellas.* Vgl.Courtney, 1980, 164 f.

[11] III, 73 ff.: *ingenium velox, audacia perdita, sermo / proptus ... ede quid illum / esse putes? quemvis hominem secum attulit ad nos: grammaticus rhetor geometres pictor aliptes / augur schoenobates medicus magus: omnia novit / Graeculus esuriens; in caelum iusseris ibit.* Vgl. Courtney, 1980, 166 f.: Juvenal verwendet hier nach Möglichkeit an Stelle der lateinischen die griechischen Ausdrücke, nämlich *aliptes* für *unctor* (Masseur) und *schoenobates* für *funambulus* (Seiltänzer).

[12] III, 109–112: *Praeterea sanctum nihil est neque ab inguine / tutum, non matrona laris, non filia virgo, neque ipse / sponsus levis adhuc, non filius ante pudicus; / horum si nihil est, aviam resupinat amici.* Vgl. Courtney, 1980, 171.

[13] Vgl. Cicero, Cato, VII, 26; Valerius Maximus, 7, 1; Plutarch, Cato maior, 22 f.

[14] Vgl. zu den genannten Ausdrücken die bei A. Otto, Die Sprichwörter und sprichwörtlichen Redensarten der Römer (Leipzig 1890), 155 f., und R. Häussler (Hg.), Nachträge zu A. Otto – Sprichwörter ... (Darmstadt 1968), 73, 104, 237, 273, genannten Quellenstellen.

[15] Vgl. Horaz, sermones, I, 4, 142; Augustinus, civ., VI, 11 (zu Seneca). Für die Republik ist vor allem auf Ciceros Rede pro Flacco zu verweisen; er behandelt den jüdischen Kult als eine *barbara superstitio,* die von jeher im Widerspruch gestanden habe zum Glanz des Römischen Reiches, zur *gravitas* des römischen Namens und zu den Einrichtungen der Vorfahren.

[16] Juvenal, III, 10 ff.; VI, 542 ff.; XIV, 96–106; vgl. Martial, XII, 57, 13; Wiesehöfer, 1988, 328.

[17] Juvenal hat nicht nur eine persönliche Ansicht zum Ausdruck gebracht. Die Reichtümer der Aufsteiger aus der Schicht der Freigelassenen sind geradezu sprichwörtlich geworden. Mit den *libertinae opes* wurden dann auch Geschmacklosigkeit, Unverschämtheit und Bildungslosigkeit der Freigelassenen verbunden. Vgl. Seneca, ep. 27,5; Martial, V 13,6; Friedländer, I, 1922, 237; Gérard, 1976, 140 ff.

[18] Ovid, fasti, IV, 270; vgl. tristia, I, 5, 70.

[19] La Piana, 1927, 213–221.

[20] Vgl. U. Kahrstedt, Über die Bevölkerung Roms, in: Friedländer, IV, 1921, 11 ff.; G. Alföldy, Römische Sozialgeschichte, Wiesbaden ³1984, 114 ff.; Christ, 1992, 31; 99.

[21] Vgl. Treggiari, 1969, 31 f.; G. Alföldy, Die Freilassung von Sklaven und die Struktur der Sklaverei in der römischen Kaiserzeit, Rivista storica dell'antichità, 2, 1972, 97–129, wieder in: H. Schneider (Hg.), Sozial- und Wirtschaftsgeschichte der Römischen Kaiserzeit, Darmstadt 1981, 336–371, hier 340 mit Anm. 18; H. Solin, Juden und Syrer im westlichen Teil der römischen Welt. Eine ethnisch-demographische Studie mit besonderer Berücksichtigung der sprachlichen Zustände, in: Hildegard Temporini/W. Haase (Hgg.), Aufstieg und Niedergang der Römischen Welt, II, 29,2 (1983), 587–789, hier 714 f.

[22] Philon von Alexandria, der im Jahr 40 n. Chr. eine Gesandtschaft alexandrinischer Juden zu Caligula leitete, vermerkt, daß die meisten Juden, die zur Zeit des Augustus in Trastevere gelebt haben, als verklavte Kriegsgefangene nach Rom gekommen und dann freigelassen worden seien (legatio ad Gaium, 23, 155). Mehrere Kriege gegen Judäa hatte Rom schon im ersten vorchristlichen Jahrhundert geführt. Über den Feldzug des C. Cassius Longinus berichtet Josephus, dreißigtausend Juden seien gefangen und in die Sklaverei verkauft worden (bell. Iud., I, 8, 9, 1980; ant. Iud., 14, 73, 120). Auch nach der Zerstörung des Tempels im Jahre 70 n. Chr. sowie nach den Kriegen von 135 bis 137 kamen zahlreiche kriegsgefangene Juden nach Rom. Zum Teil wurden sie als Staatssklaven beim Bau öffentlicher Gebäude eingesetzt. Viele von diesen jüdischen Sklaven wurden von der jüdischen Gemeinde freigekauft (vgl. La Piana, 1927, 345 f.).

[23] Vgl. Cic., Rab. perd., 15; Balb., 9, 24; Phil., VIII, 32.

[24] Ein Sklave wurde durch die Freilassung nur zu einem römischen Bürger zweiter Klasse (vgl. Zanker, 1974/75, 282). Für die nachfolgende Generation gab es dann aber nur noch sehr geringe rechtliche Beschränkungen, wie etwa das zeitweilige Verbot, dem Ritterstand anzugehören (vgl. Plinius, nat., XXXII, 33; Cass. Dio, LIV, 23,1. Für Freigelassene war der Zugang zum Militär nur in Ausnahmefällen möglich, und höhere Offizierstellen waren auch für ihre Söhne nicht leicht zu erreichen. Ihren ehemaligen Herren, den *patroni*, gegenüber waren sie oft zu Dienstleistungen verpflichtet. Bisweilen wurden sie von den *patroni* aber auch wirtschaftlich gefördert, etwa durch Testamente zum Erben eingesetzt; vgl. Martial, VII, 64; Juvenal, II, 58; Petron., 75, 11 ff.; 29,3 f.; 71, 12.

[25] Die Bürgerrechtsvergabe war auch deshalb eine heikle Angelegenheit, weil durch die Neubürger die Klientel eines einzelnen Adligen zum Nachteil seiner Standesgenossen vergrößert werden konnte (vgl. Ps.-Sallust. ep. ad Caesarem, 2, 6,1: «Ein freier Staat wird zur Monarchie, wenn durch das Tun eines einzigen Mannes eine riesige Menge das Bürgerrecht erhält»). Welche politische und wirtschaftliche Bedeutung das Bürgerrecht hatte, macht schon die Tatsache deutlich, daß der für Rom äußerst bedrohliche Bundesgenossenkrieg zu Beginn des I. vorchristlichen Jahrhunderts um die Zulassung der Verbündeten zum Bürgerrecht geführt wurde und erst beendet werden konnte, nachdem man sich in Rom zu dieser Vergrößerung der Bürgerschaft entschlossen hatte.

[26] Vgl. M. Kaser, Das römische Privatrecht, 1. Abschnitt: Das altrömische, das vorklassische und klassische Recht, München 1971 (Hdb. der Altertumswiss., III, 3, 1). 299 (§ 70); 318 f. (§ 75).

[27] Zur Stellung und zum Auftreten der Freigelassenen in Rom vgl. auch Martial, II, 29; Horaz, sermones, I, 6,7 f. Horaz, der als Sohn eines Freigelassenen über die Mißachtung klagt, die man ihm entgegenbrachte, preist Mäcenas dafür, nur auf die freie Geburt eines Mannes, nicht aber auf den Status des Vaters zu achten.

[28] Vgl. Zanker, 1974, 312; Friedländer, I, 1922, 41 (zum Grabmal des Freigelassenen Licinius).

[29] Vgl. z. B. Grundzüge der Geschichte (hg. von E. Kaiser), Bd. I, Frankfurt [11]1973 (1. Aufl. 1963), 121.

[30] Vgl. Zanker, 1974, 285.

[31] Für Sklaven gab es nur das rechtlose *contubernium*. Zur Darstellung der Ehe bzw. des Bürgerstatus auf den Grabreliefs vgl. Zanker, 1974, 285; zum Chrite-Relief 314 f.: die beiden Eheleute zeigen Zanker zufolge «die strebsame Gesinnung des fremdländischen Freigelassenen einer bestimmten Einkommensklasse im Rom des Augustus».

[32] Annalen XIII, 27, 1: *quippe late fusum id corpus. hinc plerumque tribus decurias, ministeria magistratibus et sacerdotibus, cohortes etiam in urbe conscriptas; et plurimis equitum, plerisque senatoribus non aliunde originem trahi: si separarentur libertini, manifestam fore penuriam ingenuorum.* Vgl. Christ, 1992, 372 f.

Literatur

Alföldy, G.: Die römische Gesellschaft – Struktur und Eigenart, Gymnasium 83, 1976, 1–25; wieder abgedruckt in: ders., Die römische Gesellschaft. Ausgewählte Beiträge, Stuttgart 1986, 42–68.

Andreau, J.: Der Freigelassene, in: Andrea Giardina (Hg.), Der Mensch der römischen Antike, Frankfurt 1991, 200–225.

Balsdon, J. P. V. D. : Romans and Aliens, London 1979.

J. M. Carter, Suetonius, Divus Augustus. Edited with Introduction and Commentary, Bristol 1982.

Christ, K.: Geschichte der Römischen Kaiserzeit, München [2]1992.

Courtney, E.: A Commentary on the Satires of Juvenal, London 1980.

Dauge, Y. A.: Le Barbare. Recherches sur la conception romaine de la barbarie et de la civilisation, Brüssel 1981.

E. Fascher, Art. ‹Fremde› in: Reallexikon für Antike und Christentum, Bd. VIII, 1972, 306–347.

L. Friedländer, Darstellungen aus der Sittengeschichte Roms in der Zeit von Augustus bis zum Ausgang der Antonine, Bd. I, 10. Auflage besorgt von G. Wissowa, Leipzig 1922 (ND Aalen 1964); Bd. IV, 9. und 10. Aufl., Leipzig 1921 (ND 1964).

Gérard, J.: Juvénal et la réalité contemporaine, Paris 1976.

Hopkins, K.: Conquerors and Slaves. Sociological Studies in Roman History, Cambridge 1978.

Juster, J.: Les juifs dans l'empire romain, Bd. I, Paris 1914.

G. La Piana, Foreign Groups in Rome during the first centuries of the Empire, Harvard Theological Review, XX, 1927, 183–403.

Sherwin–White, A. N.: The Roman Citizenship, London ²1973.

Treggiari, Susan: Roman Freedmen during the late Republic, Oxford 1969.

Wiesehöfer, J.: *Romanas autem soliti contemnere leges:* Juvenal und die Juden der Stadt Rom, in: J. Weiler (Hg.), Soziale Randgruppen und Außenseiter im Altertum. Referate vom Symposium ‹Soz. Randgruppen und antike Sozialpolitik› in Graz (1987), Graz 1988, 325–338.

Wolff, H.: Die Juden im antiken Rom, in: K. Rother (Hg.), Minderheiten im Mittelmeerraum, Passau 1989, 35–62.

Zanker, P.: Grabreliefs römischer Freigelassener, Jahrbuch des Deutschen Archäologischen Instituts, 89/90, 1974/75, 267–315.

A. Demandt: Die Germanen im Römischen Reich

Literatur

Bang, M.: Die Germanen im römischen Dienst bis zum Regierungsantritt Constantins I, 1906.

Barnish, S. J. B.: Taxation, Land, and Barbarian Settlement in the Western Empire, in: Papers of the British School at Rome, 54, 1986, S. 170 ff.

Brosch, L.: Laeti, 1954.

Capelle, W.: Das alte Germanien. Die Nachrichten der griechischen und römischen Schriftsteller, 1937.

CIL: Corpus Inscriptionum Latinarum, 1869 ff.

Demandt, A.: Der Fall Roms. Die Auflösung des Römischen Reiches im Urteil der Nachwelt, 1984.

Demandt, A.: Die Spätantike, 1989.

Dessau, H.: Inscriptiones Latinae Selectae, 1892 ff.

Gaupp, E. Th.: Die germanischen Ansiedelungen und Landtheilungen in den Provinzen des Römischen Westreiches, 1844.

Jones, A. H. M., Martindale, J.R. and Morris, J.: The Prosopography of the Later Roman Empire I 1971; II 1980.

MacMullen, R.: Barbarian Enclaves in the Northern Roman Empire, in: Antiquité classique 32, 1963, S. 532 ff.

Mommsen, Th.: Römische Geschichte V 1885, darin: Kap. IV Das römische Germanien und die freien Germanen.

Mommsen, Th.: Römisches Staatsrecht II; III, 1887, S. 645 ff.

de Sainte Croix, G. E. M.: The Class Struggle in the Ancient Greek World, 1981, S. 509 ff.

Schenk von Stauffenberg, A.: Die Germanen im Römischen Reich, in: Ders., Das Imperium und die Völkerwanderung, 1948, S. 7 ff.

Stahl, M.: Zwischen Abgrenzung und Integration. Die Verträge der Kaiser Marc Aurel und Commodus mit den Völkern jenseits der Donau, in: Chiron 19, 1989, S. 289 ff.

Stroheker, K. F.: Germanentum und Spätantike, 1965.

Szidat, J.: Le forme dell'insediamento dei barbari in Italia dall IV al VI secolo: sviluppi e consequenze sociali e politiche. Atti del congreso internationale «Teoderico e i Goti fra Oriente e Occidente». Ravenna 28. 9.–2. 10. 1992. Ravenna 1995 (im Druck).

Vogt, J.: Kulturwelt und Barbaren. Zum Menschenbild der spätantiken Gesellschaft, 1967.

Waas, M.: Germanen im römischen Dienst im 4. Jh. n. Chr., 1971.

C. Colpe: Toleranz im Islam

Anmerkungen

[1] Bei Nagel S. 19. Vgl. zum Grundsätzlichen M. Honecker, «Theokratie», in: *EvSozL²*, Sp. 1371 f.; D. Pirson, «Theokratie», in: *EvStaatsL²*, Sp. 2628–2631, und in: *EvStaatsL³*, Sp. 3608–3612; Definition dort 3608: «Das theokratische Prinzip ist in seiner vollen Konsequenz realisiert, wenn in einer Rechsgemeinschaft die Vorstellung wirksam ist, die Gottheit selbst sei aktiv handelndes Organ dieser Gemeinschaft. Eine solche Vorstellung findet ihre institutionelle Verwirklichung darin, daß Priester oder Propheten als Sprecher Gottes und als Interpreten des göttlichen Willens anerkannt werden und ihnen deshalb die oberste Befehlsgewalt in der Rechtsgemeinschaft eingeräumt wird. Unter diesem Aspekt wird teilweise der Begriff *Hierokratie*, der sich im sachlichen Gehalt nicht vom Begriff Theokratie unterscheidet, verwendet. Als klassische Beispiele der Theokratie gelten i. a. die Herrschaftsordnung in Israel zur Zeit der Richter» (besser: in der nachexilischen Zeit mit dem Hohenpriester als Oberhaupt, C. C.), «das islamische Gemeinwesen unter Mohammed und der lamaistische Staat in Tibet.» Sp. 3610: «Mit der Theokratie strukturell verwandt ist die Erscheinung des sog.*Cäsaropapismus.* Diese beruht ebenso wie das theokratische Ideal auf der Vorstellung, daß die Bereiche der weltl. und der geistl. Ordnung in einer Rechtseinheit miteinander verbunden und ineinander verwoben sind ... Allerdings ist nach der cäsaropapistischen Idee der unmittelbar von Gott beauftragte Garant jener geistl. wie weltl. Ordnung der weltl. Herrscher.»

[2] Paret S. 344–347 und Khoury S. 17–33.

[3] Paret S. 346; Khoury S. 20, 28, 47, 50

[4] Die drei Göttinnen al-Lāt, al 'Uzzā und al-Manāt hatten zuerst bei Mohammed eine mildere Beurteilung gefunden, ehe er diese, als vom Satan eingegeben, mit der jetzigen Fassung von Sure 53, 19–25 widerrief. Es sind dieselben, denen Salman Rushdie Gerechtigkeit widerfahren lassen wollte. Das über ihn verhängte Todesurteil ist laut offiziöser bis offizieller Stellungnahmen prominenter Muslime für den Islam nicht repräsentativ.

[5] Vgl. I. Goldziher, «Ahl al-Kitāb», in: *Hwblsl* S. 18; C. H. Becker, «Ḏjizya», ebd. S. 114 f.

[6] Näheres bei V. Vacca, «Ḳuraiẓa», «Naḏīr», in: *Hwblsl* S. 346 f.; 565; A. J. Wensinck, «Ḳainuḳā» ebda. S. 256 f.; F. Buhl, *Das Leben Muhammeds*, Heidelberg ²1955, S. 212–223; R. Paret, *Mohammed und der Koran*, Stuttgart 1967, S. 110–112.

[7] W. Heffening, *Das islamische Fremdenrecht bis zu den islamisch-fränkischen Staatsverträgen.* Hannover 1925. Die Beiträge im HO ordnen das Fremdenrecht dem Internationalen Recht unter.

[8] B. Lewis, *The Muslim Discovery of Europe*, New York 1982; hier zitiert nach der dt. Übers. *Die Welt der Ungläubigen. Wie der Islam Europa entdeckte*, Frankfurt/M. 1983, S. 60.

[9] Nach H. Kruse, *Islamische Völkerrechtslehre,* [2]Bochum 1979 (zum Staatsvertrag bei den Hanefiten).

[10] Einen neueren Fall untersucht H. Motzki, *Dimma und Égalité. Die nichtmuslimischen Minderheiten Ägyptens in der zweiten Hälfte des 18. Jahrhunderts und die Expedition Bonapartes (1798–1801),* Diss. phil. Bonn 1978 (= Studien zum Minderheitenproblem im Islam 5 = Bonner orientalistische Studien, Neue Serie 27,5).

[11] J. Schacht, «Zakāt», in: *HwbIsl* S. 821–823.

[12] Vgl. D. B. Macdonald, «Dhimma», in: *Hwblsl* S. 96, und vor allem Khoury S. 124–176, mit reichen Belegen erster Hand aus den arabischen Quellen; danach das Obige.

[13] W. Heffening, «Murtadd», in: *Hwblsl* S. 544–546; Koranzitate nach der Übersetzung von R. Paret.

[14] Siehe H. Bornkamm, «Toleranz II. In der Geschichte des Christentums, in: *RGG*[3] 6, 1962, Sp. 932–946, und die unten bei den Abkürzungen genannten Artikel.

[15] Nach der Übersetzung von L. Schmidts in J. J. Rousseau, *Politische Schriften* Bd. 1 (UTB 667) Paderborn 1977, S. 206. Text: J. J. Rousseau, *Contrat Social ou Principes du droit politique,* Paris o. J. (nach 1772), S. 334 f.: «Il y a donc une profession de foi purement civile dont il appartient au souverain de fixer les articles, non pas précisément comme dogmes de religion, mais comme sentiments de sociabilité sans lesquels il est impossible d' être bon citoyen ni sujet fidèle. Sans pouvoir obliger, personne à les croire, il peut bannir de l'État quiconque ne les croit pas; il peut le bannir, non comme impie, mais comme insociable, comme incapable d' aimer sincèrement les lois, la justice, et d'immoler, au besoin sa vie à son devoir. Que si quelqu'un, après avoir reconnu publiquement ces mêmes dogmes, se conduit comme ne les croyant pas, qu'il soit puni de mort; il a commis le plus grand des crimes, il a menti devant les lois.»

[16] Die folgenden beiden beispielhaften Personen sind leicht zugänglich bei A. Schimmel, *Gärten der Erkenntnis. Das Buch der vierzig Sufi-Meister,* Düsseldorf–Köln S. 42–61 und 101–111. Zur Sache auch Mensching S. 76–97.

[17] Vgl. statt vieler Lit. J. Vernet, *Die spanisch-arabische Kultur in Orient und Okzident,* aus dem Spanischen übers. von K. Maier, Zürich/Stuttgart 1984.

[18] Nach L. Collins – D. Lapierre, *Um Mitternacht die Freiheit,* München 1976, S. 411.

[19] Unentbehrlich instruktiv: Smail Balic, *Das unbekannte Bosnien,* Köln/Weimar/Wien 1992.

[20] H. Ditten, *Ethnische Verschiebungen zwischen der Balkanhalbinsel und Kleinasien vom Ende des 6. bis zur zweiten Hälfte des 19. Jahrhunderts,* Berlin 1993.

[21] Serbisches Mittelalter. Altserbische Herrscherbiographien Bd. 1 (= Slavische Geschichtsschreiber, hsg. von G. Stökl, Bd. 2): *Stefan Nemanja nach den Viten des hl. Sava und Stefans des Erstgekrönten,* übers., eingel. und erklärt von St. Hafner, Graz/Wien/Köln 1962. Das folgende stützt sich auch auf Hafner's Einführung (vgl. S. 17 u. 69).

[22] Wer Ordnung schaffen wollte, sah sich damals genau denselben Problemen gegenüber wie heute ein UNO-Kommissar. Man lese *Molla* und *Diplomat. Der Bericht des Ebû Sehil Nu'mân Efendi über die österreichisch-osmanische Grenzziehung nach dem Belgrader Frieden 1740/41,* übers., eingel. und erklärt von E. Prokosch (Osmanische Geschichtsschreiber, hsg. von R. Kreutel Bd. 7), Graz/Wien/Köln 1972.

Abkürzungen

EurEnzPhW = *Europäische Enzyklopädie zu Philosophie und Wissenschaften,* 4 Bde, hrsg. von H. Sandkühler, Hamburg 1990; EvSozL = *Evangelisches Sozialexikon, 7.,* vollst. neu bearb. und erw. Aufl., hsg. von Th. Schober, M. Honecker, H. Dahlhaus, Stuttgart/Berlin 1980; EvStaatsL.[2] = *Evangelisches Staatslexikon, 2.,* vollst. neu bearb. und erw. Aufl., hrsg. von H. Kunst, R. Herzog, W. Schneemelcher, Stuttgart/Berlin 1975; EvStaatsL[3] = *dasselbe, 3.,* neu bearb. und erw. Aufl. in 2 Bänden, hrsg. von R. Herzog, H. Kunst, K. Schlaich, W. Schneemelcher, Stuttgart 1987; HO = Handbuch der Orientalistik, 1. Abteilung: Der Nahe und der Mittlere Osten, hrsg. von B. Spuler, Ergänzungsband III: *Orientalisches Recht*, Leiden/Köln 1964; HwbIsl = *Handwörterbuch des Islam*, hrsg. von A. J. Wensinck und J. H. Kramers, Leiden 1941; Khoury = A. Th. Khoury, *Toleranz im Islam*, München 1980; Mensching = G. Mensching, *Toleranz und Wahrheit in der Religion* (Siebenstern TB 81), München/Hamburg 1966; Nagel = T. Nagel, *Staat und Glaubensgemeinschaft im Islam. Geschichte der politischen Ordnungsvorstellungen der Muslime*, 2 Bände, Zürich u. München 1981; Paret = R. Paret, «Toleranz und Intoleranz im Islam», in: *Saeculum 21*, 1970, S. 334–365; RAC = *Reallexikon für Antike und Christentum*, bisher 15 Bände, Stuttgart 1950–1991; RGG = *Die Religion in Geschichte und Gegenwart*, 6 Bände, Tübingen 1957–1962.

R. J. Lilie: Fremde im Byzantinischen Reich

Anmerkungen

[1] Grundsätzlich zu dem Verhältnis zwischen Kaiser und Aristokratie cf. jetzt die Übersicht bei R.-J. Lilie, Byzanz. Kaiser und Reich, Köln-Weimar 1994, bes. Kap. 5.

[2] Zu den byzantinischen Autoren und ihren Lebensumständen cf. den Überblick bei H. Hunger, Die hochsprachliche profane Literatur der Byzantiner, 2 Bde. München 1978 (Byzantinisches Handbuch 5.1).

[3] Zu der Diskussion über Kontinuität und Diskontinuität cf. A. Kazhdan – A. Cutler, Continuity and Discontinuity in Byzantine History, in: Byzantion 52 (1982), 429–478; G. Weiss, Antike und Byzanz. Die Kontinuität der Gesellschaftsstruktur, in: Historische Zeitschrift 224 (1977), 529–560; Kritik an beiden bei P. Speck, Waren die Byzantiner mittelalterliche Altgriechen oder glaubten sie es nur? in: Rechtshistorisches Journal 2 (1983) 5–11, sowie D. Simon, Kontinuitätsspinnerei, ibidem 11–13.

[4] Cf. in diesem Zusammenhang N. Pigulewskaja, Byzanz auf den Wegen nach Indien. Aus der Geschichte des byzantinischen Handels mit dem Orient vom 4. bis 6. Jh., Berlin 1969 (Berliner Byzantinistische Arbeiten 36); zu dem Handel im westlichen Mittelmeer zuletzt ausführlich D. Claude, Der Handel im westlichen Mittelmeer während des Frühmittelalters, Untersuchungen zu Handel und Verkehr der vor- und frühgeschichtlichen Zeit in Mittel- und Nordeuropa, Teil 2. Göttingen 1985 (Abhandlungen der Akad d. Wiss. in Göttingen, philol.-histor. Kl. Folge 3, Nr. 144).

[5] Einen Überblick über diese Übergangsepoche bietet jetzt J. F. Haldon, Byzantium in the Seventh Century. The Transformation of a Culture, Cambridge 1990; cf. auch die kurze Synthese bei R.-J. Lilie, Das Reich auf dem Rückzug. Byzanz und Westeuropa in den «Dunklen Jahrhunderten», in: Südostforschungen 49 (1989), 19–36.

[6] Cf. in diesem Zusammenhang die Überlegungen bei H.-G. Beck, Das byzantinische Jahrtausend, München 1978, bes. 11 ff. 232 ff.,zuletzt Lilie (wie Anm. 1), bes. Kap. 15.

[7] Cf. K. Lechner, Hellenen und Barbaren im Weltbild der Byzantiner. Die alten Bezeichnungen als Ausdruck eines neuen Kulturbewußtseins, Diss. München 1955; einen m. E. angreifbaren Eindruck von dieser Haltung vermittelt D. R. Reinsch, Ausländer und Byzantiner im Werk der Anna Komnene, in: Rechtshistorisches Journal 8 (1989), 257–274; cf. R.-J. Lilie, Die Lateiner bei Anna Komnene, in: Byzantinoslavica 54 (1993) 169–182.

[8] Allgemein cf. zu diesem Thema auch R. S. Lopez, Foreigners in Byzantium, in: Bulletin de l'Institut Historique Belge de Rome 44 (1974), 341–352.

[9] S. G. Zacos – A. Veglery, Byzantine Lead Seals I, Basel 1972, 153 f.

[10] Zu diesem Komplex cf. jetzt ausführlich H. Ditten, Ethnische Verschiebungen zwischen der Balkanhalbinsel und Kleinasien vom Ende des 6. bis zur zweiten Hälfte des 9. Jahrhunderts, Berlin 1993 (Berliner Byzantinistische Arbeiten 59).

[11] Cf. C. M. Brand, The Turkish Element in Byzantium, Eleventh-Twelfth Century, Dumbarton Oaks Papers 43 (1989) 1–25; R.-J. Lilie, Twelfth-Century Byzantine and Turkish States, in: Byzantinische Forschungen 16 (1990) 35–51.

[12] Zu der Person Leons wird eine ausführliche Biographie vorbereitet von P. Speck, die voraussichtlich 1994/95 erscheinen wird (in der Reihe Poikila Byzantina, Bonn: Habelt).

[13] Zu Zenon cf. die Zusammenfassung bei A. Demandt, Die Spätantike. Römische Geschichte von Diocletian bis Justinian 284–565 n. Chr. München 1989 (Handbuch der Altertumswissenschaft: III. 6); zu Person und Regierung des Tiberios-Apsimar A. N. Stratos, Τὸ Βυζάντιον στὸν Ζ' αἰῶνα. Ε', Athen 1974; zu seinem Sohn cf. G. V. Sumner, Philippicus, Anastasius II and Theodosius III, in: Greek, Roman and Byzantine Studies 17 (1976), 287–294.

[14] Zu Willibald cf. A. Bauch, Pilgerreise Willibalds ins Heilige Land, in: Das Heilige Land im Mittelalter, hg. v. W. Fischer u. J. Schneider, Erlangen-Nürnberg 1982, (Schriften des Zentralinstituts für fränkische Landeskunde u. allgemeine Regionalforschung an der Universität Erlangen-Nürnberg 22), 13–18; ders., Quellen zur Geschichte der Diözese Eichstätt, Bd. 1: Biographien der Gründungszeit, 2. Aufl. Regensburg 1984, 13–122.

[15] Zu Liutprand cf. die, allerdings anzweifelbare, Monographie von M. Rentschler, Liudprand von Cremona. Eine Studie zum ost-westlichen Kulturgefälle im Mittelalter, Frankfurt 1981 (Frankfurter Wissenschaftliche Beiträge. Kulturwissenschaftliche Reihe 14); B. S. Karageorgos, Λιουτπράνδος ὁ ἐπίσκοπος Κρεμώνας ὡς ἱστορικὸς καὶ διπλωμάτης, Athen 1978 (Bibliotheke S. N. Saripolou 38).

[16] Zu den abendländischen Pilgern in Byzanz existiert bisher keine eigene Untersuchung; cf. aber zum Teil J. Wilkinson, Jerusalem Pilgrims before the Crusades, Warminster 1977; nützlich ist auch J. P. A. Van der Vin, Travellers to Greece and Constantinople: Ancient Monuments and Old Traditions in Medieval Travellers' Tales, Louvain 1980.

[17] E. Joranson, The Great German Pilgrimage of 1064–1065, in: The Crusades and Other Historical Essays Presented to D. C. Munro, New York 1928, 3–43; zu der zeitweilig außerordentlich harten Besteuerung abendländischer Pilger in Byzanz cf. zuletzt H. E. J. Cowdrey, Pope Victor and the Empress A., in: Byz. Zeitschrift 84/85 (1991–1992) 43–48.

[18] Niketas Choniates, Historia, ed. I. A. van Dieten, Berlin 1975 (CFHB Series Berolinensis 11 1/2), 66; ed. I. Bekker, Bonn 1836 (CSHB), 88 f.

[19] Allgemein cf. zu diesen gegenseitigen Vorurteilen H. Hunger, Graeculus perfidus – ITALOS ITAMOS. Il senso dell' alterita' nei rapporti Greco-Romani ed Italo-Bizantini; con un' introduzione di O. Kresten, Conferenze 4, Roma 1987.

[20] Zu diesem Problem cf. ausführlich R.-J. Lilie, Des Kaisers Macht und Ohnmacht. Zum Zerfall der Zentralgewalt in Byzanz vor dem vierten Kreuzzug, in: VARIA I. von R.-J. Lilie und P. Speck, Bonn 1984 (Poikila Byzantina 4), 9–120; zuletzt ders., Die Zentralbürokratie und die Provinzen zwischen dem 10. und dem 12. Jahrhundert. Anspruch und Realität, in: Byzantinische Forschungen 19 (1993) 65–75.

[21] Die gegenseitigen Verdächtigungen und Verleumdungen beginnen schon mit dem ersten Kreuzzug, cf. R.-J. Lilie, Der Erste Kreuzzug in der Darstellung Anna Komnenes, in: VARIA II., Bonn 1987 (Poikila Byzantina 6), 49–148; sowie ders., Byzantium and the Crusader States, Oxford 1993 (erw. englische Übers. dess., Byzanz und die Kreuzfahrerstaaten, München 1981). Allgemein zu den beiderseitigen Vorurteilen cf. S. Kindlimann, Die Eroberung von Konstantinopel als politische Forderung des Westens im Hochmittelalter. Studien zur Entwicklung der Idee eines lateinischen Kaiserreichs in Byzanz, Zürich 1969 (Geist und Werk der Zeiten 20).

[22] Für das 11. und 12. Jahrhundert cf. in diesem Zusammenhang R.-J. Lilie, Handel und Politik zwischen dem byzantinischen Reich und den italienischen Kommunen Venedig, Pisa und Genua in der Epoche der Komnenen und der Angeloi (1081–1204), Amsterdam 1984; für Genua und Byzanz vorwiegend in der späteren Zeit cf. M. Balard, La Romanie génoise

(XIIe – début du XVe siècle), 2 Bde., Genua-Rom 1968; für Venedig F. E. Thiriet, La Romanie Vénitienne au Moyen Age, Paris, 2. Aufl. 1975 (Bibl. des écoles françaises d'Athènes et de Rome 183); allgemein cf. auch D. M. Nicol, Byzantium and Venice. A Study in diplomatic and cultural relations, Cambridge 1988.

[23] Zu der Rolle der Armenier in Byzanz cf. P. Charanis, The Armenians in the Byzantine Empire, Lissabon 1963.

[24] Cf. hierzu S. Blöndal, The Varangians of Byzantium, Cambridge 1978; H. R. E. Davidson, The Viking Road to Byzantium, London 1976; zu den angelsächsischen Warägern cf. auch J. Shepard, The English and Byzantium: A Study of their role in the Byzantine army in the Late Eleventh Century, in: Traditio 29 (1973), 53–92.

[25] Allgemein zu dem Problem cf. R.-J. Lilie, Des Kaisers Macht und Ohnmacht (op. cit); zuletzt J.-C. Cheynet, Pouvoir et Contestations à Byzance (963–1210), Paris 1990 (Byzantina Sorbonensia – 9).

[26] Cf. hierzu zuletzt Lilie, Anna Komnene und die Lateiner (op cit).

[27] Cf. hierzu, besonders im Zusammenhang mit russischen Pilgern und Reisenden, G. P. Majeska, Russian Travelers to Constantinople in the Fourteenth and Fifteenth Centuries, Washington 1984 (Dumbarton Oaks Studies 19).

[28] Cf. B. Bischoff, The study of foreign languages in the middle ages, in: Speculum 36 (1961), 209–224; zuletzt ausführlich W. Berschin, Griechisch-Lateinisches Mittelalter. Von Hieronymus zu Nikolaus von Kues, Bern-München 1980.

[29] Cf. Lilie, Handel und Politik (op. cit.) 285 ff.; ders., Die lateinische Kirche in der Romania vor dem Vierten Kreuzzug. Versuch einer Bestandsaufnahme, in: Byzantinische Zeitschrift 82 (1989) 202–220.

[30] Cf. R. Janin, Constantinople Byzantine, Développement urbain et Répertoire topographique, 2. Aufl. Paris 1964 (Archives de l'Orient Chrétien, 4 A) 257 ff.

[31] Zu Bohemund cf. Jonathan Shepard, When Greek meets Greek: Alexius Comnenus and Bohemond in 1097–98, in: Byzantine and Modern Greek Studies 12 (1988), 185–277; zuletzt Lilie, Anna Komnene und die Lateiner (op. cit.) 174 u. ö.

[32] Zu Konrad III. cf. neben den bekannten Arbeiten von W. Ohnsorge jetzt auch H. Vollrath, Konrad III. und Byzanz, in: Archiv für Kulturgeschichte 59 (1977, 1979), 321–365; zu Friedrich Barbarossa cf. E. Eickhoff, Friedrich Barbarossa im Orient. Kreuzzug und Tod Friedrichs I., Tübingen 1977 (Istanbuler Mitteilungen 17); allgemein zuletzt Lilie, Byzantium and the Crusader States (op. cit).

[33] Zu der italienischen Piraterie in der Levante cf. M.-L. Favreau, Die italienische Levante-Piraterie und die Sicherheit der Seewege nach Syrien im 12. und 13. Jahrhundert, in: Vierteljahrschr. f. Sozial- u. Wirtschaftsgeschichte 65 (1978), 461–510; Lilie, Handel und Politik (op. cit.) 461–510.

[34] Niketas Choniates 208 f. (van Dieten); 272 ff. (Bekker).

[35] Cf. hierzu D. M. Nicol, Mixed Marriages in Byzantium in the Thirteenth Century, in: Church History 1 (1964), 160–172; ders., Symbiosis and Integration. Some Greco-Latin Families in Byzantium in the 11th to 13th Centuries, in: Byz. Forschungen 7 (1979), 113–135; zuletzt Lilie, Anna Komnene und die Lateiner (op. cit).

[36] Cf. allgemein H.-G. Beck, Die Mobilität der byzantinischen Gesellschaft, in: Orient 14 (1978) 1–14.

[37] Cf. A. A. Vasiliev, Justin the First. An Introduction to the Epoch of Justinian the Great, Cambridge, Mass. 1950.

[38] Cf. D. M. Olster, The Politics of Usurpation in the Seventh Century: Rhetoric and Revolution in Byzantium, Amsterdam 1993.

[39] Es handelt sich um Theodosios III. (715–717) und um Philippikos Bardanes (711–713), cf. Sumner, Philippicus, Anastasius II and Theodosius III (op. cit.).

[40] Basileios I. (867–886); cf. zu ihm N. Tobias, Basil I (867–886), the founder of the

macedonian dynasty. A study of the political and military history of the Byzantine empire in the ninth century, Diss. Rutgers University, Ann Arbor (Mich.) 1969.
[41] Cf. zu ihnen die Übersicht bei F. Winkelmann, Die östlichen Kirchen in der Epoche der christologischen Auseinandersetzungen (5. bis 7. Jahrhundert), 3. Aufl. Berlin 1980 (Kirchengeschichte in Einzeldarstellungen I/6).
[42] Zu diesen Sekten cf. Allgemein M. Loos, Dualist heresy in the middle ages, Prag 1974; speziell zu den Paulikianern zuletzt C. Ludwig, Wer hat was in welcher Absicht wie beschrieben? Bemerkungen zur Historia des Petros Sikeliotes über die Paulikianer, in: VARIA II, Bonn 1987 (Poikila Byzantina 6), 149–227.
[43] Zu den Juden in Byzanz cf. A. Sharf, Byzantine Jewry from Justinian to the fourth Crusade, London 1971; für die spätere Zeit St. B. Bowman, The Jews of Byzantium (1204–1453), Alabama 1978.
[44] Ein Sonderfall sind die Zigeuner in Byzanz, über die aber zu wenig bekannt ist, um genauere Aussagen treffen zu können. Zu ihnen cf. G. C. Soulis, The Gypsies in the Byzantine Empire and the Balkans in the Late Middle Ages, in: Dumbarton Oaks Papers 15 (1961) 141–165; Ergänzungen bei I. Rochow, Die Häresie der Atinganer im 8. und 9. Jahrhundert und die Frage ihres Fortlebens, in: Studien zum 8. und 9. Jahrhundert in Byzanz, hg. von H. Köpstein und F. Winkelmann, Berlin 1983 (Berliner Byzantinistische Arbeiten 51) 163–178; I. Rochow – K. Matschke, Neues zu den Zigeunern im byzantinischen Reich um die Wende vom 13. zum 14. Jahrhundert, in: Jahrbuch Öster. Byzantinistik 41 (1991) 241–254.
[45] Niketas Choniates 301 (van Dieten); 391 f. (Bekker).

Literatur

M. Balard, La Romanie génoise (XIIe – début du XVe siècle), 2 Bde., Genua-Rom 1968.

A. Bauch, Pilgerreise Willibalds ins Heilige Land, in: Das Heilige Land im Mittelalter, hg. v. W. Fischer u. J. Schneider, Erlangen-Nürnberg 1982, (Schriften des Zentralinstituts für fränkische Landeskunde u. allgemeine Regionalforschung an der Universität Erlangen-Nürnberg 22), 13–19.

ders., Quellen zur Geschichte der Diözese Eichstätt, Bd. 1: Biographien der Gründungszeit, 2. Aufl. Regensburg 1984, 13–122.

St. B. Bowman, The Jews of Byzantium (1204–1453), Alabama 1978.

H.-G. Beck, Die Mobilität der byzantinischen Gesellschaft, in: Orient 14 (1978) 1–14.

ders., Das byzantinische Jahrtausend, München 1978.

W. Berschin, Griechisch-Lateinisches Mittelalter. Von Hieronymus zu Nikolaus von Kues, Bern-München 1980.

B. Bischoff, The study of foreign languages in the middle ages, in: Speculum 36 (1961), 209–224.

S. Blöndal, The Varangians of Byzantium, Cambridge 1978.

C. M. Brand, The Turkish Element in Byzantium, Eleventh-Twelfth Century, Dumbarton Oaks Papers 43 (1989) 1–25.

P. Charanis, The Armenians in the Byzantine Empire, Lissabon 1963.

J.-C. Cheynet, Pouvoir et Contestations à Byzance (963–1210), Paris 1990 (Byzantina Sorbonensia – 9).

D. Claude, Der Handel im westlichen Mittelmeer während des Frühmittelalters, Untersuchungen zu Handel und Verkehr der vor- und frühgeschichtlichen Zeit in Mittel- und Nordeuropa, Teil 2. Göttingen 1985 (Abhandlungen der Akad. d. Wiss. in Göttingen, philol.-histor. Kl. Folge 3, Nr. 144).

H. E. J. Cowdrey, Pope Victor and the Empress A., in: Byz. Zeitschrift 84/85 (1991–1992) 43–48.

G. Dagron, Minorités ethniques et religieuses dans l'Orient byzantin à la fin du Xe et au XIe siècle, in: Traveaux et Mémoires 6 (1976) 177–216.

H. R. E. Davidson, The Viking Road to Byzantium, London 1976.

A. Demandt, Die Spätantike. Römische Geschichte von Diocletian bis Justinian 284–565 n. Chr., München 1989 (Handbuch der Altertumswissenschaft: III. 6).

H. Ditten, Ethnische Verschiebungen zwischen der Balkanhalbinsel und Kleinasien vom Ende des 6. bis zur zweiten Hälfte des 9. Jahrhunderts, Berlin 1993 (Berliner Byzantinistische Arbeiten 59).

M.-L. Favreau, Die italienische Levante-Piraterie und die Sicherheit der Seewege nach Syrien im 12. und 13. Jahrhundert, in: Vierteljahrschr. f. Sozial- u. Wirtschaftsgeschichte 65 (1978), 461–510.

J. F. Haldon, Byzantium in the Seventh Century. The Transformation of a Culture, Cambridge 1990.

H. Hunger, Die hochsprachliche profane Literatur der Byzantiner, 2 Bde. München 1978 (Byzantinisches Handbuch 5.1).

ders., Graeculus perfidus – ITALOS ITAMOS. Il senso dell' alterita' nei rapporti Greco-Romani ed Italo-Bizantini; con un' introduzione di O. Kresten, Conferenze 4, Roma 1987.

E. Joranson, The Great German Pilgrimage of 1064–1065, in: The Crusades and Other Historical Essays Presented to D. C. Munro, New York 1928, 3–43.

B. S. Karageorgos, Λιουτπράνδος ὁ ἐπίσκοπος Κρεμώνας ὡς ἱστορικὸς καὶ διπλωμάτης, Athen 1978 (Bibliotheke S. N. Saripolou 38).

A. Kazhdan – A. Cutler, Continuity and Discontinuity in Byzantine History, in: Byzantion 52 (1982), 429–478.

S. Kindlimann, Die Eroberung von Konstantinopel als politische Forderung des Westens im Hochmittelalter. Studien zur Entwicklung der Idee eines lateinischen Kaiserreichs in Byzanz, Zürich 1969 (Geist und Werk der Zeiten 20).

K. Lechner, Hellenen und Barbaren im Weltbild der Byzantiner. Die alten Bezeichnungen als Ausdruck eines neuen Kulturbewußtseins, Diss. München 1955.

R.-J. Lilie, Handel und Politik zwischen dem byzantinischen Reich und den italienischen Kommunen Venedig, Pisa und Genua in der Epoche der Komnenen und der Angeloi (1081–1204), Amsterdam 1984.

ders., Des Kaisers Macht und Ohnmacht. Zum Verfall der Zentralgewalt in Byzanz vor dem vierten Kreuzzug, in: VARIA I. von R.-J. Lilie und P. Speck, Bonn 1984 (Poikila Byzantina 4), 9–120.

ders., Der Erste Kreuzzug in der Darstellung Anna Komnenes, in: VARIA II., Bonn 1987 (Poikila Byzantina 6), 49–148.

ders., Die lateinische Kirche in der Romania vor dem Vierten Kreuzzug. Versuch einer Bestandsaufnahme, in: Byzantinische Zeitschrift 82 (1989) 202–220.

ders., Das Reich auf dem Rückzug. Byzanz und Westeuropa in den «Dunklen Jahrhunderten», in: Südostforschungen 49 (1989), 19–36.

ders., Twelfth-Century Byzantine and Turkish States, in: Byzantinische Forschungen 16 (1990) 35–51.

ders., Die Lateiner bei Anna Komnene, in: Byzantinoslavica 54 (1993) 169–182.

ders., Byzantium and the Crusader States, Oxford 1993 (erw. englische Übersetzung dess., Byzanz und die Kreuzfahrerstaaten, München 1981).

ders., Byzanz. Kaiser und Reich, Köln-Weimar 1994.

M. Loos, Dualist heresy in the middle ages, Prag 1974.

R. S. Lopes, Foreigners in Byzantium, in: Bulletin de l'Institut Historique Belge de Rome 44 (1974), 341–352.

G. P. Majeska, Russian Travelers to Constantinople in the Fourteenth and Fifteenth Centuries, Washington 1984 (Dumbarton Oaks Studies 19).

D. M. Nicol, Mixed Marriages in Byzantium in the Thirteenth Century, in: Church History 1 (1964), 160–172.

ders., Symbiosis and Integration. Some Greco-Latin Families in Byzantium in the 11th to 13th Centuries, in: Byz. Forschungen 7 (1979), 113–135.

ders., Byzantium and Venice. A Study in diplomatic and cultural relations, Cambridge 1988.

N. Pigulewskaja, Byzanz auf den Wegen nach Indien. Aus der Geschichte des byzantinischen Handels mit dem Orient vom 4. bis 6. Jh., Berlin 1969 (Berliner Byzantinistische Arbeiten 36).

D. R. Reinsch, Ausländer und Byzantiner im Werk der Anna Komnene, in: Rechtshistorisches Journal 8 (1989), 257–274.

M. Rentschler, Liudprand von Cremona. Eine Studie zum ost-westlichen Kulturgefälle im Mittelalter, Frankfurt 1981 (Frankfurter Wissenschaftliche Beiträge. Kulturwissenschaftliche Reihe 14).

I. Rochow, Die Häresie der Atinganer im 8. und 9. Jahrhundert und die Frage ihres Fortlebens, in: Studien zum 8. und 9. Jahrhundert in Byzanz, hrsg. von H. Köpstein und F. Winkelmann, Berlin 1983 (Berliner Byzantinistische Arbeiten 51) 163–178.

I. Rochow – K. Matschke, Neues zu den Zigeunern im byzantinischen Reich um die Wende vom 13. zum 14. Jahrhundert, in: Jahrbuch Öster. Byzantinistik 41 (1991) 241–254.

A. Sharf, Byzantine Jewry from Justinian to the fourth Crusades London 1971.

J. Shepard, The English and Byzantium: A Study of their role in the Byzantine army in the Late Eleventh Century, in: Traditio 29 (1973), 53–92.

ders., When Greek meets Greek: Alexius Comnenus and Bohemond in 1097–98, in: Byzantine and Modern Greek Studies 12 (1988), 185–277.

G. C. Soulis, The Gypsies in the Byzantine Empire and the Balkans in the Late Middle Ages, in: Dumbarton Oaks Papers 15 (1961) 141–165.

P. Speck, Waren die Byzantiner mittelalterliche Altgriechen oder glaubten sie es nur? in: Rechtshistorisches Journal 2 (1983) 5–11.

F. E. Thiriet, La Romanie Vénitienne au Moyen Age, Paris, 2. Aufl. 1975 (Bibl. des écoles françaises d'Athènes et de Rome 183).

J. P. A. Van der Vin, Travellers to Greece and Constantinople: Ancient Monuments and Old Traditions in Medieval Travellers' Tales, Louvain 1980.

G. Weiss, Antike und Byzanz. Die Kontinuität der Gesellschaftsstruktur, in: HZ 224 (1977), 529–560.

J. Wilkinson, Jerusalem Pilgrims before the Crusades, Warminster 1977.

F. Winkelmann, Die östlichen Kirchen in der Epoche der christologischen Auseinandersetzungen (5. bis 7. Jahrhundert), 3. Aufl. Berlin 1980 (Kirchengeschichte in Einzeldarstellungen I/6).

Chr. Lübke: Fremde im frühmittelalterlichen Ost- und Mitteleuropa

Anmerkungen

[1] R. Wenskus, Stammesbildung und Verfassung. Das Werden der frühmittelalterlichen gentes. Köln, Graz 1961.

[2] W. Pohl: Die Awaren. Ein Steppenvolk in Mitteleuropa. 567–822 n. Chr. München 1988; Pohl fordert, «nicht zu fragen, wer ein Avare oder Slave war, sondern wer durch eine bestimmte konkrete Praxis Aware oder Slave wurde und als solcher galt».

[3] Oldenburg - Wolin - Staraja Ladoga – Novgorod – Kiev. Handel und Handelsverbindungen im südlichen und östlichen Ostseeraum während des frühen Mittelalters. In: Bericht der Römisch-Germanischen Kommission 69 (1988), S. 5–807.

[4] Pohl (wie Anm. 2), insbes. S. 35 f., hat am Beispiel der Awaren eindrucksvoll deutlich gemacht, daß «jede Gleichung ‹ein Volk – ein Name› unangebracht ist», daß vielmehr die Wahl eines siegverheißenden Namens eine gewöhnliche Erscheinung des Frühmittelalters war.

[5] H. Ludat: An Elbe und Oder um das Jahr 1000. Skizzen zur Politik des Ottonenreiches und der slavischen Mächte in Mitteleuropa. Köln 1971; W. H. Fritz: Germania Slavica. Zielsetzung und Arbeitsprogramm einer interdisziplinären Arbeitsgruppe. In: Germania Slavica I. Hrsg. von W. H. Fritze. Berlin 1980, S. 11–40.

[6] W. Conze: Ostmitteleuropa. Von der Spätantike bis zum 18. Jahrhundert. Hg. und mit einem Nachwort von K. Zernack. München 1992, bes. S. 58–104 («Raumordnung durch Landesausbau»).

[7] F. Graus: Die Nationenbildung der Westlawen im Mittelalter. Sigmaringen 1980 (Nationes Bd. 2).

[8] Europa og de fremmede i middelalderen. Red. K. V. Jensen. Kopenhagen 1989; darin die Beiträge u. a. von N. Lund: De vilde vikinger og den siviliserede verden, B. Schartau: Byzans og barbararne, M. Harbsmeier: Kosmologier i det 13. jarhundrede.

[9] Gesetze Kg. Stefans, zuletzt ediert bei Gy. Györffy: Wirtschaft und Gesellschaft der Ungarn um die Jahrtausendwende, Wien 1983, S. 259.

[10] Neben diese ethnische Definition wären zu stellen: eine geographische (etwa bei Jakob Grimm, Deutsche Rechtsaltertümer, [4]1899, Nachdruck 1956, S. 547: fremd ist jener, der «nicht an dem ort, nicht in der mark, nicht in dem land geboren und erzogen ist»), eine rechtliche (nur diesenAspekt behandelt J. Weitzels Artikel «Fremde, -nrecht» im Lexikon des Mittelalters, Bd. 4, Sp. 909 f.) und eine soziale (J. Gilissen, in: L'étranger, Bd. 2, Bruxelles 1958, S. 10 ff.: «Ein Fremder ist jener, der nicht Mitglied einer sozialen politischen Gruppe ist, hinsichtlich welcher seine Stellung betrachtet wird.»).

[11] Weitere Bereiche sind: Mission und Kirchenorganisation, die fürstlichen Höfe, Handwerk und landwirtschaftlich-technische Spezialisierung, Sklavenarbeit.

[12] A. van Gennep: Les rite des passage, Paris 1909 (Dt.: Übergangsriten. Frankfurt/Main 1986); zu van Gennep s. auch: M. Harbsmeier (wie Anm. 8), S. 201.

[13] Ibn Fadlan, der in den Jahren 921/22 als Mitglied einer Gesandtschaft des Kalifen von Badgad zusammen mit einer Handelskarawane nach Bolgar, dem großen Handelszentrum im Reich der Wolga-Bulgaren an der oberen Wolga, reiste, hat eine eindrucksvolle Episode überliefert, wonach ein einziger Angehöriger eines Turkstammes, dessen Gebiet durchquert werden sollte, die riesige Handelskarawane so lange aufhielt, bis er einige Gastgeschenke erhielt – man vgl. die Übersetzung bei A. Zeki Validi Togan, Ibn Fadlan's Reisebericht. In: Abhandlungen für die Kunde des Morgenlandes 24/3, Leipzig 1939, S. 26.

[14] O. Schrader, Gastfreundschaft, in: Reallexikon der indogermanischen Alterstumskunde, Bd. 1, Berlin–Leipzig 1923, S. 346–349, hier S. 347. Anders etwa B. Laum B.: Schenkende Wirtschaft. Nicht marktmäßiger Güterverkehr und seine soziale Funktion, Frankfurt 1960, S. 62.

[15] H. P. Glöckner, Artikel «Strandrecht, Strandregal» im Handwörterbuch der deutschen Rechtsgeschichte, Bd. V, Sp. 19–26. Ein Beispiel für die Wirkung des Strandrechtes gibt die Schilderung eines Falles in den Annalen von Stade (Annales Stadenses, zum Jahr 1112, in: MGH SS XVI, S. 320): Großmutter und Mutter eines Fridericus, die von England kommend in der Grafschaft Stade Schiffbruch erlitten hatten, gerieten *secundum prisci iuris rigorem* in die Unfreiheit.

[16] F. Liebermann: Die Gesetze der Angelsachsen, Bd. 1, Leipzig 1903 (Nachdruck Aalen 1960), S. 11 (= Hlothaere und Eadric § 15).

[17] Zu dieser Erbregelung vgl. auch unten, Anm. 28, und allgemein H. K. Peyer: Von der Gastfreundschaft zum Gasthaus. Studien zur Gastlichkeit im Mittelalter, Hannover, 1987, S. 3 f.

[18] Am besten charakterisiert die griechische Bezeichnung des Gastgebers als *proxenos* dieses Verhältnis. Der gegenseitigen Hilfe bei Handelsgeschäften dienen auch die von U. Köhler (Formen des Handels in ethnologischer Sicht, in: Methodische Grundlagen und Darstellungen zum Handel in vorgeschichtlicher Zeit und in der Antike = Untersuchungen zu Handel und Verkehr der vor- und frühgeschichtlichen Zeit in Mittel- und Nordeuropa I. Göttingen 1985, S. 13–55, hier S. 38, 44) beschriebenen traditionellen *compadrazco-* und *amigri*-Beziehungen in Mittel- und Südamerika.

[19] Diese Deutung auch bei J. Herrmann: Slawen und Wikinger in der Frühgeschichte der Ostseevölker, in: Wikinger und Slawen. Zur Frühgeschichte der Ostseevölker. Hg. von J. Herrmann, A. Erä-Esko u. a., Neumünster, S. 9–148, hier S. 87. Die Inschrift der Dose lautet in der Übersetzung: «Djarf bekam von semgallischen (oder: samländischen) Manne diese (Waag)schalen in ... [l]and» – Text bei A. Ruprecht: Die ausgehende Wikingerzeit im Lichte der Runeninschriften, Göttingen 1958, S. 159, Nr. 173.

[20] Im Fall der Gefahr fanden sie aber Aufnahme in die Stammesburg, so wie bei der dänischen Belagerung im Sommer 1168 – vgl. J. Herrmann: Zur Struktur von Handel und Handelsplätzen im südwestlichen Ostseegebiet vom 8. bis 10. Jahrhundert. In: Oldenburg - Wolin ... (wie Anm. 3), S. 720–739, hier S. 733.

[21] Helmoldi presbyteri Bozoviensis cronica Slavorum (MGH SS in us. schol. 32), hrsg. von B. Schmeidler. Hannover 1937, II/108: *... et patet mercatoribus liber accessus, si tamen ante deo terrae legitima sua persolverint.* Vgl. dazu H. Łowmiański: Początki Polski, Bd. IV, Warszawa 1970, S. 133 f.; zur Svantevit-Verehrung A. Gieysztor: Opfer und Kult in der slawischen Überlieferung, in: Frühmittelalterliche Studien 18 (1984), S. 249–265, der allerdings auf einen möglichen Zusammenhang mit dem Marktgeschehen nicht eingeht.

[22] Magistri Adam Bremensis gesta Hammaburgensis ecclesiae pontificum, hrsg. von B. Schmeidler (MGH SS in us. schol. 2), Hannover, II/22: *Est sane maxima omnium, quas Europa claudit, civitatum, quam incolunt Sclavi cum aliis gentibus, Grecis et Barbaris; nam et advenae Saxones parem cohabitandi legem acceperunt, si tamen christianitatis titulum ibi morantes non publicaverint. Omnes enim adhuc paganicis ritibus oberrant, ceterum moribus et hospitalitate nulla gens honestior aut benignior poterit inveniri.*

[23] Stadtrecht des Königs Magnus Hakonarson für Bergen, hrsg. von R. Meissner, Weimar 1950: Stadtrecht von Bergen III/6, VII/16, S. 39, 223.

[24] Russkaja Pravda, Bd. 1: Teksty, hrsg. von P. D. Grekov, Moskva 1940, § 55, S. 110, 130 usw.; L. K. Goetz: Das russische Recht, Bd. 1, Stuttgart 1910, S. 38.

[25] D. Ellmers: Frühmittelalterliche Handelsschiffahrt in Mittel- und Nordeuropa. Neumünster 1972, S. 21.

[26] MHG Leges 1, hrsg. von K. Zeumer. Hannover/Leipzig 1902, § 13, 3/1–3; vgl. dazu H. Siems: Die Organisation der Kaufleute in der Merowingerzeit nach den Leges. In: Organisationsformen und Kaufmannsvereinigungen in der Spätantike und im frühen Mittelalter. Hrsg. von H. Jankuhn und E. Ebel (= Untersuchungen zu Handel und Verkehr der vor- und frühgeschichtlichen Zeit in Mittel- und Nordeuropa VI), Göttingen 1989, S. 65 ff.

[27] Man vergleiche etwa § 13 des Kapitulars von Diedenhofen (MGH Capit. I, Nr. 43); zu Einzelheiten von Zollerhebungen und zu ihrer Begründung H. Siems: Handel und Wucher im Spiegel frühmittelalterlicher Rechtsquellen, Hannover 1992, S. 449–461, der aber als eine Art von Gegenleistung nur die Erleichterung des Weges nennt.

[28] Das wird aus einer Urkunde für den Bischof von Utrecht von 815 (Migne, PL 104, Sp. 1131, dazu Mühlbacher, Regesta Imperii I, Nr. 578) deutlich: Die Kaufleute, die zu ihren der Utrechter Kirche unterstellten Handelspartnern kommen, werden von der sonst geltenden Regelung ausgenommen, nämlich *eorum res dum vixerint, auferre, aut post mortem eorum contingere.*

[29] Den hohen Stellenwert solcher Exotika illustriert die durch Notker (Notkeri Gesta Karoli, in: Quellen zur Karolingischen Reichsgeschichte 3, Darmstadt 1962, cap. I/16) über-

lieferte Anekdote, wonach ein jüdischer Händler auf Anregung Karls des Großen einem fränkischen Bischof eine einbalsamierte und mit Gewürzen behandelte Maus als orientalische Kostbarkeit gegen einen Scheffel Silber verkaufte. Außerordentlich begehrt, und zwar nicht nur beim Adel, waren die Pelze Nord- und Osteuropas – vgl. dazu F. Irsigler: Divites und pauperes in der Vita Meinwerci, in: Vierteljahresschrift für Sozial- und Wirtschaftsgeschichte 57 (1970), S. 449–499, hier S. 466–470.

[30]   Ellmers (wie Anm. 25), S. 176.

[31]   H. Ljungberg: Die nordische Religion und das Christentum. Studien über den nordischen Religionswechsel zur Wikingerzeit. Gütersloh 1940, S. 138 f.

[32]   Ellmers (wie Anm. 25), S. 179, schließt aus der in Anm. 28 genannte Urkunde, daß «von den Dorestader Handelshäusern feste persönliche Verbindungen zu auswärtigen Kaufleuten unterhalten wurden».

[33]   Ausführliche Begründung dieses Prinzips auf der Basis von Apostel Paulus, Römerbrief cap. 11 (Verheißung) bei A. Patschovsky: Judenverfolgung im Mittelalter. In: Judenfeindschaft – Eine öffentliche Vortragsreihe an der Univ. Konstanz 1988/89. Hg. von E. R. Wiehn. Konstanz 1989, S. 47–72, hier S. 50 f.

[34]   Der Kaiser nahm diese Rechtlosen unter seinen Schutz, verhinderte ihre Ausbeutung durch seine Beamten, erlaubte ihnen, nach eigenem, fremden Gesetz zu leben, regelte ihre Rechtsstellung, ernannte sich selbst zum obersten Richter über sie und setzte ein hohes Wergeld für sie fest, das er für seinen Hof beanspruchte – vgl. z. B. MGH Formulae Merowingici et Karolini aevi (MGH Leges V/1), Hannover 1886 (Neudruck 1963), Nr. 31, S. 309 f.

[35]   MGH Leges III, Hannover 1863 (Neudruck 1965), S. 480 ff., cap. 9.

[36]   «... des Juifs, qui sont sous la protection des Francs». Zitiert nach P. Johanek: Der fränkische Handel der Karolingerzeit im Spiegel der Schriftquellen. In: Der Handel der Karolinger- und der Wikingerzeit (Untersuchungen zu Handel und Verkehr der vor- und frühgeschichtlichen Zeit in Mittel- und Nordeuropa IV), hrsg. von K. Düwel u. a., Göttingen 1987, S. 57, Anm. 280.

[37]   J. Armstrong: Nations before Nationalism, Chapel Hill 1982, S. 122–126, hat in seiner vergleichenden Studie in bezug auf die Stadtentwicklung sogar von der «Multiethnizität als Norm» gesprochen, mit der Einschränkung, daß die Ansätze für eine multiethnische Zusammensetzung der mittelalterlichen Städte im Westen Europas bald erstickt wurden.

[38]   Diese Definition von *ports of trade* gibt U. Köhler (wie Anm. 18), S. 43.

[39]   Die Karolinger zogen Zoll an Übergängen (Grenzen, Brücken, u. ä.) ein; in Böhmen wurde Zoll an zahlreichen Grenzstellen eingenommen (vgl. z. B. Codex diplomaticus et epistolaris regni Bohemiae, Bd. I, Praha 1904, Nr. 375); ein binnenländischer Transitzoll, der in Burgen ohne Grenzfunktion erhoben wurde, wird in Polen faßbar (Kodeks dyplomatyczny Wielkopolski – Codex diplomaticus Poloniae Maioris, Bd. 1, Poznan 1877, Nr. 7).

[40]   Łowmiański (wie Anm. 21), S. 133 f. In Ungarn gewährten im 10. Jahrhundert noch die Burgherren (das waren Stammes- oder Sippenoberhäupter) den fremden Kaufleuten bewaffnetes Geleit und erhoben dafür Zoll – I. Dienes: Die Ungarn um die Zeit der Landnahme, Budapest 1972, S. 45 f.

[41]   Arabische Berichte von Gesandten an germanische Fürstenhöfe aus dem 9. und 10. Jh., hrsg. von G. Jacob, Leipzig 1927, S. 12: «Die Stadt Prag ... ist der größte Handelsplatz jener Länder. Zu ihr kommen aus der Stadt Krakau die Rus und die Slaven ..., und es kommen zu ihnen aus den Ländern der Türken Muhammedaner, Juden und Türken ...».

[42]   Chr. Lübke: Regesten zur Geschichte der Slaven an Elbe und Oder, Berlin 1985 ff., Teil 2, Nr. 144.

[43]   Die Nestorchronik zitiert zum Jahr 969 den Fürsten mit den Worten: «... ich will in Prejaslavec an der Donau leben ... Dort kommen alle Güter zusammen: aus Griechenland

Gold, Pavoloken, Wein und mannigfache Früchte, aus Böhmen und Ungarn Silber und Pferde, aus Rußland Pelzwerk und Wachs und Honig und Sklaven.» (nach der Übersetzung durch R. Trautmann, Die altrussische Nestorchronik, Leipzig 1939, S. 45).

[44] Diplomata Ottonis I. (= MGH DD I), Hannover 1879 ff., Nr. 300.

[45] Irsigler (wie Anm. 29), S. 495, zitiert (nach Luise von Winterfeld: Handel, Kapital und Patriziat in Köln bis 1400. Lübeck 1925, S. 70 f.): *Anselmus liber ex liberis genitus in Hungariam ire disponens.* Irsigler bezieht die Nachricht auf Handelstätigkeit Anselms, doch ist ebensogut an Waffendienst zu denken.

[46] Das Hofrecht Bischof Burchards von Worms 1024/25, in: Ausgewählte Quellen zur deutschen Geschichte des Mittelalters, hg. von L. Weinrich, Darmstadt 1977; dazu F. Irsigler (wie Anm. 29), S. 495 f.: «*Extra patriam* konnte der Osten, eine Stadt, eine andere Grundherrschaft oder auch eine längere Handelsreise sein, bei der man den Erlös für die *hereditas* einsetzte.»

[47] L. K. Goetz: Deutsch-russische Handelsverträge des Mittelalters, Hamburg 1916, S. 23, Anm. 1; E. Amburger: Zur Geschichte des Großhandels in Rußland: die gosti, in: Vierteljahrsschrift für Sozial- und Wirtschaftsgeschichte 46 (1959), S. 248–261, hier S. 248.

[48] Dieser Aspekt ist in der Forschung bisher kaum berücksichtigt – vgl. den von E. Fügedi verfaßten Artikel «Hospites» im Lexikon des Mittelalters (Bd. V, Sp. 137), der allerdings nur auf Ungarn bezogen ist. Ein kurzer Hinweis auf die ursprüngliche Bedeutung «Fremder, hauptsächlich Kaufmann» findet sich bei A. Wędzki: Początki reformy miejskiej w środkowej Europie do połowy XIII wieku, Warzawa, Poznań 1974, S. 53.

[49] Ch. Warnke, Der Handel mit Wachs zwischen Ost- und Westeuropa im frühen und hohen Mittelalter, in: Der Handel (wie Anm. 36), S. 545–569, hier S. 566 f.

[50] Hansisches Urkundenbuch, Bd. 1 bearb. von K. Höhlbaum, Halle 1876, Nr. 33.

[51] Warnke (wie Anm. 49), S. 567, mit Hinweis auf den Vertrag zwischen Nowgorod sowie deutschen und gotländischen Kaufleuten, der vermutlich 1189 entworfen und 1201 unterzeichnet und beschworen wurde (gedruckt bei Goetz, wie Anm. 47, S. 15 ff.).

[52] Warnke (wie Anm. 49), S. 566 f.

[53] Die Tätigkeit jener Söldner, die zum Teil in größeren Gruppen angeheuert wurden und deren Aufgabe meist auf einen bestimmten Anlaß bezogen und zeitlich von vornherein begrenzt war, muß hier außer acht bleiben. Ich verweise für diesen Bereich auf meine in Vorbereitung befindliche Untersuchung zum Thema «Fremde im östlichen Europa» (9.–11. Jh.).

[54] Zum frühmittelalterlichen slavischen Heer vgl. Łowmiański (wie Anm. 21), S. 150–192.

[55] C. Goehrke: Frühzeit des Ostslaventums, Darmstadt 1992 (Erträge der Forschung 277), S. 152 f.

[56] Pohl (wie Anm. 2), S. 97.

[57] Pohl (wie Anm. 2), S. 112–117, bes. S. 116.

[58] Germania, hrsg. von E. Fehrle, überarb. von R. Hünnerkopf, Heidelberg [5]1959, cap. 13 ff., S. 29 ff.

[59] Man vgl. zuletzt H. K. Schulze: Grundstrukturen der Verfassung im Mittelalter, Bd. 1, Stuttgart u. a. [2]1990, bes. S. 48 f.; G. von Olberg: Die Bezeichnungen für soziale Stände, Schichten und Gruppen in den Leges Barbarorum. Berlin 1991, bes. S. 60–73, 112–134.

[60] Zum Anrecht auf Beute als einem wesentlichen Anreiz für Gefolgsleute s. jetzt G. Althoff: Verwandte, Freunde und Getreue, Darmstadt 1990, S. 146 f.

[61] G. Köbler, Althochdeutsch-neuhochdeutsch-lateinisches Wörterbuch, Teil 2, Gießen [3]1992, S. 1146: *waregang, warigang* – «Schutzgänger, Fremder».

[62] Edictus Rothari (in: MGH Leges IV, 1868), cap. 367: *Omnes waregang, qui de exteras fines in regni nostri finibus aduenerint seque sub scuto potestatis nostrae subderint, legibus nostris langobardorum vivere debeant, nisi si aliam legem ad pietatem nostram meruerint.*

[63] Lex Francorum Chamavorum (in: MGH Leges V), cap. IX.

[64] Ausführliche Erörterung der Überlieferung zu Alzesco bei Pohl (wie Anm. 3), S. 269.

[65] Althoff (wie Anm. 60), S. 62.

[66] Łowmiański (wie Anm. 21), S. 170; G. v. Olberg, Artikel «Gefolgschaft», in Lexikon des Mittelalters IV, Sp. 1171.

[67] Auch Karl (d. Gr.) erließ noch im Jahr 779 ein Kapitular mit dem Titel *De truste faciendo nemo praesumat.* Zur Deutung von *trustis* allgemein G. von Olberg (wie Anm. 59), S. 124–133. Zum Antrustionat als spezieller Ausprägung des «fränkischen Gefolgschaftswesens»: H. K. Schulze (wie Anm. 59), S. 47–50.

[68] Etwa im Hinblick auf die Teilnahme eines böhmischen Kontingentes in der Lechfeldschlacht gegen die Ungarn im Jahr 955 – vgl. Lübke (wie Anm. 42), II, Nr. 85, 98.

[69] Den Normannenfürsten wurde ca. 965/968 der Titel *marchio* verliehen, und als *marchio* wurde auch Mieszko in die Fuldaer Totenannalen eingetragen – vgl. dazu Lübke (wie Anm. 42), III, Nr. 239, 269.

[70] Goehrke (wie Anm. 55), S. 140.

[71] G. Schramm: Gentem suam Rhos vocari dicebant. Hintergründe der ersten Erwähnung von Russen (a. 839). In: Ostmitteleuropa. Berichte und Forschungen. Hg. von U. Haustein u. a., Stuttgart 1981, S. 1–10.

[72] Łowmiański (wie Anm. 21), S. 172; U. Halbach: Der russische Fürstenhof vor dem 16. Jahrhundert, Wiesbaden, Stuttgart 1985, S. 65 ff., 105.

[73] Dagegen vermutete H. Łowmiański, O proizchoždenii russkogo bojarstva. In: Vostočnaja Evropa v drevnosti i srednevekov'e. Sbornik statej. Moskva 1978, S. 93–100, eher eine Spezialisierung der einheimischen Mitarbeiter der Fürsten in der fürstlichen und staatlichen Administration.

[74] I. Jansson: Wikingerzeitlicher orientalischer Import in Skandinavien. In: Oldenburg-Wolin (wie Anm. 4), bes. S. 564–647; dazu auch: G. S. Lebedev: Épocha vikingov v Svernoj Evrope. Leningrad 1985.

[75] K. Rahbeck Schmidt, Soziale Terminologie in russischen Texten des frühen Mittelalters (bis zum Jahre 1240), Kopenhagen 1964, S. 44–103; Goehrke (wie Anm. 55), S. 138.

[76] Diese Ausstattung kennzeichnet die «družina-Gräber» – vgl. Goehrke (wie Anm. 55), S. 139, mit weiterer Literatur; auch die schriftliche Überlieferung hebt dies hervor, etwa für Böhmen die Legenda Christiani (hrsg. von J. Ludvikovský, Praha 1978, S. 37): Die Fürstin Ludmila wendet sich vorwurfsvoll an ihre Mörder Tuna und Gommon, denn sie «bedachte sie einst mit Gold, Silber und prächtigen Gewändern»; für Polen vgl. den Bericht Ibrahim ibn Ja'qubs bei G. Jacob (wie Anm. 39), S. 14.

[77] Goehrke (wie Anm. 55), S. 138, 153.

[78] Zu ihm: M. J. Artamonov, Voevoda Svenal'd. In: Kul'tura Drevnej Rusi, Moskva 1966, S. 66 ff.

[79] Davon berichtet die Povest' vremennych let zum Jahr 945, man vgl. Trautmann (wie Anm. 43), S. 35.

[80] Trautmann (wie Anm. 43), S. 51 f.

[81] Constantinus Porphyrogenitus: De administrado imperio. Hrsg. von Gy. Moravcsik. Dumbarton Oaks 1967, cap. 9, S. 63; ich folge der Auffassung von C. Goehrke, (wie Anm. 55), S. 155, daß die Steuer als Tribut im Winter eingezogen wurde, wobei das *polud'je* «am ehesten als Gastungspflicht der Tributabhängigen gegenüber den Tributeinnehmern» zu deuten ist».

[82] Die vier Bücher der Chroniken des sog. Fredegar, in: Quellen zur Geschichte des 7. und 8. Jahrhunderts, Darmstadt 1982, IV/48, S. 208 f.

[83] Łowmiański (wie Anm. 21), S. 176, vermutet, daß einzelne Fremde nach Ableistung ihrer Dienstzeit Land erhielten, auf dem sie sich einen Hof bauten. Den Sonderfall der Verleihung Alt-Ladogas und des umliegenden Landes an schwedische Verwandte der Groß-

fürstin Ingigerd (die Gemahlin Jaroslavs des Weisen) schildert A. N. Kirpičnikov: Ladoga i Ladožskaja zemlja VIII–XIII vv. In: Slavjano-russkie drevnosti, vyp. 1: Istoriko-archeologičeskie izučenie Drevnej Russi. Hrsg. von I. V. Dubov. Leningrad 1988, S. 38–79, hier S. 56–60.

⁸⁴ Vgl. z. B. Großmähren. Ein versunkenes Slavenreich im Licht neuer Ausgrabungen, Ausstellung ... Museum für Vor- und Frühgeschichte, Berlin 1967.

⁸⁵ M. Hellmann: Slawisches, insbesondere ostslawisches Herrschertum. In: Das Königtum. Seine geistigen und rechtlichen Grundlagen. Darmstadt ²1969 (Vorträge und Forschungen 3), S. 243–278, hier S. 259; F. Graus: Böhmen im 9. bis 11. Jahrhundert. Von der «Stammesgesellschaft» zum mittelalterlichen «Staat». In: Gli slavi occidentali e meridionali nell'alto medioevo, Bd. 1, Spoleto 1983, S. 169–196, hier S. 182 ff.

⁸⁶ Vgl. G. Labuda, «Gommon», in: Słownik Starożytnosci Słowiańskich, Bd. 2, S. 130 f.; siehe auch oben, Anm. 76.

⁸⁷ Trautmann (wie Anm. 41), S. 54, 98.

⁸⁸ Lübke (wie Anm. 42), IV, Nr. 492.

⁸⁹ Galli anonymi cronicae et gesta ducum sive principum Polonorum, hrsg. von K. Maleszyński (Monumenta Poloniae historica NS 2), Kraków 1952, cap. 8: *Sustentate me cadentem prae dolore, comites, / Viduatae michi, quaeso, condolete milites, / Desolati respondete: Heu nobis! hospites!* Weitere Beispiele sächsischer Adliger in slawischen Dienstes sowie auch von Slawen in der Umgebung sächsicher Herren bei Chr. Lübke: Slaven und Deutsche um das Jahr 1000. In: Mediaevalia Historica Bohemica 3 (1993), S. 59–90, hier S. 69–75 und 89 f.

⁹⁰ Gy. Györffy: König Stephan der Heilige. Budapest 1988, S. 93.

⁹¹ Györffy (wie Anm. 90), S. 77.

⁹² Györffy (wie Anm. 90), S. 91.

⁹³ Györffy (wie Anm. 9), S. 259: *Sicut enim ... veniunt hospites, ... et arma secum ducunt, que omnia regna ornant.*

⁹⁴ Annales Hildesheimenses (MGH SS rer. Germ. in us. schol. 8), zum Jahr 1031.

⁹⁵ Ich folge darin dem von Györffy (wie Anm. 90), S. 19 f., formulierten Gedankengang.

W. Schich: Zum Ausschluß der Wenden aus den Zünften
nord- und ostdeutscher Städte im späten Mittelalter

Anmerkungen

¹ Allgemein vgl. Ferdinand Frensdorff, Das Zunftrecht insbesondere Norddeutschlands und die Handwerkerehre, in: Hansische Geschichtsblätter 34 (1907), S. 1–89; Rudolf Wissell, Des alten Handwerks Recht und Gewohnheit, 2., erw. u. bearb. Ausg., hg. v. Ernst Schraepler (Einzelveröffentlichungen der Historischen Kommission zu Berlin, 7), Bd. 1, Berlin 1971, S. 125 ff.

² Dazu knapp Wolfgang Zorn, Deutsche und Undeutsche in der städtischen Rechtsordnung des Mittelalters in Ost-Mitteleuropa, in: Zs. f. Ostforschung 1 (1952), S. 182–194; ausführlich zuletzt Dora Grete Hopp, Die Zunft und die Nichtdeutschen im Osten, insbesondere in der Mark Brandenburg (Wissenschaftl. Beiträge z. Geschichte u. Landeskunde Ost-Mitteleuropas, 16), Marburg 1954; für Teilregionen Olof Ahlers, Die Bevölkerungspolitik der Städte des «wendischen» Quartiers der Hanse gegenüber Slawen, Phil. Diss. Berlin 1939; Werner Vogel, Der Verbleib der wendischen Bevölkerung in der Mark Brandenburg, Berlin 1960 (Phil. Diss. FU Berlin), S. 122 ff.

³ Eine weitere Beschäftigung mit dem Thema ist vorgesehen.

⁴ Herbert Helbig, Gesellschaft und Wirtschaft der Mark Brandenburg im Mittelalter (Veröffentlichungen der Historischen Kommission zu Berlin, 41), Berlin–New York 1973,

S. 25; Evamaria Engel, Die Stadtgemeinde im brandenburgischen Gebiet, in: Landgemeinde und Stadtgemeinde in Mitteleuropa. Ein struktureller Vergleich, hg. v. Peter Blickle, München 1991, S. 333–358, hier S. 338 ff.

[5] Vgl. Winfried Schich, Braunschweig und die Ausbildung des sogenannten Wendenparagraphen, in: Jb. f. d. Geschichte Mittel- und Ostdeutschlands 35 (1986), S. 221–233.

[6] Werner Rothmaler, Die Gilde der Wandschneider und Lakenmacher in der Altenwiek zu Braunschweig, in: Archiv für Sippenforschung 10 (1933), S. 283–287, 320–324.

[7] So etwa Zorn (wie Anm. 2), S. 188; Hopp (wie Anm. 2), S. 70; Vogel (wie Anm. 2), S. 122; offensichtlich mit Bedenken: Erich Woehlkens, «Deutsch und nicht wendisch». Untersuchungen zur Wendenklausel in Geburtsbriefen, in: Uelzener Beiträge 6 (1977), S. 53–64, hier S. 55.

[8] Joachim Herrmann, Der Prozeß der Assimilation und des deutsch-slawischen Zusammenlebens, in: Die Slawen in Deutschland. Geschichte und Kultur der slawischen Stämme westlich von Oder und Neiße vom 6. bis 12. Jahrhundert. Ein Handbuch. Neubearbeitung, hg. v. Joachim Herrmann (Veröffentlichungen des Zentralinstituts für Alte Geschichte und Archäologie der Akademie der Wissenschaften der DDR, 14), Berlin 1985, S. 443–452, hier S. 449.

[9] Schich (wie Anm. 5), S. 231 f.

[10] Vgl. Wissell (wie Anm. 1), 1, S. 153 (zu 1330).

[11] Pommersches Urkundenbuch, Bd. 8, hg. v. Erwin Assmann, Köln-Graz 1961, Nr. 5324.

[12] Hartmut Boockmann, Civis und verwandte Begriffe in ostdeutschen, insbesondere preußischen Stadtrechtsquellen, in: Über Bürger, Stadt und städtische Literatur im Spätmittelalter, hg. v. Josef Fleckenstein u. Karl Stackmann (Abh. d. Akad. d. Wiss. in Göttingen, Phil.-Hist. Kl., III, 121), Göttingen 1980, S. 42–58, hier S. 55 f. mit Anm. 52; ders., Zur ethnischen Struktur der Bevölkerung deutscher Ostseestädte, in: Der Ostseeraum – historische Elemente einer wirtschaftlichen Gemeinschaft, hg. v. Klaus Friedland (Schriftenreihe der Industrie- und Handelskammer zu Lübeck, 12), Lübeck o. J. [1980], S. 17–28, dort S. 23 f.; ähnlich schon Fritz Gause, Die Forderung deutscher Abstammung der Lehrlinge in den altpreußischen Gewerksrollen, in: Zs. f. Ostforschung 9 (1960), S. 57–65.

[13] Codex diplomaticus Brandenburgensis, hg. v. Adolph Friedrich Riedel, Hauptteil I, Bd. 20, Berlin 1861 (künftig: CDB I/20; andere Bände analog), S. 350 Nr. 16.

[14] Die älteren Zunfturkunden der Stadt Lüneburg, bearb. v. Eduard Bodemann (Quellen u. Darstellungen z. Geschichte Niedersachsens, 1), Hannover 1883, S. 130 u. 136.

[15] Vgl. Knut Schulz, Handwerk und Gewerbe im spätmittelalterlichen Brandenburg, in: Beiträge zur Entstehung und Entwicklung der Stadt Brandenburg im Mittelalter, hg. v. Winfried Schich (Veröffentlichungen der Historischen Kommission zu Berlin, 84), Berlin-New York 1993, S. 175–202.

[16] Vgl. etwa Rudolf Lehmann, Geschichte des Wendentums in der Niederlausitz bis 1815 im Rahmen der Landesgeschichte (Die Wenden, 2), Berlin 1930; Frido Mětšk, Der Kurmärkisch-wendische Distrikt. Ein Beitrag zur Geschichte der Territorien Bärwalde, Beeskow, Storkow, Teupitz und Zossen unter besonderer Berücksichtigung des 16. bis 18. Jahrhunderts (Deutsche Akademie der Wissenschaften zu Berlin, Schriftenreihe d. Instituts für sorbische Volksforschung in Bautzen, 24), Bautzen 1965; Gertraud Schrage, Slaven und Deutsche in der Niederlausitz. Untersuchungen zur Siedlungsgeschichte im Mittelalter (Germania Slavica VI; Berliner Historische Studien, 15), Berlin 1990 (Phil. Diss. FU Berlin).

[17] Aus der umfangreichen Literatur vgl. etwa die unter dem Titel «Slawen und Deutsche im Wendland» vereinigten Tagungsbeiträge, in: Niedersächsisches Jahrbuch für Landesgeschichte 44 (1972), S. 1–73; ferner Gerhard Osten, Slawische Siedlungsspuren im Raum um Uelzen, Bad Bevensen und Lüneburg (Uelzener Beiträge, 7), Uelzen 1978; Jerzy Strzelczyk, Drzewianie połabscy, in: Slavia Antiqua 15 (1968), S. 61–216; ders., Z nowszych badań nad dziejami drzewian połabskich i hanowerskiego Wendlandu, in: Studia Historica Slavo-Ger-

manica 5 (1976), S. 137–174; Matthias Hardt u. Hans K. Schulze, Altmark und Wendland als deutsch-slawische Kontaktzone, in: Wendland und Altmark in historischer und sprachwissenschaftlicher Sicht, hg. v. Roderich Schmidt, Lüneburg 1992, S. 1–44.

[18] Reinhold Olesch, Finis linguae Dravaenopolabicae, in: Festschrift für Friedrich von Zahn, Bd. I. Zur Geschichte und Volkskunde Mitteldeutschlands, hg. v. Walter Schlesinger (Mitteldeutsche Forschungen, 50/I), Köln-Graz 1968, S. 623–637.

[19] Mecklenburgisches Urkundenbuch, Bd. 18, Schwerin 1897, Nr. 10815: «Dyt erste privilegium is dit: de wil wesen eyn medebroder unses amptes her to Swerin, schal wesen echte und recht, Dudes unde nicht Wendes, vry unde nicht eyghen unde wol beruchtet myt bryven tuchnisse, alzo id ys eyne wonlike wanheith in allen steden.»

[20] Hans Witte, Wendische Bevölkerungsreste in Mecklenburg, Stuttgart 1905, S. 45 ff., 110 ff. mit Karte im Anh.

[21] Richard Moderhack, Die Innungsartikel der Luckauer Schuhmacher von 1384, in: Niederlausitzer Mitteilungen 22 (1934), S. 339–346, hier S. 344: «daz her recht eylich geborn si van erlichen guten duczen luten van alle sinen vir anen her, daz her nicht wendichs si.» Vgl. Hopp (wie Anm. 2), S. 72.

[22] CDB I/20, S. 350 Nr. 16: «wen wir badere kinden, vorsprochin, Linenwebin, Schefere, wende, pfaffin unde allen unechten kinderen werk vorsagin yn unsir Stat czu ubende.»

[23] Vgl. etwa Frensdorff (wie Anm. 1), S. 35 ff.; Wissell (wie Anm. 1), 1, S. 145 ff.; Hopp (wie Anm. 2), S. 45 ff.; Otto Beneke, Von unehrlichen Leuten. Cultur-historische Studien und Geschichten aus vergangenen Tagen deutscher Gewerbe und Dienste, mit bes. Rücksicht auf Hamburg, Hamburg 1863; Werner Danckert, Unehrliche Leute. Die verfemten Berufe, Bern-München 1963 (dessen mythologische Deutungsversuche aber häufig nicht überzeugen); Karl-Sigismund Kramer, Art. «Ehrliche/unehrliche Gewerbe», in: Handwörterbuch zur deutschen Rechtsgeschichte, Bd. 1, Berlin 1964, Sp. 855–858; Wolfgang Hartung, Gesellschaftliche Randgruppen im Spätmittelalter, in: Städtische Randgruppen und Minderheiten, hg. v. Bernhard Kirchgässner u. Fritz Reuter (Stadt in der Geschichte, 13), Sigmaringen 1986, S. 49–114, hier S. 71 ff.; Eberhard Isenmann, Die deutsche Stadt im Spätmittelalter. 1250–1500. Stadtgestalt, Recht, Stadtregiment, Kirche, Gesellschaft, Wirtschaft, Stuttgart 1988, S. 264 f.; Richard van Dülmen, Kultur und Alltag in der Frühen Neuzeit, Bd. 2, München 1992, S. 194 ff.

[24] CDB I/20, S. 344 Nr. 7, S. 345 Nr. 9, S. 346 Nr. 11 (nicht «Gewandschneider» wie im Kopfregest, sondern «gewantmacher»), S. 348 Nr. 13.

[25] CDB I/20, S. 366 Nr. 38: «Wer ouch syn wer(k) myt en wil gewinnen, der sal bewisunge brengin den Rathman und den kumpan, daz her sy geborn von elichen duczen bedirben [biederen] lutin, ouch dy selbin, dy an dem werke gewesit syn byz her unnd noch daran syn und al ir samen, der von en ist, und noch kummet, welkyz werkyz dy begerende syn in unsir stad, daz sal man en nycht vorsagin. Vortmer mag keyner uz dem werke wendische art in daz wergk czyn. Ydir queme eyner, der noch syn werg gewinnen welde adir wunne hette, der eyn wyb, dy Wendischir art wer, dyselbin seen czu, daz ir kynt mogin werg besiczczen nach unsir briefe luet [laut unseren Briefen] in unsir stad.» Ähnliche Gildebriefe erhielten nach Riedel (Anm.) um die Jahreswende 1387 und 1388 die Fleischer, Schneider, Tuchmacher und Schuhmacher. Vgl. auch Mĕtšk (wie Anm. 16), S. 35 f.

[26] CDB I/20, S. 371 Nr. 46.

[27] Vilho Niitemaa, Die undeutsche Frage in der Politik der livländischen Städte im Mittelalter (Annales Academiae Scientiarum Fennicae, Ser. B, 64), Helsinki 1949, S. 59 ff.; vgl. auch Manfred Hellmann, Gilden, Zünfte und Ämter in den livländischen Städten unter besonderer Berücksichtigung der «Undeutschen», in: Festschrift für Berent Schwineköper, hg. v. Helmut Maurer u. Hans Patze, Sigmaringen 1982, S. 327–335; Paul Johansen/Heinz von zur Mühlen, Deutsch und Undeutsch im mittelalterlichen und frühneuzeitlichen Reval (Ostmitteleuropa in Vergangenheit und Gegenwart, 15), Köln-Wien 1973.

[28] CDB I/20, S. 423 Nr. 96; vgl. auch ebd., S. 420 Nr. 94 u. 95.

[29] Wie Anm. 21.

[30] Rudolf Lehmann, Urkundeninventar zur Geschichte der Niederlausitz bis 1400 (Mitteldeutsche Forschungen, 55), Köln-Graz 1968, Nr. 164, 174.

[31] CDB I/12, Berlin 1857, S. 389 Nr. 7.

[32] Anneliese Krenzlin, Dorf, Feld und Wirtschaft im Gebiet der großen Täler und Platten östlich der Elbe. Eine siedlungsgeographische Untersuchung (Forschungen zur deutschen Landeskunde, 70), Remagen 1952, Anh. Tabelle I, S. 120 f.; Lieselott Enders, Die Uckermark. Geschichte einer kurmärkischen Landschaft vom 12. bis zum 18. Jahrhundert, Weimar, 1992, S. 62; allgemein vgl. Wolfgang H. Fritze, «Villae slavicae» in der Mark Brandenburg. Zur Bedeutung eines urkundlichen Terminus des hohen Mittelalters im Bereich der Germania Slavica, in: Dona Brandenburgica. Festschrift für Werner Vogel zum 60. Geb., hg. v. Eckart Henning u. Wolfgang Neugebauer (Jahrbuch für brandenburgische Landesgeschichte, 41), Berlin 1990, S. 11–68.

[33] Bodemann (wie Anm. 14), S. 130: «Item so schal he soken eyne hoge morgensprake unde so schal he tuge edder breve bringen, dat he sy echt recht dudesch unde nicht wendisk, vrig unde nemendes egen, unde van framen unberuchteden luden gebaren»; S. 136: «Item is dar yenich remensnyder, gordeler edder budelmaker, de leerjungen wil tosetten, dar schal he to nemen twe lofwerdige lude, de scholt dat betugen, dat he sy echt unde recht, dudesch unde nicht wendesch, vryg unde nemendes egen, unde dat he sy van vader unde van moder unde van vramen unberuchteden luden sy gebaren.» Vgl. auch die Willkür der Schweriner Wollweber von 1372 in Anm. 19.

[34] Ebd., bes. S. 96 f., ferner S. 28, 52, 100 f., 165, 177, 191, 252; Ulrich Scheschkewitz, Das Zunftwesen der Stadt Lüneburg von den Anfängen bis zur Änderung der Stadtverfassung im Jahre 1639, Lüneburg 1966 (Phil. Diss. Hamburg 1964), S. 30 f.

[35] Bodemann (wie Anm. 14), S. 10 f., 19. Allgemein zur Morgensprache in Lüneburg: Scheschkewitz (wie Anm. 34), S. 82 ff.

[36] Wie Anm. 19.

[37] Ahlers (wie Anm. 2), S. 37 f.

[38] Ebd., S. 39. Weitere Beispiele bei Vogel (wie Anm. 2), S. 127 f.; Frensdorff (wie Anm. 1), S. 31 ff.; Woehlkens (wie Anm. 7), S. 53 ff.; Peter Wilhelm Behrends, Etwas über die bürgerlichen Geburts- und Adelsbriefe der früheren Jahrhunderte, in: Jahresbericht des Altmärkischen Vereins für vaterländische Geschichte und Industrie zu Salzwedel 11 (1848), S. 23–41.

[39] Schich (wie Anm. 5), S. 230 f.

[40] Vgl. den Überblick von Vogel (wie Anm. 2), S. 122 ff.

[41] Auf die Forschungsgeschichte soll an anderer Stelle eingegangen werden.

[42] Hoff (wie Anm. 2), S. 13 u. ö.

[43] Vgl. etwa Winfried Schich, Stadtwerdung im Raum zwischen Elbe und Oder im Übergang von der slawischen zur deutschen Periode, in: Germania Slavica I, hg. v. Wolfgang H. Fritze (Berliner Historische Studien, 1), Berlin 1980, S. 191–238; Joachim Herrmann, Frühe Städte und Handwerkssiedlungen, in: Die Slawen in Deutschland (wie Anm. 8), S. 232–251.

[44] Vgl. etwa Klaus Grebe, Brandenburg vor 1000 Jahren, Potsdam 1991, bes. S. 28 ff.; Adriaan von Müller/Klara von Müller-Muči, Die Ausgrabungen auf dem Burgwall in Berlin-Spandau, Bd. 1. Textband (Berliner Beiträge zur Vor- und Frühgeschichte, N. F., 3), Berlin 1983.

[45] Zu den Kietzen vgl. bes. Herbert Ludat, Die ostdeutschen Kietze, Nachdruck der Ausgabe von 1936 mit einem Nachwort des Verfassers, Hildesheim-Zürich-New York 1984 (zu Beeskow: S. 116 f.), und jetzt Jan M. Piskorski, Brandenburskie *Kietze (chyze)* – instytucja pochodzenia słowiańskiego czy «produkt» władzy askańskiej? in: Przeglad Historyczny 79 (1988), H. 1, S. 301–329.

[46] So z. B. auch Helmut Assing, Neue Überlegungen zur Entstehung der Altstadt Brandenburg, in: Hansische Stadtgeschichte – Brandenburgische Landesgeschichte (Festschrift Eckhard Müller-Mertens), hg. v. Evamaria Engel u. a. (Hansische Studien, 8; Abhandlungen zur Handels- und Sozialgeschichte, 26), Weimar 1989, S. 15–28.

[47] So wird z. B. für die slawische «Burgstadt» Spandau nach dem Grabungsbefund mit einer Zahl von mehreren hundert Bewohnern gerechnet, der Kietz zählte aber im 14. Jahrhundert nur 25 Häuser; von Müller/von Müller-Muči (wie Anm. 44), S. 88; Ludat (wie Anm. 45), S. 173.

[48] Adriaan von Müller, Spandau, eine bedeutende Stadt in der mittelalterlichen Mark Brandenburg. Neue archäologische Forschungsergebnisse, in: Festschrift der Landesgeschichtlichen Vereinigung für die Mark Brandenburg zu ihrem hundertjährigen Bestehen, hg. v. Eckart Henning u. Werner Vogel, Berlin 1984, S. 78–103, hier S. 94 f.; ders., Spandau im Mittelalter, in: Berlin und Umgebung (Führer zu archäologischen Denkmälern in Deutschland, 23), Stuttgart 1991, S. 105–117, hier S. 114 f.

[49] CDB I/14, Berlin 1857, S. 3 f. Nr. 5.

[50] CDB II/1, Berlin 1843, S. 486 f. Nr. 580.

[51] Ahlers (wie Anm. 2), S. 16 f.

[52] Die slawischen Personennamen in dem behandelten Raum verzeichnet Gerhard Schlimpert, Slawische Personennamen in mittelalterlichen Quellen zur Deutschen Geschichte (Deutsch-slawische Forschungen zur Namenkunde und Siedlungsgeschichte, 32), Berlin 1978.

[53] Allgemein vgl. dazu etwa Boockmann, Zur ethnischen Struktur (wie Anm. 12), S. 17 ff.; Helmut Jachnow, Die slavischen Personennamen in Berlin bis zur tschechischen Einwanderung im 18. Jahrhundert. Eine onomastisch-demographische Untersuchung (Veröffentlichungen der Abt. für slavische Sprachen und Literaturen des Osteuropa-Instituts an der FU Berlin, 37), Berlin 1970, S. 48 ff.

[54] Ahlers (wie Anm. 2), S. 6 f.; Erich Hoffmann, Lübeck im Hoch- und Spätmittelalter: Die große Zeit Lübecks, in: Lübeckische Geschichte, hg. v. Antjekatrin Graßmann, Lübeck 1988, S. 79–340, hier S. 229.

[55] Wilhelm Ebel, Lübisches Recht im Ostseeraum, in: Die Stadt des Mittelalters, hg. v. Carl Haase, Bd. 2 (Wege der Forschung, 244), Darmstadt 1972, S. 255–280, hier S. 270 (Erstdruck 1967).

[56] Ahlers (wie Anm. 2), S. 33 f.; Wilhelm Ebel, Lübisches Recht, Bd. 1, Lübeck 1971, S. 275 mit Anm. 12; Hoffmann (wie Anm. 54), S. 228.

[57] CDB I/15, Berlin 1858, S. 9 Nr. 8 (Gewandschneider zu Stendal 1231); CDB I/1, Berlin 1838, S. 366 Nr. 2 (Gewandschneider zu Kyritz 1245); Das Berlinische Stadtbuch aus dem Ende des XIV. Jahrhunderts. Neue Ausg., hg. v. Paul Clauswitz, Berlin 1883, S. 65 f.; Johannes Schultze, Gildeprivileg für die Kyritzer Bäcker von 1336, in: Forschungen zur Brandenburgischen und Preußischen Geschichte 40 (1927), S. 154–157. Die Zahl der Beispiele ließe sich vermehren.

[58] Wissell (wie Anm. 1), 1, S. 240 ff.; Hopp (wie Anm. 2), S. 47 f., 50 f.

[59] CDB I/23, Berlin 1862, S. 397 Nr. 417.

[60] Allgemein vgl. etwa den Sammelband Städtische Mittelschichten, hg. v. Erich Maschke u. Jürgen Sydow (Veröffentlichungen der Kommission für geschichtliche Landeskunde in Baden-Württemberg, B, 69), Stuttgart 1972; zu den «innerstädtischen Unruhen» bzw. «Bürgerkämpfen» dieser Zeit vgl. zusammenfassend Isenmann (wie Anm. 23), S. 190 ff.; Evamaria Engel, Die deutsche Stadt des Mittelalters, München 1993, S. 117 ff.

[61] Allgemein zum Schwarzen Tod vgl. etwa den Forschungsüberblick von Neithard Bulst, Der Schwarze Tod. Demographische, wirtschafts- und kulturgeschichtliche Aspekte der Pestkatastrophe von 1347–1352. Bilanz der neueren Forschung, in: Saeculum 30 (1979), S. 45–67; zur Krise des Spätmittelalters: Wilhelm Abel, Agrarkrisen und Agrarkonjunktur. Eine Ge-

schichte der Land- und Ernährungswirtschaft Mitteleuropas seit dem hohen Mittelalter, 2. Aufl., Hamburg-Berlin 1966, S. 42 ff.; Europa 1400, hg. v. Ferdinand Seibt u. Winfried Eberhard, Stuttgart 1984.

[62] Theodor Penners, Fragen der Zuwanderung in den Hansestädten des späten Mittelalters, in: Hansische Geschichtsblätter 83 (1965), S. 12–45, bes. S. 31; Heinrich Reincke, Bevölkerungsprobleme der Hansestädte, in: Die Stadt des Mittelalters, hg. v. Carl Haase, Bd. 3 (Wege der Forschung, 245), Darmstadt 1973, S. 256–302, hier S. 265 ff. (Erstdruck 1951); ferner Konrad Fritze, Bürger und Bauern zur Hansezeit. Studien zu den Stadt-Land-Beziehungen an der südwestlichen Ostseeküste vom 13. bis zum 16. Jahrhundert (Abhandlungen zur Handels- und Sozialgeschichte, 16), Weimar 1976, S. 14 ff.; Rainer Schröder, Zur Arbeitsverfassung des Spätmittelalters. Eine Darstellung mittelalterlichen Arbeitsrechts aus der Zeit nach der großen Pest (Schriften zur Rechtsgeschichte, 32), Berlin 1984, S. 146 ff.; Engel (wie Anm. 60), S. 38, 110, 261.

[63] Die Entsprechung von wendisch und unfrei wie von deutsch und frei scheint sich auch aus späteren Formulierungen wie den folgenden zu ergeben. In einem Geburtsbrief aus Lenzen in der Prignitz von 1482 wird bescheinigt, die Eltern des Betreffenden und alle seine vier Ahnen seien nicht wendisch, nicht eigen, nicht Pfeifer, nicht Schäfer oder Leineweber, sondern «guter deutscher freier Art» gewesen (CDB I/2, Berlin 1842, S. 73), und in der Ordnung der Stralsunder Böttcher von 1534 heißt es: «echt unde recht unde nicht van undudeschen edder wenden, sunder also frieg geboren» (Wissel, wie Anm. 1, 1, S. 158).

[64] Vgl. Osten (wie Anm. 7), S. 60, 110 ff.

[65] Die Legende von den Ebstorfer Märtyrern, die im Kloster Ebstorf bei Lüneburg wohl schon im 13. Jahrhundert aufgezeichnet worden war, enthält eine deutliche Tendenz gegen die (heidnischen!) Slawen; vgl. Jerzy Strzelczyk, Die Legende von den Ebstorfer Märtyrern als Zeugnis über die politischen und ethnischen Verhältnisse in Nordostdeutschland im Mittelalter, in: Lětopis instituta ludospyt, Reihe B, 18 (1971), S. 64–79; ders., «Męczennicy ebstorfscy». Dzieje kształtowania się jednej legendy zachodniosłowiańskiej, in: Slavia Occidentalis 28/29 (1971), S. 225–261. Im Gegensatz zu Strzelczyk lehnt Osten (wie Anm. 7), S. 114 ff., einen Bezug zur Situation im 14. Jahrhundert ab. Zur Legende vgl. auch Bodo Gatz, Das Leiden der heiligen Märtyrer, die in Ebstorf ruhen, in: Uelzener Beiträge 5 (1974), S. 33–80; Enno Heyken, Die Ebstorfer Märtyrerlegende nach der Dresdener Handschrift des Chronicon Episcoporum Verdensium aus der Zeit um 1331, in: Niedersächsisches Jahrbuch für Landesgeschichte 46/47 (1974/75), S. 1–22, hier S. 12 f.; Bernd Ulrich Hucker, Die Anfänge des Klosters Ebstorf und die politische Stellung der Grafen von Schwerin im 12. und 13. Jahrhundert, in: Jahrbuch für die Geschichte Mittel- und Ostdeutschlands 41 (1993), S. 137–180, hier S. 137 ff., 168 f.

[66] Helmold von Bosau, Slawenchronik, I, 14 u. I, 25, neu übertragen u. erläutert v. Heinz Stoob (Ausgewählte Quellen zur deutschen Geschichte des Mittelalters, 19), Darmstadt 1963, S. 76, 118.

[67] Martin Luthers Werke. Kritische Gesamtausgabe. Tischreden, Bd. 2, Weimar 1913, S. 236 Nr. 1847: «Ich hab mich oft verwundert, das unser Gott sein wort in die untreuen Wenden gen Wittenberg geben hatt. Ich halt, er habs darum gen Jerusalem, Wittenberg und die gegent gegeben, das er am jungsten tag hab auf zu rucken ire undanckbarkeit» (1532).

[68] Lüneburgs ältestes Stadtbuch und Verfestungsregister, hrsg. v. Wilhelm Reinecke (Quellen und Darstellungen zur Geschichte Niedersachsens, 8), Hannover–Leipzig 1903, S. XXXI: «... do worden de borgermestere unde radmanne in deme sittenden rade dorch der stad Luneborgh beste willen eyndrechtiken eyns, dat se nhumehr neynen wendeschen man to borgere nemen willen, wente dat anders der stadt to ewygeme vorderve komen mochte dorch des dedes untruwe willen». Die Erläuterung des Herausgebers, «nhumehr» bedeute keine Neuerung, sondern «die Erneuerung und Bekräftigung eines traditionellen Rechtsbrauches», überzeugt nicht. Vgl. auch ebd. S. XXX die Bekräftigung von 1580: «Wer aber

die Bürgerschaft gewinnen will, der muß uns mit einem besessenen Bürger ein Vorstand bestellen, daß er ein teutsch geboren frey Mann ...»

[69] Osten (wie Anm. 7), S. 58 ff.

[70] Die Chroniken der niedersächsischen Städte. Lüneburg (Die Chroniken der deutschen Städte vom 14. bis ins 16. Jahrhundert, 36), Stuttgart 1931, S. 405: «Do sprak ut sinnen Clement: ‹de lude seggen, ik si ein Wenth, dat wil mi in schaden bringen: des hebbe ik gude breve darup, se schollen mig dar nicht von drungen!›» Vgl. auch Osten (wie Anm. 7), S. 60.

[71] Woehlkens (wie Anm. 7), S. 56. Ein vergleichbarer Fall begegnet in Hamburg 1466: Ahlers (wie Anm. 2), S. 33.

[72] Auf einem Kupferstich aus dem 15. Jahrhundert, abgebildet bei Ernst Mummenhoff, Der Handwerker in der deutschen Vergangenheit, Nachdruck der 2. Aufl. von 1924, Bayreuth o. J. [1979], S. 21 Abb. 18, wird durch einen Scherenschleifer das Sprichwort veranschaulicht: «Ich schleif, ich wend und kehr mein Mäntelchen nach dem Wind» (Ick slijp, ick wend ende keer myn huycksken nae den wynd). Der Scherenschleifer gehörte als Fahrender ebenfalls zu den Unehrlichen; Danckert (wie Anm. 23), S. 217.

[73] Philippe Dollinger, Die Hanse (Kröners Taschenausgabe, 371), 3. Aufl., Stuttgart 1981, S. 68; Gotthard Raabe, Bündnisse der wendischen Städte bis 1315, Phil. Diss. Hamburg 1971; Horst Wernicke, Die Städtehanse 1280–1418. Genesis – Strukturen – Funktionen (Abhandlungen zur Handels- und Sozialgeschichte, 22), Weimar 1983, S. 46 u. ö.

[74] Allgemein vgl. Wissell (wie Anm. 1), 1, S. 301 ff.; Wilfried Reininghaus, Die Migration der Handwerksgesellen in der Zeit der Entstehung ihrer Gilden (14./15. Jahrhundert), in: Vierteljahrschrift für Sozial- und Wirtschaftsgeschichte 68 (1981), S. 1–21; Knut Schulz, Handwerksgesellen und Lohnarbeiter. Untersuchungen zur oberrheinischen und oberdeutschen Stadtgeschichte des 14. bis 17. Jahrhunderts, Sigmaringen 1985, S. 265 ff.; ders., Handwerk (wie Anm. 15), S. 186 ff.; Kurt Wesoly, Lehrlinge und Handwerksgesellen am Mittelrhein. Ihre soziale Lage und ihre Organisation vom 14. bis ins 17. Jahrhundert (Studien zur Frankfurter Geschichte, 18), Frankfurt a. M. 1985, S. 263 ff.; Helmut Bräuer, Gesellen im Sächsischen Zunfthandwerk des 15. und 16. Jahrhunderts, Weimar 1989, S. 56 ff.; Engel (wie Anm. 60), S. 235 ff.

[75] Vgl. jetzt Knut Schulz, Zwei Gesellenordnungen des frühen 15. Jahrhunderts aus der Alt- und Neustadt Brandenburg (Text und Interpretation), in: Vera Lex Historiae. Studien zu mittelalterlichen Quellen. Festschrift für Dietrich Kurze, hg. v. Stuart Jenks, Jürgen Sarnowsky u. Marie-Luise Laudage, Köln–Wien–Weimar 1993, S. 39–62, hier S. 58 ff.; ders. Handwerk (wie Anm. 15), S. 182 ff. In der Lüneburger Ordnung der Schuhmacher von 1389 wird im Falle des Nachweises nicht ausreichender handwerklicher Fähigkeiten ein Jahr Wandern zur Vervollkommnung der Kenntnisse vor dem Erwerb der Meisterschaft verlangt; Bodemann (wie Anm. 14), S. LXIV u. S. 229 f. Die Datierung stößt allerdings auf Bedenken; vgl. Scheschkewitz (wie Anm. 34), S. 30 f.

[76] Ludat (wie Anm. 45), S. 201 u. ö.

[77] Vgl. etwa zur ehelichen Geburt Wesoly (wie Anm. 74), S. 56 ff.

[78] Rudolf Lehmann, Die Urkunden des Luckauer Stadtarchivs in Regesten (Deutsche Akademie der Wissenschaften zu Berlin, Schriften des Instituts für Geschichte, II, 5), Berlin 1958, Nr. 378, 398.

[79] Vgl. Mětšk (wie Anm. 16), S. 34 f.

[80] Vgl. Hans K. Schulze, Die Besiedlung der Altmark, in: Festschrift für Walter Schlesinger, hg. v. Helmut Beumann (Mitteldeutsche Forschungen, 74), Bd. 1, Köln–Wien 1973, S. 138–158; Karl Bischoff, Sprache und Geschichte an der mittleren Elbe und der unteren Saale (Mitteldeutsche Forschungen, 52), Köln–Graz 1967, S. 74 ff.; Hardt/Schulze (wie Anm. 17).

[81] K. Gaedke, Der Ursprung der Stadt Salzwedel, in: Salzwedel, die alte Markgrafen- und Hansestadt. 1233–1933: Beiträge zur 700jährigen Stadtgeschichte, hg. v. Franz Hartleb, Salz-

wedel 1933, S. 17–28; jetzt vor allem Heinz Stoob, Salzwedel (Deutscher Städteatlas, hg. v. H. Stoob, Lief. III, Nr. 8), Altenbeken 1984.

[82] Wie Anm. 49.

[83] Vgl. Stoob (wie Anm. 81); allgemein Antoni Czacharowski, Die Gründung der «Neustädte» im Ordensland Preußen, in: Hansische Geschichtsblätter 108 (1990), S. 1–12, der das häufig abweichende wirtschaftliche und soziale Profil der Neustädte betont.

[84] Vogel (wie Anm. 2), S. 48 mit Anm. 5; dazu CDB I/14, Berlin 1857, S. 75 Nr. 104 (1332 Henneke Went, Ratsherr der Altstadt).

[85] Gustav Wentz, Das alte Recht der Stadt Salzwedel, in: Salzwedel (wie Anm. 81), S. 63–74; Hans K. Schulze, Die brandenburgischen Stadtrechte im Mittelalter, in: Jahrbuch für die Geschichte Mittel- und Ostdeutschlands 13/14 (1965), S. 348–369, hier S. 357 ff.

[86] CDB I/14, S. 11 Nr. 17.

[87] CDB I/14, S. 14 ff. Nr. 18 u. 19.

[88] CDB I/14, S. 22 f. Nr. 19, §§ 77 u. 83.

[89] CDB I/14, S. 241 f. Nr. 311: «dat he sy echte und rechte, düdesch unde nicht wendisch, vrigh unde nicht eghen gebaren.»

[90] Schich (wie Anm. 5), S. 230.

[91] CDB I/14, S. 411 f. Nr. 486.

[92] Helbig (wie Anm. 4), S. 114 f. Das Brauen in den Hakenerben der Wenden war nach der Ordnung von 1486 ohnehin verboten.

[93] Wer Bürgerschaft und Braurecht in Salzwedel gewinnen wollte, mußte 1442 drei Mark Silber zahlen; die Summe wurde 1448 vom Rat auf vier Mark Silber angehoben; CDB I/14, S. 313, Nr. 385.

[94] Wissell (wie Anm. 1), Bd. 3, Berlin 1981, S. 360 ff.

[95] CDB I/14, S. 503 Nr. 584.

[96] «dann es dem Birgelt abbruch gibt»; allgemein vgl. Helbig (wie Anm. 4), S. 136 f.

[97] CDB I/16, Berlin 1859, S. 266 Nr. 634.

[98] Wissell (wie Anm. 1), 1, S. 236 f.; allgemein vgl. Dietmar Peitsch, Zunftgesetzgebung und Zunftverwaltung Brandenburg-Preußens in der frühen Neuzeit (Europäische Hochschulschriften, Reihe II, 442), Frankfurt a. M.–Bern–New York 1985, S. 48 ff.

[99] Stefi Jersch-Wenzel, Juden und «Franzosen» in der Wirtschaft des Raumes Berlin/Brandenburg zur Zeit des Merkantilismus (Einzelveröffentlichungen der Historischen Kommission zu Berlin, 23), Berlin 1978; dies., Preußen als Einwanderungsland, in: Preußen-Beiträge zu einer politischen Kultur, hg. v. Manfred Schlenke (Preußen - Versuch einer Bilanz. Katalog, Bd. 2), Reinbek 1981, S. 136–161.

[100] Allgemein vgl. František Graus, Randgruppen der städtischen Gesellschaft im Spätmittelalter, in: Zeitschrift für historische Forschung 8 (1981), S. 385–437.

[101] Vgl. etwa Gordon W. Allport, Die Natur des Vorurteils, Köln 1971 (engl. Orig. 1954), S. 49 u. ö.

A. Schaser: Städtische Fremdenpolitik im Deutschland der Frühen Neuzeit

Anmerkungen

[1] Klaus Gerteis: Die deutschen Städte in der Frühen Neuzeit. Zur Vorgeschichte der ‹bürgerlichen Welt›. Darmstadt 1986, S. 54.

[2] Klaus Gerteis: Die deutschen Städte, S. 54 f.

[3] Etienne François: Städtische Eliten in Deutschland zwischen 1650 und 1800. Einige Beispiele, Thesen und Fragen. In: Bürgerliche Eliten in den Niederlanden und Nordwestdeutschland. Studien zur Sozialgeschichte des europäischen Bürgertums im Mittelalter und

in der Neuzeit. (= Städteforschung Reihe A, Bd. 23). Hg. von Heinz Schilling und Herman Diederiks. Köln–Wien, S. 79.

[4] Otto Brunner: Souveränitätsproblem und Sozialstruktur in den deutschen Reichsstädten der früheren Neuzeit. In: Vierteljahrschrift für Sozial- und Wirtschaftsgeschichte 50 (1963), S. 329–360, hier: S. 332 u. Klaus Gerteis: Repräsentation und Zunftverfassung. Handwerkerunruhen und Verfassungskonflikte in südwestdeutschen Städten vor der Französischen Revolution. In: Zeitschrift für die Geschichte des Oberrheins N. F. 83 (1974), S. 275–287.

[5] Edith Ennen: Mitteleuropäische Städte im 17. und 18. Jahrhundert. In: Die Städte Mitteleuropas im 17. und 18. Jahrhundert. Hg. v. Wilhelm Rausch (= Beiträge zur Geschichte der Städte Mitteleuropas, Bd. 5). Linz 1981, S. 1–21, hier: S. 7.

[6] Otto Brunner: Souveränitätsproblem und Sozialstruktur in den deutschen Reichsstädten der früheren Neuzeit. In: Vierteljahrschrift für Sozial- und Wirtschaftsgeschichte 50 (1963), S. 329–360.

[7] Gerade im gesellschaftlichen Verkehr näherten sich m. E. nach in den meisten Städten das etablierte Stadtbürgertum und die «Aufsteigerschicht, die außerhalb der altständischen Sozialordnung emporkam» (Hans-Ulrich Wehler), schnell an. Eine strikte Trennung dieser beiden Gruppen für die sozialhistorische Analyse, wie Hans-Ulrich Wehler sie vorschlägt, ist problematisch. S. dazu auch Lothar Gall in seiner Einleitung des Bandes: Vom alten zum neuen Bürgertum. Die mitteleuropäische Stadt im Umbruch 1780–1820 (= Historische Zeitschrift, Beiheft 14). München 1991, S. 1–18, bes. S. 2–4.

[8] Franklin Kopitzsch: Grundzüge einer Sozialgeschichte der Aufklärung in Hamburg und Altona. 2 Teile (= Beiträge zur Geschichte Hamburgs, Bd. 21). Hamburg 1982. Hier: Teil 1, S. 39.

[9] Dieter Hein: Umbruch und Aufbruch. Bürgertum in Karlsruhe und Mannheim 1780–1820. In: Vom alten zum neuen Bürgertum. Die mitteleuropäische Stadt im Umbruch (= Historische Zeitschrift, Beiheft 14). Hg. v. Lothar Gall. München 1991, S. 447–515, hier: 466 f. und Klaus Gerteis: Die deutschen Städte, S. 81.

[10] Wolfgang Neugebauer: Altstädtische Ordnung-Städteordnung-Landesopposition. Elbings Entwicklung in die Moderne im 18. und 19. Jahrhundert. In: Elbing 1237–1987. Beiträge zum Elbing-Kolloquium im November 1987 in Berlin (= Quellen und Darstellungen zur Geschichte Westpreußens, Bd. 25). Hg. v. Bernhart Jähnig und Hans-Jürgen Schuch. Münster 1991, S. 243–279, hier: S. 245. Elbing wird in diesem Beitrag von Neugebauer als typisch preußische Stadt gekennzeichnet, deren verfassungs- und sozialgeschichtliche Charakteristika jedoch über Preußen hinaus Geltung beanspruchen dürften. Gerade die Schlußfolgerung, «daß Jahre und Jahrzehnte vor der Städteordnung der Partizipationswille des alten stadt-ständischen Bürgertums sich regte und daß in Elbing die lebendige Erinnerung daran die Jahrzehnte des Absolutismus überdauerte» (S. 276), scheint mir verallgemeinerbar für die Städte des Reiches.

[11] S. zu der Diskussion um die Ein- und Unterordnung der Städte im 17. und 18. Jahrhundert: Klaus Gerteis: Die deutschen Städte, S. 76 ff. Von den Reichsstädten behielten nach dem Reichsdeputationshauptschluß (1803) nur sechs ihre Unabhängigkeit: Augsburg, Bremen, Frankfurt a. M., Hamburg, Lübeck und Nürnberg. Mit den übrigen Reichsstädten wurden die Landesherren für die Abtretung der linksrheinischen Gebiete entschädigt.

[12] Klaus-Gerteis: Die deutschen Städte, S. 115 f.

[13] Klaus Gerteis: Die deutschen Städte, S. 117.

[14] Johann Georg Zimmermann: Vom Nationalstolz. Über die Herkunft der Vorurteile gegenüber anderen Menschen und anderen Völkern. Zürich 1768 (4. Aufl.). ND Freiburg i. Br. 1980, S. 50.

[15] Etienne François: Die unsichtbare Grenze. Protestanten und Katholiken in Augsburg 1648–1806. (= Abhandlungen zur Geschichte der Stadt Augsburg, Bd. 33). Sigmaringen 1991, bes. S. 51 u. 91.

[16] Klaus Gerteis: Die deutschen Städte, S. 55 f. und Hans-Dieter Loose: Das Zeitalter der Bürgerunruhen und der großen europäischen Kriege 1618–1712. In: Hamburg. Geschichte der Stadt und ihrer Bewohner. Band 1: Von den Anfängen bis zur Reichsgründung. Hg. v. Hans-Dieter Loose. Hamburg 1982, S. 265.

[17] Klaus Gerteis: Die deutschen Städte, S. 56 ff.

[18] Edith Ennen: Mitteleuropäische Städte im 17. und 18. Jahrhundert, S. 3.

[19] «Bedeutungsüberschuß» war das Maß, mit dem Christaller 1933 in seiner nicht nur für die Geographie wegweisenden Dissertation den Grad der Zentralität eines Ortes feststellte. (Walter Christaller: Die zentralen Orte in Süddeutschland. Eine ökonomisch-geographische Untersuchung über die Gesetzmäßigkeit der Verbreitung und Entwicklung der Siedlungen mit städtischen Funktionen. Jena 1933. ND Darmstadt 1968).

[20] Dieses 1969 von Erich Maschke und Jürgen Sydow im Vorwort des von ihnen herausgegebenen Bandes: Verwaltung und Gesellschaft in der südwestdeutschen Stadt des 17. und 18. Jahrhunderts (= Veröffentlichungen der Kommission für geschichtliche Landeskunde in Baden-Württemberg, Bd. 58). Stuttgart 1969, S. V, gefällte Urteil wurde bis in die jüngste Vergangenheit immer wieder bestätigt (so z. B. von Etienne François: Koblenz im 18. Jahrhundert. Zur Sozial- und Bevölkerungsstruktur einer deutschen Residenzstadt (= Veröffentlichungen des Max-Planck-Instituts für Geschichte, Bd. 72). Göttingen 1982, S. 13; Franklin Kopitzsch: Grundzüge einer Sozialgeschichte, Teil 1, S. 40 u. Otto Borst: Historische Stadtforschung. Ein Literaturbericht. In: Die Alte Stadt. Zeitschrift für Stadtgeschichte, Stadtsoziologie und Denkmalpflege 18 (1991), S. 198–211, hier S. 200). Auf der anderen Seite hat dieses Verdikt auf dem Feld der Stadtmonographien unübersehbar die Forschung angeregt.

[21] Harry Kühnel: Das Fremde und das Eigene. Mittelalter. In: Europäische Mentalitätsgeschichte. Hauptthemen in Einzeldarstellungen. Hg. v. Peter Dinzelbacher. Stuttgart 1993, S. 415–428, hier: S. 415.

[22] Öffnung von Andwil (1510), zitiert nach: Hans Thieme: Die Rechtsstellung der Fremden in Deutschland vom 11. bis zum 18. Jahrhundert. In: L'étranger (= Recueils de la Société Jean Bodin, Bd. 10). Brüssel 1958, S. 201–216, hier: S. 202. Für Thieme handelte es sich bei dem «Gast» um ein Synonym für den «Fremden» (vgl. Anm. 2, S. 201). Es stellt sich in diesem Zusammenhang jedoch die Frage, ob vom Mittelalter bis zur Neuzeit begriffsgeschichtlich nicht ein Wandel vom «Gast» zum «Fremden» festzustellen ist.

[23] Hans Thieme: Die Rechtsstellung der Fremden, S. 201. Die Kategorisierung der Fremden, die Thieme in diesem Aufsatz vornahm, ist für die rechtshistorische Forschung heute noch grundlegend. Der Artikel «Fremdenrecht» im Handwörterbuch zur deutschen Rechtsgeschichte, Band 1, Berlin 1971, Sp. 1270–1272, weist über Thiemes Arbeit nicht hinaus. Rudolf Stichweh führt in seinem 1991 erschienenen Aufsatz «Universitätsmitglieder als Fremde in spätmittelalterlichen und frühmodernen europäischen Gesellschaften» (In: Fremde der Gesellschaft. Untersuchungen zur Differenzierung von Normalität und Fremdheit [= Ius commune. Sonderhefte. Studien zur europäischen Rechtsgeschichte, Bd. 56]. Hg. v. Marie Theres Fögen. Frankfurt a. M. 1991, S. 169–191) dieselbe Kategorisierung an, schreibt dabei allerdings diese Klassifikation der Fremden John Gilissen zu, der sie in seinem einleitenden Vortrag aufgriff. (John Gilissen: Le statut des étrangers, à la lumière de l'histoire comparative. In: L'étranger. (= Recueils de la Société Jean Bodin, Bd. 9). Brüssel 1958, S. 5–57.

[24] Bernd Roeck: Außenseiter, Randgruppen, Minderheiten. Fremde im Deutschland der frühen Neuzeit. Göttingen 1993.

[25] Bernd Roeck: Außenseiter, S. 8.

[26] Bernd Roeck: Außenseiter, S. 8.

[27] Georg Simmel: Exkurs über den Fremden. In: Soziologie, Bd. 11, Hg. v. Otthein Rammstedt, Frankfurt a. M. 1992, S. 764–771, hier: S. 764.

[28] Johann Heinrich Gottlob v. Justi: Natur und Wesen der Staaten. Mitau 1771 (ND Aalen 1969) 2. Aufl., § 402.

[29] Rudolf Stichweh: Universitätsmitglieder als Fremde, S. 170.

[30] Rudolf Stichweh: Universitätsmitglieder als Fremde, S. 171.

[31] Rudolf Stichweh: Universitätsmitglieder als Fremde, S. 171. Daß Gelehrte, Scholaren, Künstler und Heilige gegenüber der Gesellschaft, der sie entstammten, in gewissem Sinn fremd sein mußten, reflektierten auch die Zeitgenossen. S. dazu u. a. Johann Georg Zimmermann: Vom Nationalstolz. Über die Herkunft der Vorurteile gegenüber anderen Menschen und anderen Völkern. Zürich 1768 (4. Aufl.). ND Zürich 1980, S. 36; Harry Kühnel: Das Fremde und das Eigene, S. 425; Rudolf Stichweh: Universitätsmitglieder als Fremde, S. 172 ff. und 176.

[32] Heinz Duchhardt: Glaubensflüchtlinge und Entwicklungshelfer: Niederländer, Hugenotten, Waldenser, Salzburger. In: Deutsche im Ausland – Fremde in Deutschland. Migration in Geschichte und Gegenwart. Hg. v. Klaus J. Bade. München 1992, S. 278–287, hier: S. 280.

[33] Zygmunt Bauman: Moderne und Ambivalenz. In: Das Eigene und das Fremde. Neuer Rassismus in der Alten Welt? Hg. v. Uli Bielefeld. Hamburg 1991, S. 23–49, hier S. 32.

[34] Friedrich Christoph Jonathan Fischer: Lehrbegrif (sic!) sämtlicher Kameral- und Polizeyrechte. Sowol (sic!) von Teutschland überhaupt, als insbesondere von den Preußischen Staaten. 3 Bde. Frankfurt a. d. Oder 1785. Hier Bd. 1, S. 657. Daß die Religionszugehörigkeit und insbesondere die Unterscheidung zwischen Christen und Nichtchristen das entscheidende Kriterium für die Abgrenzung der Fremden von den Einheimischen war, ergibt sich an mehreren Stellen in Fischers Werk, u. a. im einleitenden Absatz zu dem Kapitel «Rechte der Staatsbürger nach ihrem Religionszustande». Dort heißt es: «Die Einwohner Teutschlands bekennen sich entweder zur christlichen Religion, oder nicht. Leztere sind die Ungläubigen, als Juden, Türken, Atheisten etc. und haben, weil sie keine Staatsbürger sind, gar keinen bürgerlichen Stand.» (Friedrich Chr. J. Fischer: Lehrbegrif sämtlicher Kameral- und Polizeyrechte, Bad. 1, S. 317).

[35] Ludwig Schmugge: Über ‹nationale› Vorurteile im Mittelalter. In: Deutsches Archiv für die Erforschung des Mittelalters 38 (1982), S. 439–459, hier: 457.

[36] «Advenae, peregrinantes, Vagabundi, nec Cives, nec incolae sunt, sed veri peregrini …» Jeremias Eberhard Linck: De civibus et peregrinis. Diss. Straßburg 1729, S. 25).

[37] Friedrich Chr. J. Fischer: Lehrbegrif sämtlicher Kameral- und Polizeyrechte, Bd. 1, S. 662. Ob es sich bei dem von Fischer hier geschilderten Sachverhalt um die Regel oder eher die Ausnahme gehandelt hat, ist schwer zu unterscheiden. Die «automatische» Einbürgerung wird es wohl kaum gegeben haben. Wenn die Quellen nichts über den Bürgereid dieses Personenkreises verlauten lassen, so wohl nur, weil dieser Initiationsritus als selbstverständlich galt. S. detailliert dazu u. a.: Bürgerbuch der Stadt Oldenburg 1607:1740 (= Veröffentlichungen der Historischen Kommission für Niedersachsen und Bremen, Bd. 34). Zusammengestellt von Walter Schaub. Hildesheim 1974, S. 6 f.; Hannelore Götz: Würzburg im 16. Jahrhundert. Bürgerliche Vermögen und städtische Führungsschichten zwischen Bauernkrieg und fürstbischöflichem Absolutismus (= Veröffentlichungen des Stadtarchivs Würzburg, Bd. 2). Würzburg 1986, S. 40 f.; Rainer Koch: Grundlagen bürgerlicher Herrschaft. Verfassungs- und sozialgeschichtliche Studien zur bürgerlichen Gesellschaft in Frankfurt am Main (1612–1866) (= Frankfurter Historische Abhandlungen, Bd. 27), Wiesbaden 1983, S. 78 f.; Angelika Schaser: Josephinische Reformen und sozialer Wandel in Siebenbürgen. Die Bedeutung des Konzivilitätsreskripts für Hermannstadt (= Quellen und Studien zur Geschichte des östlichen Europa, Bd. 29). Stuttgart 1989, S. 124–127.

[38] Hans Thieme: Die Rechtsstellung der Fremden, S. 205–208.

[39] Zur sozialen Herkunft und zum räumlichen Einzugsbereich sowie zu den Motiven von Frauen, sich als Mägde in städtischen Haushalten zu verdingen, siehe Renate Dürr: «Deß Menschen Feinde werden seine eigenen Haußgenossen seyn …» Mägde im ‹Ganzen Haus› am Beispiel von Schwäbisch Hall im 17. Jahrhundert. Berlin 1994 (Diss. masch.).

[40] Der Zuzug aus der näheren Umgebung (aus einem Radius von weniger als 50 Kilo-

metern) hatte sicherlich einen sehr hohen Anteil an dem Bevölkerungswachstum der meisten Städte. Augenfälliger ist zwar der Zuzug der Exulanten, Händler, Gelehrten und Facharbeiter aus entfernteren Gegenden; aus der näheren Umgebung wird dagegen der weit weniger spektakuläre, jedoch kontinuierliche Zuzug stattgefunden haben. Dies wurde und wird in Einzelstudien immer wieder dokumentiert. (S. z. B. Hannelore Götz: Würzburg im 16. Jahrhundert, S. 58–62; s. auch die Literaturangaben in Klaus Gerteis: Die deutschen Städte, S. 61, Anm. 66).

[41] Aus einem Würzburger Erlaß vom 23. 9. 1788. Zitiert nach: Bernhard Sicken: Fremde in der Stadt. Beobachtungen zur «Fremdenpolitik» und zur sozioökonomischen Attraktivität der Haupt- und Residenzstadt Würzburg gegen Ende des 18. Jahrhunderts, in: Europäische Städte im Zeitalter des Barock. Gestalt–Kultur–Sozialgefüge (= Städteforschung A/28), hg. v. Kersten Krüger. Köln–Wien 1988, S. 271–329, hier: S. 271.

[42] Michael Stolleis hat jüngst darauf hingewiesen, welche Bedeutung die Ausgrenzung der Fremden für den Entstehungsprozeß des modernen Staates hatte (M. Stolleis: Die Fremden im frühmodernen Staat. In: «Die Zeit» Nr. 27 v. 2. Juli 1993, S. 32).

[43] Johann Heinrich Gottlob v. Justi: Die Grundfeste zu der Macht und Glückseligkeit der Staaten oder ausführliche Vorstellung der gesamten Polizeiwissenschaft. 2 Bde. Königsberg-Leipzig 1760/61 (ND Aalen 1965). Hier Bd. 2, S. 273.

[44] Gerd Schwerhoff: Köln im Kreuzverhör. Kriminalität, Herrschaft und Gesellschaft in einer frühneuzeitlichen Stadt. Bonn-Berlin 1991, S. 148. Die Bedeutung des Stadtverweises ist auch für Freiburg, Speyer, Schweinfurt und Danzig nachgewiesen worden (s. G. Schwerhoff, Köln im Kreuzverhör, S. 148, Anm. 77.)

[45] Gerd Schwerhoff: Köln im Kreuzverhör, S. 150.

[46] Gerd Schwerhoff: Köln im Kreuzverhör, S. 151 ff.

[47] Bernd Roeck: Außenseiter, S. 75.

[48] Zitiert nach: Hannelore Götz: Würzburg im 16. Jahrhundert, S. 44.

[49] Johann Heinrich Gottlob v. Justi: Die Grundfeste zu der Macht, Bd. 2, S. 641.

[50] Ernst Schubert: Arme Leute, Bettler und Gauner im Franken des 18. Jahrhunderts. Neustadt a. d. Aisch 1983, S. 195 u. 328.

[51] Bernhard Sicken: Fremde in der Stadt, S. 310.

[52] Rainer Koch: Grundlagen, S. 107. Nähere Angaben zu den «Toleranzlern» in München s. Manfred Peter Heimers: Die Strukturen einer barocken Residenzstadt – München zwischen Dreißigjährigem Krieg und dem Vorabend der Französischen Revolution. In: Geschichte der Stadt München. Hg. v. Richard Bauer. München 1992, S. 211–243, hier: S. 229 f. und Ralf Zerback: Zwischen Residenz und Rathaus. Bürgertum in München 1780–1820. In: Vom alten zum neuen Bürgertum. Die mitteleuropäische Stadt im Umbruch 1780–1820 (= Historische Zeitschrift, Beiheft 14). Hg. v. Lothar Gall. München 1991, S. 605–653, hier: S. 611 f.

[53] Rainer Koch: Grundlagen, S. 107 f.

[54] Ralf Zerback: Bürgertum in München, S. 613.

[55] Hannelore Götz: Würzburg im 16. Jahrhundert, S. 41–47. Die Visitationen seit 1570 ergaben für das 16. Jahrhundert, daß sich unter den aufgegriffenen «Eingeschleiften» etwa so viele Männer wie Frauen befanden, die überwiegend aus der näheren Umgebung der Stadt stammten. «Bei den Frauen handelt(e) es sich vorwiegend um Witwen von Nichtbürgern, ... verlassene Frauen, Ledige – darunter zahlreiche ehemalige Dienstmägde – und schließlich die Köchinnen in geistlichen Häusern. Dagegen waren die Männer fast ausnahmslos verheiratet; sie kamen aus den verschiedensten Berufsständen, wobei jedoch Hecker, kleine Handwerker und niedere Dienste überwiegen. Einige der aufgefundenen Männer und Frauen gingen dem Bettel nach.» (H. Götz: Würzburg im 16. Jahrhundert, S. 43.)

[56] Hannelore Götz: Würzburg im 16. Jahrhundert, S. 47.

[57] Bernhard Sicken: Fremde in der Stadt, Tabellen S. 315 u. S. 320 f.

[58] Gerd Schwerhoff: Köln im Kreuzverhör, S. 152.

[59] Bernd Roeck: Außenseiter, S. 71.

[60] Friedrich Ch. J. Fischer faßte die rechtlichen Erfordernisse für den Erhalt des Stadt-bürgerrechts folgendermaßen zusammen: «Um das Bürgerrecht zu erlangen, muß man nicht nur einer der drey herrschenden Religionen in Teutschland überhaupt, sondern auch der im Land herrschenden Religion beygethan, ein Landskind und ein freyer Mensch seyn; an einigen Orten noch eine freye Kunst, Handwerk oder Handthierung verstehen, eines Bür-gers Wittwe oder Tochter heirathen, oder ein gewisses Vermögen mitbringen.» (F. Ch. J. Fi-scher: Lehrbegrif sämtlicher Kameral- und Polizeyrechte, Bd. 1, S. 656.)

[61] Hans Thieme: Die Rechtsstellung der Fremden, S. 203.

[62] Michael Stolleis: Untertan–Bürger–Staatsbürger. Bemerkungen zur juristischen Termi-nologie im späten 18. Jh. In: Michael Stolleis: Staat und Staatsräson in der frühen Neuzeit. Studien zur Geschichte des öffentlichen Rechts. Frankfurt a. M. 1990, S. 298–339, hier: S. 338.

[63] Dies änderte sich auch nicht, als die Landesherren immer rigoroser in die städtische Aufnahmepolitik hineinregierten. So warf z. B. der Hofrat dem städtischen Magistrat bereits 1613 vor, zu freizügig mittellose Personen aufzunehmen (!): «Bürgerrecht soll man niemand geben, der nicht seine Profession redlich erlernt und der sich so zu nähren im Stand ist, daß er gemeiner Stadt nicht in Säckl falle.» (Zitiert nach: Reinhard Heydenreuter: Der Magistrat als Befehlsempfänger – Die Disziplinierung der Stadtobrigkeit 1579–1651. In: Geschichte der Stadt München. Hg. v. Richard Bauer. München 1992, S. 189–210, hier: S. 202.)

[64] Friedrich Ch. J. Fischer: Lehrbegrif sämtlicher Kameral- und Polizeyrechte, Bd. 1, S. 659.

[65] Diese Quellengattungen erlauben einen direkten Zugriff auf die Fremdenpolitik der Städte. Selbstverständlich finden sich jedoch Angaben zu den Fremden in vielen anderen Quellen, so z. B. in den Gerichtsprotokollen, in den Kleiderordnungen, in den Akten des «Polizeywesens» und in vielen der frühneuzeitlichen «Statistiken».

[66] Erich Lüth: Hamburg und die Französische Revolution. Ein Wechselbad der Gefühle und Einsichten. In: Hamburg und die Französische Revolution. Hg. v. Rainer Postel. Ham-burg 1977, S. 75–89, hier: S. 78.

[67] Rainer Postel: Reformation und Gegenreformation 1517–1618. In: Hamburg. Ge-schichte der Stadt und ihrer Bewohner. Bd. 1: Von den Anfängen bis zur Reichsgründung. Hg. v. Hans-Dieter Loose. Hamburg 1982, S. 191–258, hier: S. 247.

[68] Franklin Kopitzsch: Grundzüge, Teil 1, S. 216–246 (Zitat auf S. 218 f.).

[69] Johann Martin Lappenberg: Von der Ansiedlung der Niederländer in Hamburg. In: Zeitschrift des Vereines für Hamburgische Geschichte 1 (1841), S. 241–248, hier: S. 241.

[70] Hans Walther Lehr: Das Bürgerrecht im Hamburgischen Staate. Hamburg 1919, S. 15.

[71] Sie bestand aus 6 Ratsherren, 2 Oberalten, 2 Kämmereibürgern und 2 Sechzigern (Staatsarchiv Hamburg, 332–I I, Wedde I, Nr. 18, S. I).

[72] S. dazu Jürgen Wiegandt: Die Merchants Adventurers' Company auf dem Kontinent zur Zeit der Tudors und Stuarts (= Beiträge zur Sozial- und Wirtschaftsgeschichte, Bd. 4). Kiel 1972.

[73] Die Fremdenpolitik Hamburgs im 17. und 18. Jh. wird detailliert in den Vorworten der beiden Archivbände dargestellt, die sich in den 1960 und 1963 aus den betreffenden Wedde- und Kämmereiregistern zu den Fremden und Schutzverwandten erstellten Über-sichten befinden und denen ich in meiner Darstellung hier folge: Staatsarchiv Hamburg, 332–I I, Wedde I, Nr. 18 u. 19. Zusammengestellt und mit einem Vorwort versehen von Armin Clasen. Zum Aufgabenbereich der Wedde: R. A. Westphalen: Hamburgs Verfassung und Verwaltung in ihrer allmählichen Entwicklung bis auf die neueste Zeit. 2 Bde. Hamburg 1846 (2. Aufl.), hier: Bd. 1, S. 374–380.

[74] Staatsarchiv Hamburg (künftig: StAHH), 332–I I, Wedde I, Nr. 18, S. II.

[75] StAHH, 332–I I, Wedde I, Nr. 18, S. III.

[76] Laut Lehr waren vom Bürgerrecht in Hamburg gänzlich ausgeschlossen nur «alle Leibeigenen und alle, die wendischer Abstammung waren. Für die Abwesenheit dieser Ausschließungsgründe hatte der hamburgische Bürge [den der Neubürger beibringen mußte] Gewähr zu leisten.» (Hans Walther Lehr: Das Bürgerrecht, S. 11). Zum Erwerb des Bürgerrechtes durch Frauen s. Klaus Arnold: Frauen in den mittelalterlichen Hansestädten Hamburg, Lübeck und Lüneburg – Eine Annäherung an die Realität. In: Frauen in der Ständegesellschaft. Leben und Arbeiten in der Stadt vom späten Mittelalter bis zur Neuzeit (= Beiträge zur deutschen und europäischen Geschichte, Bd. 4). Hg. v. Barbara Vogel u. Ulrike Weckel. Hamburg 1991, S. 69–88, bes. 73 f.

[77] Franklin Kopitzsch: Zwischen Hauptrezeß und Franzosenzeit 1712–1806. In: Hamburg. Geschichte der Stadt und ihrer Bewohner. Bd. 1: Von den Anfängen bis zur Reichsgründung. Hg. v. Hans-Dieter Loose. Hamburg 1982, S. 351–414, hier: S. 366f. (Zahlenangaben ohne Familienangehörige).

[78] Diese Vermutung drängte sich bei der Bearbeitung des Themas auf. Empirisch absichern könnte man diese These nur durch die systematische Auswertung der zahlreichen gedruckten Bürgerbücher, wobei es eine Reihe von Problemen hinsichtlich der unterschiedlichen Terminologie und der Erfassung der Daten zu lösen gilt. Im Rahmen dieser Arbeit war dies nicht zu leisten. – Zum Vergleich: In Mannheim zählte man 1771 1153 Bürger und 272 Beisassen. Zusammen mit ihren Familienangehörigen stellten damit die Bürger 54,6% (!) der Gesamtbevölkerung, die Beisassen 11,5%. (Dieter Hein: Umbruch und Aufbruch, S. 458f.) – Stuttgart vergab das Beisitzrecht (d. h. die Schutzverwandtschaft) in den Jahren 1660–1706 lediglich an 13 Männer und fünf Frauen (Bürgerbuch der Stadt Stuttgart (1660–1706) (= Veröffentlichungen des Archivs der Stadt Stuttgart, Bde. 11, 12 u. 13). Bearb. v. Paul Nägele. Stuttgart 1956. Hier Bd. 3, S. 231).– In München gab es 1781 1584 Vollbürger (d. h. Inhaber des großen Bürgerrechtes), die zusammen mit Familienangehörigen und Dienstboten 9701 Personen ausmachten. Diese Gruppe stellte 25,6% der Bevölkerung Münchens. Die Schutzverwandten, die in München Beisitzer genannt wurden, stellten mit 3741 Personen (Familienangehörige und Gesinde inbegriffen), einen Bevölkerungsanteil von 9,9%. (Manfred Peter Heimers: Die Strukturen einer barocken Residenzstadt, S. 230). – Würzburg, Residenz- und Hauptstadt mit starker Anziehungskraft, zählte 1788 bei einer Gesamteinwohnerzahl von ca. 21 000 Personen 1798 Bürger (was 8,4% der Stadtbevölkerung, ohne Familienmitglieder, entspricht; mit Familienmitgliedern schätzt Sicken den Bürgeranteil auf ca. 30–35%) und nur 152 Schutzverwandte (0,7% der Stadtbevölkerung, ohne Familienangehörige). Die meisten Fremden wurden – wie oben erwähnt – mit befristeten Aufenthaltsgenehmigungen unterhalb des Schutzverwandtenverhältnisses abgefunden (Bernhard Sicken: Fremde in der Stadt, S. 287). Einen relativ hohen Anteil von Beisassen wies 1785 auch die Reichs- und Messestadt Frankfurt am Main auf (4200 Bürger und 1800 Beisassen bei einer Gesamtbevölkerung von ca. 36 400 Personen). Parallel zum Niedergang des Meßhandels ging dort die Zahl der Beisassen (1795: 4360 Bürger und 1500 Beisassen, 1805: 4520 Bürger und 1200 Beisassen) bei stagnierender Einwohnerzahl (1795: 37 000, 1805: 37 000) gegen Ende des 18. Jahrhunderts zurück. (Vgl.: Ralf Roth: «... der blühende Handel macht uns alle glücklich ...». Frankfurt am Main in der Umbruchszeit 1780–1825. In: Vom alten zum neuen Bürgertum. Die mitteleuropäische Stadt im Umbruch 1780–1820 (= Historische Zeitschrift. Beiheft 14). Hg. v. Lothar Gall. München 1991, S. 357–408, hier: S. 362, Tabelle 1).

[79] Hans Walther Lehr: Das Bürgerrecht, S. 16.

[79a] StAHH, 111–1, Senat, Cl VII, Lit. Db, Nr. 21, Vol. 1.

[80] StAHH, 332–I I, Wedde I, Nr. 18, S. VI.

[80a] StAHH 111–1, Senat, Cl VII, Lit. Lb, Nr. 15, Fasc. 1.

[81] In Altona konnten Juden Grundbesitz, seit 1719 sogar das Bürgerrecht erwerben. Glückstadt, das von Christian IV. als Konkurrenzstadt zu Hamburg gegründet worden war, forderte die portugiesischen Juden eigens per Einladungsschreiben zur Ansiedlung auf. S. dazu Peter Freimark: Die Dreigemeinde Hamburg-Altona-Wandsbek im 18. Jahrhundert als jüdisches Zentrum in Deutschland. In: Das alte Hamburg (1500–1848/49). Vergleiche-Beziehungen (= Hamburger Beiträge zur öffentlichen Wissenschaft, Bd. 5). Hg. v. Arno Herzig. Berlin-Hamburg 1989, S. 191–208, hier: S. 192 u. Karl Asmussen: Das Wirtschaftsleben und die Bevölkerung Glückstadts von der Gründung bis zu dem Jahre 1869. In: Glückstadt im Wandel der Zeiten. Bd. 2. Hg. v. der Stadt Glückstadt. Glückstadt 1966, S. 161–236, bes. S. 171 f.

[82] Hermann Kellenbenz: Sephardim an der unteren Elbe. Ihre wirtschaftliche und politische Bedeutung vom Ende des 16. bis zum Beginn des 18. Jahrhunderts (= Vierteljahrsschrift für Sozial- und Wirtschaftsgeschichte, Beiheft Nr. 40. Wiesbaden 1958, S. 38. – Auch Kellenbenz betont, daß die Haltung des Hamburger Senats gegenüber den Juden «weniger aus einer toleranten Gesinnung heraus als aus vorwiegend wirtschaftlichen Erwägungen (resultierte), die ja weitgehend die Hamburger Fremdenpolitik bestimmten» (S. 37 f).

[83] Peter Freimark: Die Dreigemeinde, S. 194 f.

[84] Jeremias Eberhard Linck: De civibus et peregrinis. Diss. Straßburg 1729, S. 14: «Singulare est, quod Hamburgi emere possint fundos, verum ea lege, ut ad fideles manus alicujus livis in libro Censuali adscribantur.»

[85] M. Isler: Zur ältesten Geschichte der Juden in Hamburg. In: Zeitschrift des Vereines für Hamburgische Geschichte 6 (1875), S. 461–481, hier: S. 470 u. 472.

[86] R. A. Westphalen: Hamburgs Verfassung, Bd. 1, S. 401.

[87] Zitiert nach: M. Isler: Zur ältesten Geschichte, S. 472.

[88] M. Isler: Zur ältesten Geschichte, S. 472. Christliche Kollegen warfen de Castro vor, «daß er nur um des Geldinteresses willen und um als Arzt in christlichen Familien Eingang zu finden, für einen Christen habe gelten wollen, sobald er sich aber sicher gefühlt, öffentlich sich zum Judenthum bekannt habe. (M. Isler, S. 471). Zwei Schmähschriften dieser Art sind abgedruckt im Anhang bei M. Isler, S. 476–479.

[89] Artikel 13 und 14 des Reglements (Johann Klefeker: Sammlung der Hamburgischen Gesetze und Verfassungen ... 12 Bde. Hamburg 1765–1774. Hier: Bd. 2 (1766), S. 389). Das Reglement ist vollständig neu abgedruckt in: Die Hamburger Juden in der Emanzipationsphase (1780–1870) (= Hamburger Beiträge zur Geschichte der deutschen Juden, Bd. 15). Hg. v. Peter Freimark u. Arno Herzig. Hamburg 1989, S. 312–323.

[90] Arno Herzig: Die Emanzipationspolitik Hamburgs und Preußens im Vergleich. In: Die Hamburger Juden in der Emanzipationsphase (1780–1870) (= Hamburger Beiträge zur Geschichte der deutschen Juden, Bd. 15). Hg. von Peter Freimark u. Arno Herzig. Hamburg 1989, S. 261–278, hier: S. 265.

[91] Diese ambivalente Haltung wurde im 18. Jh. zu keiner Zeit vom Hamburger Senat aufgegeben. Jürgen Ellermeyer wies darauf hin, daß «die Einzelfallargumentation und -entscheidung verstärkt durch die individuelle Aussonderung in der sozialen Aussonderung das Prinzip der Abgrenzung innerhalb der Gesellschaft» noch weiter verstärkte. (Jürgen Ellermeyer: Schranken der Freien Reichsstadt. Gegen Grundeigentum und freie Wohnungswahl der Hamburger Juden bis in das Zeitalter der Aufklärung. In: Die Hamburger Juden in der Emanzipationsphase (1780–1870) (= Hamburger Beiträge zur Geschichte der deutschen Juden, Bd. 15). Hg. von Peter Freimark u. Arno Herzig. Hamburg 1989, S. 175–213, hier: S. 204.)

[92] Arno Herzig: Die Emanzipationspolitik, S. 266.

[93] Johann Arnold Günther: Ueber das Verhältnis der jüdischen Einwohner in Hamburg. Auf Veranlassung einer im Genius der Zeit vom September 1799 enthaltenen Anmerkung. In: Der Genius der Zeit 19 (Jan.–April 1800), S. 393–413, hier: S. 411. Zitiert nach Arno Herzig, Die Emanzipationspolitik, S. 266 f.

[93a] StAHH, 111–1, Senat, Cl VII, Lit. Lb, Nr. 15, Fasc. 1.

[94] Etienne François: Städtische Eliten, S. 76.

[95] Heinrich Reincke: Bevölkerungsprobleme der Hansestädte. In: Zeitschrift des Vereines für Hamburgische Geschichte 70 (1951), S. 1–33, hier: S. 13. Reincke definiert allerdings nicht, was er unter Fremden versteht. Dies macht seine Einschätzung problematisch. – Nach Thomas Szabó war Hamburg allerdings nicht eine singuläre Erscheinung: In Göttingen sollen 1548–1597 über zwei Drittel der aufgenommenen Bürger Fremde gewesen sein, in Koblenz kann man davon ausgehen, daß 43 % von denjenigen, die 1737–1797 das Bürgerrecht erhielten, erst vor kurzer Zeit in die Stadt gezogen waren. (Thomas Szabó: Gli stranieri nelle città tedesche del Medioevo. In: Dentro la città. Stranieri e realità urbane nell'Europa dei secoli XII–XVI. A cura di Gabriella Rossetti. Neapel 1989, S. 63–85, hier: S. 81.)

[96] Hans-Dieter Loose: Das Zeitalter der Bürgerunruhen, S. 266.

[97] Franklin Kopitzsch: Grundzüge, Teil 1, S. 158 f.

[98] Edith Ennen: Mitteleuropäische Städte im 17. und 18. Jh., S. 7 f. u. 15.

[99] Frank Möller: Bürgertum als Schutzgemeinschaft. Augsburg 1794–1818. In: Vom alten zum neuen Bürgertum. Die mitteleuropäische Stadt im Umbruch 1780–1820 (= Historische Zeitschrift, Beiheft 14). München 1991, S. 559–603, hier: S. 587.

[100] Rainer Koch: Grundlagen, S. 108.

[101] Johann Peter Willebrand: Grundriß einer schönen Stadt ... 2 Teile. Leipzig 1776. Hier: 2. Teil, S. 15. (Zitiert nach Otto Borst: Kulturfunktionen der deutschen Stadt im 18. Jahrhundert. In: Otto Borst: Babel oder Jerusalem? Sechs Kapitel Stadtgeschichte. Stuttgart 1984, S. 355–392 [Anm. S. 567–592], hier: S. 364.)

[102] Gérard Noiriel: Le creuset français. Histoire de l'immigration XIXe-XXe siècle. Paris 1988, S. 72.

St. Jersch-Wenzel: Hugenotten in Preußen

Anmerkungen

[1] Erman et Reclam, Mémoires pour servir à l'histoire des réfugiés françois dans les états du Roi, 9 Bände, Berlin 1782–1799, hier: Bd. 2, S. 316.

[2] Vgl. W. C. Scoville, The Huguenots and the Diffusion of Technology, in: The Journal of Polictical Economy, Bd. 60 (1952), S. 294–311, 392–411, hier: S. 296 f., 401.

[3] Hugo Rachel, Das Berliner Wirtschaftsleben im Zeitalter des Frühkapitalismus (= Berlinische Bücher, Bd. 3), Berlin 1931, S. 5.

[4] Abgedruckt bei Ed. Muret, Geschichte der Französischen Kolonie in Brandenburg-Preußen, unter besonderer Berücksichtigung der Berliner Gemeinde, Berlin 1885, S. 301–306.

[5] A. a. O., S. 305.

[6] A. a. O., S. 304.

[7] Max Beheim-Schwarzbach, Hohenzollernsche Colonisationen, Leipzig 1874, S. 54.

[8] Carl Hinrichs, Der Große Kurfürst, in: Preußen als historisches Problem. Gesammelte Abhandlungen, hrsg. von Gerhard Oestreich, Berlin 1964, S. 231.

[9] Oskar Jolles, Die Ansichten der deutschen national-ökonomischen Schriftsteller des sechzehnten und siebzehnten Jahrhunderts über Bevölkerungswesen, in: Jahrbücher für Nationalökonomie und Statistik, N. F. Bd. 13 (1866), S. 193–224, hier: S. 198.

[10] Auswertung von Richard Béringuier (Hrsg.), Die Colonieliste von 1699. Rôle général des François Refugiez dans les Estats de Sa Sérénité Electorale de Brandenbourg, comme ils se sont trouvez au 31. décembre 1699, Berlin 1888.

[11] M. Beheim-Schwarzbach, a. a. O., S. 60 f.

¹² So Henri Tollin in den Geschichtsblättern des Deutschen Hugenotten-Vereins, 5. Zehnt (1896), H. 7–9, S. 52 f.

¹³ H. Rachel, a. a. O., S. 84.

¹⁴ Ed. Muret, a. a. O., S. 35.

¹⁵ So Reichsgraf Ernst Ahasver von Lehndorff in seinen Tagebüchern, zitiert bei Stephan Skalweit, Die Berliner Wirtschaftskrise von 1763 und ihre Hintergründe (= Vierteljahrschrift für Sozial- und Wirtschaftsgeschichte, Beih. 34), Stuttgart-Berlin 1937, S. 18.

¹⁶ M. Beheim-Schwarzbach, a. a. O., S. 62.

¹⁷ Theodor Fontane, Meine Kinderjahre (= dtv textbibliothek 6004), München 1971, S. 71.

R. Liehr: Deutsche Einwanderer in Lateinamerika

Literatur

Armengaud, A. (1971): Die Bevölkerung Europas von 1700–1914. In: Carlo M. Cipolla u. Knut Borchardt, Hg., Bevölkerungsgeschichte Europas, München: Piper Verlag, S. 123–180.

Bade, Klaus J. (1984): Die deutsche überseeische Massenauswanderung im 19. und frühen 20. Jahrhundert: Bestimmungsfaktoren und Entwicklungsbedingungen. In: derselbe, Hg., Auswanderer – Wanderarbeiter – Gastarbeiter. Bevölkerung, Arbeitsmarkt und Wanderung in Deutschland seit der Mitte des 19. Jahrhunderts, Bd. 1, Ostfildern 1984, S. 259–299.

Bade, Klaus J. (1992): Deutsche im Ausland – Fremde in Deutschland. Migration in Geschichte und Gegenwart. München: Verlag C. H. Beck.

Bernecker, Walther L., u. Thomas Fischer (1992): Deutsche in Lateinamerika. In: Klaus J. Bade, Hg., Deutsche im Ausland – Fremde in Deutschland. Migration in Geschichte und Gegenwart. München: Verlag C. H. Beck, S. 197–214.

Bethell, Leslie, Hg. (1984–91): The Cambridge History of Latin America. 8 Bde., Bd. 1, Cambridge, England: Cambridge University Press.

Blancpain, Jean-Pierre (1974): Les allemands au Chili (1816–1945). Köln: Böhlau Verlag.

Kellenbenz, Hermann, u. Jürgen Schneider (1976): La emigración alemana a América Latina desde 1821 hasta 1930. In: Jahrbuch für Geschichte von Staat, Wirtschaft und Gesellschaft Lateinamerikas, Bd. 13, Köln: Böhlau Verlag, 386–403.

Köllmann, Wolfgang (1976): Bevölkerungsgeschichte 1800–1970. In: Hermann Aubin und Wolfgang Zorn (Hg.), Handbuch der deutschen Wirtschafts- und Sozialgeschichte, Bd. 2, Stuttgart, S. 9–50.

Marschalck, Peter (1973): Deutsche Überseewanderung im 19. Jahrhundert. Ein Beitrag zur soziologischen Theorie der Bevölkerung. Stuttgart: Ernst Klett Verlag.

Mörner, Magnus, und Harold Sims (1985): Adventurers and Proletarians. The Story of Migrants in Latin America. Pittsburgh, PA: University of Pittsburgh Press.

Mentz, Brígida von, u. a. (1982): Los pioneros del imperialismo alemán en México. México: Ediciones de la Casa Chata.

Nagel, Silke (Ms. 1991): Integration oder nationalistische Abgrenzung. Deutsche Einwanderer in Mexiko-Stadt 1870–1942. Magister-Hausarbeit, Berlin: Freie Universität Berlin, Fachbereich Geschichtswissenschaften.

Nagel, Silke (Ms. 1993): Alemanes en México: Inmigración y colonia hasta la Segunda Guerra Mundial.

Ploetz, Karl Julius (1980): Der grosse Ploetz. Auszug aus der Geschichte. Begründet von Karl Julius Ploetz, hg. vom Verlag Ploetz, 29. völlig neu bearbeitete Aufl., Freiburg: Verlag Ploetz.

Thurner, Rudolf (Ms. 1986): Deutschsprachige Agrarkolonisation in der argentinischen Provinz Santa Fe 1856–1914. Magister-Hausarbeit, Berlin: Freie Universität Berlin, Fachbereich Geschichtswissenschaften.

Wagner, Regina (1991): Los alemanes en Guatemala 1828–1949. Guatemala: Editiorial IDEA.

Wagner, Reinhardt (Ms. 1983): Arbeitsverhältnisse in der Kaffeewirtschaft der Provinz von São Paulo 1847–1860: Europäische Einwanderer als Ersatz für Sklaven. Magister-Hausarbeit, Berlin: Freie Universität Berlin, Fachbereich Geschichtswissenschaften.

Wagner, Reinhardt (Ms. 1994): Deutsche als Ersatz für Sklaven. Arbeitsmigranten aus Deutschland in der brasilianischen Provinz São Paulo 1847–1914. Phil. Diss., Bielefeld: Universität Bielefeld, Fakultät für Geschichtswissenschaft und Philosophie.

Ziegler, Béatrice (1985): Schweizer statt Sklaven. Schweizerische Auswanderer in den Kaffee-Plantagen von São Paulo (1852–1866). Stuttgart: Steiner Verlag.

W. P. Adams: Vom Fremden zum Bürger
Einwanderer und amerikanischer Nationalismus

Anmerkungen

[1] Lawrence H. Fuchs, *The American Kaleidoscope: Race, Ethnicity, and the Civic Culture* (Hannover/New Hampshire: New England University Press, 1990).

[2] Zitiert bei Gerald Stourzh, «Probleme des Nationalitätenrechts in der Donaumonarchie, 1867–1918», *Donauraum – gestern, heute morgen,* Hg. Jozsef Varga (Wien: Europa Verlag, 1967), S. 132.

[3] Hierzu und zu den folgenden Ausführungen detaillierter W. P. Adams, «Amerikanischer Nationalismus, ethnische Vielfalt und die Deutschamerikaner», *Geschichte zwischen Freiheit und Ordnung: Gerald Stourzh zum 60. Geburtstag,* Hg. Emil Brix u. a. (Graz: Verlag Styria, 1991), 393–410.

[4] Friedrich Meinecke, *Weltbürgertum und Nationalstaat* (3. Aufl., München: Oldenbourg, 1915), S. 5.

[5] Kenneth D. McRae, «Empire, Language, and Nation: The Canadian Case», *Building States and Nations,* Hrsg. Shmuel N. Eisenstadt und Stein Rokkan (Beverly Hills: Sage Publications, 1973), 144–176.

[6] United States Bureau of the Census, Hg. *Historical Statistics of the United States: Colonial Times to 1972.* (Washington, D. C.: Government Printing Office, 1975), II, 1168.

[7] Meinecke, *Weltbürgertum,* S. 5.

[8] *Historical Statistics,* II, 1168.

[9] John Hope Franklin u. Alfred A. Moss, *From Slavery to Freedom: A History of African Americans,* 7. Aufl. (New York: McGraw-Hill, 1994), Kap. 5.

[10] Wolfgang Lindig u. a., *Die Indianer: Kulturen und Geschichte der Indianer Nord-, Mittel- und Südamerikas,* 2 Bde. (3. Aufl. München, 1985). Die Schätzungen der Bevölkerungszahl nördlich des Rio Grande um 1500 schwanken zwischen 1 Million und 90 Millionen.

[11] Alfred H. Kelly u. a. *The American Constitution, Its Origins and Development* (New York: Norton, 6. Aufl. 1983), 211–392.

[12] Stefan von Senger, *Neu-Deutschland in Nordamerika: Massenauswanderung, nationale Gruppenansiedlungen und liberale Kolonialbewegung, 1815–186* (Baden-Baden: Nomos, 1991).

[13] Kathleen Neils Conzen, *German-Americans and Ethnic Political Culture: Stearns County, Minnesota, 1855–1915* (Berlin: John F. Kennedy Institut für Nordamerikastudien, 1989; Working Paper Nr. 16), S. 3.

[14] «True Americanism, toleration, the equality of rights, ... will peacably absorb everything that is not consistent with the victorious spirit of our institutions ...The Anglo-Saxon establishes and maintains his ascendancy, but without absolutely absorbing the other national elements. They modify each other, and their peculiar characteristics are to be blended together by the all-assimilating power of freedom. This is the origin of the American nationality.» *Speeches, Correspondence, and Political Papers of Carl Schurz,* Hg., Frederic Bancroft (New York: Putnam's, 1913), I, 58.

[15] Kathleen Neils Conzen, «Deutschamerikaner und die Erfindung der Ethnizität», *Amerika und die Deutschen: Bestandsaufnahme einer 300jährigen Geschichte,* Hg. Frank Trommler (Opladen: Westdeutscher Verlag, 1986), 149–164.

[16] Martin Luther King, Jr., *Why we Can't Wait* (New York: Signet, 1964), IX–X.

[17] Frederick C. Luebke, *Bonds of Loyalty: German-Americans and World War I* (De Kalb: Northern Illinois University Press, 1974).

[18] *The New York Times,* 27. April 1924.

[19] Abrahm Orlow, *Manual on the Immigration Laws of the United States* (Philadelphia 1938), S. 29.

[20] Überblick zu den amerikanischen Einwanderungsgesetzen im 19. und 20. Jahrhundert in W. P. Adams, *Deutsche im Schmelztiegel der USA* (Berlin: Senatsdruckerei, 1991), S. 35.

[21] J. M. Bumsted, *The Peoples of Canada: A Post-Confederation History* (Toronto: Oxford University Press, 1992), Kap. 10–14.

[22] George J. Borjas u. a. Hg., *Immigration and the Work Force* (Chicago, 1992), S. 17–47.

[23] «Special Report: The Census», *USA Today* / International Edition, 30. Mai 1992.

[24] Fred Barnes, «No Entry: The Republicans' Immigration War«, *The New Republic,* 8. November 1993, S. 10–11.

[25] Siehe oben S. 9 ff.

Christhard Hoffmann: «Ostjuden» in Westeuropa: Großbritannien und Deutschland
im Vergleich (1881–1914)

Anmerkungen

[1] Zu den Pogromen vgl. Mina Goldberg, Die Jahre 1881–1882 in der Geschichte der russischen Juden. Phil. Diss. Berlin 1933; I. Michael Aronson, Troubled Waters. The Origins ot the 1881 Anti-Jewish Pogroms in Russia, Pittsburgh 1991. Zu den Ursachen der Wanderung: Simon Dubnow, Weltgeschichte des jüdischen Volkes. Bd. 10, Berlin 1929, S. 119–225.

[2] Vgl. Moritz Friedländer, Fünf Wochen in Brody unter jüdisch-russischen Emigranten. Ein Beitrag zur Geschichte der russischen Judenverfolgung. 2. Aufl. Wien 1882; Zosa Szajkowski, The European Attitude to East European Jewish Immigration (1881–1893), in: American Jewish Historical Quarterly 41 (1951), S. 127–162.

[3] Szajkowski, European Attitude, S. 138.

[4] Vgl. Jack Wertheimer, Unwelcome Strangers. East European Jews in Imperial Germany, New York 1987; S. 6 f. und 203; Steven E. Aschheim, Brothers and Strangers. The East European Jew in German and German Jewish Consciousness, 1800–1923, Madison, Wisc. 1982, S. 3 ff. und 257; Trude Maurer, Ostjuden und deutsche Juden im Kaiserreich und der Weimarer Republik: Ergebnisse der Forschung und weitere Fragen, in: Geschichte in Wissenschaft und Unterricht 39 (1988), S. 523–542, hier S. 523 f.

[5] Vgl. allgemein Colin Holmes, John Bull's Island. Immigration and British Society, 1871–1971, London 1988; James Walvin, Passage to Britain. Immigration in British History and Politics. Harmondworth 1984; zur jüdischen Einwanderung vgl. Lloyd P. Gartner, The Jewish Immigrant in England, 1870–1914, London 1960.

[6] Vgl. David Feldman, The Importance of Being English: Jewish Immigration and the Decay of Liberal England, in: D. Feldman/G. Stedman Jones (Hg.), Metropolis London. Histories and Representations since 1800, London 1989, S. 56–84, hier S. 56. Die grundlegende und zusammenfassende Studie von David Feldman, Englishmen and Jews. Social Relations and Political Culture 1840–1914, New Haven und London 1994, ist erst nach Abschluß dieses Aufsatzes erschienen und konnte nicht mehr berücksichtigt werden.

[7] Zur Entstehung des Aliens Act vgl. Bernard Gainer, The Alien Invasion. The Origins of the Aliens Act of 1905, London 1972; John A. Garrard, The English and Immigration 1880–1910, London 1971; Jill Pellew, The Home Office and the Aliens Act, 1905, in: The Historical Journal 32 (1989), S. 369–385.

[8] Zu den Bestimmungen des Aliens Act vgl. Ann Dummett/Andrew Nicol, Subjects, Citizens, Aliens and Others. Nationality and Immigration Law, London 1990, S. 103 f.; Feldman, The Importance of Being English, S. 76.

[9] Israel Finestein, The New Community, 1880–1918, in: ders., Jewish Society in Victorian England, London 1993, S. 182–201, hier S. 191.

[10] Gainer, Alien Invasion, S. 20 ff.

[11] Vgl. Gainer, Alien Invasion, S. 74–79.

[12] Vgl. Gainer, Alien Invasion, S. 84 ff.

[13] Vgl. Dieter Schonebohm, Ostjuden in London. Der Jewish Chronicle und die Arbeiterbewegung der jüdischen Immigranten im Londoner East End, 1881–1900, Frankfurt a. M. usw. 1987, S. 37–41. Auch zum folgenden.

[14] Zit. nach Beatrice Webb, Meine Lehrjahre. Eine Autobiographie, Frankfurt a. M. 1988, S. 366.

[15] Zitiert nach Gainer, Alien Invasion, S. 80.

[16] Zit. nach Arnd Bauerkämper, Die «radikale Rechte» in Großbritannien. Nationalistische, antisemitische und faschistische Bewegungen vom späten 19. Jahrhundert bis 1945, Göttingen 1991, S. 78. Zum Judenbild Hobsons vgl. Colin Holmes, Anti-Semitism in British Society 1876–1939, London 1979, S. 20 f.

[17] Webb, Meine Lehrjahre, S. 368.

[18] Gainer, Alien Invasion, S. 38.

[19] Vgl. Gainer, Alien Invasion, S. 42 ff.; Feldman, The Importance of Being English, S. 60 ff.

[20] Alan Lee, Aspects of the Working Class Response to the Jews in Britain, 1880–1914, in: Kenneth Lunn (Hg.), Hosts, Immigrants and Minorities. Historical Responses to Newcomers in British Society 1870–1914, Folkestone 1980, S. 107–133, bes. 111 ff.; Gainer, Alien Invasion, S. 48 ff.; Holmes, Anti-Semitism, S. 15 ff.

[21] Lee, Working Class Response, S. 115.

[22] Vgl. Gainer, Alien Invasion, 56–59; Lloyd P. Gartner, Eastern European Jewish immigrants in England: a quarter-century's view, in: Transactions of the Jewish Historical Society of England 24 (1982–1986), S. 297–309, hier S. 306.

[23] Vgl. Gainer, Alien Invasion, S. 127; Feldman, The Importance of Being English, S. 60 f.

[24] Vgl. Gainer, Alien Invasion, S. 60–64.

[25] Vgl. Bauerkämper, Die «radikale Rechte» in Großbritannien, S. 78 ff.; Gainer, Alien Invasion, S. 67–73; Feldman, The Importance of Being English, S. 70 ff.; Holmes, Anti-Semitism, S. 89–97.

[26] Zitiert nach Gainer, Alien Invasion, S. 71 f.

[27] Garrard, The English and Immigration, S. 59 f., 63 f.; Holmes, Anti-Semitism, S. 92 ff.

[28] Vgl. Garrard, The English and Immigration, S. 71, 157 ff.

[29] Garrard, The English and Immigration, S. 71 ff.

[30] Vgl. Garrard, The English and Immigration, S. 90; Gainer, Alien Invasion, S. 129–143, 146, 185–190; Michael J. Cohen, Churchill and the Jews, London 1985, S. 17–25.

[31] Vgl. dazu ausführlich Garrard, The English and Immigration, S. 85 ff.; Gainer, Alien Invasion, S. 151 ff.

[32] Vgl. Garrard, The English and Immigration, S. 103 ff.

[33] Garrard, The English and Immigration, S. 109–111.

[34] Vgl. Feldman, The Importance of Being English, S. 65 f.; Stanley Kaplan, The Anglicization of the East European Jewish Immigrant as seen by the London Jewish Chronicle, 1870–1897, in: YIVO Annual of Jewish Social Science 10 (1955), S. 267–278; Todd Endelman, Native Jews and Foreign Jews in London, 1870–1914, in: David Berger (Hg.), The Legacy of Jewish Immigration 1881 and Its Impact, New York 1983, S. 109–130.

[35] Vgl. Garrard, The English and Immigration, S. 112 ff.; Israel Finestein, Jewish Immigration in British Party Politics in the 1890s, in ders., Jewish Society in Victorian England, S. 202–226, hier S. 212 f., 222 ff.

[36] Vgl. dazu Friedrich Heckmann, Ethnische Minderheiten, Volk und Nation. Soziologie inter-ethnischer Beziehungen, Stuttgart 1992, S. 92.

[37] Vgl. Holmes, Anti-Semitism, S. 19.

[38] Vgl. Joseph H. Udelson, Dreamer of the Ghetto. The Life and Works of Israel Zangwill, Tuscaloosa 1990, S. 81–109.

[39] Vgl. Garrard, The English and Immigration, S. 57, 71–81; Gainer, Alien Invasion, S. 118 ff.; Lee, Working Class Response, S. 119 ff.

[40] Gainer, Alien Invasion, S. 121; Garrard, The English and Immigration, S. 63 f.

[41] Der Reichsbote Nr. 122 vom 26. 5. 1881.

[42] Vgl. Helmut Neubach, Die Ausweisungen von Polen und Juden aus Preussen 1885/6. Ein Beitrag zu Bismarcks Polenpolitik und zur Geschichte des deutsch-polnischen Verhältnisses, Wiesbaden 1967, S. 4; Wertheimer, Unwelcome Strangers, S. 24–27.

[43] Neubach, Ausweisungen, S. 13–18; Wertheimer, Unwelcome Strangers, S. 42 ff.

[44] Vgl. u. a. Werner Korburg, Ausweisung und Abweisung von Ausländern. Diss. iur. Göttingen 1930; Wertheimer, Unwelcome Strangers, S. 49–74.

[45] Neubach, Ausweisungen, S. 18–21; – Brigitte Scheiger, Juden in Berlin, in: S. Jersch-Wenzel und B. John (Hg.), Von Zuwanderern zu Einheimischen. Hugenotten, Juden, Böhmen, Polen in Berlin, Berin 1990, S. 154–488, hier S. 429.

[46] Zitiert nach Neubach, Ausweisungen, S. 21.

[47] Vgl. Ebenda, S. 129; Wertheimer, Unwelcome Strangers, S. 60.

[48] Vgl. grundlegend Rogers Brubaker, Citizenship and Nationhood in France and Germany, Cambridge, Mass. 1992, S. 114–137; Wertheimer, Unwanted Strangers, S. 54–60.

[49] Vgl. Wertheimer, Unwelcome Strangers, S. 57.

[50] Ebenda, S. 56.

[51] Vgl. Zosa Szajkowski, Sufferings of Jewish Emigrants to America in Transit Through Germany, in: Jewish Social Studies 39 (1977), S. 105–116; Michael Just, Ost- und Südosteuropäische Amerikawanderung 1881–1914. Transitprobleme in Deutschland und Aufnahme in den Vereinigten Staaten, Stuttgart 1988.

[52] Mary Antin, Vom Ghetto ins Land der Verheißung, Stuttgart ²1913, S. 197 f.

[53] Wertheimer, Unwelcome Strangers, S. 92.

[54] Scheiger, Juden in Berlin, S. 423; Wertheimer, Unwelcome Strangers, S. 80; Eike Geisel, Im Scheunenviertel. Bilder, Texte, Dokumente, Berlin 1981.

[55] Vgl. Wertheimer, Unwelcome Strangers, S. 115–119.

[56] Vgl. Richard W. Tims, Germanizing Prussian Poland, 1894–1919, New York 1941; Robert L. Koehl, Colonialism Inside Germany, 1886–1918, in: Journal of Modern History 25 (1953), S. 255–272; Hans Ulrich Wehler, Polenpolitik im Deutschen Kaiserreich, in ders., Krisenherde des Kaiserreichs 1871–1918. Studien zur deutschen Sozial- und Verfassungsgeschichte. 2. Aufl. Göttingen 1979, S. 184–237.

[57] Vgl. Massimo Ferrari Zumbini, Große Migration und Antislawismus: negative Ost-

judenbilder im Kaiserreich, in: Jahrbuch für Antisemitismusforschung 3 (1994), S. 194–226, hier S. 215.

[58] Vgl. dazu: S. Neumann, Die Fabel von der jüdischen Masseneinwanderung, Berlin 1880; Neubach, Ausweisungen, S. 8–13.

[59] Heinrich von Treitschke, Unsere Aussichten. In: Preußische Jahrbücher 44 (1879). Zitiert nach Walter Boehlich (Hg.), Der Berliner Antisemitismusstreit, Frankfurt/M. 1965, S. 5–12, hier S. 7 f.

[60] [Moritz Busch], Israel und die Gojim. Beiträge zur Beurtheilung der Judenfrage. Leipzig 1880, S. 224–226.

[61] Vgl. Hans-Peter Bayerdörfer, Das Bild des Ostjuden in der deutschen Literatur, in: Herbert A. Strauss/Christhard Hoffmann (Hg.), Juden und Judentum in der Literatur, München 1985, S. 211–236, hier S. 218 ff.

[62] Vgl. Wertheimer, Unwelcome Strangers, S. 34.

[63] Vgl. Steven E. Aschheim, The East European Jew and German Jewish Identity, in: Studies in Contemporary Jewry I (1984), S. 3–25, hier S. 21.

[64] Franz Rosenzweig an seine Eltern vom 7. Juni 1916, in: ders., Briefe und Tagebücher, hg. von Rachel Rosenzweig und Edith Rosenzweig-Scheinmann Bd. 1, Den Haag 1979, S. 189; Vgl. auch Shulamit Volkov, Die Dynamik der Dissimilation: Deutsche Juden und die ostjüdischen Einwanderer, in: dieselbe, Jüdisches Leben und Antisemitismus im 19. und 20. Jahrhundert. Zehn Essays. München 1990, S. 166–180.

[65] Vgl. Jehuda Reinharz, East European Jews in the *Weltanschauung* of German Zionists, 1882–1914, in: Studies in Contemporary Jewry I (1984), S. 55–97; Sander Gilman, The Rediscovery of the Eastern Jews: German Jews in the East, 1890–1918, in: D. Bronsen, Jews and Germans from 1860 to 1933. The Problematic Symbiosis, Heidelberg 1979, S. 338–365.

[66] Vgl. Aschheim, Brothers and Strangers, S. 230 ff., Trude Maurer, Ostjuden in Deutschland 1918–1933, Hamburg 1986, S. 104 ff.; Heinrich August Winkler, Die deutsche Gesellschaft der Weimarer Republik und der Antisemitismus, in: Bernd Martin/Ernst Schulin (Hg.), Die Juden als Minderheit in der Geschichte, München 1981, S. 271–289, hier S. 277.

[67] Zur «Ostjudenfrage» in der Weimarer Republik und im Nationalsozialismus vgl. Trude Maurer, Ostjuden in Deutschland; dies., Ausländische Juden in Deutschland, 1933–1939, in: A. Paucker (Hg.), Die Juden im nationalsozialistischen Deutschland, 1933–1943, Tübingen 1986, S. 189–210; Rainer Pommerin, Die Ausweisung von «Ostjuden» aus Bayern 1923. Ein Beitrag zum Krisenjahr der Weimarer Republik, in: Vierteljahrshefte für Zeitgeschichte 34 (1986), S. 311–340.

Literatur

Adler-Rudel, Schalom: Ostjuden in Deutschland 1880–1940. Tübingen 1959.

Aschheim, Steven E.: Brothers and Strangers. The East European Jew in German and German Jewish Consciousness, 1800–1923, Madison, Wisc. 1982.

Bauerkämper, Arnd: Die «radikale Rechte» in Großbritannien. Nationalistische, antisemitische und faschistische Bewegungen vom späten 19. Jahrhundert bis 1945, Göttingen 1991.

Brubaker, Rogers: Citizenship and Nationhood in France and Germany, Cambridge, Mass. 1992.

Feldman, David: Englishmen and Jews. Social Relations and Political Culture 1840–1914, New Haven und London 1994.

Gainer, Bernard: The Alien Invasion. The Origins of the Aliens Act of 1905, London 1972.

Garrard, John A.: The English and Immigration 1880–1910, London 1971.

Gartner, Lloyd P.: The Jewish Immigrant in England, 1870–1914, London 1960.

Geisel, Eike: Im Scheunenviertel. Bilder, Texte, Dokumente, Berlin 1981.

Hausmann, Heiko: Geschichte der Ostjuden. München 1990.

Holmes, Colin: Anti-Semitism in British Society 1876–1939, London 1979.

ders., John Bull's Island. Immigration and British Society, 1871–1971, London 1988.

Lunn, Kenneth: (Hg.), Hosts, Immigrants and Minorities. Historical Responses to Newcomers in British Society 1870–1914, Folkestone 1980.

Maurer, Trude:Ostjuden in Deutschland 1918–1933, Hamburg 1986.

Neubach, Helmut: Die Ausweisungen von Polen und Juden aus Preussen 1885/6. Ein Beitrag zu Bismarcks Polenpolitik und zur Geschichte des deutsch-polnischen Verhältnisses, Wiesbaden 1967.

Schonebohm, Dieter: Ostjuden in London. Der Jewish Chronicle und die Arbeiterbewegung der jüdischen Immigranten im Londoner East End, 1881–1900, Frankfurt a. M. usw. 1987.

Wertheimer, Jack: Unwelcome Strangers. East European Jews in Imperial Germany, New York 1987.

K. J. Bade: Einheimische und Fremde im vereinigten Deutschland

Anmerkungen

[1] K. J. Bade, Altes Handwerk, Wanderzwang und gute Policey: Gesellenwanderung zwischen Zunftökonomie und Gewerbereform, in: Vierteljahrschrift für Sozial- und Wirtschaftsgeschichte, 69. 1982, S. 1–37; vgl. H. Bausinger u.a. (Hg.), Reisekultur. Von der Pilgerfahrt zum modernen Tourismus, München 1991.

[2] Überblicke zum Folgenden: K. J. Bade (Hg.), Deutsche im Ausland – Fremde in Deutschland: Migration in Geschichte und Gegenwart, 3. Aufl. München 1993; ders., Homo Migrans: Wanderungen aus und nach Deutschland – Erfahrungen und Fragen, Essen 1994; ders., Ausländer – Aussiedler – Asyl: Eine Bestandsaufnahme, München (Beck'sche Reihe 1994).

[3] S. Solomon u.a., Terror Management Theory of Social Behaviour: The Psychological Foundations of Self-Esteem and Cultural World Views, in: M. P. Zanna (Hg.), Advances in Experimental Social Psychology, 24. 1991, S. 93–159; vgl. R. Brown, Social Psychology, 2. Ausg. New York 1986, S. 533–626 («Ethnic Conflict»); zur Akkulturationsproblematik aus der Sicht der interkulturellen Psychologie s. J. W. Berry, U. Kim, Acculturation and Mental Health, in: P. R. Dasen u. a. (Hg.), Health and Cross-Cultural Psychology. Toward Applications, Newbury Park 1987, S. 207–236; zur Ethnopsychoanalyse s. M. Adler, Ethnopsychoanalyse. Das Unbewußte in Wissenschaft und Kultur, Stuttgart 1993.

[4] K. J. Bade (Hg.), Neue Heimat im Westen: Vertriebene – Flüchtlinge – Aussiedler, Gütersloh 1990; zu Forschungsstand und Methodenfragen: R. Schulze u. a. (Hg.), Flüchtlinge und Vertriebene in der westdeutschen Nachkriegsgeschichte. Bilanzierung der Forschung und Perspektiven für die künftige Forschungsarbeit, Hildesheim 1987; AWR (Forschungsgesellschaft für das Weltflüchtlingsproblem) Deutsche Sektion (Hg.), Aufnahme und Integration der Vertriebenen in der DDR als wissenschaftliche Aufgabe, Symposium 20.–22. 3. 1991, verv. Ms. 1991 (AWR I); AWR (Hg.), Die Integration der Vertriebenen in Deutschland – Möglichkeiten und Grenzen, Symposium 25.–29. 4. 1991, verf. Ms. 1991 (AWR II); neuere landesgeschichtliche Fallstudien: H. Grebing, Flüchtlinge und Parteien in Niedersachsen. Eine Untersuchung der politischen Meinungs- und Willensbildungsprozesse während der ersten Nachkriegszeit 1945–52/53, Hannover 1990; R. Messerschmidt, Aufnahme und Integration der Vertriebenen und Flüchtlinge in Hessen 1945–50. Zur Geschichte der hessischen Flüchtlingsverwaltung, Wiesbaden 1994.

[5] M. Wille, Die Zusammenarbeit der deutschen Antifaschisten mit der SMAD in der Umsiedlerfrage, speziell in Sachsen-Anhalt (1945–1949), in: Jb. für Geschichte der soziali-

stischen Länder Europas, Bd. 23/1, Berlin 1979, S. 69 ff.; ders., Die Lösung der Umsiedlerfrage auf dem Territorium der DDR, in: Wiss. Zeitschr. der Päd. Hochsch. Magdeburg, Jg.
1982, H. 5/6, S. 68 ff.; ders., Die Lösung der Umsiedlerfrage auf dem Territorium der DDR
1945–1949: Grundpositionen zum Forschungsgegenstand, ebenda, Jg. 1988, H. 3, S. 231 ff.;
ders., Not und Elend der Ostflüchtlinge und der Heimatvertriebenen im ersten Nachkriegs-
jahr, in: Magdeburger Blätter. Jahresschrift für Heimat- und Kulturgeschichte im Land Sachsen-Anhalt, Magdeburg 1991; ders., Forschungen zur Integration der Vertriebenen in der
DDR – Entwicklungen und derzeitiger Stand, in: AWR I; R. Just, Die Lösung der Umsiedlerfrage auf dem Gebiet der Deutschen Demokratischen Republik, dargestellt am Beispiel des Landes Sachsen (1945–1952), phil. Diss. Magdeburg 1985 (Ms.); W. Meinicke, Zur
Integration der Umsiedler in die Gesellschaft 1945–1952, in: Zeitschrift für Geschichtswissenschaft, 1988, H. 10, S. 867 ff.; S. Kaltenborn, Die Lösung des Umsiedlerproblems auf dem
Territorium der Deutschen Demokratischen Republik, dargestellt am Beispiel des Landes
Thüringen (1945–1948), phil. Diss. Magdeburg 1989 (Ms.).

[6] K. J. Bade, Aussiedler – Rückwanderer über Generationen hinweg, in: ders. (Hg.), Neue
Heimat im Westen, S. 128–149; vgl. R. Pfundtner, Spätaussiedler. Tragödie: Ursachen – Folgen – Perspektiven, Hannover 1979; U. u. W. Lanquillon, Die fremden Deutschen? Eingliederung von Umsiedlern zwischen Notwendigkeit und Chance, 2. Aufl., Hamburg 1980;
AWR (Hg.), Die Aussiedler in der Bundesrepublik Deutschland, 2. Bde., Bd. 1 (hg. v. W. Arnold): Herkunft – Ausreise – Aufnahme, Wien 1980 (2. Aufl., 1985); Bd. 2 (hg. v. H. Harm-
sen): Anpassung – Umstellung – Eingliederung, Wien 1983.

[7] W. Ackermann, Der ‹echte› Flüchtling. Studien zu den deutschen Vertriebenen und
Flüchtlingen aus der DDR, 1945–61 (Studien zur Historischen Migrationsforschung,
Bd. 1), Essen 1984; A. Wolf, Aussiedler und DDR-Übersiedler heute, Karlsfeld bei Mün-
chen 1986; D. Voigt, L. Mertens (Hg.), Minderheiten in und Übersiedler aus der DDR,
Berlin 1992.

[8] F. Heckmann, Die Bundesrepublik: Ein Einwanderungsland? Zur Soziologie der Gastarbeiterbevölkerung als Einwanderungsminorität, Stuttgart 1991; K. J. Bade, Vom Auswanderungsland zum Einwanderungsland? Deutschland 1880–1980, Berlin 1983; ders., Vom
Export der Sozialen Frage zur importierten Sozialen Frage: Deutschland im transnationalen
Wanderungsgeschehen seit der Mitte des 19. Jahrhunderts, in: ders. (Hg.), Auswanderer –
Wanderarbeiter – Gastarbeiter. Bevölkerung, Arbeitsmarkt und Wanderung in Deutschland
seit der Mitte des 19. Jahrhunderts, 2. Bde., 2. Aufl. Ostfildern 1986, Bd. 1, S. 9–71.

[9] A. Stach, S. Hussain, Ausländer in der DDR. Ein Rückblick, Berlin 1991; S. Grundmann
u. a., Ausländer in der DDR, in: BISS-public. Wiss. Mitt. aus dem Berliner Institut für
Sozialwiss. Studien 1991, H. 4, S. 6–75; E.-M. u. L. Elsner, Zwischen Internationalismus und
Nationalismus. Ausländer und Ausländerpolitik in der DDR, Rostock 1993. «Fremdarbeiterpolitik des Imperialismus» lautete der Titel einer von L. Elsner hg. geschichtswissenschaft-
lichen Fachzeitschrift der Universität Rostock, die 1989 in «Migrationsforschung» umbe-
nannt wurde.

[10] W. Thierse, Ausländerfeindlichkeit im vereinten Deutschland, in: Fremdenfeindlichkeit
und Rassismus. Herausforderung für die Demokratie, Friedrich-Ebert-Stiftung Bonn 1993,
S. 19; C. Schmalz-Jacobsen u. a., Einwanderung – und dann? Perspektiven einer neuen Ausländerpolitik, München 1993, S. 79–93, 103–107.

[11] Vgl. K. J. Bade, Tabu Migration: Belastungen und Herausforderungen, in: ders. (Hg.),
Das Manifest der 60: Deutschland und die Einwanderung, München 1994, S. 16–21, 66–85.

[12] Zu den hinter dem Begriff «Integration» stehenden Eingliederungskonzepten und
-vorstellungen s. ders., Sozialhistorische Migrationsforschung und ‹Flüchtlingsintegration›,
in: Schulze (Hg.), Flüchtlinge und Vertriebene, S. 126–162; V. Ackermann, Integration: Begriff, Leitbilder, Probleme, in: Bade (Hg.), Neue Heimat im Westen, S. 14–36.

[13] Hierzu und zum Folgenden: K. J. Bade, Politik in der Einwanderungssituation: Migra-

tion – Integration – Minderheiten, in: ders. (Hg.), Deutsche im Ausland – Fremde in Deutschland, S. 442–455.

[14] Für England am Beispiel fremdenfeindlicher Aggressionen gegenüber eingewanderten Deutschen: P. Panayi, Antiemigrant Riots in 19th and 20th Century Britain, in: ders. (Hg.), Racial Violence in Britain, 1840–1950, London 1993, S. 1–25; ders., Anti-German Riots in Britain During the First World War, ebenda, S. 65–91; zu den aktuellen Entwicklungslinien: E. Balibar u. a., Rassismus und Migration in Europa, Hamburg 1992; P. Stouthuysen, Extreem-Rechts in Na-oorlogs Europa, Brüssel 1993; E. Deslé u. a. (Hg.), Denken over Migranten in Europa, Brüssel 1993.

[15] K. Farin, E. Seidel-Pielen, Skinheads, München 1993; G. Eisenberg, R. Gronemeyer, Jugend und Gewalt. Der neue Generationskonflikt – oder: Der Zerfall der zivilen Gesellschaft, Reinbek 1993; vgl. Großbritannien: Rassismus und Erfolge der Rechtsradikalen treiben Farbige in die Heimat ihrer Vorfahren zurück, in: Der Spiegel, 13. 12. 1992, S. 160–162.

[16] Bade, Ausländer – Aussiedler – Asyl, Kap. 8; vgl. P. B. Hill, Determinanten der Eingliederung von Arbeitsmigranten, Königstein 1984; R. Tichy, Ausländer rein! Warum es kein ‹Ausländerproblem› gibt, München 1990, S. 37–53, 145–152; L. Hoffmann, Die unvollendete Republik: Zwischen Einwanderungsland und deutschem Nationalstaat, Köln 1990; M. Bommes, A. Scherr, Der Gebrauchswert von Selbst- und Fremdethnisierung in Strukturen sozialer Ungleichheit, in: Prokla 21. 1991, S. 291–316; H. Esser, Die multikulturelle Gesellschaft – Ethnische Konflikte (Studienbrief, Deutsches Institut für Fernstudien), Tübingen 1991; F. Heckmann, Ethnische Minderheiten, Volk und Nation. Soziologie interethnischer Beziehungen, Stuttgart 1992, S. 74–116; ders., Ethnische Vielfalt und Akkulturation im Eingliederungsprozeß, in: Bade (Hg.), Manifest der 60, S. 38–43; 148–163.

[17] D. Oberndörfer, Der Wahn des Nationalen. Die Alternative der offenen Republik, Freiburg i. Br. 1993; vgl. Heckmann, Ethnische Minderheiten, S. 117–161.

[18] Die Zigeuner: Asyl in Deutschland?, in: Der Spiegel, 3. 9. 1990, S. 34–57; Einwanderung: Bürgerhaß auf Roma und Sinti, ebenda, 7. 8. 1992, S. 30–36; Chr. Marquardt, Zigeunerhaß in Eisenhüttenstadt, in: Frankfurter Allgemeine Zeitung (FAZ), 7. 9. 1992, S. 33; S. Rückert, M. Schwelien, Die Zigeuner sind da!, in: Die Zeit, 18. 9. 1992, S. 17–20; A. M. Rosenthal, Das Land, das Angst macht. Die westlichen Politiker haben gelogen: Deutschland ist doch gefährlich, in: Die Zeit, 2. 10. 1992, S. 14; ‹Am besten nach Sibirien›, in: Der Spiegel, 24. 5. 1993, S. 47.

[19] Kinkel warnt vor einem ausländerfeindlichen «Steppenbrand»: Besuch bei der Gedenkstätte Sachsenhausen, in: FAZ, 30. 9. 1992, S. 4; «Der Holo ist beendet»: Jugendliche Nazis verwüsten jüdische Friedhöfe, sprengen Denkmäler und brennen KZ-Gedenkstätten nieder, in: Der Spiegel, 16. 11. 1992, S. 65–73; R. Seligmann, Die Juden leben, in: Der Spiegel, 16. 11. 1992, S. 75–78; «Dann bin ich weg über Nacht»: Die jüdischen Gemeinden und der wachsende Antisemitismus in Deutschland, in: Der Spiegel, 14. 12. 1992, S. 48–56.

[20] U. Stock, Knüppel gegen Knüppel. Behinderte werden beschimpft, bespuckt, geschlagen, in: Die Zeit, 27. 11. 1992, S. 81; Alltägliche Gewalt: Angriffe auf Behinderte (Leserbriefe), in: Die Zeit: 18. 12. 1992, S. 12; Zunahme der Übergriffe: Auch Obdachlose unter den Opfern, in: FAZ, 3. 12. 1992; Menschliche Bomben. Terror gegen Behinderte, in: Der Spiegel, 1. 2. 1993, S. 67.

[21] U. Beck, Biedermänner und Brandstifter, in: Der Spiegel, 9. 11. 1992, S. 36–38; H.-D. Schwind u. a., Der non-helping bystander-Effekt. Wie kommt es zu unterlassener Hilfeleistung?, in: Kriminalistik 4/91, S. 233–242.

[22] Dokumentation bis 1992: G. Nandlinger, Chronik der Gewalt, in: K. H. Rosen (Hg.), Die zweite Vertreibung. Fremde in Deutschland, Bonn 1992, S. 119–158; für 1992/93: Nachbarn und Mörder. Rostock – Mölln – Solingen, Tageszeitung (taz), Journal 1/1993.

[23] Hierzu und zum Folgenden: R. Eckert, H. Willems, Fremdenfeindliche Gewalt – Was tun?, Trier 1993 (Forschungsbericht); dies., S. Würtz, Fremdenfeindliche Gewalt – Eine

Analyse von Täterstrukturen und Eskalationsprozessen, Trier 1993 (Forschungsbericht); H. Willems (zus. m. R. Eckert, S. Würtz, L. Steinmetz), Fremdenfeindliche Gewalt. Einstellungen – Täter – Konflikteskalation, Opladen 1993, S. 97–104.

[24] Eckert/Willems/Würtz; Willems, S. 9, 211–233, 242–247, 260–262.

[25] Eckert/Willems, S. 9 f., 14; Willems, S. 233–236.

[26] Brisante Kiste: Gruppen ausländischer Jugendlicher machen gegen rechtsextremistische Schläger mobil, in: Der Spiegel, 26. 6. 1989, S. 47–51; D. Schümer, Sturz aus der Normalität: Solingen – danach sieht alles anders aus, in: FAZ, 3. 6. 1993, S. 31; vgl. E. Seidel-Pielen, Die Angst vor dem Spartakusaufstand, in: taz, 4. 6. 1993; C. Leggewie, Z. Senocak (Hg.), Deutsche Türken. Das Ende der Geduld, Reinbek 1993.

[27] Zur Berichterstattung über die Kurden-Demonstrationen als «neue Dimension des Terrors» aus einseitig sicherheitspolitischer Perspektive: FAZ, 24. 3. 1994, S. 1–3.

[28] Ausführlich mit Literaturhinweisen hierzu: Bade, Ausländer – Aussiedler - Asyl, Kap. 6.

[29] ‹Dieses Land wird unregierbar›, in: Der Spiegel, 14. 9. 1992, S. 18–28; ‹Staatsnotstand› in Flammenschrift an der Wand, in: FAZ, 15. 10. 1992, S. 3; Die Koalition spricht von drohendem Staatsnotstand, in: FAZ, 2. 11. 1992, S. 1 f.; ‹Das ist der Staatsstreich›, in: Der Spiegel, 2. 11. 1992, S. 18–23; M. Backhaus, Union auf Radikalkurs. Kanzler Kohl beschwört einen ‹Staatsnotstand›, in: Der Stern, 5. 11. 1992, S. 284–287.

[30] Bade (Hg.), Manifest der 60, S. 13.

[31] Willems, S. 269 f.

[32] C. Leggewie, Das Ende der Lebenslügen: Plädoyer für eine neue Einwanderungspolitik, in: Bade (Hg.), Manifest der 60, S. 55–60, 213–225.

[33] Bade, Politik in der Einwanderungssituation; ders., Homo Migrans, S. 86–102; ders., Ausländer – Aussiedler – Asyl, Kap. 9; ders., Immigration and Social Peace in United Germany, in: Daedalus. Journal of the American Academy of Arts and Sciences, Jg. 1994 (Bd. 123, H. 1), S. 85–106.

Register

Die Autoren

Willi Paul Adams, geb. 1940 in Leipzig, Professor der Geschichte Nordamerikas am John F. Kennedy-Institut für Nordamerikastudien der FU Berlin, hat zum Themenbereich dieses Bandes u. a. veröffentlicht: The Colonial German-language Press and the American Revolution, in: The Press and the American Revolution, Hrsg. Bernard Bailyn u. a. (1980), S. 151–228; überarbeitete Übers. in Winfried B. Lerg (Hrsg.), «Verknüpfungen unter den Menschen weiter auszudehnen» – Deutschsprachige Publizistik am Vorabend der amerikanischen Revolution (1995); Die Assimilationsfrage in der amerikanischen Einwanderungsdiskussion, 1980–1930, in: Klaus Bade (Hrsg.), Auswanderer Wanderarbeiter Gastarbeiter: Bevölkerung, Arbeitsmarkt und Wanderung in Deutschland seit der Mitte des 19. Jahrhunderts, 1986, S. 300–320; Deutsche im Schmelztiegel der USA: Erfahrungen im größten Einwanderungsland der Europäer, Broschüre der Ausländerbeauftragten des Senats von Berlin, 1991.

Klaus J. Bade, geb. 1944 in Sierentz/Elsaß, o. Professor für Neueste Geschichte und Direktor des interdisziplinären Instituts für Migrationsforschung und Interkulturelle Studien (IMIS) der Universität Osnabrück. Veröffentlichungen u. a.: Friedrich Fabri und der Imperialismus in der Bismarckzeit, 1975; Vom Auswanderungsland zum Einwanderungsland?, 1983; (Hrsg.), Auswanderer Wanderarbeiter Gastarbeiter, 2 Bde., 1984; Deutsche im Ausland, Fremde in Deutschland, 1992; (Hrsg.), Das Manifest der 60: Deutschland und die Einwanderung, 1994; Homo Migrans, 1994; Ausländer Aussiedler Asyl, 1994.

Carsten Colpe, geb. 1929 in Dresden, 1948–54 Studium der Theologie und Orientalistik in Mainz und Göttingen, 1960–62 Privatdozent für Neues Testament und spätantike Religionsgeschichte in Hamburg, 1967–69 o. Professor für Allgemeine Religionsgeschichte in Göttingen, 1969–74 für Iranische Philologie an der FU Berlin, seither für Allgemeine Religionsgeschichte und Historische Theologie ebendort. Veröffentlichungen: Kleine Schriften, 6 Bde, Universitätsbibliothek FU Berlin 1993. Das Siegel der Propheten, 1990. Der «Heilige Krieg», 1994. Problem Islam, [2]1994.

Alexander Demandt, geb. 1937 in Marburg, studierte Geschichte, Latein und Philosophie in Tübingen, München und Marburg, 1964/65 Reisestipendium des Deutschen Archäologischen Instituts, 1970 Privatdozent in Konstanz, 1974 o. Professor für Alte Geschichte an der FU Berlin. Von 1984–1994 Vorsitzender der Historischen Gesellschaft zu Berlin. Arbeitsgebiete: Spätantike (Zeitkritik und Geschichtsbild im Werk Ammians, Diss. 1965; magister militum, RE Suppl. XII 1970, Sp. 553–790; Der Fall Roms. Die Auflösung des römischen Reiches im Urteil der Nachwelt, 1984; Die Spätantike. Römische Geschichte von Diocletian bis Justinian, 284–565 n. Chr., Handbuch der Altertumswissenschaft III 6, 1989) und Geschichtstheorie (Geschichte als Argument. Drei Formen politischen Zukunftdenkens im Altertum. Konstanzer Universitätsreden 46; Metaphern für Geschichte. Sprachbilder und Gleichnisse im historisch-politischen Denken, 1978; Ungeschehene Geschichte. Ein Traktat über die Frage: Was wäre geschehen, wenn . . .? [2]1986); außerdem: Deutschlands Grenzen in der Geschichte, [3]1993; Theodor Mommsen, Römische Kaisergeschichte, 1992, zusammen mit Barbara Demandt; Der Idealstaat – Die politischen Theorien der Antike, [2]1993.

Bernd Funck, geb. 1945 in Bentschen, Prov. Posen, 1965–70 Studium der Alten Geschichte und Orientalistik an der Staatsuniversität Leningrad; 1975 Promotion, 1974–91 wissenschaftlicher Mitarbeiter der Akademie der Wissenschaften Berlin; seit 1992 Leiter der Forschungsgruppe Hellenismus Berlin, Lehraufträge an der FU Berlin; 1994 Mitglied der Geisteswissenschaftlichen Akademie zu St. Petersburg: Fachgebiete: Hellenismus/Orientalische Geschichte des 1. Jahrtausends v. Chr. Publikationen: Uruk zur Seleukidenzeit, 1984; ca. 110 Aufsätze zur Alten Geschichte/Geschichte; ca. 100 Fach- und Literaturübersetzungen aus dem Russischen.

Christhard Hoffmann, geb. 1952, DAAD Visiting Professor in German Studies am History Department der University of California at Berkeley. Arbeitsgebiete: Deutsch-jüdische Geschichte, Migrations- und Minderheitengeschichte in Europa, Geschichte der Geisteswissenschaften. Publikationen (u. a.): (Hrsg. zus. mit Herbert A, Strauss), Juden und Judentum in der Literatur, 1985; (Hrsg. zus. mit Bernd Passier), Die Juden. Vorurteil und Verfolgung im Spiegel literarischer Texte, 1986; Juden und Judentum im Werk deutscher Althistoriker des 19. und 20 Jahrhunderts, 1988; (Hrsg. zus. mit Herbert A. Strauss und Werner Bergmann), Der Antisemitismus der Gegenwart, 1990, (Hrsg. zus. mit Gert Audring und Jürgen von Ungern-Sternberg), Eduard Meyer und Victor Ehrenberg. Ein Briefwechsel, 1914–1930, 1990; (Hrsg. zus. mit Herbert A. Strauss, Klaus Fischer und Alfons Söllner), Die Emigration der Wissenschaften nach 1933. Disziplingeschichtliche Studien, 1991.

Stefi Jersch-Wenzel, geb. 1937 in Berlin, Leiterin der Sektion für deutsch-jüdische Geschichte der Historischen Kommission zu Berlin und außerplanmäßige Professorin TU Berlin; Veröffentlichungen u. a.: Juden und ‹Franzosen› in der Wirtschaft des Raumes Berlin/Brandenburg zur Zeit des Merkantilismus, 1978; (Hrsg. zus. mit Fréderic Hartweg), Die Hugenotten und das Refuge: Deutschland und Europa, 1990; (Hrsg. zus. mit Barbara John), Von Zuwanderern zu Einheimischen. Hugenotten, Juden, Böhmen, Polen in Berlin; zahlreiche weitere Arbeiten zur historischen Minderheitenforschung, insbesondere zur Geschichte der Juden.

Reinhard Liehr, geb. 1939 in Altstadt, wurde 1969 an der Universität zu Köln promoviert und 1977 an der Universität Bielefeld habilitiert. Von 1979 bis 1987 leitete er als wissenschaftlicher Direktor die Abteilung Forschung am Ibero-Amerikanischen Institut Preußischer Kulturbesitz in Berlin. Seit 1987 arbeitet er als Professor für Geschichte Lateinamerikas an der Freien Universität Berlin. Neben zahlreichen Aufsätzen in Fachzeitschriften sind seine wichtigsten Veröffentlichungen: Sozialgeschichte spanischer Adelskorporationen. Die Maestranzas de Caballería (1670–1808) (1981); ferner die Sammelbände América Latina en la época de Simón Bolívar. La formación de las economías nacionales y los intereses económicos europeos 1800–1850 (Berlin 1989) und La deuda pública en América Latina. Una perspectiva histórica (Frankfurt am Main 1955).

Ralph-Johannes Lilie, geb. 1947 in Hamburg, Promotion München 1975, Habilitation Berlin 1983 (für Byzantinistik); zur Zeit Professor an der Berlin-Brandenburgischen Akademie der Wissenschaften in Berlin. Wichtigste Veröffentlichungen: Die byzantinische Reaktion auf die Ausbreitung der Araber, 1978; Byzanz und die Kreuzfahrerstaaten, 1981; Handel und Politik zwischen dem byzantinischen Reich und den italienischen Kommunen Venedig, Pisa und Genua, 1984; Byzantium and the Crusader States, 1993; Byzanz. Kaiser und Reich, 1994; außerdem diverse kleinere Arbeiten in Zeitschriften, Lexika etc.

Bedrich W. Loewenstein, geb. 1929 in Prag, durch die Zeitgeschichte erschwerte Ausbildung und Berufstätigkeit, kam nach langjährigem Berufsverbot 1979 nach Deutschland. Lehrte als Professor 1979–94 an der FU Berlin moderne soziale Ideengeschichte. Wichtigste Veröffentlichungen: Der Entwurf der Moderne, 1987; Problemfelder der Moderne, 1990; 6mal Prag, 1988; (Hrsg.), Geschichte und Psychologie. Annäherungsversuche, 1992.

Christian Lübke, geb. 1953 in Langenhain, Studium der Osteuropäischen Geschichte und Slavistik, Promotion 1980, wissenschaftlicher Mitarbeiter an der Universität Gießen und der FU Berlin, jetzt Historische Kommission zu Berlin. Wichtigste Veröffentlichungen: Novgorod in der russischen Literatur, 1984; Regesten zur Geschichte der Slaven an der Elbe und Oder, 1985–88; Arbeit und Wirtschaft im östlichen Mitteleuropa, 1991; Slaven und Deutsche um das Jahr 1000 (in: Mediaevalia Historica Bohemica 3; 1993); Multi-Ethnizität und Stadt als Faktoren staatlicher und gesellschaftlicher Entwicklung im östlichen Europa (in: Burg-Burgstadt-Stadt, 1994).

Andreas Müggenburg, geb. 1966 in Spandau, studiert Geschichte, Politologie und Soziologie in Berlin, hat die Ringvorlesung «Umgang mit Fremden in der Vergangenheit» an der FU Berlin angeregt und dazu eine Ausstellung organisiert.

Angelika Schaser, geb. 1956 in München, wissenschaftliche Assistentin am Friedrich-Meinekke-Institut der FU Berlin. Veröffentlichungen u. a.: Josephinische Reformen und sozialer Wandel in Siebenbürgen. Die Bedeutung des Konzilvilitätsreskriptes für Hermannstadt (Quellen und Studien zur Geschichte des östlichen Europas, Bd. 29), 1989; Die Juden Siebenbürgens vom 16. bis zum 18. Jahrhundert, in: Südost-Forschungen 49, 1990, S. 57–94. Derzeit Arbeit am Habilitationsprojekt «Helene Lange und Gertrud Bäumer. Vom Aufbuch der Frauen in die ‹große› Politik».

Winfried Schich, geb. 1938 in Berlin, Promotion 1973 FU Berlin, Professor für Landesgeschichte an der Humboldt-Universität zu Berlin. Veröffentlichungen u. a.: Würzburg im Mittelalter, 1977; Das mittelalterliche Berlin, in: Geschichte Berlins, hrsg. von W. Ribbe, 1987; Die Entstehung der Stadt Kassel, 1989; Brandenburg (Havel), in: Deutscher Städteatlas V, 1994; Mitherausgeber Siedlungsforschung. Archäologie – Geschichte – Geographie. Bd. 1 ff., 1983 ff. Erstveröffentlichung des vorliegenden Beitrages in: Nationale, ethnische Minderheiten und regionale Identitäten in Mittelalter und Neuzeit, Hrsg. A. Czacharowski, 1994.

Heinrich Schlange-Schöningen, geb 1960 in Lüneburg, Studium in Berlin und Bordeaux, wissenschaftlicher Mitarbeiter am Friedrich-Meinecke-Institut der FU Berlin. Promotion: Kaisertum und Bildungswesen im spätantiken Konstantinopel, 1995; hat die Ringvorlesung «Umgang mit Fremden in der Vergangenheit» an der FU Berlin mit vorbereitet und organisiert.

Peter Spahn, geb. 1946 in Seligenstadt, Professor für Sozial- und Wirtschaftsgeschichte der Antike an der FU Berlin. Publikationen: Mittelschicht und Polisbildung, 1977; diverse Aufsätze zur griechischen Geschichte der archaischen und klassischen Zeit, zu den antiken Vorstellungen von Ökonomie und zur Geschichte des politischen Denkens bei den Griechen.

ANZEIGEN

Politik und Zeitgeschehen

Klaus J. Bade (Hrsg.)
Deutsche im Ausland – Fremde in Deutschland
Migration in Geschichte und Gegenwart
3., unveränderte Auflage. 1993.
542 Seiten mit 84 Abbildungen und 11 Karten.
Gebunden

Klaus J. Bade
Ausländer – Aussiedler – Asyl
Eine Bestandsaufnahme
1994. 287 Seiten. Paperback
Beck'sche Reihe Band 1072

Klaus Bade (Hrsg.)
Das Manifest der 60
Deutschland und die Einwanderung
1993. 231 Seiten. Paperback
Beck'sche Reihe Band 1039

Wolfgang Benz (Hrsg.)
Integration ist machbar
Ausländer in Deutschland
1993. 189 Seiten. Paperback
Beck'sche Reihe Band 1016

Faruk Sen/Andreas Goldberg
Türken in Deutschland
Leben zwischen zwei Kulturen
1994. 144 Seiten mit 5 Abbildungen und 6 Tabellen.
Paperback
Beck'sche Reihe Band 1075

Beate Winkler (Hrsg.)
Zukunftsangst Einwanderung
3., aktualisierte Auflage. 1993. 122 Seiten.
Paperback
Beck'sche Reihe Band 471

Verlag C. H. Beck München

Politik und Zeitgeschehen

Till Bastian
Auschwitz und die «Auschwitz-Lüge»
Massenmord und Geschichtsfälschung
4. Auflage. 1995.
103 Seiten mit 10 Abbildungen und 3 Karten.
Paperback
Beck'sche Reihe Band 1058

Jürgen W. Falter
Wer wählt rechts?
Die Wähler und Anhänger rechtsextremistischer Parteien
im vereinigten Deutschland
In Zusammenarbeit mit Markus Klein
1994. 167 Seiten. Paperback
Beck'sche Reihe Band 1052

Dieter Groh/Peter Brandt
«Vaterlandslose Gesellen»
Sozialdemokratie und Nation 1860–1990
1992. 469 Seiten. Leinen

Wolfgang Hardtwig/Heinrich August Winkler (Hrsg.)
Deutsche Entfremdung
Zum Befinden in Ost und West
1993. 164 Seiten. Paperback
Beck'sche Reihe Band 1032

Christoph Kleßmann/Georg Wagner (Hrsg.)
Das gespaltene Land
Leben in Deutschland 1945–1990.
Texte und Dokumente zur Sozialgeschichte
1993. 536 Seiten. Gebunden

Claus Leggewie
Druck von rechts
Wohin treibt die Bundesrepublik?
Mit einem Beitrag von Horst Meier
1993. 168 Seiten. Paperback
Beck'sche Reihe Band 1017

Verlag C. H. Beck München